高等院校经济管理创新型人才培养系列教材

江苏高校品牌专业建设工程资助项目　PPZY2015A062
南京林业大学重点教材建设项目

财务管理学

理论·案例·模型

主　编　乔玉洋　邱　强
参　编　（按姓氏笔画排序）
　　　　王　妹　陈　健
　　　　张　虎　秦　希

东南大学出版社
SOUTHEAST UNIVERSITY PRESS
·南京·

内 容 简 介

本书将 Excel 软件应用贯穿始终,建立理论+案例+模型的教材内容模块与体系,通过导引案例和案例分析,实现理论方法和案例学习的紧密结合。全书系统介绍了财务管理基本理论、实践方法和实际应用技术等财务管理核心内容,主要包括财务管理的基本知识、基本理论与方法、财务分析、融资决策、资本结构决策、项目投资决策、证券投资决策、利润分配管理、财务管理专题等内容。

全书分为 10 章,每一章均包括学习目标、重点与难点、导引案例、本章小结、案例分析、思考题和课后练习,吸收了财务管理理论和实践的最新成果,注重实践应用,内容翔实、风格新颖、实用便捷、案例丰富。每章配以财务模型的 Excel 应用和大量的课后练习,具有较强的可读性和针对性。

本书可用于管理类、经济类本科生和 MBA 等教学用书或参考书,也可作为企业中、高级专业管理人员的培训教材和自学用书。

图书在版编目(CIP)数据

财务管理学:理论・案例・模型 / 乔玉洋,邱强主编. —南京:东南大学出版社,2017.8(2023.6 重印)
 ISBN 978-7-5641-7414-9

Ⅰ.①财… Ⅱ.①乔… ②邱… Ⅲ.①财务管理 Ⅳ.①F275

中国版本图书馆 CIP 数据核字(2017)第 208808 号

财务管理学:理论・案例・模型

出版发行	东南大学出版社
社　　址	南京市四牌楼 2 号(邮编:210096)
出 版 人	江建中
责任编辑	夏莉莉
经　　销	全国各地新华书店
印　　刷	苏州市古得堡数码印刷有限公司
开　　本	787mm×1092mm　1/16
印　　张	22.25
字　　数	410 千字
版　　次	2017 年 8 月第 1 版
印　　次	2023 年 6 月第 3 次印刷
书　　号	ISBN 978-7-5641-7414-9
定　　价	45.00 元

本社图书若有印装质量问题,请直接与营销部联系,电话:025-83791830。

高等院校经济管理创新型人才培养系列教材
编委会名单

丛书主编 温作民

丛书副主编 杨加猛　杨红强　张红霄

编委会成员 张　晖　赵　航　乔玉洋

　　　　　　　赵庆建　杨爱军　柴涛修

　　　　　　　刘　林

高等院校经济管理创新型人才培养系列教材

总　序

　　保罗·萨缪尔森(Paul A. Samuelson)认为,经济学是研究人类社会在各个发展阶段上如何利用稀缺的资源生产有价值的商品,并将它们在不同的个体之间进行分配的学科。在阿尔弗雷德·马歇尔(Alfred Marshall)看来,经济学既是一门研究财富的学问,同时也是一门研究人的学问。而作为系统研究管理活动的基本规律和一般方法的综合性交叉学科,管理学旨在研究在现有的条件下,如何通过合理地组织和配置人、财、物、信息、技术等管理要素,科学提高社会的生产力水平。进入 21 世纪,人类活动面临更为复杂的环境和巨大的结构性变革,世界经济长期的结构性调整、新一轮产业变革融合与中国经济增长的阶段性转换相互叠加,这无疑对创新型经济管理专业人才的培养提出了更高的要求。

　　改革开放以来,中国社会经济发展所取得的举世瞩目的成就,来源于符合中国国情的对外开放的顶层设计,遵循市场经济规律的制度安排,保持稳定的宏观经济政策环境等多重因素的综合作用。与此同时,在全球经济复苏存在不确定因素和世界政治经济格局面临大变革的时代,资源消耗型、环境污染型粗放式高速增长模式已经不可持续,"中国制造"的低成本优势也不复存在,中国经济进入转变发展方式、转换增长动力和平衡经济结构的新常态,这对行业企业的转型升级将产生方向性的重大影响。受此影响,经济管理学科必将在实践中得到更为迅速的发展,经济学、心理学、社会学与数学、信息科学等自然、技术学科的结合也将更加紧密和深入。

　　经济发展新常态下,传统产业相对饱和,但基础设施互联互通和一些新技术、新产品、新业态、新商业模式相关的投资机会大量涌现;新兴产业、服务业、小微企业的作用更加凸显,生产小型化、智能化、专业化将成为新特征;人口老龄化日趋发展,农业富余人口减少,要素规模驱动力减弱,经济增长将更多依靠人力资本质量和技术进步;市场竞争逐步转向质量型、差异化为主的竞争,统一全国市场、提高资源配置效率是经济发展的内生性要求。新常态要有新思路和新作为。推动形成绿色低碳循环发展新方式,实现从要素驱动、投资驱动向创新驱动转变,促进新型工业化、信息化、城镇化和农业现代化的"新四化"同步发展,成为中国经济发展新常态的必然选择。为此,要主动把握和适应新常态,更加重视资本、科技、制度和管理创新,更加重视企业家才能,更加重视高素质人才的培养。而加快传统理论和手段的创新,成为培养新时期高素质人才进程中的一项十分重要且紧迫的任务。

为了更好地契合中国社会经济发展新常态下经济管理类专业人才的培养需求,我们组织编著了本套《高等院校经济管理创新型人才培养系列教材》丛书。该丛书由一批教育教学经验丰富、教学科研实力雄厚的中青年骨干教师担任编著工作,教材内容上力求把握新时期人才培养的新机遇和新趋势,汲取国内外优秀同类教材的精华,同时结合丛书作者多年从事本领域的教研实际经验和最新成果,做到既注重基本理论的科学阐述,又注重经济管理实践的操作运用,从教研互促和教学相长的结合上谋划经济管理学科教材的新发展。

本套教材的出版,得到江苏省"十二五"高等学校重点专业和南京林业大学经济管理学院学科建设经费的资助,在此深表谢意。同时,东南大学出版社对本套丛书的出版给予了鼎力支持,在此一并表示感谢!希望这套《高等院校经济管理创新型人才培养系列教材》丛书的出版,能为我国新时期高素质经济管理专业人才的系统培养作出应有的贡献,同时能为企事业单位主动适应经济发展的新常态提供科学的理论指导和决策参考。

国际林联(IUFRO)生态经济分部理事长 温作民

2015/1/1

前　言

自从20世纪80年代从西方引入财务管理学以来,我国的财务管理理论和实践就发生了很大变化,财务管理也成为现代企业管理的核心内容之一。我国资本市场日益发达,财务管理的地位日益重要,许多成功企业基本都拥有一套高效运转的财务管理体系。目前各高校对《财务管理学》这门课程的重视程度也到了一个相当的高度,会计、金融、财务管理、审计、税收等专业均将财务管理学设为专业必修课,经济管理学院也大多将财务管理学设为管理类核心课程。会计之于学生,关键在于方法的掌握与流程的学习,但财务管理之于学生,关键是观念的养成、思维的训练。因此,学习财务管理不仅要学会对会计数据进行梳理、整理与分析,抽象出数据背后的规律及隐藏的问题,还要从较高的视角,对公司相关财务事项,比如筹资、投资、分配以及营运资金管理等,进行科学思维和理性思考。

现有的《财务管理学》教材可说是琳琅满目、版本众多,内容覆盖广泛,其中理论模型、公式推导、具体计算等内容较多,这是财务管理学科的内在要求和本质特征,无论哪本教材,均无法回避此套路。近十几年来,互联网时代带动了计算机更为广泛的普及与应用,财务管理中比较繁琐的计算由计算机软件完成逐渐成为一种习惯,随之而来的是财务计算中相关模型的应用需求越来越多,特别是财务计算与Excel软件的结合使得众多财务指标的计算变得简单起来。因此,本书在大多数章节的最后部分均设置了财务模型的Excel应用环节,以期更加突出本书的实用性。本书特点体现在以下几个方面:

第一,风格新颖。教材将Excel软件应用贯穿始终,建立理论＋案例＋模型的教材内容模块与体系。通过Excel软件应用,设计财务管理相关理论模型,实现理论方法与软件的紧密结合;通过导引案例和案例分析,实现理论方法和案例学习的紧密结合。这两点形成本教材从理论、方法到案例分析,再到模型设计和课后练习的新颖的写作风格。

第二,实用便捷。用图文并茂的形式将理论知识与Excel软件应用相结合,描述出利用软件解决财务问题的步骤与方法以及应用举例,使学生在课余时间能够操作,这一点在每章最后的财务模型的 Excel 应用环节中实现。设置课后练习环节,帮助学生对本章所学理论知识进行训练应用,固本强效,同时也能增强学生应对各种考试的技能。每章开篇设置学习目标和重点与难点,使学生在学习过程中一一对照,有所侧重地学习相关内容,并在本章内容学习结束时检查自己是否达到目标。

第三,案例丰富。案例可以帮助学生对相关理论深入掌握和熟练应用。章节开篇设置导引案例,导引出本章的主要内容,让学生带着问题和思考进入学习,以明确学习目标,并激发学生兴趣,培养学生的分析问题能力和实践应用能力。章节最后设置案例分析与讨论,案例内容既与实际紧密结合,又便于教学。这样,理论和模型学习可以帮助学生答疑解惑,最后的案例分析可以帮助学生再次熟练理论知识的应用。

本书由南京林业大学乔玉洋副教授和邱强博士任主编,乔玉洋副教授设计全书框架并制定写作大纲,对全书进行总纂与修改;邱强博士设计每章财务模型的 Excel 应用的写作大纲及其修改定稿。各章具体写作分工如下:第1和第9章由王妹教授编写,第2和第3章由陈健博士编写,第4和第5章由邱强博士编写,第6章由秦希博士编写,同时第7和第8章中的模型应用部分也由秦希博士编写,第7和8章的理论部分由乔玉洋副教授编写,第10章由张虎博士编写。本书编写过程中,我们参阅了国内外众多财务专家和学者的研究成果,尽可能在参考文献中列示,如有遗漏,还请谅解。此书的出版得到了"江苏高校品牌专业建设工程资助项目"的支持[①];东南大学出版社夏莉莉编辑为此书出版做了大量的校稿和编辑工作;此外,南京林业大学本科生夏冉、杨蕾、华银溪在本书正式出版前也进行了仔细的阅读和演算,在此一并向以上各位表示衷心的感谢!

由于我们水平有限,疏漏之处在所难免,诚挚欢迎读者批评指正,以便于我们进一步修改和完善。

乔玉洋
2017 年 7 月 16 日

---

① 江苏高校品牌专业建设工程资助项目——林学品牌专业,编号:PPZY2015A062。

目 录
CONTENTS

第一章　总　论 ··· 1
　1.1　财务管理概述 ·· 2
　1.2　财务管理内容与特征 ··· 5
　1.3　财务管理目标 ·· 7
　1.4　财务管理工作环节 ··· 15
　1.5　财务管理环境 ··· 17
第二章　价值衡量 ·· 29
　2.1　货币的时间价值 ·· 30
　2.2　风险与报酬 ·· 38
　2.3　Excel 在价值衡量中的应用 ·· 44
第三章　财务分析 ·· 52
　3.1　财务分析概述 ··· 53
　3.2　偿债能力分析 ··· 59
　3.3　营运能力分析 ··· 68
　3.4　盈利能力分析 ··· 71
　3.5　发展能力分析 ··· 75
　3.6　财务综合分析 ··· 76
　3.7　Excel 在财务分析中的应用 ·· 80
第四章　企业融资决策（上） ·· 98
　4.1　企业融资概述 ··· 98
　4.2　企业资金需求量预测 ·· 99
　4.3　权益资金筹集 ··· 103

4.4	长期债务融资	108
4.5	融资租赁	113
4.6	Excel 在企业融资决策中的应用（上）	116

第五章　企业融资决策（下） 126

5.1	资本成本	127
5.2	杠杆原理	135
5.3	资本结构理论	139
5.4	资本结构决策	142
5.5	Excel 在企业融资决策中的应用（下）	145

第六章　证券投资决策 156

6.1	证券投资概述	157
6.2	股票投资	162
6.3	债券投资	165
6.4	证券投资组合	168
6.5	Excel 在证券组合投资决策中的应用	178

第七章　项目投资决策 189

7.1	项目投资概述	190
7.2	现金流量估算	194
7.3	项目投资决策的基本方法	200
7.4	项目投资决策实例	213
7.5	Excel 在项目投资决策中的应用	221

第八章　短期财务决策 233

8.1	营运资金管理	234
8.2	现金管理	242
8.3	应收账款管理	249
8.4	存货管理	259
8.5	短期融资管理	272
8.6	Excel 在短期财务决策中的应用	282

第九章　利润分配管理 291

9.1	利润分配概述	292
9.2	股利理论	294

9.3 股利政策 ··· 297
9.4 股利支付形式与程序 ··· 302

第十章 财务管理专题 ··· 314
10.1 金融衍生品与期权定价 ··· 314
10.2 公司并购 ··· 318
10.3 企业破产、重组与清算 ··· 325

附表 1 复利终值系数表 ··· 333

附表 2 复利现值系数表 ··· 335

附表 3 年金终值系数表 ··· 337

附表 4 年金现值系数表 ··· 339

参考文献 ··· 341

第一章 总 论

【学习目标】
1. 理解财务管理的主要内容。
2. 掌握企业各种财务关系。
3. 深入理解企业财务管理目标的各种观点。
4. 掌握影响企业财务管理活动的环境因素。

【重点与难点】
1. 企业财务活动的内容和环节。
2. 财务管理的具体内容。
3. 不同财务管理目标观点的理解。

【导引案例】

英国巴林银行的倒闭

1995年2月26日,新加坡巴林公司期货经理尼克·里森投资日经225股指期货失利,导致巴林银行遭受巨额损失,合计损失达14亿美元。1995年2月27日,英国中央银行宣布,英国商业投资银行——巴林银行因无力继续经营而宣布破产。消息传出,立即在亚洲、欧洲和美洲地区的金融界引起一连串强烈的波动。日本股市英镑对马克的汇率跌至近两年最低点,英国股市也出现暴跌,美国道琼斯工业平均指数下降了29个百分点。从此,这个有着233年经营历史和良好业绩的老牌商业银行在伦敦城乃至全球金融界消失。目前该行已由荷兰国际银行保险集团接管。

巴林银行集团曾经是英国伦敦城内历史悠久、名声显赫的商业银行集团,素以发展稳健、信誉良好而驰名,其客户也多为显贵阶层,英国女王伊丽莎白二世也曾经是它的顾客之一。巴林银行集团的业务专长是企业融资和投资管理,业务网点主要在亚洲及拉美新兴国家和地区。1994年巴林银行的税前利润仍然高达1.5亿美元,银行曾经一度希望在中国拓展业务。然而,次年的一次金融投机彻底粉碎了该行的所有发展计划。

巴林银行破产的直接原因是新加坡巴林公司期货经理尼克·里森错误地判断了日本股市的走向,通过"88888"账户违规操作金融衍生产品,过度利用期货的杠杆效应而导致银行破产。但是,真正的原因是由于巴林银行的管理层对尼克·里森违规操作期货交易竟然一无所知,银行内部管理混乱。可见,巴林银行的破产与其缺乏风险管理意识,内部控制不严有着密切的关系。财务管理可以指导人们如何正确评估投资风险与投资收益、正确运用企业财务资源。

资料来源:http://www.chinaacc.com.

1.1 财务管理概述

1.1.1 财务管理的含义

财务是指政府、企业和个人对货币资源的获取和管理。狭义的财务是指有关资金的筹集、投放和分配的管理工作,广义的财务是指基于企业再生产过程中的财务活动和财务关系而产生的综合性经济管理工作。企业财务活动是经营实体涉及资金的活动,即开展生产经营活动所涉及的筹集、运用和分配资金的活动。

财务管理是运用专门的方法,利用价值形式,对企业经营过程进行资金筹集、运用和分配的管理,以及处理财务活动过程中所发生的各种财务关系,以期达到企业财务管理目标乃至企业目标的管理活动。要理解企业财务管理的基本概念,就必须了解资金运动、财务活动及财务关系等相关概念。

资金是企业生产经营过程中商品价值的货币表现,其实质是再生产过程中运动着的价值。资金运动是指企业实物商品运动和金融商品运动过程中的价值运动。

企业的生产经营过程就是再生产过程。在企业再生产过程中,企业拥有的各种财产物资随着生产经营活动的不断进行,形成企业的物资运动;企业各种财产物资的价值形态也不断地随之发生变化,有规律地进行循环和周转,实现着价值的增值,形成企业的资金运动。企业再生产过程是实物商品使用价值的生产和交换与价值的形成和实现过程的统一。实物商品经过采购、生产和销售三个基本环节,既表现为其使用价值的实现过程,又表现为实物商品的价值运动过程。

企业的资金从货币形态开始,依次通过采购、生产、销售三个阶段,又回到货币形态的运动过程被称为资金循环;企业资金周而复始的循环被称为资金周转。企业的资金运动就是在资金的循环与周转中进行的,企业的再生产过程从现象上看表现为形形色色的物资运动,而其背后则是资金运动。

资金运动的过程是企业获得增值的过程,企业的资本运动即价值运动,也称为资金运动。马克思在《资本论》中揭示了企业资金循环周转的基本过程,这一循环可以简化为"G—W—G"。企业资金从货币形态转到其他资金形态,又回到货币形态的运动过程可以进一步分解为:资本获得、资本使用、资本增值后的分配三个过程。

企业资金运动构成企业经济活动的独立方面,它不仅表现了物资的价值运动,而且体现了企业同社会各方面的经济利益关系。这种由企业资金运动所体现的经济利益关系通常被称为财务关系。

1.1.2 财务活动与财务关系

1. 财务活动

如前所述,企业资金运动过程是资金形态的不断转化及资金增值过程,这一过程是通过一系列的财务活动实现的。所谓财务活动是指资金的筹集、投资、营运及分配等一系列行为。其中筹资活动是资金运动的前提,投资活动是资金运动的关键,分配活动是作为投资成果进行的,体现了企业投资与筹资的目标要求。

资金是企业进行生产经营活动的前提条件,因此筹资活动是资金运动的起点。所谓筹集资金,是指企业为了满足生产经营投资和用资的需要,筹措所需资金的过程。无论企业采取何种渠道和方式筹集资金,其途径不外乎以下 3 种:一是接受投资者投入的资金,即企业的资本金和资本公积金;二是通过企业的生产经营而形成的积累,即盈余公积金和未分配利润,它和前一种资金合称为企业的所有者权益,形成所有者权益的资金称为权益资金;三是向债权人借入的资金,即企业的负债,形成企业负债的资金称为负债资金。在筹资过程中,既要合理确定筹资总量和时间,选择好筹资渠道和方式,又要降低资金成本,合理确定资金结构,充分发挥财务杠杆的作用,降低财务风险。

资金的营运是把筹集到的资金合理地投放到生产经营的各项资产上,是对各种资产的投资和营运过程。按资金占用时间的长短通常将资金营运分为长期资金的营运和短期资金的营运。长期资金的营运包括房屋、建筑物等固定资产、长期股权投资、无形资产和其他资产项目的投资;短期资金的营运包括原材料、商品等的采购活动,当然也包括资金占用时间长短不一的证券投资等。通常将长期资金的管理纳入"投资管理",短期资金的管理纳入"营运资金管理"。

投资是筹资的目的和归宿,也是筹资的实现和保证。在投资过程中,既要确定投资的规模,分析各种投资的经济效益,又要合理安排投资结构,以求降低投资风险。

资金的分配就是将企业取得的经营收入进行分配。企业通过投资过程取得收入,包括营业收入、投资收益等。将取得的收入用以补偿生产经营耗费、缴纳流转税(如增值税、消费税等)之后就形成了企业的息税前收益。息税前收益首先用于支付债权人的利息,依法缴纳所得税后向投资者分配。利息是在缴纳所得税前进行分配的,而支付给投资者的利润是在税后进行的。这里的税前与税后的不同就影响着两种资金的使用成本,因此在筹资过程中要对此予以考虑。同时需要明确的是,支付利息是企业的法定义务,不论企业是否有利润,都必须向债权人支付利息,而向投资人分配利润的多少主要取决于企业的盈利情况,不构成法定义务。

在整个资金运动过程中,每个环节管理得好坏都会影响到其他环节。有了较好的筹资管理,就会有较多的投资机会和较低的投资成本,以及较多的收益以供分配;有了较好的长短期投资管理,就会实现较多的利润,提供较多的资金;有了较好的利润分配管理,就能调动投资各方的积极性,创造更多的筹资途径和投资机会。所以,在进行财务管理时,必须要把这几项内容联系起来,统筹安排。

2. 财务关系

企业的财务活动是以企业为主体来进行的,企业作为法人在组织财务活动的过程中,必然与企业内外部有关各方发生广泛的经济利益关系,这就是企业的财务关系。企业的财务关系可概括为以下几种:

(1) 企业与国家行政管理者之间的财务关系

政府作为国家行政管理者,担负着维护社会正常的秩序、保卫国家安全、组织和管理社会活动等任务。政府为完成这一任务,必然无偿参与企业利润的分配,企业则必然按照国家的税法规定缴纳各种税款,包括所得税、流转税和计入成本费用的税金。这种关系体现了一种强制和无偿的分配关系。

(2) 企业与投资者之间的财务关系

这主要是指企业所有者向企业投入资本形成的所有权关系。企业的所有者主要有:国家、个人和法人单位,它具体表现为独资、控股和参股关系。企业作为独立的经营实体,独立经营,自负盈亏,实现企业所有者资本的保值与增值。所有者以出资人的身份,参与企业税后利润的分配,体现为所有权性质的投资与受资的关系。

(3) 企业与债权人之间的财务关系

这主要是指债权人向企业贷放资金,企业按借款合同的规定按时支付利息和归还本金所形成的财务关系。企业的债权人主要有:金融机构、企业和个人。企业除利用权益资金进行经营活动外,还要借入一定数量的资金,以便扩大企业经营规模,降低资金成本。企业同债权人的财务关系在性质上属于债务与债权关系。在这种关系中,债权人不像资本投资者那样有权直接参与企业经营管理,对企业的重大活动不享有表决权,也不参与剩余收益的分配,但在企业破产清算时享有优先求偿权。因此债权人投资的风险相对较小,收益也较低。

(4) 企业与受资者之间的财务关系

这主要是指企业以购买股票或直接投资的形式向其他企业投资所形成的财务关系。随着市场经济的不断深入发展,企业经营规模和经营范围的不断扩大,这种关系将会越来越广泛。企业与受资者的财务关系体现了所有权性质的投资与受资的关系。企业向其他单位投资,依其出资额可形成独资、控股和参股关系,并根据其出资份额参与受资方的重大决策和利润分配。企业投资的最终目的是取得收益,但预期收益能否实现也存在一定的风险。投资风险越大,要求的收益越高。

(5) 企业与债务人之间的财务关系

这主要是指企业将资金以购买债券、提供借款或商业信用等形式出借给其他单位所形成的财务关系。企业将资金借出后,有权要求其债务人按约定的条件支付利息和归还本金。

企业同其他债务人的关系体现了债权与债务关系。企业在提供信用的过程中,一方面会产生直接的信用收入,另一方面也会发生相应的机会成本和坏账损失的风险,企业必须考虑两者的平衡。

(6) 企业内部各单位之间的财务关系

这主要是指企业内部各单位之间在生产经营各环节中相互提供产品或劳务所形成的财务关系。企业内部实行责任预算和责任考核与评价的情况下,企业内部各责任中心之间相互提供产品与劳务,应以内部转移价格进行核算。这种在企业内部形成的资金结算关系体现了企业内部各单位之间的利益均衡关系。

(7) 企业与职工之间的财务关系

这主要是指企业向职工支付劳动报酬过程中所形成的财务关系。职工是企业的劳动者,他们以自身提供的劳动作为参加企业分配的依据。企业根据劳动者的劳动情况,用其收入向职工支付工资、津贴和奖金,体现了职工个人和集体在劳动成果上的分配关系。

企业在财务管理中必须正确认识和处理各种经济利益关系,切实维护各个利益主体的合法权益,只有这样才能树立企业的良好形象,奠定企业的发展基础,有利于企业的生存和发展,有利于企业财务管理目标的最终实现。

1.2 财务管理内容与特征

1.2.1 财务管理的内容

财务管理的研究对象是企业的财务活动,即企业再生产过程中的资金运动及其引起的财务关系。如前所述,企业的财务活动主要表现为资金筹集、资金投资、资金营运、资金分配4个方面。财务管理是基于企业再生产过程中客观存在的财务活动和财务关系而产生的,是企业组织财务活动、处理与各方面财务关系的一项经济管理工作。财务管理的内容是财务管理对象的具体化。因此,企业的筹资、投资、资金营运和利润分配构成了完整的企业财务活动,与此对应的,企业的筹资管理、投资管理、资金营运管理和利润分配管理便成为企业财务管理的基本内容。

1. 筹资管理

筹资管理是企业财务管理的首要环节,是企业投资活动的基础。事实上,在企业发展过程中,筹资及筹资管理是贯穿始终的。无论在企业创立之初,还是在企业成长过程中追求规模扩张,甚至是在日常经营周转过程中,都可能需要筹措资金。可见筹资是企业为了满足投资和用资的需要,筹措和集中所需资金的过程。在筹资过程中,企业一方面要确定筹资的总规模,以保证投资所需要的资金;另一方面要选择筹资方式,以降低筹资代价和筹资风险。

企业的资金来源按产权关系可以分为股东权益资金和负债资金。一般来说,企业完通过股东权益资金筹资是不明智的,不能得到负债经营的好处。但负债的比例大则风险也大,企业随时可能陷入财务危机。因此,筹资决策的一个重要内容是确定最佳的资本结构。

同时,企业的资金来源按使用的期限又有长期资金和短期资金之分。长期资金和短期资金的筹资速度、筹资成本、筹资风险以及借款时企业所受到的限制各有不同。因此,筹资决策的另一个重要内容是合理安排长期资金与短期资金的比例关系。

2. 投资管理

投资是指企业资金的运用,是为了获得收益或避免风险而进行的资金投放活动。在投资过程中,企业必须考虑投资规模;同时,企业还必须通过投资方向和投资方式的选择,确定合理的投资结构,以提高投资效益、降低投资风险。投资是企业财务管理的重要环节,投资决策的成败对企业未来经营的成败具有根本性影响。投资管理的具体内容将在后续章节阐述。

3. 资金营运管理

资金营运是指在企业日常经营活动中发生的一系列资金收付行为。企业在采购、生产和销售过程中,不仅需要支付采购款、工资和各种费用,还需要回笼货款等,这一系列的资金收付行为都是由企业经营引起的财务活动。在资金营运活动中,资金周转越快,在一定时期内相同数量的资金生产出的产品更多,取得的收入更多,资金增值就越多。因此,加速资金周转,提高资金利用率,是资金营运管理的直接目的。

4. 利润(股利)分配管理

企业通过投资必然会取得收入,获得资金增值。利润分配总是作为投资的结果而出现的,它是对投资成果的分配。投资成果表现为取得各种收入,并在扣除各种成本费用后获得利润。广义地说,分配是指对投资收入(如销售收入)和利润进行分割和分派的过程,而狭义的分配仅指对利润的分配。利润(股利)分配管理就是要解决在缴纳所得税后的企业税后利润中,有多少分配给投资者,有多少留在企业作为再投资之用。如果利润分配过多,会影响企业的再投资能力,使未来收益减少,不利于企业长期发展;如果利润分配过少,可能引起投资者不满。因此,利润(股利)分配决策的关键是确定利润(股利)的支付率。影响企业利润(股利)分配决策的因素很多,企业必须根据情况制定企业最佳的利润(股利)分配策略。

1.2.2 财务管理的特征

财务管理是企业管理的重要组成部分,是基于企业再生产过程中客观存在的财务活动和财务关系而产生的、利用价值形式对生产经营活动进行的管理,是组织资金运动、处理财务关系的一项综合性经济管理工作。其基本特征如下:

(1) 财务管理的核心是价值管理

为保证企业生产经营活动的顺利进行,必须加强企业管理。企业管理包括计划、生产、技术、劳动、设备、物资、人力和财务等管理工作,具体实施时,有的侧重于使用价值管理,有的侧重于劳动价值管理,有的侧重于价值形成管理,有的侧重于资源利用管理。财务管理主要是利用价值形式来组织、监督和调节企业财务活动,处理企业与各方面的财务关系。价值管理构成了财务管理的核心,而财务管理构成了企业管理的核心。

（2）财务管理是一项综合性管理

财务管理既是企业管理中的独立部分,又是综合性管理工作。采用价值形式的财务管理可以克服采用其他计量形式的不可比性,通过货币形式将企业的生产经营活动统一起来;同时,企业各方面生产经营活动的质量与效果都可以在资金运动中综合地反映出来;通过合理组织资金运动,还可以促进企业改善生产经营管理,提高经济效益。

1.3　财务管理目标

任何管理都是有目的的行为,财务管理也不例外。财务管理目标是企业财务管理工作尤其是财务决策所依据的最高准则,是企业财务活动所要达到的最终目标。财务管理是企业管理的一部分,是有关资金的获得和有效使用的管理工作。财务管理目标取决于企业管理的总目标,并且受财务管理自身特点的制约。

1.3.1　企业管理的总目标及其对财务管理的要求

企业是营利性组织,其出发点和归宿点是获利。企业一旦成立,就会面临竞争,并始终处于生存和倒闭、发展和萎缩的矛盾之中。企业必须生存下去才可能获利,只有不断发展才能求得生存。因此,企业管理的总目标可以概括为生存、发展和获利。

1. 生存

企业只有生存,才可能获利。企业生存的"土壤"是市场,包括商品市场、金融市场、人力资源市场、技术市场等。企业在市场中生存下去的基本条件是以收抵支。企业一方面付出货币,从市场上取得所需的资源;另一方面提供市场需要的商品或服务,从市场上换回货币。企业从市场获得的货币至少要等于付出的货币才能维持经营,这是企业长期存续的基本条件。因此,企业的生命力在于它能不断创新,以独特的产品和服务取得收入并不断降低成本,减少货币流出。如果出现相反的情况,企业没有足够的货币从市场换取必要的资源,企业就会萎缩,甚至因无法维持最基本的运营条件而终止运营。如果企业长期亏损,扭亏无望,那么就失去了存在的意义。为避免损失进一步扩大,企业应主动终止营业。

企业生存的另一个基本条件是到期偿债。企业为扩大业务规模或满足经营周转的临时需要,可以向其他个人或法人借债。国家为维持市场经济秩序,通过立法规定债务人必须偿还到期债务,必要时破产偿债。企业如果不能偿还到期债务,就可能被债权人接管或被法院判定破产。

因此,企业生存的主要威胁来自两个方面:一个是长期亏损,它是企业终止运营的内在原因;另一个是不能偿还到期债务,它是企业终止运营的直接原因。亏损企业为维持运营被迫进行偿债性融资,借新债还旧债,如不能扭亏为盈,那么迟早会因借不到钱而无法周转,从而不能偿还到期债务。盈利企业也可能出现无力支付的情况,其原因主要是借款以扩大业务规模,若冒险失败,为偿债必须出售不可缺少的厂房和设备,从而使生产经营无法继续下去。

力求保持以收抵支和偿还到期债务的能力来减少破产的风险,使企业能够长期、稳定地生存下去,这是对财务管理的第一个要求。

2. 发展

企业是在发展中求得生存的。企业的生产经营如逆水行舟,不进则退。在科技不断进步的现代经济中,产品不断更新换代,企业必须不断推出更好、更新、更受顾客欢迎的产品,才能在市场中立足。在竞争激烈的市场上,各个企业此消彼长、优胜劣汰。一个企业如果不能发展,不能提高产品和服务的质量,不能扩大自己的市场份额,就会被其他企业挤出市场,而企业发展的停滞是其死亡的前奏。

企业的发展集中表现为扩大收入。扩大收入的根本途径是提高产品的质量,增加销售的数量,这就要求企业不断更新设备、技术和工艺,并不断提高各种人员的素质,也就是要投入更多、更好的物质资源并改进技术和管理。在市场经济中,各种资源的取得都需要付出货币,企业的发展离不开资金。因此,筹集企业发展所需要的资金,是对财务管理的第二个要求。

3. 获利

企业必须能够获利,才有存在的价值,创立企业的目的是营利。已经创立起来的企业虽然有增加职工收入、改善劳动条件、扩大市场份额、提高产品质量、减少环境污染等多种目标,但是营利是最具综合性的目标。营利不但体现了企业的出发点和归宿,而且可以概括其他目标的实现程度,并有助于其他目标的实现。

从财务上看,营利就是使资产获得超过其投资的回报。在市场经济中,没有免费使用的资金,资金的每项来源都有其成本。每项资产都是投资,都应当是生产性的,要从中获得回报。例如,各项固定资产要充分地用于生产,要避免存货积压,要尽快收回应收账款,要利用暂时闲置的现金等。财务管理务必使企业正常经营产生的和从外部获得的资金能以产出最大的形式得到利用。因此,通过合理、有效地使用资金使企业获利,是对财务管理的第三个要求。

综上所述,企业管理的总目标是生存、发展和获利。这些目标要求财务管理应完成筹措资金并有效地投放和使用资金的任务。企业的成功在很大程度上取决于过去和现在的财务政策。财务管理不仅与资产的获得及合理使用的决策有关,而且与企业的生产、销售管理发生直接联系。

1.3.2 企业财务管理目标

前述企业对财务管理的要求需要统一起来加以表达,以便判断一项财务决策是否符合企业目标。

目前,人们对财务管理目标的认识尚未统一,主要有四种观点:利润最大化、资本利润率(或每股收益)最大化、股东财富最大化和企业价值最大化。

1. 利润最大化

这种观点认为,利润代表了企业新创造的财富,利润越多则说明企业的财富增加越多,越接近企业目标,如果企业实现了利润最大化,那么整个社会财富也实现了最大化,带来了社会的进步与发展;企业是以营利为目的的,利润最大化目标符合企业的经济本质;利润最大化有利于企业提升竞争能力,利润越多,企业可利用的资本越多,越有发展能力。但这种观点存在以下缺陷:

(1) 没有考虑利润的取得时间。投资项目收益现值的大小不仅取决于收益将来值总额的大小,还要受取得收益时间的制约。因为早取得收益,就能早进行再投资,进而早获得新的收益。例如,今年获利 100 万元和明年获利 100 万元,哪一个更符合企业的目标?若不考虑货币的时间价值,就难以作出正确判断。

(2) 没有考虑所获利润和投入资本额的关系,即没有考虑企业的投入与产出之间的关系。例如,同样获得 100 万元利润,一个企业投入资本 500 万元,另一个企业投入资本 300 万元,哪一个更符合企业的目标?若仅以利润这个绝对指标来衡量,不与投入的资本额联系起来,就难以在不同资本规模的企业或同一企业的不同时期进行比较。

(3) 没有考虑获取利润和所承担风险的关系。一般而言,收益越高,风险越大。追求最大利润有时会增加企业风险,利润最大化的目标没有考虑企业风险的大小。例如,同样投入 500 万元,本年获利 100 万元,一个企业的获利已全部转化为现金,另一个企业的获利则全部是应收账款并可能发生坏账损失,哪一个更符合企业的目标?若不考虑风险大小,就难以作出正确判断。

(4) 利润最大化可能会使企业财务决策带有短期行为,即片面追求利润的增加,不考虑企业长远的发展。在这种管理导向下,资源可能被掠夺性地使用,使得企业生产经营能力受损,一些涉及企业长远发展的措施往往被忽视,如新产品的试制与开发、产品结构的调整、人才的培训、市场品牌的塑造、放弃有价值的兼并以减少商誉的摊销等,因为这些长期投资大多在会计上作为期间费用处理,进而会引起当期利润的下降。另外,追求一定时期的利润最大化并且将经营者的个人薪酬与利润挂钩时,还会导致会计欺骗行为的发生。如企业可以通过低估成本、高估收入、虚增资产等弄虚作假的行为来粉饰企业的会计报表,制造出虚假利润,导致企业多上缴所得税,多支付经营者报酬,使大量现金流出企业,形成了事实上的股东投入企业资本金的流失,也削弱了企业再生产的能力。

2. 资本利润率(或每股收益)最大化

这种观点认为：应当把企业的利润和股东投入的资本联系起来考察，用资本利润率(每股利润、每股收益或权益资本净利率)来概括企业的财务目标，以避免利润最大化目标的缺点。这种观点本身概念明确，将企业实现的利润与投入的资本或股本进行对比，可以在不同资本规模的企业或期间进行对比，揭示其盈利水平的差异。

这种观点仍然存在以下缺陷：没有考虑每股收益取得的时间，即没有考虑资金的时间价值；没有考虑每股收益的风险性。

3. 股东财富最大化

股东财富最大化是指企业以达到股票市价的最高为目标。该观点认为，在股东持股一定的情况下，股价越高，股东财富越大。所有者作为企业的投资者(股东)，承担着公司的全部风险，其投资目标是取得全部的资本收益，或者说，股东对企业收益具有剩余要求权。这种剩余要求权赋予股东的权利、义务、风险和收益都远远大于债权人、经营者和其他职工。股价是股票价值的表现形式，股票的价值等于股票未来为股东带来的现金净流量的总现值。

对于上市公司，股东财富最大化可用股票市价最大化来代替。股票市价是企业经营状况及业绩水平的动态描述，代表了投资大众对公司价值的客观评价。股票价格是由公司未来的收益和风险决定的，其股价的高低不仅反映了资本和获利之间的关系，而且体现了预期每股收益的大小、取得的时间、所冒的风险以及企业股利政策等诸多因素的影响。在股东投资资本不变的情况下，股价上升可以反映股东财富的增加，股价下跌可以反映股东财富的减损。股东财富以每股价格表示，反映了资本和获利之间的关系；股东财富受预期每股收益的影响，反映了每股收益大小和取得的时间；股东财富受企业风险大小的影响，可以反映每股收益的风险。因此，该指标克服了前面指标的不足，更加符合股东投资企业的目的。

值得注意的是企业与股东之间的交易也会影响股价，但不影响股东财富。例如分派股利时股价下跌，回购股票时股价上升等。因此，假设股东投资资本不变，股价最大化与增加股东财富具有同等意义。

但该观点也存在以下弊端：股东财富最大化只适用于上市公司，对于非上市公司很难适用；由于股票价格的变动不是公司业绩的唯一反映，而是受诸多因素的综合影响，所以股价的高低实际上不能完全反映管理层业绩的高低；股东财富最大化目标在实际工作中可能导致公司所有者与其他利益主体之间的矛盾与冲突。

4. 企业价值最大化

企业价值最大化是指企业通过生产经营不断增加企业财富，使企业价值趋于最大化。企业价值不是账面资产的总价值，而是趋于全部财产的市场价值，它反映了企业潜在的或预期获利能力和未来收入预期。对企业进行评价时，不仅要看企业已经获得的利润水平，还要评价企业潜在的获利能力。因此，这一观点考虑了资金的时间价值和风险问题。

在此观点下,考虑企业价值时要结合企业整体的市场价值、现在的与未来的财务与经营状况、全方位的利益关系人的利益,因此资金的时间价值和投资的风险价值被予以充分考虑,有利于克服管理上的片面性和短期行为,最终有利于实现社会资源的合理配置,实现社会效益最大化。不仅目前的利润会影响企业价值,预期未来的利润对企业价值的影响更大。

投资者建立企业的重要目的在于创造尽可能多的财富,这种财富首先表现为企业价值。企业价值的大小取决于企业全部财产的市场价值和企业潜在或预期的获利能力。这种观点认为:企业价值最大化可以通过企业的合理经营,采用最优的财务决策,充分考虑资金的时间价值和风险与报酬的关系,在保证企业长期稳定发展的基础上,使企业总价值达到最大。这是现代西方财务管理理论普遍公认的财务目标,他们认为这是衡量企业财务行为和财务决策的合理标准。

企业价值不同于利润,利润只是创造价值的一部分,而企业价值不仅包含了新创造的价值,还包含了潜在或预期的获利能力,其表达式如下:

$$企业价值 = 债券市场价值 + 股票市场价值 \tag{1-1}$$

企业价值的增加,是由股东权益价值增加和债务价值增加引起的。假设债务价值不变,则增加企业价值与增加股东权益价值具有相同的意义。假设股东投资资本和债务价值不变,则企业价值最大化与增加股东财富具有相同的意义。

企业是一个通过一系列合同或契约关系将各种利益主体联系在一起的组织形式。企业应将长期稳定发展摆在首位,强调在企业价值增长中满足与企业相关的各利益主体的利益,企业只有通过维护与企业相关者的利益,承担起应有的社会责任(如保护消费者利益、保护环境、支持社会公众活动等),才能更好地实现企业价值最大化这一财务管理目标。

企业价值最大化目标的具体内容包含以下几个方面:

(1) 强调股东的首要地位,创造企业与股东之间利益的协调关系。

(2) 强调风险与报酬的均衡,将风险限制在企业可以承受的范围内。

(3) 关心本企业一般职工的利益,创造优美和谐的工作环境和合理恰当的福利待遇,使职工长期努力为本企业工作。

(4) 加强对企业代理人即企业经理人或经营者的监督和控制,建立有效的激励机制以便企业战略目标的顺利实施。

(5) 不断加强与债权人的关系,请债权人参与重大财务决策的讨论,培养可靠的资金供应者。

(6) 关心客户的长期利益。

(7) 加强与供应商的协作,遵守承诺,讲究信誉。

(8) 保持与政府部门的良好关系。

由于企业价值最大化是一个抽象的目标,在运用时也存在一些缺陷:

（1）非上市企业的价值确定难度较大。虽然通过专门评价（如资产评估）可以确定其价值，但评估过程受评估标准和评估方式的影响，使估价不易客观和标准，从而影响企业价值的准确性与客观性。

（2）为了控股或稳定购销关系，不少现代企业采用环形持股的方式相互持股。但法人股东对股票市价的敏感程度远不及个人股东，对股票价值的增加没有足够的兴趣。

（3）股票价格的变动除受企业经营因素影响之外，还要受到无法控制的其他企业因素的影响。特别是在资本市场效率低下的情况下，股票价格很难反映企业所有者权益的价值，而且股价波动也并非与企业财务状况的实际变动相一致，这给企业实际经营业绩的衡量带来了一定的问题。

以上介绍了财务管理目标的不同观点，关于财务管理目标的分歧之一是如何看待其他利益相关者的要求，包括债权人、顾客、职工、政府等。有一种意见认为，企业应当有多个目标，用来分别满足不同利益相关者的要求。

从理论上看，任何学科都需要有一个统一的目标，围绕这个目标发展其理论和模型，任何决策只要符合目标就被认为是好的决策。唯一的目标可以为企业理财提供统一的决策依据，并且保持各项决策的内在一致性。如果有多个目标，就很难指导决策的选择，并很难保证各项决策不发生冲突。

主张股东财富最大化并非不考虑其他利益相关者的利益。各国公司法都规定，股东权益是剩余权益，只有满足了其他方面的利益之后才会有股东的利益。企业必须交税、给职工发工资、给顾客提供满意的产品和服务，然后才能获得税后收益。其他利益相关者的要求先于股东被满足，因此必须是有限度的。如果对其他利益相关者的要求不加限制，股东就不会有"剩余"了。除非股东确信投资会带来满意的回报，否则股东不会出资，其他利益相关者的要求也无法实现。不可否认，股东和利益相关者之间既有共同利益，也有利益冲突。股东可能为了自己的利益而伤害其他利益相关者的利益，其他利益相关者也可能伤害股东的利益。因此，要通过立法调节他们之间的关系，保障双方的利益。企业守法经营基本就满足了其他利益相关者的要求，在此基础上追求自身利益最大化，也会有利于社会。当然，仅仅有法律是不够的，还需要道德规范的约束及增强企业的社会责任感。

1.3.3 不同利益主体财务管理目标的矛盾与协调

企业从事财务管理活动，必然与各个方面发生经济利益关系，股东和债权人都为企业提供了财务资源，但是他们处在企业之外，只有经营者即管理当局在企业里直接从事管理工作。因此，在企业财务关系中最为重要的关系是所有者、经营者与债权人之间的关系。

企业是所有者即股东的企业，财务管理的目标也就是股东的目标，股东委托经营者代表自己管理企业，经营者为实现股东的目标而努力，但经营者与股东的目标并不完全一致。债权人把资金借给企业，并不是为了企业价值最大化，与股东的目标也不一致。企业必须处理、协调好这三者之间的矛盾与利益关系,才能实现企业价值最大化的目标。

1. 所有者与经营者的矛盾与协调

在现代企业中,企业所有权与经营权完全分离,经营者不持有公司股票或持有部分股票,他们只是所有者的代理人。所有者期望经营者代表他们的利益而工作,实现所有者财富最大化,而经营者则有其自身的利益考虑,两者的目标经常会不一致。通常而言,所有者支付给经营者报酬的多少基于经营者能够为所有者创造多少财富。经营者和所有者的主要利益冲突就是经营者希望在创造财富的同时,能够获取更多的报酬、更多的享受;经营者不愿意为提高股价而冒险,并会想办法用企业的钱为自己谋福利,如坐豪华轿车、进行奢侈的出差旅行等,这些开支可计入企业成本由全体股东分担;甚至蓄意压低股票价格,以自己的名义买回,导致股东财富受损,自己从中获利。而所有者则希望以较小的代价(支付较低的报酬)实现更多的财富。两者行为目标的不同,必然导致经营者利益和股东财富最大化的冲突,即经理个人利益最大化和股东财富最大化的矛盾。

为了协调所有者与经营者的矛盾,防止经理背离股东目标,一般有两种方法:

(1) 监督。经理背离股东目标的条件是双方信息不对称。经理掌握企业实际的经营控制权,对企业财务信息的掌握远远多于股东。为了协调这种矛盾,股东除要求经营者定期公布财务报表外,还应尽量获取更多信息,对经理进行必要的监督。但监督只能减少经理违背股东意愿的行为,因为股东是分散的,得不到充分的信息,全面监督实际上做不到,也会受到合理成本的制约。

(2) 激励。将经理的管理绩效与经理所得报酬联系起来,如股票期权和绩效股,使经理分享企业增加的财富,从而鼓励他们自觉采取符合股东目标的行为。股票期权是允许经理在未来某个时期以约定的固定价格购买一定数量的公司股票,股票的市场价格高于约定价格的部分就是经营者所得的报酬;绩效股是企业运用每股收益、资产收益率、净资产收益率以及资产流动性等指标来评价经营者绩效,并视其绩效大小给予经营者数量不等的股票作为报酬。但激励作用与激励成本相关,报酬太低,不起激励作用;报酬太高,又会加大股东的激励成本,减少股东自身利益。可见,激励也只能减少经理违背股东意愿的行为,不能解决全部问题。

通常情况下,企业采用监督和激励相结合的办法使经理的目标与企业目标协调起来,力求使监督成本、激励成本和经理背离股东目标的损失之和达到最低。

除了企业采用监督和激励措施以外,来自于外部经理人市场的作用也促使经理把公司股票价格最大化作为其经营的目标。经理人市场的作用主要表现在两个方面:

(1) 经理人市场对经理人的市场评价。经理人才作为一种人力资源,其价值是由市场决定的,来自资本市场的信息反映了经理的经营绩效,公司股价高说明经理经营有方,股东财富增加,同时经理在人才市场上的价值也高,聘用他的公司会向他付出高报酬。此时经理追求利益最大化的愿望便与股东财富最大化的目标一致。

(2) 经理被解聘的威胁。这是一种通过所有者约束经营者的办法。现代企业股权的分散使个别股东很难通过投票表决来撤换不称职的总经理。许多大企业为机构投资者所控股,养老基金、共同基金和保险公司在大企业中占有的股份,足以使他们有能力解聘总经理。如果经营者绩效不佳,就解聘经营者。由于高级经理被解聘的威胁会动摇他们稳固的地位,因而促使他们不断创新、努力经营,为实现财务管理目标服务。

(3) 公司被兼并的威胁。这是一种通过市场约束经营者的办法。如果经营者决策失误,经营不力,绩效不佳,导致股票价格下降到一定水平时,该企业就可能被其他企业强行接收或吞并,相应经营者也会被解聘,这对经理利益的损害是很大的。经营者为了保住自己的地位和已有的权力,会竭尽全力使公司的股价上升,必须努力实现财务管理目标,这和股东利益一致。

2. 所有者与债权人的矛盾与协调

所有者的目标可能与债权人期望实现的目标发生矛盾。所有者可能要经营者改变举债资金的原定用途,将其用于风险更高的项目,增大偿债风险,也可能在未征得现有债权人同意的情况下举借新债,使原有债权价值降低。

企业资本来自股东和债权人,债权人的投资回报是固定的,而股东收益随企业经营效益而变化。企业经营状况良好时,债权人所得的固定利息只是企业收益中的一小部分,大部分利润归股东所有;企业经营状况差甚至陷入财务困境时,债权人承担了资本无法追回的风险。这就使所有者的目标与债权人期望实现的目标可能发生矛盾。

首先,所有者可能未经债权人同意,要求经营者投资于比债权人预计风险要高的项目,这会增加偿债的风险,债权人的负债价值也必然会降低,造成债权人风险与收益的不对称。因为高风险项目一旦成功,额外利润就会被所有者独享;但若失败,债权人却要与所有者共同负担由此而造成的损失。

其次,所有者或股东未征得现有债权人同意,要求经营者发行新债券或举借新债,这增大了企业破产的风险,致使旧债券或老债的价值降低,侵犯了现有债权人的利益。因此,在企业财务拮据时,所有者和债权人之间的利益冲突加剧。

所有者与债权人的上述矛盾一般通过以下方式协调:

(1) 限制性借款。这是通过限制借款的用途、借款的担保条款和借款的信用条件来防止和迫使股东不能利用上述两种方法削弱债权人的债权价值。

(2) 收回借款。这是当债权人发现公司有侵蚀其债权价值的意图时,采取收回债权或不再给予公司新的借款的措施,从而来保护自身的权益。

3. 企业与社会的矛盾与协调

企业目标与社会目标在很大程度上是趋于一致的。企业在追求自己的目标时自然会使社会受益。例如,企业为了生存,必须生产出符合顾客需求的产品,满足社会的需求;企业为了发展,要扩大规模,自然会增加职工人数,解决社会的就业问题;企业为了获利,必须提高劳动生产率,改进产品质量,改善服务,从而提高社会生产效率和公众生活质量。

企业目标和社会目标也有不一致的地方。因为企业目标主要是经济利益性的,而社会目标主要是社会公益性的,企业在追求经济利益时很可能会忽视社会利益,如伪劣产品问题、职工权益保障问题、环境污染问题等。企业经营者若侵犯职工、客户、供应商和所在社区的利益,都将影响企业目标的实现。企业是在一系列限制条件下来实现企业价值最大化的。

企业与社会矛盾的协调需要从法律约束、道德约束、舆论监督与行政监督等多层面全方位地要求企业维护社会利益,履行社会责任。

1.4 财务管理工作环节

财务管理工作环节是企业财务管理的工作步骤与一般工作程序。一般而言,企业财务管理包括计划与预算、决策与控制、分析与考核三大工作环节。

1.4.1 计划与预算

1. 财务预测

财务预测是企业根据财务活动的历史资料(如财务分析),考虑现实条件与要求,运用特定方法对企业未来的财务活动和财务成果作出科学的预计或测算。财务预测是进行财务决策的基础,是编制财务预算的前提。

财务预测所采用的方法主要有定性预测和定量预测两种。定性预测法是企业缺乏完整的历史资料或有关变量之间不存在较为明显的数量关系时,专业人员依靠个人的主观判断和综合分析,对事物未来的状况和趋势作出预测的一种方法;定量预测法是企业根据比较完备的资料,根据变量之间存在的数量关系,运用数学方法建立数学模型,对事物未来进行的预测。实际工作中,通常将两者结合起来进行财务预测。

2. 财务计划

财务计划是根据企业整体战略目标和规划,结合财务预测的结果,对财务活动进行规划,并以指标形式落实到每一计划期间的过程。财务计划主要通过指标和表格,以货币形式反映在一定的计划期内,企业生产经营活动所需要的资金及其来源、财务收入和支出、财务成果及其分配的情况。

确定财务计划指标的方法一般有平衡法、因素法、比例法和定额法等。

3. 财务预算

财务预算是企业根据财务战略、财务计划和各种预测信息,运用科学的技术手段和数量方法,对未来财务活动的内容及指标进行综合平衡与协调,确定预算期内各种预算指标的过程。财务预算是财务战略、财务预测和财务决策的具体化,是财务计划的分解和落实,是财务控制和财务分析的依据,贯穿企业财务活动的全过程。

财务预算所采用的方法通常包括固定预算与弹性预算、增量预算与零基预算、定期预算和滚动预算等。

1.4.2 决策与控制

1. 财务决策

决策即决定。财务决策是企业财务人员按照财务战略目标的总体要求,利用专门方法对各种备选方案进行比较分析,并从中选出最优方案的过程。它不是拍板决定的瞬间行为,而是提出问题、分析问题和解决问题的全过程。正确的决策可使企业起死回生,错误的决策可导致企业毁于一旦,所以财务决策是企业财务管理的核心,其成功与否直接关系到企业的兴衰成败。

财务决策的方法主要有两类:一类是经验判断方法,根据决策者的经验来判断选择,常用的有淘汰法、排队法、归类法等;另一类是定量分析方法,常用的有优选对比法、数学微分法、线性规划法、概率决策法等。

2. 财务控制

财务控制是在财务管理过程中,利用有关信息和特定手段,对企业财务活动所施加的影响和进行的调节,以实现财务计划所规定的财务目标的过程。财务控制是落实财务预算、保证预算实现的有效措施,也是责任绩效考评与奖惩的重要依据。

财务控制的方法通常有前馈控制、过程控制、反馈控制等。

1.4.3 分析与考核

1. 财务分析

财务分析是指根据企业财务报表等资料,采用专门方法系统分析和评价企业财务状况、经营成果以及未来趋势的过程。财务分析既是本期财务活动的总结,也是下期财务预测的前提,具有承上启下的作用。通过财务分析可以掌握企业财务预算的完成情况,评价财务状况,研究和掌握企业财务活动的规律,改善财务预测、财务决策、财务预算和财务控制,提高企业财务管理水平。

财务分析的方法通常有比较分析、比率分析、综合分析等。

2. 财务考核

财务考核是指将报告期实际完成数与规定的考核指标进行对比,确定有关责任单位和个人完成任务情况的过程。财务考核与奖惩紧密联系,是贯彻责任制原则的要求,也是构建激励与约束机制的关键环节。

财务考核的形式多种多样,可以用绝对指标、相对指标、完成百分比考核,也可采用多种财务指标进行综合评价考核。

1.5 财务管理环境

财务管理环境又称理财环境,是对企业财务活动和财务关系产生影响的企业内外部的各种条件或因素的统称。通过财务管理环境分析,提高企业财务行为对环境的适应能力、应变能力和利用能力,可以更好地实现企业财务管理目标。

企业财务管理环境按其存在的空间,可分为内部财务环境和外部财务环境。内部财务环境主要包括企业的类型、资本实力、生产技术条件、经营管理水平和决策者的素质等。内部财务环境存在于企业内部,是企业可以从总体上采取一定的措施对其施加控制和改变的。外部财务环境由于存在于企业外部,无论是有形的硬环境还是无形的软环境,它们对企业财务行为所产生的影响,企业都难以控制和改变,更多的是适应和因势利导。因此本章主要介绍外部财务环境。外部财务环境有很多,其中最主要的是法律环境、经济环境和金融环境等。

1.5.1 法律环境

财务管理的法律环境是指企业和外部发生经济关系时所应遵守的各种法律法规等。市场经济是一种法治经济,企业的一切经济活动总是在一定法律规范范围内进行的。一方面,法律提出了企业从事一切经济活动所必须遵守的规范,从而对企业的经济行为进行约束;另一方面,法律也为企业合法从事各项经济活动提供了保护。影响企业财务管理的主要法律环境因素有企业组织法规、税收法规和财务法规等。

1. 企业组织法规

企业组织法规是对企业的成立过程及成立以后的经营活动与理财活动作出的规定。企业是市场经济的主体,不同组织形式的企业所适用的法律是不同的。我国企业组织法规包括《中华人民共和国公司法》(后文简称《公司法》)《中华人民共和国中外合资经营企业法》《中华人民共和国外资企业法》《中华人民共和国合伙企业法》《中华人民共和国个人独资企业法》等,对各种不同类型的企业作出了法律规范。按照国际惯例,按组织形式可将企业分为独资企业、合伙企业和公司制企业,各国均有相应的法律来规范这三类企业的行为。因此,不同组织形式的企业在进行财务管理时,必须熟悉其企业组织形式对财务管理的影响,从而作出相应的财务决策。下面简要介绍三种不同组织形式的企业。

(1) 个人独资企业,是指由一个自然人投资,财产为投资者个人所有,投资人以其个人财产对企业债务承担无限责任的经营实体。个人独资企业具有结构简单、容易开办、利润独享、限制较少等特点,因此其财务管理内容简单。但由于个人财力有限,筹资因信用不足而比较困难。

(2) 合伙企业，是指由各合伙人订立协议，共同出资、联合经营、收益共享、风险共担，并对本企业债务承担无限连带责任的营利性组织。合伙企业开办容易、信用较好，由于共同偿债，降低了风险，提高了融资能力，但也存在责任无限、权力分散和决策过程过长等不足。相对于个人独资企业而言，合伙企业理财活动范围较大，资本来源和信用能力有所增强，盈余分配更为复杂。

(3) 公司制企业，是指依照《公司法》登记设立，以其全部法人财产，依法自主经营、自负盈亏的企业法人。公司制企业分为有限责任公司和股份有限公司。

① 有限责任公司。它是指有2个以上50个以下股东共同出资，每个股东以其所认缴的出资额为限对公司承担有限责任，公司是以其全部资产对公司债务承担责任的企业法人。其特点是：公司的资本总额不分为等额的股份；公司向股东签发出资证明书，不发股票；公司股份的转让有较严格限制；限制股东人数，不得超过一定规模；股东以其出资比例享受权利、承担义务；股东以其出资额为限对公司承担有限责任。

② 股份有限公司。它是指公司全部资本分为等额股份，股东以其所持股份为限对公司承担责任，公司是以其全部资产对公司债务承担责任的企业法人。其特点是：公司的资本划分为等额股份；公司的股份采取股票的形式，股票是公司签发的证明股东所持股份的凭证；同股同权，同股同利，股东出席股东大会，按持有股份享有表决权；股东可以依法转让自己持有的股份；股东数不得少于规定的数目，但没有上限；股东以其所持股份为限对公司债务承担有限责任。

公司股东作为出资者，按投入公司的资本额享有获得所有者的资产收益、作出重大决策和选择管理者等权利，并以其出资额或所持股份为限对公司债务承担有限责任。公司资本来源多样，筹资方式复杂，可通过发行股票、债券筹集到大量资本，比个人独资企业和合伙企业有更大的发展空间；公司生产经营复杂，资本运用规范，理财目标明确，不仅要争取获得最多收益，更要谋求最大市场价值或股东财富；公司收益分配主体多元，形式多样，要充分考虑企业内部和外部的各种因素。总之，公司制企业的财务活动更加繁多，财务管理内容更为综合丰富。

2. 税收法规

税收法规是规定企业纳税义务与责任的法律文件，是调整税收征纳关系的法规规范。税收是国家财政收入的主要来源，按照"简税制、宽税基、低税率、严征管"的原则，我国已经逐步建立起以流转税和所得税为主体，财产税、行为税和资源税等为辅助形式的税收制度体系，税种的设置、税率的调整、征税范围的确立、减免优惠的规定都对企业的生产经营活动具有调节作用，也对企业的财务活动产生重大影响。

目前，我国与企业相关的税种主要有以下几种：所得税类，包括企业所得税、外商投资企业和外国企业所得税、个人所得税；流转税类，包括增值税、消费税、营业税、城市维护建设税；财产、行为税类，包括房产税、车船税、印花税、契税等；资源税类，包括资源税、城镇土地使用税、土地增值税等。

税收对企业财务管理的重要影响具体表现为：首先，税收影响企业的融资决策，一般情况下，企业的借款利息不高于金融机构同类、同期贷款利息，并可在所得税前扣除，债券利息可记入财务费用并作为利润扣减项，这样就减少了企业的应纳税所得额，而其他筹资方式则无此优势；其次，税收影响企业的投资决策，税收政策具有减免优惠和一些相应的规定，投资兴建不同形式、不同规模的企业中，将资金投资于不同的行业、经营不同的业务，都会面临不同的税收政策，获得不同的税收优惠；最后，税收影响企业的收益分配，在股份制企业中，股东获得的现金股利要缴纳个人所得税，而企业将盈利作为留存收益则可不缴纳个人所得税，虽然股东不能获得现实的收入，但可以从股价上涨中获得资本利得。

3. 财务法规

企业财务法规是规范企业财务活动，协调企业财务关系的法规文件。目前我国企业财务法规主要有《企业财务通则》《企业财务制度》和《企业内部财务制度》等。

4. 其他法规

除上述法规外，与企业财务管理有关的法规还有《中华人民共和国会计法》（后文简称《会计法》）《中华人民共和国企业会计制度》《中华人民共和国票据法》《中华人民共和国证券法》（后文简称《证券法》）《支付结算办法》《中华人民共和国中国人民银行法》等，企业财务人员要熟悉这些法规，把握财务管理的法律环境，以实现企业财务管理的目标。

从整体上说，国家相关法律法规按照对财务管理内容的影响情况可以分为如下几类：

（1）影响企业筹资的各种法规，主要有《公司法》《证券法》《中华人民共和国金融法》《中华人民共和国证券交易法》《中华人民共和国合同法》等。这些法规可以从不同方面规范或制约企业的筹资活动。如《公司法》规定了筹资的最低规模和结构，规定股份有限公司的注册资本的最低限额为人民币 1 000 万元；规定了筹资的前提条件和基本程序，对公司发行债券和股票的条件作出了严格的规定。

（2）影响企业投资的各种法规，主要有《证券法》《公司法》《企业财务通则》等。这些法规从不同角度规范企业的投资活动。其中，有的规定了投资的方式和条件，如《公司法》规定股份公司的发起人可以用货币资金出资，也可以用实物、工业产权、非专利技术、土地使用权作价出资；有的规定了投资的基本程序、投资方向和投资者的出资期限及违约责任，如企业进行证券投资必须按照《证券法》所规定的程序来进行，企业投资必须符合国家的产业政策，符合公平竞争的原则。

（3）影响企业收益分配的各种法规，主要有《税法》《公司法》《企业财务通则》《企业财务制度》等，这些法规从不同方面对企业收益分配进行了规范。如规定了企业成本开支的范围和标准，企业应缴纳的税种及计算方法，利润分配的前提条件、去向、一般程序等。

在生产经营活动中，国家规定的各项法律法规也会引起财务安排的变动或者说在财务活动中必须予以考虑。

1.5.2 经济环境

财务管理的经济环境是指影响财务管理的各种经济因素。财务活动是经济活动的组成部分,经济环境是财务管理的重要环境。经济环境内容十分广泛,包括经济管理体制、经济结构、经济周期、经济发展水平、宏观经济调控政策及社会通货膨胀水平等。

1. 经济管理体制

经济管理体制是指在一定的社会制度下,生产关系的具体形式以及组织、管理和调节国民经济的体系、制度、方式和方法的总称,分为宏观经济管理体制和微观经济管理体制两类。宏观经济管理体制是指整个国家宏观经济的基本经济制度,而微观经济管理体制是指国家的企业体制及企业与政府、企业与所有者的关系。宏观经济管理体制对企业财务行为的影响主要体现在,企业必须服从和服务于宏观经济管理体制,在财务管理目标、财务主体、财务管理手段和方法等方面与宏观经济管理体制的要求相一致。微观经济管理体制对企业财务行为的影响与宏观经济管理体制相联系,主要体现在如何处理企业与政府、企业与所有者之间的财务关系上。

在计划经济体制下,国家统筹企业资本、统一投资、统负盈亏,企业利润统一上缴,亏损全部由国家补贴,企业虽然是一个独立的核算单位但无独立的理财权利,财务管理活动的内容比较单一,财务管理方法比较简单。在市场经济体制下,企业成为自主经营、自负盈亏的经济实体,有独立的经营权,同时也有独立的理财权。企业可以从其自身需要出发,合理确定资本需求量,然后到市场上筹集资本,再把筹集到的资本投放到高收益的项目上获取更大的收益,最后将收益根据需要和可能进行分配,保证企业财务活动自始至终根据自身条件和外部环境作出各种财务管理决策并组织实施,因此财务管理活动的内容比较丰富,方法也复杂多样。

2. 经济结构

经济结构一般指从各个角度考察社会生产和再生产的构成,包括产业结构、地区结构、分配结构和技术结构等。经济结构对企业财务行为的影响主要体现在产业结构上。一方面,产业结构会在一定程度上影响甚至决定财务管理的性质,不同产业所要求的资金规模或投资规模不同,所要求的资本结构也不一样;另一方面,产业结构的调整和变动要求财务管理作出相应的调整和变动,否则企业日常财务运作艰难,财务目标难以实现。

3. 经济周期

市场经济条件下,经济发展与运行带有一定的波动性。波动大体上会经历复苏、繁荣、衰退和萧条几个阶段的循环,这种循环叫做经济周期。

经济周期性波动对企业财务行为有极大的影响。在经济周期的不同发展时期,企业的生产规模、销售水平、获利能力以及由此而产生的资本需求都会出现重大的差异。一般而言,当经济发展处于衰退阶段,经济发展速度缓慢,甚至出现负增长,整个宏观环境不景气,企业很可能处于紧缩状态之中,产量和销售量下降,投资锐减,资金时而紧缺、时而闲置,财务运作就会出现较大困难,这就要求财务人员适时调整财务政策,合理安排资金;在繁荣阶段,经济发展速度较快,市场需求旺盛,销售大幅度上升,企业为了扩大再生产,需要进一步增加投资,增添厂房、机器、存货和劳动力,与此相适应地,企业需筹集大量的资金以满足投资扩张的需要。另外,经济发展中的通货膨胀也会给企业财务管理带来较大的不利影响,主要表现在:资金占用额迅速增加;利率上升,企业筹资成本加大;证券价格下跌,筹资难度增加;利润虚增、资金流失。总之,企业财务人员要认识到经济周期的影响,预测经济变化的情况,掌握在经济发展波动中的理财要领。

在不同的经济周期阶段,企业应采用不同的财务管理战略。西方财务学者探讨了经济周期中的财务管理战略,现择其要点归纳如表1-1所示。

表1-1 经济周期中的财务管理战略

复 苏	繁 荣	衰 退	萧 条
1. 增加厂房设备	1. 扩充厂房设备	1. 停止扩张	1. 建立投资标准
2. 实行长期租赁	2. 继续建立存货	2. 出售多余设备	2. 保持市场份额
3. 建立存货	3. 提高产品价格	3. 停产不利产品	3. 压缩管理费用
4. 开发新产品	4. 开展营销规划	4. 停止长期采购	4. 放弃次要利益
5. 增加劳动力	5. 增加劳动力	5. 削减存货	5. 削减存货
		6. 停止扩招雇员	6. 裁减雇员

4. 经济发展水平

财务管理发展水平是和经济发展水平密切相关的,经济发展水平越高,财务管理水平也越高;反之,则财务管理水平也越低。

在经济发展水平较低的国家里,企业规模相对较小,组织结构简单,这就决定了企业财务管理水平较低,不能很好地发挥管理作用,企业发展较慢。而高度发达的经济水平必然要求企业进行完善的、科学的财务管理,同时也为采用先进的理财方法提供了物质基础。

财务管理水平的提高将推动企业降低成本,提高效率和效益,从而促进经济发展水平的提高;而经济发展水平的提高将改变企业的财务管理战略、财务管理理念、财务管理模式和财务管理方法与手段,从而促进企业财务管理水平的提高。财务管理应当以经济发展水平为基础,以宏观经济发展目标为导向,从业务工作角度保证企业经营目标和经营战略的实现。

5. 宏观经济调控政策

政府具有对宏观经济发展进行调控的职能,经济政策是国家进行宏观调控的重要手段。国家的产业政策、财税政策、金融政策的调整变化深刻地影响着我国的经济生活,也深刻地影响着我国企业的发展和财务活动的进行,对企业筹资、投资和分配等活动具有重要影响,企业必须按国家政策办事,否则将寸步难行。例如金融政策中的货币发行量、信贷规模会影响企业投资的资金来源和资本结构;财税政策会影响企业对投资项目的选择和投资收益;价格政策会影响资金的投向和投资的回收期及预期收益等。

简而言之,国家采取收缩的调控政策时,会导致企业的现金流入减少,现金流出增加、资金紧张、投资压缩;反之,当国家采取扩张的调控政策时,企业财务管理则会出现与之相反的情形。企业财务管理应当适应这种政策导向,合理组织财务活动,更好地为企业理财活动服务。

1.5.3 金融环境

金融环境是企业财务管理最为重要的环境因素,企业需要资金从事投资和经营活动,而资金的取得,除了自有资金外,主要是来自金融机构和金融市场。金融政策的变化必然影响企业的筹资、投资和资金运营活动。金融市场、金融机构和利息率构成了影响财务管理的三大金融环境要素。

1. 金融市场

金融市场是指资金筹集的场所,是资金供应者和资金需求者双方通过信用工具融通资金的市场,即实现货币借贷和资金融通、办理各种票据和进行有价证券交易活动的市场。

广义的金融市场是指一切资本流动(包括实物资本和货币资本)的场所,其交易的内容为货币借贷、票据承兑和贴现、有价证券买卖、黄金和外汇买卖、办理国内外保险、生产资料的产权交换等;狭义的金融市场一般是指有价证券市场,即股票和债券的发行和买卖市场。

企业的筹资与投资活动都是在一定的环境约束下进行的,金融市场是约束筹资与投资活动的直接环境因素,它不仅提供了场所,而且还促进了资本的合理流动与优化配置。

金融市场包括三个基本构成要素:金融市场主体、金融市场客体和金融市场参与者。金融市场主体就是从事资金融通活动的金融机构;金融市场客体是金融市场的交易对象,即金融资产;金融市场参与者就是资金供应者和需求者。

(1) 金融市场的分类

① 按交易的期限分为短期资本市场和长期资本市场。短期资本市场是指期限不超过一年的资金交易市场,因为短期有价证券易于变成货币或作为货币使用,所以也叫货币市场。长期资本市场是指期限在一年以上的股票和债券交易市场,因为发行股票和债券主要用于固定资产等资本货物的购置,所以也叫资本市场。

② 按交易的性质分为发行市场和流通市场。发行市场是指从事新证券和票据等金融工具买卖的市场,也叫初级市场或一级市场。流通市场是指从事已上市的旧证券或票据等金融工具买卖的转让市场,也叫次级市场或二级市场。

③ 按交易的直接对象分为同业拆借市场、国债市场、企业债券市场、股票市场和金融期

货市场等。

④ 按交割的时间分为现货市场和期货市场。现货市场是指买卖双方成交后,当场或几天之内买方付款、卖方交出交易对象的交易市场。期货市场是指买卖双方成交后,在双方约定的未来某一特定的时日才交割的交易市场。

(2) 金融市场对企业财务管理的影响

① 金融市场为企业提供了良好的投资和筹资场所。当企业需要资金时,可以在金融市场选择合适的方式筹资,而当企业有闲置的资金时,又可以在市场上选择合适的投资方式为其资金寻找出路。

② 金融市场为企业的长短期资金相互转化提供方便。企业可通过金融市场将长期资金如股票、债券等变现为短期资金,也可以通过金融市场购进股票、债券等,将短期资金转化为长期资金。

③ 金融市场为企业财务管理提供有意义的信息。金融市场的利率变动反映资金的供求状况,有价证券市场的行情反映投资人对企业经营状况和盈利水平的评价。这些都是企业生产经营和财务管理的重要依据。

2. 金融机构

社会资金从资金供应者手中转移到资金需求者手中大多需要通过金融机构。我国目前的金融机构主要包括以下几种:

(1) 中国人民银行。中国人民银行是我国的中央银行,它代表政府管理全国的金融机构和金融活动,经理国库。

(2) 政策银行。政策银行是指由政府设立,以贯彻国家产业政策、区域发展政策为目的,不以盈利为目的的金融机构。我国目前有三家政策银行:国家开发银行、中国进出口银行、中国农业发展银行。

(3) 商业银行。商业银行是以经营存款、放款、办理转账结算为主要业务,以盈利为主要经营目标的金融企业。我国的商业银行有:中国工商银行、中国农业银行、中国银行、中国建设银行、交通银行、中信实业银行、广东发展银行、招商银行、光大银行等。

(4) 其他金融机构。我国的其他金融机构有:保险公司、信托投资公司、证券机构、财务公司、金融租赁公司。信托投资公司主要办理信托存款和信托投资业务,在国外发行债券和股票,办理国际租赁等业务。租赁公司则介于金融机构与企业之间,它先筹集资金购买各种租赁物,然后出租给企业。

3. 利息率

利息率简称利率,是利息占本金的百分比指标。从资金的借贷关系看,利率是一定时期运用资金的交易价格。资金作为一种特殊的商品,它以利率为价格的融通,实质上是资源通过利率实行的再分配。因此,利率在资金分配及企业财务决策中起着重要作用。利率可以

按照不同的标准分为以下几类:

(1) 按利率之间的变动关系,分为基准利率和套算利率。基准利率是指在多种利率并存的条件下起决定作用的利率。所谓起决定作用,是指如果这种利率变动,那么其他利率也相应变动。因此了解基准利率水平的变化趋势,就可以了解全部利率的变化趋势。基准利率在西方通常是中央银行的再贴现率,在我国是中国人民银行对商业银行贷款的利率。套算利率是指在基准利率确定后,各金融机构根据基准利率和借贷款项的特点而换算出的利率。

(2) 按利率是否变动,分为固定利率和浮动利率。固定利率是指在借贷期内固定不变的利率,受通货膨胀的影响,实行固定利率会使债权人利益受到损害。浮动利率是指在借贷期内可以调整的利率,在通货膨胀条件下采用浮动利率,可使债权人减少损失。

(3) 按利率形成机制不同,分为市场利率和法定利率。市场利率是指根据资金市场上的供求关系,随着市场而自由变动的利率。法定利率是指由政府金融管理部门或者中央银行确定的利率。

正如任何商品的价格均由供应和需求两方面来决定一样,资金这种特殊商品的价格——利率,也主要是由供给与需求来决定。但除这两个因素外,经济周期、通货膨胀、国家货币政策和财政政策、国际经济政治关系、国家利率管制程度等对利率的变动均有不同程度的影响。因此,资金的利率通常由三部分组成:纯利率、通货膨胀补偿率和风险报酬率。利率的一般计算公式可表示如下:

$$\text{利率} = \text{纯利率} + \text{通货膨胀补偿率} + \text{风险补偿率} \tag{1-2}$$

纯利率是指没有风险和通货膨胀情况下的平均利率。在没有通货膨胀时,国库券的利率可被视为纯利率。

通货膨胀补偿率是指由于通货膨胀会降低货币的实际购买力,为弥补其购买力损失而在纯利率的基础上加上通货膨胀的附加率。

风险补偿率是由于存在违约风险、流动性风险和期限风险而要求在纯利率和通货膨胀之外附加的补偿利率。其中,违约风险补偿率是指为了弥补因债务人无法按时还本付息而带来的风险,由债权人要求附加的利率;流动性风险补偿率是指为了弥补因债务人资产不能随时变现,无法收回投资而带来的风险,由债权人要求附加的利率;期限风险补偿率是指为了弥补因偿债期长,在收回投资前由利率变动导致所投资的资产价值降低而带来的风险,由债权人要求附加的利率。

【本章小结】

1. 财务活动是指资金的筹集、运用、消耗、收回及分配等一系列行为,其中资金的运用、消耗、收回又称为投资,所以筹资活动、投资活动、资金营运活动和利润分配活动构成财务活动的基本内容。

2. 财务关系是指企业组织财务活动所发生的企业与各方面的经济利益关系。其内容包括：企业与国家行政管理者之间的财务关系；企业与投资者之间的财务关系；企业与债权人之间的财务关系；企业与受资者之间的财务关系；企业与债务人之间的财务关系；企业内部各单位之间的财务关系；企业与职工之间的财务关系。在企业财务关系中最为重要的财务关系是所有者、经营者与债权人之间的关系，企业要处理、协调好所有者与经营者、所有者与债权人之间的矛盾及利益关系。

3. 财务管理是企业组织企业财务活动、处理财务关系的一项经济管理工作。其基本内容包括筹资管理、投资管理、资金营运管理和利润分配管理。

4. 财务管理目标是企业财务管理工作（尤其是财务决策）所依据的最高准则，是企业财务活动所要达到的最终目标。财务管理目标主要有四种观点，即利润最大化、资本利润率（或每股收益）最大化、股东财富最大化和企业价值最大化。

5. 财务管理工作环节是指财务管理的工作步骤和一般程序，其内容包括：财务预测、财务计划、财务预算、财务决策、财务控制、财务分析与财务考核等。

6. 财务管理环境是指对企业财务活动和财务管理产生影响的企业内外部的各种条件，包括内部财务环境和外部财务环境。通过了解财务环境，可以使得企业在规划财务行为时更加合理、有效，以提高企业财务活动对环境的适应能力、应变能力和利用能力。因此，企业财务管理环境一般是指外部财务环境。外部财务环境主要包括：法律环境、经济环境和金融环境等。

【案例分析】

来利商店企业组织形式选择

杜来利拥有一家经营得十分成功的汽车经销商店——来利商店。25年来，杜来利一直坚持独自经营，身兼所有者和管理者两职。现在他已经70岁了，打算从管理岗位上退下来，但是他希望汽车经销商店仍能掌握在家族手中，他的长远目标是将这份产业留给自己的儿孙。

杜来利正在考虑是否将他的商店转为公司制经营。如果他将商店改组为股份公司，那么他就可以给自己的每一位儿孙留下数目合适的股份。另外，他可以将商店整个留给儿孙让他们进行合伙经营。为了能够选择正确的企业组织形式，杜来利制订了下列目标：

（1）所有权。杜来利希望他的两个儿子各拥有25%的股份，5个孙子各拥有10%的股份。

（2）存续能力。杜来利希望即使在儿孙死亡或放弃所有权的情况下也不会影响经营的存续性。

（3）管理。当杜来利退休后，他希望将产业交给一位长期服务于商店的雇员王刚来管理。虽然杜来利家族保持产业的所有权，但他并不相信他的家族成员有足够的时间和经验来完成日常的管理工作。事实上,杜来利认为他有两个孙子根本不具有经济头脑,因此他并不希望他们参与管理工作。

(4) 所得税。杜来利希望企业采取的组织形式可以尽可能减少他的儿孙们应缴纳的所得税。他希望每年的经营所得都可以尽可能多地分配给商店的所有人。

(5) 所有者的债务。杜来利知道经营汽车商店会出现诸如对顾客汽车修理不当而发生车祸之类的意外事故,这要求商店有大量的资金。虽然商店已投了保,但还是希望能够保证在商店发生损失时,他的儿孙们的个人财产不受任何影响。

案例分析与讨论:

1. 根据你掌握的知识,你认为该企业应采用公司制还是合伙制?
2. 公司制或合伙制对企业财务管理会产生哪些影响?

资料来源:张建华,欧阳歆.财务管理[M].重庆:重庆大学出版社,2009.

【思考题】

1. 简述财务管理的概念及其内容。
2. 如何理解财务管理目标?
3. 简述财务管理工作环节的含义及组成内容。
4. 如何处理企业与其他利益各方的财务关系?
5. 经济环境包括哪些内容?
6. 简述金融环境的构成要素及其对企业财务管理的影响。

【课后练习】

一、单项选择题

1. 影响财务管理目标实现的两个最基本的因素是_____。
   A. 时间价值和投资风险　　　　　　B. 投资报酬率和风险
   C. 投资项目和资本结构　　　　　　D. 资金成本和贴现率
2. 企业财务关系中最为重要的是_____。
   A. 股东和经营者之间的关系
   B. 股东和债权人之间的关系
   C. 股东、经营者、债权人之间的关系
   D. 企业与作为社会管理者的政府有关部门、社会公众之间的关系
3. 企业的资金运动表现为_____。
   A. 资金的循环与周转　　　　　　　B. 资金的循环
   C. 资金的来源与使用　　　　　　　D. 资金的周转
4. 能够反映企业价值最大化目标实现程度的指标是_____。
   A. 利润额　　　　　　　　　　　　B. 总资产报酬率
   C. 每股市价　　　　　　　　　　　D. 市场占有率

5. 在现代市场经济条件下,企业财务管理的核心环节是_____。
   A. 财务预测　　　B. 财务决策　　　C. 财务预算　　　D. 财务控制
6. 下列措施可以用来协调解决股东和管理层矛盾的是_____。
   A. 保护性条款和惩罚措施　　　　　B. 激励、约束和奖惩机制
   C. 完善上市公司的治理结构　　　　D. 规范上市公司的信息披露制度
7. 企业价值最大化目标强调的是企业的_____。
   A. 实际利润额　　　　　　　　　　B. 实际利润率
   C. 预期获利能力　　　　　　　　　D. 生产能力
8. 每股收益最大化目标与利润最大化目标相比较,其优点是_____。
   A. 考虑了资金时间价值因素
   B. 考虑了风险价值因素
   C. 反映了创造利润与投入资本之间的关系
   D. 能够避免企业的短期行为
9. 企业资金运动的起点是_____。
   A. 投资活动　　　B. 筹资活动　　　C. 营运活动　　　D. 分配活动
10. 企业与职工之间的财务关系表现为_____。
    A. 债权债务关系　　　　　　　　　B. 资金结算关系
    C. 劳动成果分配关系　　　　　　　D. 强制和无偿的分配关系

二、多项选择题

1. 从公司管理当局的可控因素看,股价的高低取决于_____。
   A. 报酬率　　　B. 风险　　　C. 投资项目　　　D. 资本结构
   E. 股利政策
2. 财务管理十分重视股价的高低,其原因是股价_____。
   A. 代表了投资大众对公司价值的客观评价
   B. 反映了资本与获利之间的关系
   C. 反映了每股盈余的大小和取得的时间
   D. 它受企业风险大小的影响,反映了每股盈余的风险
3. 以利润最大化作为财务管理的目标,其缺陷是_____。
   A. 没有考虑资金的时间价值
   B. 没有考虑风险因素
   C. 只考虑近期收益而没有考虑远期效益
   D. 只考虑自身收益而没有考虑社会效益
   E. 没有考虑投入资本和获利之间的关系
4. 对于一个5年期国债来说,决定其票面利率的主要因素有_____。
   A. 纯利率　　　　　　　　　　　　B. 通货膨胀补偿率
   C. 期限风险收益率　　　　　　　　D. 流动性风险收益率
   E. 违约风险收益率

5. 为确保企业财务目标的实现，下列各项中，可用于协调所有者与经营者之间矛盾的措施有_____。

  A. 所有者解聘经营者　　　　　　　B. 所有者向企业派遣财务总监
  C. 公司被其他公司接收或吞并　　　D. 所有者给经营者以股票期权

三、判断题

1. 企业的目标就是财务管理的目标。（　　）
2. 在风险相同时股东财富的大小要看投资报酬率，而不是盈余总额。（　　）
3. 在风险相同、收益相同并且时间分布相同的情况下，利润大小就决定了方案对企业价值的贡献。（　　）
4. 在金融市场上，利率是一定时期内购买资金这一特殊商品的价格。（　　）
5. 企业在追求自己的目标时会使社会收益增加，因此企业目标和社会目标是一致的。（　　）
6. 财务管理是一项综合性的管理工作。（　　）
7. 股东财富最大化是用公司股票的市场价格来计量的。（　　）
8. 财务管理是组织企业财务活动、处理财务关系的一项经济管理工作。（　　）
9. 从资金的借贷关系看，利率是一定时期运用资金这一资源的交易价格。（　　）
10. 金融市场利率波动与通货膨胀有关，如后者起伏不定，则利率也会随之而起落。（　　）

第二章 价值衡量

【学习目标】

1. 理解货币的时间价值的概念。
2. 理解年金的概念及其分类。
3. 掌握复利终值和现值的计算。
4. 掌握各类年金终值和现值的计算。
5. 理解风险的概念及分类。
6. 掌握风险与收益的计量方法。

【重点与难点】

1. 货币的时间价值的概念。
2. 复利和年金的终值和现值的计算。
3. 风险与收益的计量方法。

【导引案例】

拿破仑与玫瑰花悬案

1797年,伟大的拿破仑·波拿巴皇帝偕同他新婚的妻子约瑟芬皇后参观了卢森堡大公国第一国立小学。在那里,他们受到全校师生的热情款待,孩子们莺歌燕舞,园丁们虔诚殷勤,餐桌上美味相伴。这使得拿破仑夫妇很过意不去。

在辞别的时候,伟大的拿破仑皇帝慷慨、潇洒地给该校校长送上一束价值3个金路易的玫瑰花。他说:"为了答谢贵校对我,尤其是对我夫人约瑟芬的盛情款待,我不仅仅在今天呈上一束玫瑰花,并且在未来的日子里,只要我们的法兰西国家存在一天,每年的今天我将亲自派人送给贵校一束价值相等的玫瑰花,作为法兰西与卢森堡友谊的象征。"然而,时过境迁,疲于连绵的战争和此起彼伏的政治斗争,最终惨败并被流放的拿破仑,早就把在卢森堡的许诺忘得一干二净。可是,卢森堡这个欧洲小国,却把这段"欧洲巨人与卢森堡孩子亲切和睦相处的一刻"载入了他们的史册,还编成画册和儿童文学故事,成了一则脍炙人口的美谈。

历史前进的脚步一刻也不停息,转眼近一个世纪的时光过去了。1894年,这个相隔近1个世纪的故事却给法国惹了个大麻烦——卢森堡政府通知法国政府,提出了"玫瑰花悬案"索赔。要求:要么自1797年起,用3个金路易作为一束玫瑰花的本金,以五厘复利计息(就是利滚利)结算,全部偿清这笔玫瑰花外债,共计1 375 596法郎;要么法国各大报纸承认国家的一代伟人拿破仑是个无信的小人。

这一历史公案使法国政府处于极为尴尬的局面,因为只要法国存在一天,此案就永无了结的可能。

但是为了拿破仑的声誉,法国政府还是准备支付这笔巨款。但是,又出现了另一个问题,如果法国政府支付这笔外债,也是承认伟大的拿破仑没有履行自己的承诺。

经过一番冥思苦想,法国人用如下措辞取得了卢森堡人的谅解:"今后,无论在精神还是物质上,法国将始终不渝地对卢森堡大公国的中小学教育事业予以支持和赞助,来兑现我们的拿破仑将军那一诺千金的玫瑰花誓言。"

资料来源:佚名.拿破仑与玫瑰花悬案[J].杉乡文学,2007,20.

2.1 货币的时间价值

2.1.1 货币的时间价值的概念

货币的时间价值,是指货币经历一定时间的投资和再投资所增加的价值,也称为资金的时间价值。

在商品经济中,有这样一种现象,即现在的1元钱和1年后的1元钱的经济价值是不相等的。现在的1元钱比1年后的1元钱的经济价值要大一些,即使不存在通货膨胀也是如此。为什么会这样呢?例如,将现在的1元钱存入银行,1年后可得1.05元(假定存款利率为5%),这1元钱经过1年时间的投资价值增加了0.05元,这就是货币的时间价值。也可以这样理解货币的时间价值,即将货币闲置在手中,货币不会增值,只会贬值,因为考虑到通货膨胀,等额资金的货币购买力会下降。只有放弃现在使用资金的权利,将资金投资和再投资出去,资金才能增值。因此,货币的时间价值的真正来源不是时间,而是生产过程中创造的剩余价值。

我们在理解货币的时间价值时应注意两个问题:第一,货币是有时间价值的,因此不同时点上的资金不能简单相加,必须换算为同一时点上的才能相加;第二,货币等效,即不同时点上的货币虽然金额不等,但是其效用相同。因此在实际工作中,不同时间的货币收入不宜直接进行比较,需要把它换算到同一时点基础上,然后才能进行大小的比较和比率的计算。

2.1.2 货币的时间价值的计算

1. 单利

单利是指只对本金计算利息,而不将以前计息期产生的利息累加到本金中计算利息的一种计息方法,即利息不再计息。

在单利计算中,设定以下符号:P 为本金(现值);i 为利率(小写字母表示相对数);I 为利息(大写字母表示绝对数);F 为本利和(终值);n 为时间。

(1) 单利利息的计算

在单利方式下本金能带来利息,利息必须在提出以后再以本金形式投入才能生利,否则不能生利。单利利息的计算公式为

$$I = P \times i \times n \tag{2-1}$$

【例 2-1】 某企业有一张带息票据,面额 40 000 元,票面利率 6%,单利计息,则到期利息为:40 000×6%=2 400(元)。

(2) 单利终值的计算

单利终值是本金与未来利息之和。计算公式为

$$F = P + P \times i \times n = P \times (1 + i \times n) \tag{2-2}$$

【例 2-2】 某企业购买了面值 1 000 元的政府发行的国库券,票面利率为 10%,3 年到期,利息按单利计算。问 1 年后、2 年后、3 年后的终值是多少?

解 1 年后:1 000×(1+10%)=1 100(元)

2 年后:1 000×(1+10%×2)=1 200(元)

3 年后:1 000×(1+10%×3)=1 300(元)

(3) 单利现值的计算

单利现值的计算公式为

$$P = F/(1 + i \times n) \tag{2-3}$$

【例 2-3】 假设银行存款年利率为 6%,单利计息,5 年后要从银行取出 50 000 元,现在需要存入多少钱?

解 50 000/(1+6%×5)=38 462(元)

2. 复利

复利也是一种计算利息的方法。按照这种方法,每经过一个计息期,要将所生利息加入本金再计利息,逐期滚算,俗称"利滚利"。这里所说的计息期,是指相邻两次计息的时间间隔,如年、月、日等。除非特别指明,否则计息期为 1 年。

(1) 复利终值

复利终值是指现在特定资金按复利计算的在将来一定时间的价值,或者说是现在的一定本金在将来一定时间按复利计算的本金与利息之和。

【例 2-4】 某人将 10 000 元投资于一项事业,年报酬率为 6%,经过 1 年时间的期末金额为:10 000×(1+6%)=10 600(元)。

若此人并不提走现金,将 10 600 元继续投资于该事业,则第二年的本利和为:10 000×$(1+6\%)^2$=10 000×1.123 6=11 236(元)。

在复利计算中,设定以下符号:P 为本金(现值);i 为利率(小写字母表示相对数);I 为利息(大写字母表示绝对数);F 为本利和(终值);n 为时间。

则第 n 年的期末金额可用如下复利终值公式计算:

$$F = P \times (1+i)^n \tag{2-4}$$

上式是计算复利终值的一般公式,其中的 $(1+i)^n$ 被称为复利终值系数或 1 元的复利终值,用符号 $(F/P, i, n)$ 来表示,该系数也可以直接从附表 1 "复利终值系数表"中查出。根据这个系数可以把现值换算成终值。

(2) 复利现值

复利现值是复利终值的对称概念,指在未来一定时间的特定资金按复利计算的现在价值,或者说是为取得将来一定的本利和,现在所需要的本金。

复利现值的计算是指已知 F、i、n 时,求 P。因为 $F = P \times (1+i)^n$,所以复利现值公式为

$$P = F \times (1+i)^{-n} \tag{2-5}$$

上式中的 $(1+i)^{-n}$ 是把终值折算为现值的系数,称为复利现值系数,或称作 1 元的复利现值,用符号 $(P/F, i, n)$ 来表示,该系数也可以直接从附表 2 "复利现值系数表"中查出。根据这个系数可以把终值换算成现值。

【例 2-5】 某企业计划存入银行一笔资金,3 年后取出的本利和要达到 500 000 元,以便进行技术改造,按 9% 的折现率计算,现在应该存入多少钱?

解 根据复利现值系数 $(P/F, 9\%, 3) = 0.772$

则 $P = 500\,000 \times 0.772 = 386\,000$(元)

3. 年金

年金是指等额定期的系列收支。例如,分期付款赊购、分期偿还贷款、分期向保险公司交纳保费、按直接法提取折旧、按期收付利息等都属于年金形式。按照收付的次数和支付时间的不同,可将年金分成四类,即普通年金(后付年金)、预付年金、递延年金和永续年金。

(1) 普通年金

普通年金是指每期期末等额收付的资金,比如个人住房贷款中的等额还款或等额的租金支付等。

① 普通年金终值

普通年金终值是指系列收付款项在最后时点的本利总和,它是每次支付款项的复利终值之和。

【例 2-6】 某企业连续 3 年每年年末存入银行 100 元,银行年利率为 8%,到第三年年末,年金终值应为多少?

解 年金时间轴如图 2-1 所示。

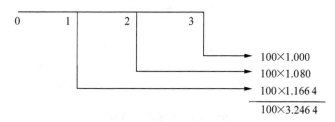

图 2-1 普通年金终值

第一期末 100 元的复利终值 $=100\times(1+8\%)^2$；

第二期末 100 元的复利终值 $=100\times(1+8\%)^1$；

第三期末 100 元的复利终值 $=100\times(1+8\%)^0$；

所以年金终值为

$$F=100\times(1+8\%)^2+100\times(1+8\%)^1+100\times(1+8\%)^0 \qquad ①$$

将式①两边乘以$(1+8\%)$得

$$(1+8\%)F=100\times(1+8\%)^3+100\times(1+8\%)^2+100\times(1+8\%)^1 \qquad ②$$

将式②－式①得

$$8\%\times F=100\times(1+8\%)^3-100\times(1+8\%)^0=100\times[(1+8\%)^3-1]$$

$$F=100\times[(1+8\%)^3-1]\div 8\%=324.64(元)$$

将上述年金终值计算公式推广得

$$F=A[(1+i)^n-1]/i \qquad (2-6)$$

式中，$[(1+i)^n-1]/i$ 是普通年金为 1 元、利率为 i、经过 n 期的年金终值，称为年金终值系数，记作 $(F/A,i,n)$。该系数也可以直接从附表 3"年金终值系数表"中查出。相应地，普通年金终值的计算公式可写成 $F=A(F/A,i,n)$。

【例 2-7】 某人连续 5 年每年年末存入银行 10 000 元，年利率为 5%。计算第五年年末的本利和。

解 $F=A(F/A,5\%,5)=10\,000\times 5.525\,6=55\,256(元)$

上面的计算表明，每年年末存 10 000 元，连续存 5 年，到第五年年末可得 55 256 元。

② 普通年金现值

普通年金现值是指为在每期期末取得相等金额的款项，现在需要投入的金额。

【例 2-8】 某人出国 3 年，请你代付房租，每年租金 10 000 元，设银行存款年利率为 10%，那么他应当现在给你在银行存入多少钱？

这个问题可以表述为：请计算 $i=10\%$，$n=3$，$A=10\,000$ 元的年终付款的现在等效值是多少？

解 年金时间轴见图 2-2。

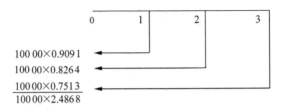

图 2-2 普通年金现值

第一期末 10 000 元的复利现值 $=10\,000\times(1+10\%)^{-1}$；

第二期末 10 000 元的复利现值 $=10\,000\times(1+10\%)^{-2}$；

第三期末 10 000 元的复利现值 $=10\,000\times(1+10\%)^{-3}$；

所以年金现值为

$$P=10\,000\times(1+10\%)^{-1}+10\,000\times(1+10\%)^{-2}+10\,000\times(1+10\%)^{-3} \qquad ①$$

将式①两边乘以 $(1+10\%)$ 得

$$(1+10\%)\times P=10\,000\times(1+10\%)^{0}+10\,000\times(1+10\%)^{-1}+\\10\,000\times(1+10\%)^{-2} \qquad ②$$

将式②—式①得

$$10\%\times P=10\,000\times(1+10\%)^{0}-10\,000\times(1+10\%)^{-3}\\=10\,000\times[1-(1+10\%)^{-3}]$$

$$P=10\,000\times[1-(1+10\%)^{-3}]\div10\%=24\,868(元)$$

将上述年金现值计算公式推广得

$$P=A[1-(1+i)^{-n}]/i \qquad (2-7)$$

式中，$[1-(1+i)^{-n}]/i$ 是普通年金为 1 元、利率为 i、经过 n 期的年金现值，称为年金现值系数，记作 $(P/A,i,n)$。该系数也可以直接从附表 4"年金现值系数表"中查出。相应地，普通年金现值的计算公式可写成 $P=A(P/A,i,n)$。

【例 2-9】 某人希望每年年末取得 10 000 元，连续取 5 年，银行年利率为 5%。那么第一年年初他应一次性存入多少元？

解 $P=A(P/A,i,n)=10\,000\times4.329\,5=43\,295(元)$

即为了每年年末取得 10 000 元，那么第一年年初应一次性存入 43 295 元。

(2) 预付年金

预付年金是指每期收入或支出相等金额的款项是发生在每期的期初，而不是期末，也称为先付年金或即付年金。

预付年金与普通年金的区别在于收付款的时点不同，普通年金在每期的期末收付款项，而预付年金在每期的期初收付款项，收付时间如图 2-3 和图 2-4 所示。

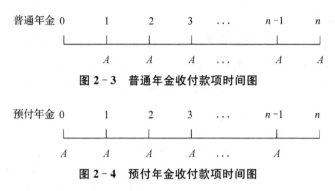

图 2-3　普通年金收付款项时间图

图 2-4　预付年金收付款项时间图

从图 2-3 和图 2-4 可见,n 期的预付年金与 n 期的普通年金相比,其收付款次数是一样的,只是收付款时点不一样。如果计算年金终值,预付年金要比普通年金多计 1 年的利息;如果计算年金现值,则预付年金要比普通年金少折现 1 年。因此,在普通年金的现值与终值的基础上乘以 $(1+i)$ 便可计算出预付年金的现值与终值。

① 预付年金终值

$$F=A(1+i)[(1+i)^n-1]/i \qquad (2-8)$$

式(2-8)右边除 A 以外的部分可简化为 $[(1+i)^{n+1}-1]/i-1$,称为预付年金终值系数,记作 $[(F/A,i,n+1)-1]$。可利用年金终值系数表查得 $n+1$ 期的终值,然后减去 1,就可得到预付年金终值系数。

【例 2-10】 将例 2-7 中收付款的时间改为每年年初,其余条件不变,计算第五年年末的本利和。

解　$10\,000\times[(F/A,5\%,5+1)-1]=10\,000\times(6.801\,9-1)=58\,019(元)$

上式结果与例 2-7 的普通年金终值相比,相差 $(58\,019-55\,256)=2\,763$ 元,该差额实际上就是预付年金比普通年金多计 1 年利息而造成的,即 $55\,256\times5\%=2\,762.80$ 元,约 2 763 元。

② 预付年金现值

$$P=A(1+i)[1-(1+i)^{-n}]/i \qquad (2-9)$$

式(2-9)右边除 A 以外的部分可简化为 $[1-(1+i)^{-(n-1)}]/i+1$,称为预付年金现值系数,记作 $[(P/A,i,n-1)+1]$。可利用年金现值系数表查得 $n-1$ 期的现值,然后加上 1,就可得到预付年金现值系数。

【例 2-11】 将例 2-9 中收付款的时间改为每年年初,其余条件不变,计算第一年年初应一次性存入多少元。

解　$10\,000\times[(P/A,5\%,5-1)+1]=10\,000\times(3.546\,0+1)=45\,460(元)$

上式结果与例 2-9 的普通年金现值相比,相差 $45\,460-43\,295=2\,165$ 元,该差额实际上是由于预付年金现值比普通年金现值少折现 1 年造成的,即 $43\,295\times5\%=2\,164.75$ 元,约 2 165 元。

(3) 递延年金

递延年金是指第一次收支发生在第二期或第二期以后的年金。递延年金的支付形式见图 2-5。从图中可以看出，前三期没有发生支付，一般称为递延期，用 m 表示递延期数，本例中 $m=3$。第一次支付在第四期期末，连续支付 4 次，即 $n=4$。

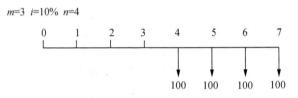

图 2-5 递延年金的支付形式

① 递延年金终值

递延年金终值的计算方法和普通年金终值类似，如下所示：
$100 \times (F/A, 10\%, 4) = 100 \times 4.641 = 464.10 (元)$

② 递延年金现值

递延年金的现值可用三种方法来计算。

第一种方法：把递延年金视为 n 期的普通年金，求出年金在递延期期末 m 点的现值，再将 m 点的现值调整到第一期期初。即

$$P = A(P/A, i, n) \times (P/F, i, m) \qquad (2-10)$$

第二种方法：先假设递延期也发生收支，则变成一个 $(m+n)$ 期的普通年金，算出 $(m+n)$ 期的年金现值，再扣除并未发生年金收支的 m 期递延期的年金现值，即可求得递延年金现值。即

$$P = A[(P/A, i, m+n) - (P/A, i, m)] \qquad (2-11)$$

第三种方法：先算出递延年金的终值，再将终值折算到第一期期初，即可求得递延年金现值。

$$P = A(F/A, i, n) \times (P/F, i, m+n) \qquad (2-12)$$

【例 2-12】 某企业年初投资一项目，希望从第 5 年开始每年年末取得 10 万元收益，投资期限为 10 年，假定年利率为 5%。计算该企业年初最多投资多少元才有利。

解 第一种方法：$P = A(P/A, 5\%, 6) \times (P/F, 5\%, 4)$
$= 10 \times 5.0757 \times 0.8227 = 41.76 (万元)$

第二种方法：$P = A[(P/A, 5\%, 10) - (P/A, 5\%, 4)]$
$= 10 \times (7.7217 - 3.5460) = 41.76 (万元)$

第三种方法：$P = A(F/A, 5\%, 6) \times (P/F, 5\%, 10)$
$= 10 \times 6.8019 \times 0.6139 = 41.76 (万元)$

从计算中可知,该企业年初的投资额不超过 41.76 万元才合算。

(4) 永续年金

无限期定额支付的年金称为永续年金。它是普通年金的一种特殊形式,由于永续年金的期限趋于无限,没有终止时间,因而也没有终值,只有现值。

永续年金的现值可以通过普通年金现值的计算公式导出:

$$P=A[1-(1+i)^{-n}]/i \qquad (2-13)$$

当 $n\to\infty$ 时,$(1+i)^{-n}$ 的极限为零,故上式可写成:$P=A/i$。

【例 2-13】 拟建立一项永久性奖学金,每年计划颁发 10 000 元奖金。若年利率为 10%,现在应存入多少元?

解 $P=A/i=10\,000/10\%=100\,000(元)$

2.1.3 货币的时间价值计算中的几个特殊问题

1. 实际利率与名义利率的换算

在经济分析中,复利计算通常以年为计息周期。但在实际经济活动中,计息周期有半年、季、月、周、日等多种。当利率的时间单位与计息期不一致时,就出现了名义利率和实际利率的概念。

(1) 实际利率:是指计算利息时实际采用的有效利率。

(2) 名义利率:是指计息周期的利率乘以每年计息周期数。

按月计算利息且其月利率为 1%,通常也称为"年利率 12%,每月计息一次",则 1% 是月实际利率,$1\%\times12=12\%$ 即为年名义利率,$(1+1\%)^{12}-1=12.68\%$ 为年实际利率。

注意:通常所说的年利率都是名义利率,如果不对计息周期加以说明,则表示 1 年计息 1 次。

设 r 为年名义利率,i 表示年实际利率,m 表示一年中的计息次数。从上述例子可以看出,名义利率和实际利率的关系为:$i=(1+r/m)^m-1$。

2. 贴现率的计算

在前面计算现值和终值时,都假定利率是给定的,但在实际财务管理中经常会遇到已知计息期数、终值和现值,求贴现率的问题。一般来说,求贴现率可以分为两步:第一步求出换算系数,第二步根据换算系数和有关系数表求贴现率。根据前述有关公式,复利终值、复利现值、年金终值和年金现值的换算系数分别用下列公式计算:

$(F/P,i,n)=F/P$

$(P/F,i,n)=P/F$

$(F/A,i,n)=F/A$

$(P/A,i,n)=P/A$

【例2-14】 把100元存入银行,10年后可获本利和259.4元,问银行存款的利率为多少?

解 $(P/F,i,10)=100/259.4=0.386$

查复利现值系数表可知,与10年相对应的贴现率中,10%的系数为0.386,因此利率应为10%。

【例2-15】 现在向银行存入5 000元,在利率为多少时,才能保证在今后10年中每年得到750元?

解 $(P/A,i,10)=5\,000/750=6.667$

查年金现值系数表可知,当利率为8%时,系数为6.710;当利率为9%时,系数为6.418,所以利率应在8%~9%之间。假设所求利率与8%之间的差额为x%,用插值法计算x的值如下:

利率			年金现值系数		
8%			6.710		
?	x%	1%	6.667	0.043	0.292
9%			6.418		

$x/1=0.043/0.292$,$x=0.147$,则$i=8\%+0.147\%=8.147\%$。

2.2 风险与报酬

2.2.1 风险与报酬概述

1. 风险的概念

风险是指一定条件下、一定时期内,某一项行动具有多种可能结果的不确定性。风险是由缺乏信息和决策者不能控制未来事物的发展过程而引起的。风险具有多样性和不确定性,可以事先估计采取某种行动可能导致的各种结果以及每种结果出现的可能性大小,但无法确定最终结果是什么。例如,掷一枚硬币,我们可事先知道硬币落地时有正面朝上和反面朝上两种结果,并且每种结果出现的可能性各为50%,但无法事先知道某一次硬币落地时究竟是正面朝上还是反面朝上。

值得注意的是,风险和不确定性是不同的。不确定性是指对于某种行动,人们知道可能出现的各种结果,但不知道每种结果出现的概率,或者对可能出现的各种结果及每种结果出现的概率均不知道,只能作出粗略的估计。如购买股票,投资者无法在购买前确定所有可能达到的期望报酬率以及该报酬率出现的概率。而对风险问题出现的各种结果的概率一般可事先估计和测算,只是不准确而已。如果对不确定性问题先估计一个大致的概率,则不确定性问题就转化为风险问题了。在财务管理实务中对两者不作严格区分。讲到风险,可能是指一般意义上的风险,也可能指不确定性问题。

风险是客观的、普遍的,广泛地存在于企业的财务活动中,并影响着企业的财务目标。由于企业的财务活动经常是在有风险的情况下进行的,各种难以预料和无法控制的因素可能使企业遭受风险,蒙受损失。如果只有损失,没人会去冒风险,企业冒着风险投资的最终目的是为了得到额外收益。因此,风险不仅带来预期的损失,而且可带来预期的收益。仔细分析风险,以承担最小的风险来换取最大的收益就十分必要。

2. 风险的类型

企业面临的风险主要有两种:市场风险和企业特有风险。

(1) 市场风险

市场风险是指影响所有企业的风险。它由企业的外部因素引起,企业无法控制、无法分散,涉及所有的投资对象,又称为系统风险或不可分散风险,如战争、自然灾害、利率的变化、经济周期的变化等因素将引起所有企业的收益波动。

(2) 企业特有风险

企业特有风险是指由个别企业的特有事件造成的风险。它是随机发生的,只与个别企业和个别投资项目有关,不涉及所有企业和所有项目,可以分散,又称为非系统风险和可分散风险,如产品开发失败、销售份额减少、工人罢工等。非系统风险根据风险形成的原因不同又可分为经营风险和财务风险。

经营风险是指由于企业生产经营条件的变化对企业收益带来的不确定性,又称为商业风险。产生这些生产经营条件变化的原因可能来自于企业内部,也可能来自于企业外部,如顾客购买力发生变化、竞争对手增加、政策变化、产品生产方向不对路、生产组织不合理等。这些内外因素使企业的生产经营产生不确定性,最终引起收益变化。

财务风险是指由于企业举债而给财务成果带来的不确定性,又称为筹资风险。企业借款虽可以解决企业资金短缺的困难,提高自有资金的盈利能力,但也改变了企业的资金结构和自有资金利润率,还需还本付息,并且借入资金所获得的利润是否大于支付的利息额具有不确定性,因此借款就有风险。在全部资金来源中,借入资金所占的比重大,企业的负担就重,风险程度也就增加;借入资金所占的比重小,企业的负担就轻,风险程度也就减轻。因此,必须确定合理的资金结构,这样既可提高资金盈利能力,又可防止财务风险增大。

3. 风险和报酬

如上所述,企业的财务活动和经营管理活动总是在有风险的状态下进行的,只不过风险有大有小。投资者冒着风险投资是为了获得更多的报酬,冒的风险越大,要求的报酬就越高。风险和报酬之间存在密切的对应关系,高风险的项目必然有高报酬,低风险的项目必然有低报酬,因此风险报酬是投资报酬的组成部分。

那么,什么是风险报酬呢?它是指投资者冒着风险进行投资而获得的超过货币的时间价值的那部分额外收益,是对人们所遇到的风险的一种价值补偿,也称风险价值。它的表现形式可以是风险报酬额或风险报酬率,在财务管理实务中一般以风险报酬率来表示。

如果不考虑通货膨胀,投资者冒着风险进行投资所希望得到的投资报酬率是无风险报酬率与风险报酬率之和,即

$$投资报酬率=无风险报酬率+风险报酬率 \qquad (2-14)$$

无风险报酬率就是货币时间价值,是在没有风险状态下的投资报酬率,是投资者投资某一项目能够确定得到的报酬,具有预期报酬的确定性,并且与投资时间的长短有关,可用政府债券利率表示。

风险报酬率是风险价值,是超过货币时间价值的额外报酬,具有预期报酬的不确定性,与风险程度和风险报酬系数的大小有关并成正比关系。风险报酬率可根据历史资料用高低点法、直线回归法或由企业管理人员会同专家根据经验确定。

2.2.2 风险报酬模型

1. 风险衡量

由于风险具有普遍性和广泛性,那么正确地衡量风险就十分重要。既然风险是可能值对期望值的偏离,因此利用概率分布、期望值和标准差来计算与衡量风险的大小是一种最常用的方法。

(1) 概率

在经济活动中,某一事件在相同的条件下可能发生也可能不发生,这类事件称为随机事件。概率就是用来表示随机事件发生可能性大小的数值。通常,把必然发生的事件的概率定为1,把不可能发生的事件的概率定为0,而一般随机事件的发生概率是介于0与1之间的一个数。概率越大就表示该事件发生的可能性越大。

【例2-16】 ABC公司有两个投资机会,A投资机会是一个高科技项目,该领域竞争很激烈,如果经济发展迅速并且该项目搞得好,取得较大市场占有率,利润会很高;否则,利润会很低甚至亏本。B项目是一个老产品并且是必需品,销售前景可以准确预测出来。假设未来的经济情况只有三种:繁荣、正常、衰退,有关的概率分布和预期报酬率见表2-1。

表2-1 ABC公司未来经济情况表

经济情况	发生概率	A项目预期报酬率	B项目预期报酬率
繁荣	0.3	90%	20%
正常	0.4	15%	15%
衰退	0.3	−60%	10%
合计	1.0	15%	15%

在这里,概率表示每一种经济情况出现的可能性,同时也就是各种不同预期报酬率出现

的可能性。例如,未来经济情况出现繁荣的可能性有 0.3。假如这种情况真的出现,A 项目可获得高达 90%的报酬率。这也就是说,采纳 A 项目获利 90%的可能性是 0.3。从上表中可见,所有的概率均在 0 和 1 之间,且概率之和为 1。

如果我们将 ABC 公司年收益的各种可能结果及各种结果相应的概率按一定规则排列出来,构成分布图,则称之为概率分布。概率分布一般用坐标图来表示,横坐标表示某一事件的结果,纵坐标表示每一结果相应的概率。概率分布有两种类型:一是离散型概率分布,其特点是各种可能结果只有有限个值,概率分布在各个特定点上,是不连续图像;二是连续型概率分布,其特点是各种可能结果有无数个值,概率分布在连续图像上的两点之间的区间上。例 2-16 的概率分布就属于离散型分布,它有 3 个值,如图 2-6 所示。

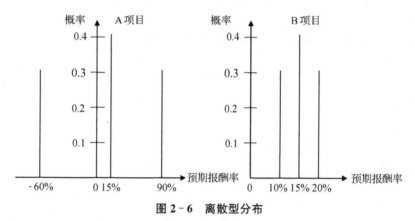

图 2-6 离散型分布

实际上,出现的经济情况远不止三种,有无数可能的经济情况会出现。如果对每种情况都赋予一个概率并分别测定其预期报酬率,则可用连续型分布描述,如图 2-7 所示。

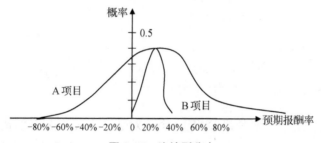

图 2-7 连续型分布

(2) 期望值

期望值是指可能发生的结果与各自概率之积的加权平均值,反映了投资者的合理预期,用 E 表示。根据概率统计知识,一个随机变量的期望值为

$$E = \sum_{i=1}^{n} P_i X_i \tag{2-15}$$

【例 2-17】 利用例 2-16 中的数据计算预期年收益的期望值。

解 预期报酬率 $E(A) = 0.3 \times 90\% + 0.4 \times 15\% + 0.3 \times (-60\%) = 15\%$

预期报酬率 $E(B) = 0.3 \times 20\% + 0.4 \times 15\% + 0.3 \times 10\% = 15\%$

两者的预期报酬率相同，但其概率分布不同。A 项目的预期报酬率的分散程度大，变动范围在 -60%~90% 之间；B 项目的预期报酬率的分散程度小，变动范围在 10%~20% 之间。这说明两个项目的预期报酬率相同，但风险不同。为了定量地衡量风险大小，还要使用统计学中衡量概率分布离散程度的指标。

(3) 离散程度

一般用方差和标准差来表示随机变量的离散程度。

① 方差

方差是离差平方的平均数，分为总体方差和样本方差。

$$总体方差 = \frac{\sum_{i=1}^{N}(X_i - \overline{X})^2}{N} \tag{2-16}$$

$$样本方差 = \frac{\sum_{i=1}^{n}(X_i - \overline{X})^2}{n-1} \tag{2-17}$$

② 标准差

标准差是方差的平方根，用来衡量概率分布中各种可能值对期望值的偏离程度。

$$总体标准差 = \sqrt{\frac{\sum_{i=1}^{N}(X_i - \overline{X})^2}{N}} \tag{2-18}$$

$$样本标准差 = \sqrt{\frac{\sum_{i=1}^{n}(X_i - \overline{X})^2}{n-1}} \tag{2-19}$$

标准差用来反映决策方案的风险，是一个绝对数。在 n 个方案的情况下，若期望值相同，则标准差越大，表明各种可能值偏离期望值的幅度越大，结果的不确定性越大，风险也越大；反之，标准差越小，表明各种可能值偏离期望值的幅度越小，结果的不确定越小，则风险也越小。

【例 2-18】 利用例 2-16 中的数据计算标准差（收益率用 R 表示，下同）。

解 A 项目的标准差是 58.09%，B 项目的标准差是 3.87%，计算过程见下表。由于它们的预期报酬率相同，因此可以认为 A 项目的风险比 B 项目的大。

表 2-2 A 项目预期报酬率的标准差

$R_i-\bar{R}$	$(R_i-\bar{R})^2$	$(R_i-\bar{R})^2\times P_i$
90%—15%	0.562 5	0.562 5×0.3=0.168 7 5
15%—15%	0	0×0.4=0
−60%—15%	0.562 5	0.562 5×0.3=0.168 7 5
方差		0.337 5
标准差		0.580 9

表 2-3 B 项目预期报酬率的标准差

$R_i-\bar{R}$	$(R_i-\bar{R})^2$	$(R_i-\bar{R})^2\times P_i$
20%—15%	0.002 5	0.002 5×0.3=0.000 75
15%—15%	0	0×0.4=0
10%—15%	0.002 5	0.002 5×0.3=0.000 75
方差		0.001 5
标准差		0.038 7

标准差是以均值为中心计算出来的,因而有时直接比较标准差是不准确的,需要剔除均值大小的影响。为了解决这个问题,引入了离散系数的概念。离散系数是标准差与均值的比,又称为标准差系数,它是从相对角度观察两者的差异和离散程度,在比较相关事务的差异程度时较之直接比较标准差更好些。

$$离散系数=标准差/均值 \tag{2-20}$$

离散系数是一个相对数,在期望值不同时,离散系数越大,表明可能值与期望值偏离程度越大,结果的不确定性越大,风险也越大;反之,离散系数越小,表明可能值与期望值偏离程度越小,结果的不确定性越小,风险也越小。

【例 2-19】 某 A 证券的预期报酬率为 10%,标准差是 12%;某 B 证券的预期报酬率为 18%,标准差是 20%。问 A 证券和 B 证券中哪一个的风险大?

解 离散系数(A)=12%/10%=1.20

离散系数(B)=20%/18%=1.11

直接从标准差看,B 证券的离散程度较大,能否说 B 证券的风险比 A 证券大呢?不能轻易下这个结论,因为 B 证券的期望报酬率较大。如果以各自的平均报酬率为基础观察,A 证券的标准差是其均值的 1.20 倍,而 B 证券的标准差只是其均值的 1.11 倍,B 证券的相对风险较小。这就是说,A 证券的绝对风险较小,但相对风险较大,B 证券与此正相反。

2. 计算风险报酬率

离散系数虽然能正确评价风险程度的大小,但这还不是风险报酬率。要计算风险报酬率,还必须借助风险报酬系数。风险报酬率、风险报酬系数和离散系数之间的关系为

$$风险报酬率=风险报酬系数\times离散系数 \tag{2-21}$$

【例 2-20】 假设上例中 A 证券和 B 证券的风险报酬系数分别为 6% 和 10%,则两个证券的风险报酬率分别为:

风险报酬率(A)=6%×1.2=7.2%

风险报酬率(B)＝10％×1.11＝11.1％

由此可以看出,要正确计算风险报酬率,关键在于确定风险报酬系数。风险报酬系数一般可根据以往同类项目的有关数据或由有关专家根据经验和客观情况进行预期确定。

2.3 Excel 在价值衡量中的应用

2.3.1 复利终值

1. 计算复利终值的 Excel 函数介绍

(1) 名称

FV:基于固定利率和等额分期付款方式,返回某项投资额的未来值。

(2) 语法形式

FV(rate,nper,pmt,pv,type)。

(3) 参数

① rate 为各期利率,是一固定值;

② nper 为收付款总期数;

③ pmt 为每期收付款金额,如果省略,则函数必须包含参数 pv;

④ pv 为现值或一系列未来付款当前值的累积和,也称为本金,如果省略,则假设其值为 0;

⑤ type 为数字 0 或 1,用以指定各期的付款时间是在期初还是期末,如果省略,则假设其值为 0。

2. 应用举例

假如某人两年后需要一笔比较大的学习费用支出,计划从现在起每月初存入 2 000 元,如果按年利 2.25％按月计息(月息为 2.25％/12),那么两年以后该账户的存款额会是多少呢？可以使用函数 FV(2.25％/12,24,－2 000,0,1)计算,其结果约为 49 141.34(保留 2 位小数),如图 2-8 所示。

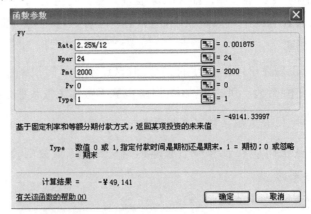

图 2-8 FV 函数

2.3.2 复利现值

1. 计算复利现值的 Excel 函数介绍

(1) 名称

PV:返回某项投资的一系列将来偿还额的当前总值。

(2) 语法形式

PV(rate,nper,pmt,fv,type)。

(3) 参数

① rate 为各期利率,是一固定值;

② nper 为收付款总期数;

③ pmt 为每期收付款金额,如果省略,则公式必须包含参数 fv;

④ fv 为最后一次存款后希望得到的现金总额,如果省略,则函数中必须包含参数 pmt;

⑤ type 为数字 0 或 1,用以指定各期的付款时间是在期初还是期末,如果省略,则假设其值为 0。

2. 应用举例

假如某人每月初向银行存入现金 500 元,如果年利为 2.15%(按月计息,即月息为 2.15%/12)。如果想知道 5 年后的存款总额的现值是多少,可以使用函数 PV(2.15%/12,60,−500,0,1)计算,其结果约为 28 470.57(保留 2 位小数),如图 2-9 所示。

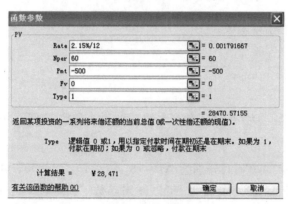

图 2-9 PV 函数

2.3.3 实际利率

1. 计算实际利率的 Excel 函数介绍

(1) 名称

EFFECT:利用给定的名义年利率和每年的复利期数计算实际的年利率。

(2) 语法形式

EFFECT(nominal_rate,npery)。

(3) 参数

① nominal_rate 为名义年利率；

② npery 为每年复利期数。

2. 应用举例

假如名义年利率为 5.25%，每年复利期数为 4，则实际年利率可用函数 EFFECT(5.25%,4)来计算，其结果约为 5.354 3%（保留 6 位小数），如图 2-10 所示。

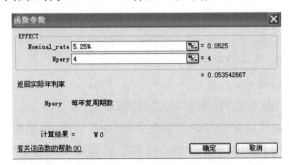

图 2-10 EFFECT 函数

2.3.4 样本标准差

1. 计算样本标准差的 Excel 函数介绍

(1) 名称

STDEV:样本标准偏差函数。

(2) 语法形式

STDEV(number1,number2,…)。

(3) 参数

number1,number2,…为对应于总体样本的 1 到 30 个参数，它们可以是数值、引用或数组。

2. 应用举例

假设某公司近 5 年的净利润分别为 A1=78、A2=45、A3=90、A4=12 和 A5=85。如果要估算近 5 年净利润的样本标准差，可以使用函数 STDEV(A1:A5)计算，其结果约为 33.01（保留 2 位小数），如图 2-11 所示。

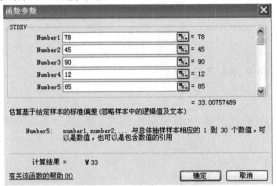

图 2-11 STDEV 函数

2.3.5 总体标准差

1. 计算总体标准差的 Excel 函数介绍

(1) 名称

STDEVP:基于给定样本的总体标准偏差函数。

(2) 语法形式

STDEVP(number1,number2,…)。

(3) 参数

number1,number2,… 为对应于总体样本的 1 到 30 个参数,它们可以是数值、引用或数组。

2. 应用举例

假定仍以 2.3.4 节中的数据为例。如果要估算近 5 年净利润的总体标准差,可以使用函数 STDEVP(A1:A5)计算,其结果约为 29.52(保留 2 位小数),如图 2-12 所示。

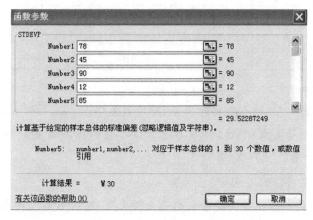

图 2-12 STDEVP 函数

【本章小结】

1. 货币的时间价值是指货币经历一定时间的投资和再投资所增加的价值,也称为资金的时间价值。货币的时间价值计算包括单利、复利和年金三个方面,其中,年金有普通年金、预付年金、递延年金和永续年金四种类型。另外,货币的时间价值计算还涉及两个特殊问题:实际利率与名义利率的换算和贴现率的计算。

2. 风险是指一定条件下、一定时期内,某一项行动具有多种可能结果的不确定性。企业面临的风险主要有两种:市场风险和企业特有风险。风险报酬是指投资者冒着风险进行投资而获得的超过货币的时间价值的那部分额外收益,是对人们所遇到的风险的一种价值补偿,也称风险价值。它的表现形式可以是风险报酬额或风险报酬率,在财务管理实务中一般以风险报酬率来表示。风险报酬模型是用来计算风险报酬的一种方法,它包括两部分内容,一是风险衡量,二是风险报酬的计算。利用概率分布、期望值和标准差来计算与衡量风险的大小是一种最常用的方法。风险报酬率是由风险报酬系数与离散系数相乘而得到的。

3. Excel在本章的应用主要包括货币的时间价值的计算与风险衡量两部分内容。其中,货币的时间价值的计算主要包括复利终值、复利现值和实际利率的计算;风险衡量主要包括样本标准差和总体标准差的计算。

【案例分析】

华特电子公司投资方案选择

假设你是华特电子公司的财务分析员,目前正在进行一项包括四个备选方案的投资分析工作。各方案的投资期都是一年,对应于三种不同经济情况的估计收益率如表2-4所示。

表2-4 不同经济情况下华特电子公司四种投资方案的估计收益率

经济情况	概率	备选方案			
		A	B	C	D
衰退	0.20	10%	6%	22%	5%
一般	0.60	10%	11%	14%	15%
繁荣	0.20	10%	31%	-4%	25%

案例分析与讨论:

1. 计算各方案的期望报酬率、标准离差、标准离差率。

2. 公司的财务主管要求你根据四项备选方案各自的标准离差和期望报酬率来确定是否可以淘汰其中一方案,应如何回复?

3. 上述分析思路存在哪些问题?

4. 假设项目D是一种经过高度分散的基金性资产,可以用来代表市场投资。试求各方案的 β 系数,并用资本资产定价模型来评价各方案。

资料来源:荆新,王化成,刘俊彦.财务管理学[M].北京:中国人民大学出版社,2012.

【思考题】

1. 什么是货币的时间价值?
2. 单利和复利有什么区别?
3. 什么是年金?请举例说明。
4. 名义利率和实际利率有什么区别?
5. 什么是风险?风险和收益有什么关系?
6. 如何利用风险报酬模型来计算风险报酬率?

【课后练习】

一、单项选择题

1. 在一定时期内,每期期初等额收付的系列款项是_____。
   A. 即付年金　　B. 永续年金　　C. 递延年金　　D. 普通年金

2. 从第一期起,每期期末收款或付款的年金称为_____。
   A. 普通年金　　B. 即付年金　　C. 递延年金　　D. 永续年金

3. 下列关于风险的叙述中,不正确的是_____。
   A. 风险必然导致损失　　　　　　B. 风险代表着不确定性
   C. 风险只能估计而不能事先确定　　D. 确定性决策不存在风险

4. 只有现值而没有终值的年金是_____。
   A. 永续年金　　B. 预付年金　　C. 普通年金　　D. 延期年金

5. 投资者因冒风险进行投资而要求的额外报酬率称为_____。
   A. 实际报酬率　　B. 必要报酬率　　C. 期望报酬率　　D. 风险报酬率

6. 资金时间价值的实质是_____。
   A. 利息率　　　　　　　　　　　B. 资金周转使用后的增值额
   C. 利润率　　　　　　　　　　　D. 差额价值

7. 为比较期望收益率不同的两个或两个以上的方案的风险程度,应采用的标准是_____。
   A. 标准离差　　B. 标准离差率　　C. 概率　　D. 风险报酬率

8. 某人在4年内每年存入银行1 000元,年利率为9%,4年后可从银行提取的款项为_____。
   A. 3 000元　　B. 1 270元　　C. 4 573元　　D. 1 350元

二、多项选择题

1. 在财务管理中,经常用来衡量风险大小的指标有_____。
   A. 标准差　　　　　　　　　　　B. 边际成本
   C. 风险报酬率　　　　　　　　　D. 变异系数
   E. 期望报酬率

2. 投资报酬率的构成要素包括_____。
   A. 通货膨胀率　　　　　　　　　B. 资金时间价值
   C. 投资成本率　　　　　　　　　D. 风险报酬率
   E. 资金利润率

3. 递延年金的特点有_____。
   A. 年金的第一次支付发生在若干期以后
   B. 没有终值
   C. 年金的现值与递延期无关
   D. 年金的终值与递延期无关
   E. 现值系数是后付年金现值系数的倒数

4. 设年金为 A,计息期为 n,利息率为 i,则先付年金现值的计算公式为_____。
   A. $P = A * \text{PVIFA}_{i,n} * (1+i)$
   B. $P = A * \text{PVIFA}_{i,n}$
   C. $P = A * [(\text{PVIFA}_{i,n-1}) + 1]$
   D. $P = A * \text{FVIFA}_{i,n}$
   E. $P = A * \text{PVIF}_{i,n}$

5. 影响货币的时间价值大小的因素主要包括_____。
   A. 单利　　　　　B. 复利　　　　　C. 资金额
   D. 利率　　　　　E. 期限

6. 下列表述中,正确的有_____。
   A. 复利终值系数和复利现值系数互为倒数
   B. 普通年金终值系数和普通年金现值系数互为倒数
   C. 普通年金终值系数和偿债基金系数互为倒数
   D. 普通年金现值系数和资本回收系数互为倒数
   E. 普通年金终值系数和资本回收系数互为倒数

7. 下列关于货币的时间价值的表述中,正确的有_____。
   A. 是经过投资和再投资增加的价值
   B. 是一种客观存在的经济现象
   C. 是指没有风险和没有通货膨胀条件下的社会平均利润率
   D. 是投资收益率

8. 年金是指一定时期内每期相等金额的收付款项,其一般应具备的条件为_____。
   A. 各期金额相等　　　　　B. 各期金额逐渐增加
   C. 各期金额逐渐减少　　　D. 增长率相等
   E. 各期间隔时间相等

9. 下列表述中,属于年金特点的有_____。
   A. 每次发生的金额相等
   B. 每次发生的时间间隔相同
   C. 每次发生的金额必须相等,但每次发生时间间隔可以不同
   D. 每次发生金额可以不相等,但每次发生时间间隔必须相同
   E. 每次发生金额和时间间隔都可以不同

三、判断题
   1. 把通货膨胀因素抽象掉,投资报酬率就是时间价值率和风险报酬率之和。　　（　　）
   2. 先付年金与后付年金的区别仅在于付款时间不同。　　（　　）
   3. 货币的时间价值是由时间创造的,因此所有的货币都有时间价值。　　（　　）
   4. 只有把货币作为资金投入到生产经营中才能产生时间价值,即时间价值是在生产经营中产生的。　　（　　）
   5. 在市场经济条件下,报酬和风险是成反比的,即报酬越大,风险越小。　　（　　）

6. 在没有风险和通货膨胀的情况下,投资报酬率就是时间价值率。 （　）
7. 对于期望值不同的决策方案,计价和比较其各自的风险程度只能借助于变异系数指标。 （　）
8. 投资报酬率包括时间价值、风险报酬和通货膨胀贴水。 （　）
9. 复利现值系数的倒数是复利终值系数。 （　）
10. 由于几乎没有风险,短期国库券利率可以近似代表资金的时间价值。 （　）

四、计算分析题

1. 某人现要出国,出国期限为10年。在出国期间,其每年年末需支付1万元的房屋物业管理等费用,已知银行利率为2%,求现在他需要向银行存入多少钱?

2. 假如贴现率为4%,如果在以后3年的每年年末都可以收到4 000元,请问它们的总现值是多少?

3. 如果你去购买某企业的债券,它的票面利率为5%,以复利方式计息,票面价值为1 000元,你购买时所支付的金额也是1 000元。请问两年后到期时你可以收到的总金额为多少?

4. 假设你家有一处房产,现在准备出租,租期5年。你可以采取两种方式收取租金,一种是每年年末收一次,金额相等,都是15 000元;另一种方式是现在就一次性收取5年的租金65 000元。如果你预期的市场年利率为4%,那么你会采取哪种方式,为什么?

5. 某公司想使用一栋办公楼,现有两种方案可供选择。方案一:永久租用办公楼一栋,每年年初支付租金10万,一直到无穷。方案二:一次性购买,支付120万元。目前存款年利率为10%,问从年金角度考虑,哪一种方案更优?

6. 某大学生在大学4年学习期间,每年年初从银行借款4 000元用以支付学费,若按年利率6%计复利,第4年年末一次归还全部本息需要多少钱?

7. 某人准备第一年存1万,第二年存3万,第三年至第五年每年存4万,问5年存款的现值合计(每期存款于每年年末存入)是多少? 已知存款利率为10%。

8. 甲银行的年利率为8%,每季复利一次。
(1) 计算甲银行的实际年利率。
(2) 乙银行每月复利一次,若要与甲银行的实际年利率相等,则其月利率应为多少?

9. 某企业有A、B两个投资项目,计划投资额均为1 000万元,其收益(净现值)的概率分布如下所示。

市场状况	概率	A项目净现值(万元)	B项目净现值(万元)
好	0.2	200	300
一般	0.6	100	100
差	0.2	50	−50

要求:
(1) 分别计算A、B两个投资项目的净现值的期望值。
(2) 分别计算A、B两个投资项目的期望值的标准差。
(3) 判断A、B两个投资项目的优劣。

第三章

财务分析

【学习目标】

1. 理解并掌握财务分析的方法。
2. 掌握偿债能力、营运能力、盈利能力、发展能力分析的内容。
3. 掌握杜邦财务分析体系。
4. 理解财务分析的概念和作用。
5. 了解沃尔比重评分法。

【重点与难点】

1. 偿债能力、营运能力、盈利能力分析的内容。
2. 杜邦财务分析体系。

【导引案例】

蓝田股份造假回顾：刘姝威与 600 字报告

蓝田股份曾经创造了中国股市长盛不衰的绩优神话。这家以养殖、旅游和饮料为主营业务的上市公司一亮相就颠覆了行业规律和市场法则，1996 年发行上市以后，在财务数字上一直保持着神奇的增长速度：总资产规模从上市前的 2.66 亿元发展到 2000 年末的 28.38 亿元，增长了 9 倍，历年年报的业绩都在每股收益 0.60 元以上，最高达到 1.15 元。即使遭遇了 1998 年特大股灾以后，每股收益也达到了不可思议的 0.81 元，5 年间股本扩张了 360%，创造了中国农业企业罕见的"蓝田神话"。

刘姝威，中央财经大学研究所研究员，将目光瞄准了蓝田股份。蓝田，这个上市 5 年的公司撞到了刘姝威的"枪口"上。2001 年 10 月 8 日，蓝田发布了一个公告，称"公司已接受中国证监会对本公司有关事项进行的调查"。这引起了刘姝威的注意。2001 年 10 月 9 日起，刘姝威对蓝田的财务报告进行了分析，得出的结果是，2000 年蓝田的流动比率已经下降到 0.77，净营运资金已经下降到负 1.27 亿元。这几个简单的数字在刘姝威看来说明的是：蓝田在一年内难以偿还流动债务，有 1.27 亿元的短期债务无法偿还。这令刘姝威震惊，蓝田已经失去了创造现金流量的能力，完全是在依靠银行的贷款维持生存——它是一个空壳！10 月 23 日，刘姝威毫不犹豫地将 600 字报告《应立即停止对蓝田股份发放贷款》传真给了《金融内参》编辑部，两天之后顺利刊发。

2002 年 1 月，因涉嫌提供虚假财务信息，董事长保田等 10 名中高层管理人员被拘传接受调查。2002年3月,公司实行特别处理,股票简称变更为"ST生态"。2002年5月,因连续3年亏损,蓝田股份暂停上市。至此,"蓝田神话"终于破灭。

资料来源:http://stock.hexun.com/2011-03-21/128089889.html.

3.1 财务分析概述

3.1.1 财务分析的概念

财务分析又称财务报表分析。财务报表是企业财务状况和经营成果的信息载体,但财务报表所列示的各类项目的金额如果孤立地看,并无多大意义,必须与其他数据相比较,才能成为有用的信息。这种参照一定标准将财务报表的各项数据与有关数据进行比较、评价就是财务分析。具体地说,财务分析就是以财务报表和其他资料为依据和起点,采用专门方法,系统分析和评价企业的财务状况、经营成果和现金流量状况的过程。

3.1.2 财务分析的作用

财务分析的目的是评价过去的经营业绩,衡量现在的财务状况,预测未来的发展趋势。财务分析既是财务预测的前提,也是过去经营活动的总结,具有承上启下的作用。

1. 财务分析是评价财务状况及经营业绩的重要依据

通过财务分析,可以了解企业偿债能力、营运能力、盈利能力和现金流量状况,便于企业管理者及财务报表使用者了解企业财务状况和经营成果,并将影响企业财务状况和经营成果的主观因素与客观因素、微观因素与宏观因素区分开来,以厘清经济责任,合理评价经营者的工作业绩,以奖优罚劣,促进管理水平的提高。

2. 财务分析是实现理财目标的重要手段

企业理财的根本目标是实现企业价值最大化。通过财务分析,不断挖掘潜力,研究财务管理中存在的薄弱环节,找到影响财务状况和财务成果的有利因素和不利因素,找出差距,充分认识未被利用的人力、物力资源,使有利因素进一步巩固和发展,改变不利于企业发展的因素,以便进一步改善管理,促使企业经营活动按照企业价值最大化目标运行。

3. 财务分析是作出正确投资决策的重要步骤

财务分析是财务预测、决策与计划的基础。财务预测、决策、计划、控制和分析形成财务管理的循环。财务决策是财务管理的核心,财务计划的准确与否对财务活动的效果有着十分重要的影响,财务控制是财务计划的实施和对财务活动过程的约束与调节。对财务进行分析,可以了解过去,掌握现在,预测未来,从而进行正确决策。通过财务分析,了解企业的获利能力、偿债能力,预测投资后的收益水平和风险程度,以确保作出正确的投资决策。

事实上,由于财务分析信息的需求者不同,因此分析主体的侧重点也不同。所有者更重视企业的获利能力指标,通过分析企业的资产和盈利能力,决定是否进行投资;通过分析企业的盈利状况、股价变动和发展前景,决定是否转让股份;通过分析企业的盈利水平、破产风险和竞争能力,考查经营者的业绩;通过分析企业的筹资状况,决定股利分配政策等。债权人更关注企业的偿债能力指标,债权人进行财务分析,一方面是看对企业的借款或其他债券能否及时、足额收回;另一方面是看企业的收益状况与风险程度能否相适应。为此,还要将企业的偿债能力与盈利能力分析相结合。经营决策者更在乎企业经营理财的各个方面,他们既要保持企业良好的偿债能力和营运能力,又要为投资赚取较多的利润。因此,他们进行财务分析的目的是综合的和多方面的,涉及的内容最广泛,几乎包括外部使用者关心的所有问题。政府最关注的则是企业对社会承担责任的能力,检查国家各项经济政策、法规、制度在企业的执行状况,保证企业所提供财务会计信息和财务报告的真实性、准确性,防止欺诈和不正当竞争。

3.1.3 财务分析的内容

1. 偿债能力分析

偿债能力是指企业如期偿付债务的能力,它包括短期偿债能力和长期偿债能力。由于短期债务是企业日常经营活动中弥补营运资金不足的一个重要来源,通过对其进行分析有助于判断企业短期资金的营运能力以及营运资金的周转状况。通过对长期偿债能力的分析,不仅可以判断企业的经营状况,还可以促使企业提高融通资金的能力,因为长期负债是企业资本化资金的重要组成部分,也是企业的重要融资途径。而从债权人的角度看,通过偿债能力分析,有助于了解其贷款的安全性,以保证其债务本息能够及时、足额地得到偿还。

2. 营运能力分析

营运能力是企业的资产利用能力,它是衡量企业各项经济资源利用效率的重要指标。企业的生产经营过程就是利用资产取得收益的过程。资产是企业生产经营活动的经济资源,资产的管理水平直接影响到企业的收益,它体现了企业的整体素质。通过营运能力分析可以了解企业资产的保值和增值情况,分析企业各项资产的使用效果、资金周转的快慢、现金流量情况以及挖掘资金的潜力,评价企业的营运能力水平。

3. 盈利能力分析

盈利能力是指企业获取利润的能力。获取利润是企业的主要经营目标之一,它也反映了企业的综合素质。企业要生存和发展,必须争取获得较高的利润,这样才能在竞争中立于不败之地。盈利能力分析主要通过将资产、负债、所有者权益与经营成果相结合来分析企业的各项报酬率指标,从而从不同角度判断企业的获利能力。投资者和债权人都十分关心企业的获利能力,获利能力强可以提高企业偿债能力,提高企业信誉。

4. 发展能力分析

发展能力分析就是通过观察企业资产变动、负债增减、资本筹集、经营规模和经营成果等状况,对偿债能力、营运能力、盈利能力诸方面进行综合分析。无论是企业的管理者还是投资者、债权人,都十分关注企业的发展能力,这关系到他们长远的、切身的利益。通过对企业进行财务分析,可以判断企业的发展趋势,预测企业的经营前景,从而为企业管理者进行经营决策、为投资者和债权人进行投资决策提供重要的依据,避免决策失误带来重大的经济损失。

5. 财务综合分析

财务综合分析是指全面分析和评价企业各方面的财务状况,对企业风险、收益、成本和现金流量等进行分析和诊断,为提高企业财务管理水平、改善经营业绩提供信息。

3.1.4 财务分析的局限性

1. 财务报表本身的局限性

财务报告是会计的产物。会计有特定的假设前提并要执行统一的规范。我们只能在规定意义上使用财务报告数据,不能认为财务报告揭示了企业的全部实际情况。

(1) 财务报告没有披露公司的全部信息,实际上管理层拥有更多的信息,被披露的只是其中的一部分。

(2) 已经披露的财务信息存在会计估计误差,不一定是真实情况的准确计量。比如现行会计原则要求充分预计损失而不预计收益,因此有可能夸大费用而少计收益和资产。

(3) 管理层的各项会计政策的选择使财务报表会扭曲公司的实际情况。

(4) 目前我们所使用的财务报告信息大部分仍然是历史成本信息,不能完全代表其现行或变现价值。

(5) 假设比值不变,不按通货膨胀率或物价水平调整。

2. 财务报表的可靠性问题

财务报告分析通常假设财务报告是真实的。报告的真实性问题要通过审计来解决,财务分析是不能解决报告的真实性问题的。分析人员必须自己关注财务报表的可靠性,对于可能存在的问题保持足够的警惕性。常见的危险信号包括:

(1) 财务报告形式的规范性。不规范的报告,其真实性也受到怀疑。

(2) 要注意财务报告是否有遗漏。遗漏是违背充分披露原则的,有可能是故意为之。

(3) 分析数据的反常现象。如果出现不合理的反常现象,则要考虑数据的真实性和一贯性是否有问题。

(4) 大额的关联方交易。这些交易的价格缺乏客观性,会计估计有较大主观性,可能存在转移利润的意图。

(5) 大额的资本利得。在经营业绩不佳时,公司可能通过出售长期资产、债转股等交易实现资本利得。

（6）异常的审计报告。无正当理由更换注册会计师或审计报告附有保留意见，暗示公司的财务报表可能粉饰过度。

3. 比较基础问题

在比较分析时必然要选择参照标准，包括本公司历史数据、同业数据和计划预算数据。

横向比较时需要使用同业标准。同业的平均数只有一般性的指导作用，不一定有代表性，不是合理性的标志。选一组有代表性的公司的数据求其平均数作为同业标准，可能比整个行业的平均数更有意义。

趋势分析时需要以本公司历史数据作为比较基础。历史数据代表过去，并不代表合理性。经营环境是变化的，今年比上年利润提高了，不一定说明已经达到应该达到的水平，甚至不一定说明管理有了改进。会计规范的改变会使财务数据失去直接可比性，要恢复其可比性的成本很大，甚至缺乏必要的信息。

实际与计划的差异分析需要以计划预算为比较基础。实际和预算出现差异，可能是执行过程出了问题，也可能是预算不合理，两者的区分并非易事。

总之，对比较基础本身要准确理解，并且要在限定意义上使用分析结论，避免简单化和绝对化。

3.1.5 财务分析的方法

财务分析方法多种多样，但常用的有以下三种：比率分析法、因素分析法和趋势分析法。

1. 比率分析法

比率分析法是把两个相互联系的项目加以对比，计算出比率，以确定经济活动变动情况的分析方法。比率指标主要有以下三类：

（1）效率比率

效率比率是反映经济活动中投入与产出、所费与所得的比率，以考察经营成果，评价经济效益的指标。例如成本利润率、销售利润率及资本利润率等指标。

（2）结构比率

结构比率又称构成比率，是某项经济指标的某个组成部分与总体的比率，反映了部分与总体的关系。例如流动资产与总资产的比率、流动负债与负债总额的比率。利用结构比率可以考察总体中某部分形成与安排的合理性，以协调各项财务活动。

（3）相关比率

相关比率是将两个不同但又有一定关联的项目加以对比得出的比率，以反映经济活动中的各种相互关系。实际上财务分析的许多指标都是这种相关比率，如流动比率、资金周转率等。

比率分析法的优点是计算简便,计算结果容易判断分析,而且可以使某些指标在不同规模企业间进行比较。但要注意以下几点：

① 对比项目的相关性。计算比率的分子和分母必须具有相关性,否则就不具有可比性。结构比率指标必须是部分与总体的关系;效率比率指标要具有某种投入产出关系;相关比率指标中的分子和分母也要有某种内在联系,否则比较就毫无意义。

② 对比口径的一致性。计算比率的子项和母项在计算时间、范围等方面要保持口径一致。

③ 衡量标准的科学性。要选择科学合理的参照标准与之对比,以便对财务状况作出恰当评价。

2. 因素分析法

一个经济指标往往是由多种因素构成的,每种因素对某一个经济指标都有不同程度的影响。只有将这一综合性的指标分解成各个构成因素,才能从数量上把握每一个因素的影响程度,给工作指明方向。这种通过逐步分解来确定几个相互联系的因素对某一综合性指标的影响程度的分析方法叫做因素分析法或连环替代法。

因素分析法就是将分析指标分解为各个可以计量的因素,并根据各个因素之间的依存关系,顺次用各因素的比较值(通常为实际值)替代基准值(通常为标准值或计划值),据以测定各因素对分析指标的影响。

例如,某项财务指标 P 是由 A、B、C 三大因素的乘积构成,其实际指标与标准指标以及有关因素关系由下式构成：

实际指标：$P_a = A_a \times B_a \times C_a$

计划指标：$P_s = A_s \times B_s \times C_s$

则实际指标与计划指标的总差异为 $P_a - P_s$,这一总差异同时受到 A、B、C 三个因素的影响。它们各自的变动对指标总差异的影响可分别由下式计算求得：

A 因素变动的影响：$(A_a - A_s) \times B_s \times C_s$

B 因素变动的影响：$A_a \times (B_a - B_s) \times C_s$

C 因素变动的影响：$A_a \times B_a \times (C_a - C_s)$

将以上三因素的影响数相加等于总差异 $P_a - P_s$。

因素分析法既可以全面分析各因素对某一经济指标的影响,又可以单独分析某个因素对某一经济指标的影响,在财务分析中应用颇为广泛。但在实际运用中应注意以下几点：

(1) 因素分解的关联性。即构成经济指标的各个因素确实是形成该指标差异的内在原因,它们之间存在着客观的因果关系。

(2) 因素替代的顺序性。在实际工作中,往往是按照先质量后数量、先实物后价值量、先原始后派生、先主要后次要、先分子后分母的顺序替代,不可随意颠倒。

(3) 顺序替代的连环性。在计算每一个因素变动的影响时,都是在前一次计算的基础上进行,并采用连环比较的方法确定因素变化影响的结果。

(4) 计算结果的假定性。由于因素分析法计算的每一个因素变动的影响值会因替代顺序的不同而有差别,因而计算结果具有一定程度上的假定性和近似性。

3. 趋势分析法

趋势分析法是将两期或连续数期财务报表中的相同指标进行对比,确定其增减变动的方向、数额和幅度,以说明企业财务状况及经营成果变动趋势的一种方法。趋势分析法主要有三种比较方式:

(1) 重要财务指标的比较

这种方式是将不同时期财务报表中相同的重要指标或比率进行比较,直接观察其增减变动幅度及发展趋势。它又分为两种比率情况:

① 定基动态比率,它是将分析期数额与某一固定基期数额对比计算的比率,计算公式为:

定基动态比率＝分析期指标/固定基期指标

② 环比动态比率,它是将每一分析期数额与前一期同一指标进行对比计算得出的动态比率,计算公式为:

环比动态比率＝分析期指标/分析前期指标

(2) 会计报表的比较

这种方法是将连续数期的会计报表中的有关数字并行排列,比较相同指标的增减变动金额及幅度,以此来说明企业财务状况和经营成果的发展变化。一般可以通过编制比较资产负债表、比较利润表及比较现金流量表来进行,从而计算出相关项目增减变动的金额及变动百分比。

(3) 会计报表项目构成的比较

这种方法是以会计报表中某个总体指标作为100%,再计算出报表各构成项目占该总体指标的百分比,依次来比较各个项目百分比的增减变动并判断有关财务活动的变化趋势。这种方法既可用于同一企业不同时期财务状况的纵向比较,又可用于不同企业间的横向比较,并且还可以消除不同时期(不同企业)业务规模差异的影响,有助于正确分析企业财务状况及发展趋势。

采用趋势分析法时,应注意以下几个问题:

① 用于对比的各项指标的计算口径要一致;

② 剔除偶然性因素的影响,使分析数据能反映正常的经营及财务状况;

③ 对有显著变动的指标要作重点分析。

3.2 偿债能力分析

企业在融资活动中会从外部取得债务资金，由此就有了定期付息、到期还本的固定财务负担并形成财务风险。企业偿还债务的能力不仅关系到自身是否能持续经营、发展获利，而且也会影响投资者、债权人等利益关系者的潜在利益，所以企业非常重视偿债能力分析。企业偿债能力是反映企业财务状况和经营能力的重要标志。偿债能力低不仅说明企业资金紧张，难以支付日常经营支出，而且说明企业资金周转困难，难以偿还到期债务，甚至面临破产危险。企业偿债能力分析包括短期偿债能力分析和长期偿债能力分析。

3.2.1 短期偿债能力分析

企业短期债务一般要用流动资产来偿付，短期偿债能力是指企业流动资产对流动负债及时足额偿还的保障程度，是衡量流动资产变现能力的重要标志。企业短期偿债能力的衡量指标主要有流动比率、速动比率、现金比率和现金流量比率。

1. 流动比率

流动比率是企业流动资产与流动负债之比，其计算公式为：

$$流动比率 = 流动资产 / 流动负债 \tag{3-1}$$

一般认为，生产企业合理的流动比率是2。这是因为流动资产中变现能力最差的存货金额约占流动资产总额的一半，剩下的流动性较大的流动资产至少要等于流动负债，企业短期偿债能力才会有保证。但是，人们长期以来形成的这种认识因未能从理论上进行证明，还不能成为一个统一标准。

运用流动比率进行分析时，要注意以下几个问题：

（1）一般认为流动比率高则偿债保障程度较强，但企业并不一定有足够的现金或银行存款偿债，因为流动资产除了货币资金以外，还有存货、应收账款、预付费用等构成项目，有可能出现流动比率高，但真正用来偿债的现金和存款却严重短缺的现象，所以分析流动比率时还需进一步分析流动资产的构成项目。

（2）计算得出的流动比率只有和同行业平均流动比率、本企业历史流动比率进行比较，才能知道这个比率是高还是低。这种比较通常并不能说明流动比率为什么高或低，要找出过高或过低的原因还必须分析流动资产和流动负债所包括的内容以及经营上的影响因素。一般情况下，营业周期、流动资产中的应收账款和存货的周转速度是影响流动比率的主要因素。

【例3-1】 为便于说明，本章各项财务比率的计算将主要以XYZ公司为例，该公司的资产负债表、利润表、现金流量表如表3-1、3-2、3-3所示。

表3-1 XYZ公司资产负债表

编制单位：XYZ公司　　　　　　　　20×4年12月31日　　　　　　　　（单位：万元）

资　产	期末数	期初数	负债及所有者权益	期末数	期初数
流动资产：			流动负债：		
货币资金	250	125	短期借款	300	225
以公允价值计量且其变动			以公允价值计量且其变动		
计入当期损益的金融资产	30	60	计入当期损益的金融负债	0	0
应收票据	40	55	应付票据	25	20
应收账款	1 990	995	应付账款	500	545
预付款项	260	75	预收款项	95	45
应收股利	0	0	应付股利	140	50
应收利息	0	0	应付利息	35	60
其他应收款	110	110	应付职工薪酬	70	85
存货	595	1 630	应交税费	25	20
一年内到期的非流动资产	225	0	其他应付款	35	5
其他流动资产	0	0	一年内到期的非流动负债	250	0
流动资产合计	3 500	3 050	其他流动负债	25	45
非流动资产：			流动负债合计	1 500	1 100
可供出售金融资产	0	0	非流动负债：		
持有至到期投资	0	0	长期借款	2 250	1 225
长期应收款	0	0	应付债券	1 200	1 300
长期股权投资	150	225	长期应付款	0	0
投资性房地产	0	0	专项应付款	0	0
固定资产	6 190	4 835	预计负债	0	0
工程物资	0	0	递延所得税负债	0	0
在建工程	90	175	其他非流动负债	350	375
固定资产清理	0	0	非流动负债合计	3 800	2 900
生产性生物资产	0	0	负债合计	5 300	4 000
油气资产	0	0	所有者权益（或股东权益）：		
无形资产	30	40	实收资本（或股本）	3 000	3 000
开发支出	0	0	资本公积	80	50
商誉	0	0	减：库存股	0	0
长期待摊费用	0	0	其他综合收益	0	0
递延所得税资产	25	75	盈余公积	370	200
其他非流动资产	15	0	未分配利润	1 250	1 150
非流动资产合计	6 500	5 350	股东权益合计	4 700	4 400
资产总计	10 000	8 400	负债及股东权益总计	10 000	8 400

表3-2 XYZ公司利润表

编制单位：XYZ公司　　　　　　　　20×4年度　　　　　　　　（单位：万元）

项　目	本期金额	上期金额
一、营业收入	28 100	26 430
减：营业成本	26 220	24 515
营业税金及附加	140	140
销售费用	110	100
管理费用	230	200
财务费用	550	480
资产减值损失	0	0
加：公允价值变动收益	0	0
投资收益	200	120
其中：对联营企业和合营企业投资收益	0	0

续表 3-2

项　目	本期金额	上期金额
二、营业利润	1 050	1 115
加：营业外收入	50	85
减：营业外支出	100	25
其中：非流动资产处置损失		
三、利润总额	1 000	1 175
减：所得税费用	320	375
四、净利润	680	800
五、每股收益		
（一）基本每股收益	（略）	（略）
（二）稀释每股收益	（略）	（略）
六、其他综合收益	0	0
七、综合收益总额	680	800

表 3-3　XYZ 公司现金流量表

编制单位：XYZ公司　　　　　　20×4年度　　　　　　　　　　（单位：万元）

项　目	本期金额	上期金额
一、经营活动产生的现金流量：		
销售商品、提供劳务收到的现金	12 384	
收到的税费返还	0	
收到的其他与经营活动有关的现金	0	
经营活动现金流入小计	12 384	
购买商品、接受劳务支付的现金	7 090	
支付给职工以及为职工支付的现金	300	
支付的各项税费	3 090	
支付的其他与经营活动有关的现金	700	
经营活动现金流出小计	11 180	
经营活动产生的现金流量净额	1 204	
二、投资活动产生的现金流量：		
收回投资所收到的现金	16	
取得投资收益所收到的现金	30	
处置固定资产、无形资产和其他长期资产所收回的现金净额	300	
处置子公司及其他营业单位收到的现金净额	0	
收到的其他与投资活动有关的现金	0	
投资活动现金流入小计	346	
购建固定资产、无形资产和其他长期资产所支付的现金	450	
投资所支付的现金	0	
支付的其他与投资活动有关的现金	0	
投资活动现金流出小计	450	
投资活动产生的现金流量净额	−104	
三、筹资活动产生的现金流量：		
吸收投资所收到的现金	0	
借款所收到的现金	400	
收到的其他与筹资活动有关的现金	0	
筹资活动现金流入小计	400	
偿还债务所支付的现金	1 250	
分配股利、利润或偿付利息所支付的现金	125	
支付的其他与筹资活动有关的现金	0	
筹资活动现金流出小计	1 375	
筹资活动产生的现金流量净额	−975	
四、汇率变动对现金的影响	0	
五、现金及现金等价物净增加额	125	
加：期初现金及现金等价物	125	
六、期末现金及现金等价物余额	250	

根据表 3-1 的资料，XYZ 公司 20×4 年年初与年末的流动资产分别为 3 050 万元、3 500 万元，流动负债分别为 1 100 万元、1 500 万元，则该公司 20×4 年年末流动比率为：3 500/1 500＝2.33。

XYZ 公司 20×4 年年末流动比率大于 2，说明该企业具有较强的短期偿债能力。

流动比率虽然可以用来评价流动资产总体的变现能力，但流动资产中包含诸如存货这类变现能力较差的资产，如能将其剔除，则其所反映的短期偿债能力更加令人信服，这个指标就是速动比率。

利用流动比率评价企业的短期偿债能力时需要注意以下两点：

(1) 流动比率反映的偿债能力是静态数值，应结合趋势分析。

假设 A 公司 20×6—20×7 年的流动资产与流动负债的资料如表 3-4 所示。

表 3-4　A 公司流动资产与流动负债表

项　目	20×6 年	20×7 年
流动资产：		
库存现金	152 155	101 733
应收账款	251 255	350 245
存货	150 033	152 648
预付费用	31 225	54 971
流动资产合计	584 668	659 597
流动负债：		
应付账款	181 587	290 538
短期借款	276 457	261 168
其他流动负债	17 378	21 961
流动负债合计	475 422	573 667

已知 A 公司 20×5 年年末流动资产与流动负债分别是 492 000 元与 368 420 元，通过计算可得流动资产与流动负债趋势百分比分析表如表 3-5 所示。

表 3-5　A 公司流动资产与流动负债趋势百分比分析表

项　目	20×5 年	20×6 年	20×7 年
流动资产(元)	492 000	584 668	659 597
流动负债(元)	368 420	475 422	573 667
流动比率	1.34	1.23	1.15
流动资产趋势百分比(%)	100	118.83	134.06
流动负债趋势百分比(%)	100	129.04	155.71

从表 3-5 中可以发现：在 20×5—20×7 年，A 公司的流动资产与流动负债都呈增长趋势，在流动资产与流动负债之中，流动负债的增长速度快于流动资产，20×6 年流动负债的增长速度较流动资产的增长速度快 10.21%，而 20×7 年流动负债的增长速度较流动资产的增长速度快 21.65%。表 3-5 中的数据显示该公司的偿债能力在减弱，从发展趋势上分析，企业偿债能力下降的主要原因是流动负债的增长速度过快。

(2) 流动比率反映偿债能力时未考虑流动资产和流动负债的具体构成。

通过相关资料计算可得 A 公司流动资产结构分析计算表如表 3-6 所示。

表 3-6 A 公司流动资产结构分析计算表

项 目	20×6 年		20×7 年	
	金额/元	百分比(%)	金额/元	百分比(%)
货币资金	152 155	26.02	101 733	15.42
应收账款	251 255	42.97	350 245	53.10
存货	150 033	25.66	152 648	23.14
预付费用	31 225	5.35	54 971	8.33
流动资产合计	584 668	100	659 597	100

从表 3-6 中可以发现：该公司的流动资产结构在 20×6—20×7 年发生了较大的变化，变化幅度较大的项目是货币资金与应收账款这两个流动资产项目，货币资金在流动资产中所占比重从 20×6 年的 26.02% 下降到 20×7 年的 15.42%，下降了 10.6%，而应收账款在流动资产中所占的比重从 20×6 年的 42.97% 提高到 20×7 年的 53.10%，提高了 10.13%。流动资产结构的变化告诉分析者，该公司的流动资产在这两个年度内，从流动性较高的货币资金向流动性较差的应收账款发生了流动，而这种流动将影响企业实际的偿债能力。

2. 速动比率

速动比率是企业速动资产与流动负债之比，速动资产是指流动资产减去变现能力较差且不稳定的存货、预付货款等资产项目后的余额。由于剔除了存货等变现能力较差的资产，速动比率比流动比率能更准确、可靠地评价企业资产的流动性及偿还短期债务的能力。其计算公式为：

$$\text{速动比率} = \text{速动资产} / \text{流动负债} \tag{3-2}$$

速动比率又称为酸性试验比率，是衡量流动资产中可以立即变现偿付流动负债的偿债指标。显然，速动比率越高，企业偿债能力应该越强。经验认为企业理想的速动比率为 1，速动比率低于 1 的企业被认为短期偿债能力偏低。速动比率过低，企业面临偿债风险；但速动比率过高，会因占用现金及应收账款过多而增加企业的机会成本。与流动比率一样，不同行业的速动比率也是有差别的。

根据表 3-1 中的资料，XYZ 公司 20×4 年年末速动资产为 2 420 万元（即 250+30+40+1 990+110），因此 XYZ 公司 20×4 年年末的速动比率为：2 420/1 500=1.61。

XYZ 公司 20×4 年年末的速动比率比一般的公认标准高，一般认为其短期偿债能力较强，但进一步分析可以发现，在 XYZ 公司的速动资产中应收账款所占比重很高，达到了 82.23%（即 1 990/2 420），而应收账款不一定能按时收回，所以我们还必须计算分析第三个重要比率——现金比率。

3. 现金比率

现金比率是企业现金类资产与流动负债的比率。现金类资产包括企业所拥有的货币资金和持有的有价证券（即资产负债表中以公允价值计量且其变动计入当期损益的金融资产）。它是速动资产扣除应收资产项目后的余额。速动资产扣除应收资产项目后计算出来的金额最能反映企业直接偿付流动负债的能力。

一般认为现金比率在20%以上为好。但这一比率过高,就意味着企业流动负债未能得到合理运用,而现金类资产的获利能力低,若这类资产金额太高会导致企业的机会成本增加。现金比率计算公式为:

$$现金比率=(现金+有价证券)/流动负债 \qquad (3-3)$$

根据表3-1中的资料,XYZ公司20×4年年末的现金比率为:(250+30)/1 500=0.19。

XYZ公司虽然流动比率和速动比率都较高,但现金比率偏低,这说明该公司的短期偿债能力还是有一定风险,应缩短收账期,加大应收账款催账力度,以加速应收账款资金的周转。

4. 现金流量比率

现金流量比率是指企业一定期间经营活动的现金净流量与流动负债的比率。现金流量比率反映企业在经营活动中获得现金偿还短期债务的能力。只有这一比率大于或等于1时,债权人的全部流动负债才有现金保障。其计算公式为:

$$现金流量比率=经营活动现金净流量/流动负债 \qquad (3-4)$$

根据表3-1和3-3中的资料,XYZ公司20×4年年末的现金流量比率为:1 204/1 500=0.80。

需要说明的是,现金流量比率的分子与分母属于不同的会计期间,这个指标是建立在以过去一年的现金流量来估计未来一年的现金流量的假设基础之上的。因此使用该指标时,需要考虑未来一个会计年度影响经营活动的现金流量的变动因素。

3.2.2 长期偿债能力分析

长期偿债能力是指企业偿还长期负债的能力,既包括偿还本金的能力,也包括偿还利息的能力。分析企业长期偿债能力时,应以负债总额为基础,既然是对债务总额的偿还,那么就应以企业所有的资产作为保障,所以企业长期偿债能力实质上主要体现为企业债务总额和资产总额、净资产、现金流量的关系。其分析指标主要有:资产负债率、产权比率、权益乘数、利息保障倍数和现金流量偿债保障比率。

1. 资产负债率

资产负债率是企业负债总额与资产总额之比,其计算公式为:

$$资产负债率=(负债总额/资产总额)\times 100\% \qquad (3-5)$$

资产负债率反映债权人所提供的资金占全部资金的比重以及企业资产对债权人权益的保障程度。这一比率越低(比如50%以下),表明企业的偿债能力越强。

资产负债率所表示的经济含义在于：企业购置每 1 元资产所需的资金中有多少是借来的。资产负债率越大，企业负债越多，偿债困难越大，财务风险越大；反之，资产负债率越小，说明偿债能力越好。但同时也要看到，过低的资产负债率往往会使企业不能有效地利用财务杠杆效应来增加企业的绝对收益。所以企业应该结合企业自身的资本结构、获利能力以及企业外部的市场环境对资产负债率指标作出合理的判断与评价。

事实上，对这一比率的分析还要看站在谁的立场上。从债权人的立场看，资产负债率越低越好，这样企业偿债有保证，贷款不会有太大风险；从股东的立场看，在全部资本利润率高于借款利息率时，资产负债率较高比较好，因为股东所得到的利润就会增加。从财务管理的角度看，在作出借入资本决策时，企业应当审时度势，全面考虑，充分估计预期的利润和增加的风险，权衡利害得失，作出正确的分析和决策。

根据表 3-1 中的资料，XYZ 公司 20×4 年年末的资产负债率为：5 300/10 000×100%＝53%。

XYZ 公司 20×4 年年末的资产负债率虽然偏高，但在合理的范围内，说明 XYZ 公司有一定的偿债能力和负债经营能力。

但是，并非企业所有的资产都可以作为偿债的物质保证。预付款项、递延所得税资产等不仅在清算状态下难以作为偿债的保证，即便在持续经营期间，上述资产的摊销价值也需要依靠存货等资产的价值才得以补偿和收回，其本身并无直接的变现能力，相反，它们还会削弱其他资产的变现能力。此外，无形资产能否用于偿债也存在极大的不确定性。有形资产负债率相对而言更稳健，其计算公式为：

$$有形资产负债率 = 负债总额/有形资产总额 \times 100\% \tag{3-6}$$

其中，有形资产总额＝资产总额－（无形资产＋递延所得税资产＋预付款项）。根据表 3-1 中的资料，XYZ 公司 20×4 年年末的有形资产负债率为：5 300/(10 000－30－25－260)×100%＝54.72%。

相对于资产负债率来说，有形资产负债率指标将企业偿债安全性的分析建立在更加切实可靠的物质保障基础之上。

2. 产权比率

产权比率又称资本负债率，是负债总额与所有者权益之比，它是企业财务结构稳健与否的重要标志，其计算公式为：

$$产权比率 = 负债总额/所有者权益总额 \times 100\% \tag{3-7}$$

产权比率不仅反映了由债务人提供的资本与所有者提供的资本的相对关系，而且反映了企业自有资金偿还全部债务的能力，因此它又是衡量企业负债经营是否安全的重要指标。一般来说，这一比率越低，表明企业长期偿债能力越强，债权人权益保障程度越高，承担的风险越小。一般认为这一比率为1:1即100%以下时,企业偿债能力较强,但还应该结合企业的具体情况加以分析。当企业的资产收益率大于负债成本率时,负债经营有利于提高资金收益率,获得额外的利润,这时的产权比率可适当高些。产权比率高,企业具有高风险、高报酬的财务结构;产权比率低,企业具有低风险、低报酬的财务结构。

根据表3-1中的资料,XYZ公司20×4年年末的产权比率为:5 300/4 700×100%=112.77%。

由计算可知,XYZ公司20×4年年末的产权比率比较接近于100%,稍有偏高,表明20×4年年末该公司举债经营程度稍稍偏高,财务结构基本稳定。

产权比率与资产负债率对评价偿债能力的作用基本一致,只是资产负债率侧重于分析债务偿付安全性的物质保障程度,产权比率则侧重于揭示财务结构的稳健程度以及自有资金对偿债风险的承受能力。

与设置有形资产负债率指标的原因相同,对产权比率也可适当调整成为有形净值负债率,其计算公式为:

$$有形净值负债率 = 负债总额/有形净值总额 \times 100\% \qquad (3-8)$$

其中,有形净值总额=有形资产总额-负债总额。

根据表3-1中的资料,XYZ公司20×4年年末有形净值负债率为:5 300/(9 685-5 300)×100%=120.87%。

有形净值负债率指标实质上是产权比率指标的延伸,能更为谨慎、保守地反映在企业清算时债权人投入的资本对所有者权益的保障程度。

3. 权益乘数

权益乘数即企业的资产总额相当于所有者权益总额的倍数。权益乘数越大,说明投资者投入的一定量资本在生产经营中形成的资产越多,即负债越多,企业财务风险越大。其计算公式为:

$$权益乘数 = 全部资产总额/所有者权益总额 \qquad (3-9)$$

根据表3-1中的资料,XYZ公司20×4年年末的权益乘数为:10 000/4 700=2.13。

4. 利息保障倍数

利息保障倍数是指企业息税前利润与利息费用之比,又称已获利息倍数,用于衡量偿付借款利息的能力,其计算公式为:

$$利息保障倍数 = 息税前利润/利息费用 \qquad (3-10)$$

公式中的分子"息税前利润"是指利润表中未扣除利息费用和所得税费用之前的利润,公式中的分母"利息费用"是指本期发生的全部应付利息,不仅包括财务费用中的利息费用,还应包括计入固定资产成本的资本化利息。资本化利息虽然不在利润表中扣除,但仍然是要偿还的。利息保障倍数的重点是衡量企业支付利息的能力,企业没有足够大的息税前利润,利息的支付就会发生困难。

利息保障倍数不仅反映了企业获利能力的大小,而且反映了获利能力对偿还到期债务的保障程度,它既是企业举债经营的依据,也是衡量企业长期偿债能力大小的重要标志。要维持正常偿债能力,利息保障倍数至少应大于1,且比值越高,企业长期偿债能力越强。如果利息保障倍数过低,企业将面临亏损、偿债的安全性与稳定性下降的风险。

同时,利息保障倍数也间接说明企业的获利能力,获利水平高,利润额就高,利息保障倍数的提高才会有坚实的基础。

根据表3-2中的资料,假定表中财务费用全部为利息费用,资本化利息为0,则XYZ公司20×4年年末的利息保障倍数为:(1 000+550)/550=2.82。

从以上计算结果看出,XYZ公司20×4年年末的利息保障倍数虽大于1,但还不太高,说明其有一定的偿债能力,还需要与其他企业特别是本行业平均水平进行比较来分析评价。从稳健角度看,要比较本企业连续几年的该项指标来进行分析评价。

5. 现金流量偿债保障比率

现金流量偿债保障比率是负债总额与经营活动现金净流量的比率。现金流量偿债保障比率反映用企业经营活动产生的现金净流量偿还全部债务所用的时间,所以该比率也被称为债务偿还期。该指标可以衡量企业用通过经营活动所获得的现金偿还债务的能力,该比率越低,企业偿还债务的能力越强。其计算公式为:

$$现金流量偿债保障比率 = 负债总额/经营活动现金净流量 \qquad (3-11)$$

根据表3-1和3-3中的资料,XYZ公司20×4年的现金流量偿债保障比率为:5 300/1 204=4.40。

与利息保障倍数一样,现金流量偿债保障比率究竟是多少才说明企业偿付利息的能力强,对于这一点并没有一个确定的标准,通常要根据历年的经验和行业特点来判断。

3.2.3 偿债能力分析应该注意的问题

1. 注意区分短期偿债能力和长期偿债能力

一般来讲,短期偿债能力分析主要侧重于研究企业流动资产、资产变现能力与流动负债的关系;长期偿债能力分析则涉及企业的资本结构、获利能力和变现能力等。区别分析短期偿债能力和长期偿债能力对一个企业来说是至关重要的。例如,一个企业虽然长期偿债能力很好,但如果短期偿债能力出现问题,就要被迫通过出售长期资产来偿还债务,这样轻则直接影响企业正常的生产经营活动,严重时甚至会导致企业破产。然而,如果一个企业虽然具有较充足的现金或近期变现的流动资产,但长期偿债能力不足,这将导致企业缺乏更多的资金进行长期投资,使企业的经营规模难以扩大,企业的盈利水平难以提高。

2. 注意非现金资产变现价值的不确定性

在进行偿债能力分析时，一般是将企业的资产与负债进行比较，或者计算其比率的大小，或者计算其差额的多少，并以此作为评价企业偿债能力强弱的依据。人们把资产看作企业对负债的一种保证，然而却忽视了非现金资产变现价值的不确定性，财务报表上披露的数据并不能代表企业资产变现偿债时的市场价值。例如在计算资产负债率时，分母中的资产总额包括了企业所有的资产，其中不仅可能涉及流动资产质量不高的问题，还可能存在固定资产、无形资产变现能力差以及长期待摊费用不能变现的影响。因此，非现金资产质量的高低直接影响到财务比率的真实性和有效性。

3. 注意偿债能力与盈利能力、营运能力的联系

财务分析主要从考察资产对负债的保障程度出发来评价企业偿债能力。这种分析方法虽然具有一定的科学性，但如果不将其与盈利能力、营运能力的分析相结合，就不能全面揭示企业真实的偿债能力，也不能找到保持合理偿债能力的动因所在。比如盈利能力的提高是有助于增强企业偿债能力的，维持合理的偿债能力有利于稳定地提高企业盈利能力。但是不适当地追求盈利能力，则会削弱企业偿债能力，偿债能力的不足不仅会影响企业盈利能力的提高，还会危机企业的生存及发展。再比如，应收账款周转率越高，说明企业速动资产的质量越好，偿债能力也越强；存货周转率越高，表明企业存货转换为现金或应收账款的速度也就越快，短期偿债能力也越好。营运能力的提高进而又可以提高盈利能力。

4. 重视企业短期融资能力的重要影响

企业偿还到期债务有两个途径可以选择：用当前持有的资产偿还，或者以借新债还旧债的方式偿还。然而，分析企业偿债能力时，主要的偿债能力指标都是以评价资产对负债的保障程度为基础框架的，即往往更多地假定企业会以持有的资产来偿还债务。这样的评价忽略了企业可以通过借新债还旧债的途径解决到期债务的可能性。在信用市场条件下，企业有可能依靠自身的各种优势获得金融机构的资金支持，从而化解债务危机。这种短期融资能力是在企业不便于或不愿意用持有资产偿还到期债务时对企业偿债能力的有效补偿。因此，在分析评价企业偿债能力时，不能忽视企业短期融资能力，将其作为衡量偿债能力的有益补充是最佳选择。

3.3 营运能力分析

企业的经营活动离不开各项资产的运用，对企业营运能力的分析实质上就是对各项资产的周转使用情况进行分析。一般而言，资金周转速度越快，说明企业的资金管理水平越高，资金利用效率越高。企业营运能力分析主要包括：流动资产周转情况分析、固定资产周转率和总资产周转率三个方面。

3.3.1 流动资产周转情况分析

反映流动资产周转情况的指标主要有应收账款周转率、存货周转率和流动资产周转率。

1. 应收账款周转率

应收账款在流动资产中有着举足轻重的地位,及时收回应收账款不仅增强了企业短期偿债能力,也反映出企业应收账款管理的效率。

应收账款周转率(次数)是指一定时期内应收账款收回的平均次数,是一定时期内商品或产品赊销收入净额与应收账款平均余额的比值。其计算公式为:

$$应收账款周转率=赊销收入净额/应收账款平均余额 \qquad (3-12)$$

$$应收账款周转天数=计算期天数/应收账款周转次数$$

$$=计算期天数\times 应收账款平均余额/赊销收入净额$$

其中,赊销收入净额=赊销收入-赊销退回-赊销折让-赊销折扣;应收账款平均余额=(期初应收账款+期末应收账款)/2。

公式中的应收账款包括会计报表中的应收账款和应收票据等全部赊销账款在内,且其金额应为扣除坏账准备后的金额。

应收账款周转率反映了企业应收账款周转速度的快慢及企业对应收账款管理效率的高低。在一定时期内周转次数越多,周转天数越少,表明:企业收账迅速,信用销售管理严格;应收账款流动性强,从而增强企业短期偿债能力;可以减少收账费用和坏账损失,相对增加企业流动资产的投资收益;通过比较应收账款周转天数及企业信用期限,可评价客户的信用程度,调整企业信用政策。

根据表 3-1 和 3-2 中的资料,假设 XYZ 公司 20×4 年度赊销收入净额为 15 000 万元,20×4 年年末与年初的应收账款、应收票据净额分别为 2 030(即 1 990+40)万元与 1 050(即 995+55)万元,则 20×4 年该公司应收账款周转率计算如下:

应收账款周转率=15 000/[(2 030+1 050)/2]=9.74(次)

应收账款周转天数=360÷9.74=37(天)

在评价应收账款周转率指标时,应将计算出的指标与该企业前期水平、行业平均水平或其他类似企业水平进行比较来判断该指标的高低。

2. 存货周转率

在流动资产中存货所占比重较大,存货的流动性将直接影响企业资产的流动性。因此,必须特别重视对存货的分析。存货流动性的分析一般通过计算存货周转率来进行。

存货周转率(次数)是指一定时期内企业销售成本与存货平均资金占用额的比率,是衡量和评价企业购入存货、投入生产、销售收回等各环节管理效率的综合性指标,其计算公式为:

$$\text{存货周转率} = \text{销售成本}/\text{存货平均余额} \tag{3-13}$$

$$\text{存货周转天数} = \text{计算期天数} \div \text{存货周转次数}$$

$$= \text{计算期天数} \times \text{存货平均余额}/\text{销售成本}$$

其中,存货平均余额=(期初存货+期末存货)/2。

根据表3-1和3-2中的资料,XYZ公司20×4年度销售成本为26 220万元,期初存货1 630万元,期末存货595万元,则20×4年该公司存货周转率计算如下:

存货周转次数=26 220/[(1 630+595)/2]=23.57(次)

存货周转天数=360÷23.57=15.27(天)

一般来讲,存货周转速度越快,存货占用水平越低,流动性越强,存货转化为现金或应收账款的速度就越快,这样会增强企业的短期偿债能力及获利能力。通过存货周转率分析,有利于找出存货管理中存在的问题,尽可能降低资金占用水平。

3. 流动资产周转率

流动资产周转率(次数)是反映企业流动资产周转速度的指标。流动资产周转率是一定时期销售收入净额与企业流动资产平均占用额之间的比率,其计算公式为:

$$\text{流动资产周转率} = \text{销售收入净额}/\text{流动资产平均余额} \tag{3-14}$$

$$\text{流动资产周转天数} = \text{计算期天数}/\text{流动资产周转次数}$$

$$= \text{计算期天数} \times \text{流动资产平均余额}/\text{销售收入净额}$$

其中,流动资产平均余额=(期初流动资产+期末流动资产)/2。

在一定时期内,流动资产周转次数越多,表明以相同的流动资产完成的周转额越多,流动资产利用效果越好;流动资产周转天数越少,表明流动资产在经历生产销售各阶段所占用的时间越短,可相对节约流动资产,增强企业盈利能力。

根据表3-1和3-2中的资料,XYZ公司20×4年度销售收入净额为28 100万元,20×4年流动资产期初数为3 050万元,期末数为3 500万元,则20×4年该公司流动资产周转率计算如下:

流动资产周转次数=28 100/[(3 050+3 500)/2]=8.58(次)

流动资产周转天数=360÷8.58=41.96(天)

3.3.2 固定资产周转率

固定资产周转率是指企业一定时期销售收入净额与固定资产平均净值的比率。它是反映企业固定资产周转情况,从而衡量固定资产利用效率的一项指标,其计算公式为:

$$\text{固定资产周转率} = \text{销售收入净额}/\text{固定资产平均净值} \tag{3-15}$$

其中,固定资产平均净值=(期初固定资产净值+期末固定资产净值)/2。

固定资产周转率高,说明企业固定资产投资得当,结构合理,利用效率高;反之,如果固定资产周转率不高,则表明固定资产利用效率不高,提供的生产成果不多,企业的营运能力不强。

根据表 3-1 和 3-2 中的资料,XYZ 公司 20×4 年度销售收入净额为 28 100 万元,20×4 年固定资产净值期初数为 4 835 万元,期末数为 6 190 万元,则 20×4 年该公司固定资产周转率计算如下:

28 100/[(4 835+6 190)/2]=5.10(次)

3.3.3 总资产周转率

总资产周转率是企业一定时期销售收入净额与企业资产平均总额的比率,计算公式为:

$$总资产周转率=销售收入净额/资产平均总额 \qquad (3-16)$$

如果企业各期资产总额比较稳定,波动不大,则

$$资产平均总额=(期初资产总额+期末资产总额)/2$$

如果资金占用的波动性较大,企业应采用更详细的资料进行计算,如按照各月份的资金占用额计算,则

$$月平均资产总额=(月初资产总额+月末资产总额)/2$$

$$季平均占用额=(1/2季初+第一月末+第二月末+1/2季末)/3$$

$$年平均占用额=(1/2年初+第一季末+第二季末+第三季末+1/2年末)/4$$

计算总资产周转率时分子和分母在时间上应保持一致。

这一比率用来衡量企业全部资产的使用效率,如果该比率较低,说明企业全部资产的营运效率较低,可采用薄利多销或处理多余资产等方法加快资产周转速度,提高运营效率;如果该比率较高,说明资产周转速度快,企业销售能力强,资产运营效率高。

根据表 3-1 和 3-2 中的资料,20×4 年度 XYZ 公司销售收入净额为 28 100 万元,20×4 年资产总额期初数为 8 400 万元,期末数为 10 000 万元,则 20×4 年该公司总资产周转率计算如下:

28 100/[(8 400+10 000)/2]=3.05(次)

3.4 盈利能力分析

不论是投资人、债权人还是经理人,都会非常重视和关心企业的盈利能力。盈利能力就是企业获取利润、资金不断增值的能力。反映企业盈利能力的指标主要有销售毛利率、销售净利率、资产收益率、净资产收益率以及上市公司盈利能力分析等。

3.4.1 销售毛利率与销售净利率

1. 销售毛利率

销售毛利率是企业一定时期的销售毛利与其同时期的销售收入之比,其计算公式如下:

$$销售毛利率 = 销售毛利/销售收入 \times 100\% \tag{3-17}$$

其中,销售毛利=营业收入(销售收入)-营业成本(销售成本)。

根据表 3-2 中的资料,可计算 XYZ 公司 20×4 年的销售毛利率如下:

销售毛利率=(28 100-26 220)/28 100×100%=6.69%

从计算可知,XYZ 公司 20×4 年的销售毛利率为 6.69%,说明每 100 元的营业收入可以为公司创造 6.69 元的毛利。

2. 销售净利率

销售净利率是企业一定时期的净利润与其同时期的销售收入之比,其计算公式如下:

$$销售净利率 = 净利润/销售收入 \times 100\% \tag{3-18}$$

根据表 3-2 中的资料,可计算 XYZ 公司 20×4 年的销售净利率如下:

销售净利率=680/28 100×100%=2.42%

从计算可知,XYZ 公司 20×4 年的销售净利率为 2.42%,说明每 100 元的营业收入可为公司创造 2.42 元的净利润。

评价企业的销售毛利率和销售净利率时,应比较企业历年的指标,从而判断企业的销售毛利率和销售净利率的变化趋势。但是销售毛利率和销售净利率受行业特点影响较大,因此还应结合不同行业的具体情况进行分析。

3.4.2 资产收益率

1. 资产息税前利润率

资产息税前利润率是企业一定时期的息税前利润与企业资产平均总额的比率。由于资产总额等于债权人权益和所有者权益的总额,所以该比率既可以衡量企业资产综合利用的效果,又可以反映企业利用债权人及所有者所提供资本的盈利能力和增值能力,其计算公式为:

$$资产息税前利润率 = 息税前利润/资产平均总额 \times 100\% \tag{3-19}$$

其中,资产平均总额=(期初资产+期末资产)/2,息税前利润=净利润+所得税+利息费用。

该指标越高,表明企业资产利用效率越高,说明企业在增加收入、节约资金使用等方面取得了良好的效果;该指标越低,说明企业资产利用效率越低,应分析差异原因,提高销售利润率,加速资金周转,提高企业经营管理水平。

据表3-1和3-2中的资料,XYZ公司20×4年的净利润为680万元,所得税为320万元,财务费用为550万元,年初和年末的资产总额分别为8 400万元和10 000万元,则XYZ公司20×4年的资产息税前利润率计算如下:

$$资产息税前利润率=(680+320+550)/[(8\ 400+10\ 000)/2]×100\%=16.85\%$$

2. 资产净利率

资产净利率是指企业一定时期的净利润与资产平均总额的比率,其计算公式为:

$$资产净利率=净利润/资产平均总额 \qquad (3-20)$$

该比率越高,表明单位资产所获得的净利润越多,企业获利能力越高。

3.4.3 净资产收益率

净资产收益率又叫权益报酬率,是企业净利润与平均所有者权益的比值,反映了企业自有资金的投资收益水平,其计算公式为:

$$净资产收益率=净利润/平均所有者权益×100\% \qquad (3-21)$$

该指标是企业盈利能力指标的核心,也是杜邦财务指标体系的核心,更是投资者关注的重点。

据表3-1和3-2中的资料,XYZ公司20×4年的净利润为680万元,年初和年末的所有者权益分别为4 400万元和4 700万元,则XYZ公司20×4年的净资产收益率为:

$$净资产收益率=680/[(4\ 400+4\ 700)/2]×100\%=14.95\%$$

3.4.4 上市公司盈利能力分析

1. 每股收益

每股收益是指普通股的每股税后利润。该指标中的利润是利润总额扣除应缴所得税后的税后利润,如果发行了优先股则还要扣除优先股应分的股利,然后除以流通股数即发行在外的普通股股数。其计算公式为:

$$每股收益=(净利润-优先股股利)/发行在外的普通股股数 \qquad (3-22)$$

其中,发行在外普通股股数的计算方式有两种:一种是全面摊薄法,另一种是加权平均法。全面摊薄法是取年度末的普通股股份总数。加权平均法是按月对总股数加权平均计算发行在外的普通股股数,其计算公式为:

发行在外的普通股股数=期初发行在外的普通股股数+当期新发行的普通股股数×发行在外时间÷报告期时间-当期回购的普通股股数×已回购时间÷报告期时间

该指标可以反映股份公司的获利能力大小,每股收益越高,公司获利能力越强。

据表 3-2 中的资料，XYZ 公司 20×4 年的净利润为 680 万元，假定 XYZ 公司发行在外的普通股股数为 1 000 万股并且没有优先股，则 XYZ 公司 20×4 年的每股收益为：

每股收益＝680/1 000＝0.68(元/股)

另外，在分析每股收益时，还应结合股东权益报酬率和流通在外的股份数来分析公司的盈利能力；同时，分析者还应注意每股股价的高低。

2. 每股股利

每股股利是企业股利总额与流通股数的比率。股利总额是用于对普通股分配现金股利的总额；流通股数是企业发行在外的普通股股数，其计算方式与每股收益计算公式中的发行在外的普通股股数的计算方式相同。每股股利计算公式如下：

$$\text{每股股利} = (\text{现金股利} - \text{优先股股利}) / \text{发行在外的普通股股数} \quad (3-23)$$

每股股利的高低一方面取决于企业获利能力的强弱，另一方面还受企业股利发放政策与利润分配需要的影响。如果企业为扩大再生产以增强企业的后劲而增加留存效益，则每股股利就减少，反之则增多。

3. 每股净资产

每股净资产是期末净资产(即所有者权益或股东权益)与年度末的普通股股份总数的比率，也称为每股账面价值，其计算公式为：

$$\text{每股净资产} = \text{年末股东权益} / \text{年末普通股股数} \quad (3-24)$$

据表 3-1 中的资料，XYZ 公司 20×4 年年末的净资产为 4 700 万元，假定发行在外的普通股股数为 1 000 万股，则 XYZ 公司 20×4 年年末的每股净资产为：

每股净资产＝4 700/1 000＝4.7(元/股)

该指标反映发行在外的每股普通股所代表的净资产成本即账面价值。在分析时，只能有限地使用这个指标，因为它是用历史成本计算的，既不能反映净资产的变现价值，也不能反映净资产的产出能力。

4. 市盈率

市盈率是普通股的每股市场价格与每股收益的比率。它是反映股票盈利状况的重要指标，也是投资者对从某种股票获得 1 元利润所愿支付的价格，其计算公式如下：

$$\text{市盈率} = \text{每股市价} / \text{每股收益} \quad (3-25)$$

根据前面所计算出的 XYZ 公司 20×4 年的每股收益，另假定每股市价为 9.4 元，则 XYZ 公司 20×4 年年末的市盈率为：

市盈率＝9.4/0.68＝13.82

市盈率是反映股份公司获利能力的一个重要财务指标，是投资者进行投资决策的重要参考因素之一。该指标越高，说明投资者越看好该种股票，但过高则意味着投资风险较高。

3.5 发展能力分析

企业发展能力通常是指企业未来生产经营活动的发展趋势和发展潜能,也可以称为企业增长能力。企业发展能力对股东、潜在投资者、经营者及其他相关利益团体至关重要,企业增长空间如何、增长质量如何、增长是否可持续是评价企业投资价值的重要因素。

1. 销售增长率

销售增长率是企业本年营业收入增长额与上年营业收入总额的比率,其计算公式为:

$$销售增长率 = 本年营业收入增长额 / 上年营业收入总额 \times 100\% \quad (3-26)$$

根据表3-2中的数据,XYZ公司20×4年的销售增长率为:

销售增长率=(28 100-26 430)/26 430×100%=6.32%

销售增长率是反映企业营业收入在一年之内的增长幅度的指标。销售增长率为正数,说明企业本期销售规模扩大,销售增长率越高,说明企业营业收入增长得越快,销售情况越好;销售增长率为负数,则说明企业销售规模缩小,销售出现负增长,销售情况较差。

2. 净利润增长率

净利润增长率是某一年度内企业税后净利润增加额与上年税后净利润之比,其计算公式为:

$$净利润增长率 = (本年净利润 - 上年净利润) / 上年净利润 \times 100\% \quad (3-27)$$

根据表3-2中的数据,XYZ公司20×4年的净利润增长率为:

净利润增长率=(680-800)/800×100%=-15%

净利润增长率是反映企业税后净利润在一年之内的增长幅度的指标。净利润增长率为正数,说明企业本期净利润增加,净利润增长率越高,说明企业未来的发展前景越好;净利润增长率为负数,则说明企业本期净利润减少,收益降低,企业发展前景变差。

3. 资本积累率

资本积累率又称为股东权益增长率,是某一年度内企业股东权益增加额与年初股东权益的比率,其计算公式为:

$$资本积累率 = (年末股东权益 - 年初股东权益) / 年初股东权益 \times 100\% \quad (3-28)$$

根据表3-1中的数据,XYZ公司20×4年的股东权益增长率为:

股东权益增长率=(4 700-4 400)/4 400×100%=6.82%

股东权益增长率反映的是企业经过一年的生产经营之后股东权益的增长幅度。股东权益增长率越高,表明企业本期股东权益增加得越多,企业自有资本的积累能力增强,对企业未来的发展越有利;反之,股东权益增长率越低,表明企业本期股东权益增加得越少,企业自有资本积累较慢,企业未来的发展机会较少。

4. 资产增长率

资产增长率就是企业本年度资产增加额与期初资产总额之比,其计算公式为:

$$资产增长率 = (年末资产总额 - 年初资产总额) / 年初资产总额 \times 100\% \quad (3-29)$$

根据表3-1中的数据,XYZ公司20×4年的资产增长率为:

$$资产增长率 = (10\,000 - 8\,400) / 8\,400 \times 100\% = 19.05\%$$

资产增长率是用来反映企业资产总规模增长幅度的指标。资产增长率为正数,说明企业本期资产规模增加,资产增长率越高,说明资产规模扩张得越快;资产增长率为负数,则说明企业本期资产规模缩减,资产出现负增长。

3.6 财务综合分析

3.6.1 财务综合分析的概念

在前面各节中,我们已经介绍了企业偿债能力、营运能力和盈利能力等各种财务分析指标,但单独分析任何一项财务指标,就跟盲人摸象一样,都难以全面评价企业的经营与财务状况。要作全面分析,必须采取适当的方法对企业财务进行综合分析与评价。

所谓财务综合分析就是将企业的营运能力、偿债能力和盈利能力等方面的分析纳入到一个有机的分析系统之中,全面对企业的财务状况、经营状况进行解剖和分析,从而对企业经济效益作出较为准确的评价与判断。

3.6.2 财务综合分析的特点

一个健全有效的财务综合指标体系必须具有以下特点:

(1) 评价指标要全面,设置的评价指标要尽可能涵盖偿债能力、营运能力和盈利能力等各方面的考核要求。

(2) 主辅指标功能要匹配,在分析中要做到明确企业分析指标的主辅地位,能从不同侧面、不同层次反映企业财务状况,揭示企业经营业绩。

(3) 满足各方面经济需求,设置的指标评价体系要既能满足企业内部管理者作出决策的需要,也能满足外部投资者和政府管理机构作出决策及实施宏观调控的要求。

3.6.3 财务综合分析的方法

财务综合分析的方法主要有两种:杜邦分析法和沃尔比重评分法。

1. 杜邦分析法

这种分析方法首先由美国杜邦公司的经理创立并首先在杜邦公司成功运用,故称之为杜邦系统(Du-Pont System),它是通过利用财务指标间的内在联系,对企业综合经营理财能力及经济效益进行系统分析评价的方法。其基本原理是将财务指标作为一个系统,将财务分析与评价作为一个系统工程,全面评价企业的偿债能力、营运能力、盈利能力及其相互之间的关系,在全面财务分析的基础上进行全面财务评价,使评价者对公司的财务状况有深入的认识并进行有效的财务决策。

根据表3-1和3-2中的资料,可做出XYZ公司的杜邦财务分析基本结构图,如图3-1所示(图中数据计算如果用到时点指标的话,均采用了均值)。

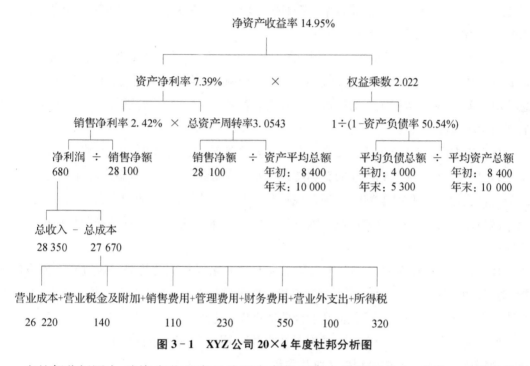

图3-1　XYZ公司20×4年度杜邦分析图

在杜邦分析图中,净资产收益率反映所有者投入资本的获利能力,它是一个综合性最强、最具代表性的指标,是杜邦系统的核心。财务管理的主要目标之一就是使所有者财富最大化,净资产收益率正是反映了所有者投入资金的获利能力,这一比率可以反映出企业筹资、投资、资产营运等各种经营活动的效率。该指标的高低取决于资产净利率与权益乘数。资产净利率反映了企业生产经营活动的效率,权益乘数反映了企业资金来源结构。

资产净利率是销售净利率与总资产周转率的乘积。因此可以从销售与资产管理两方面来分析。销售净利率实际上反映了企业的净利润与销售收入的关系,销售收入增加会导致企业的净利润增加,但是如果想提高销售净利率,必须一方面提高销售收入,另一方面降低各种成本费用。这里可以看到,提高销售收入具有特殊的意义,因为它不仅可以使企业净利润增长,也会提高总资产周转率,这样自然会使资产报酬率升高。

权益乘数主要受资产负债率的影响。负债比率大,权益乘数就高,说明企业有较高的负债程度,给企业带来了较多的杠杆利益,同时也给企业带来了较多的风险。企业既要充分有效地利用全部资产,提高资产利用效率,又要妥善安排资金结构。

销售净利率是净利润与销售收入之比,它是反映企业盈利能力的重要指标。提高这一比率的途径有扩大销售收入和降低成本费用等。

资产周转率是销售收入净额与资产平均总额之比,是反映企业运用资产以产生销售收入能力的指标。对于资产周转,除了对资产构成部分从总占有量上是否合理进行分析外,还可通过流动资产周转率、存货周转率、应收账款周转率等有关资产使用效率的分析,以判明影响资产周转的主要问题所在。

杜邦系统也可以分析企业成本费用的结构是否合理,这样有利于进行成本费用分析,加强成本控制。尤其应该分析企业净利润与利息费用的结构是否合理,如果企业所承担的利息费用太多,就应该考虑企业的权益乘数或负债利率是否合理,不合理的筹资结构当然会影响到企业所有者的收益。

在资产方面,应该分析流动资产与非流动资产的结构是否合理。资产的流动性体现了企业的偿债能力,也关系到企业的获利能力。如果流动资产中货币资金占的比重过大,就应该分析企业是否有现金闲置现象,现金持有量是否合理,因为过量的现金会影响企业的获利能力;如果流动资产中存货或应收账款过多,就应该分析企业的存货周转率与应收账款周转率如何。

杜邦财务指标体系的作用在于解释指标变动的原因和变动趋势。通过自上而下的分析、对指标的层层分解来揭示出企业各项指标间的结构关系,查明各主要指标的影响因素,为决策者优化经营理财状况、提高企业经营效率提供思路。

假设前例中XYZ公司第二年的净资产收益率下降了,有关数据如下:

净资产收益率=资产净利率×权益乘数

第一年:14.95%=7.39%×2.02

第二年:12.12%=6%×2.02

通过分解可以看出,净资产收益率的下降不在于资本结构改变(权益乘数没变),而是资产利用或成本控制发生了问题,造成了净资产收益率的下降。

这种分解可以在任何层次上进行,如可以对资产净利率进一步分解如下:

资产净利率=销售净利率×总资产周转率

第一年:7.39%=2.42%×3.0543

第二年:6%=3%×2

通过分解可以看出,资产使用效率提高了,但由此带来的收益不足以弥补销售利润率下降造成的损失。而销售净利率下降的原因可能是由于售价太低、成本太高或费用过大,需进一步通过分解指标来揭示。

2. 沃尔比重评分法

1928 年,亚历山大·沃尔所著的《信用晴雨表研究》和《财务报表比率分析》中提出了信用能力指数的概念。他选择了若干个财务指标,分别给定各指标的比重,然后确定标准比率(以行业平均数为基础),将实际比率与标准比率相比得出相对比率,将此相对比率与各指标比重相乘得出总评分,以此来评价企业的财务状况。

采用沃尔比重评分法进行企业财务状况的综合分析的一般步骤如下:

(1) 选择评价指标。财务指标的选择要满足三个要求:

① 分析指标应尽可能全面,采用的指标越多,分析的结果越接近现实,比如反映企业的偿债能力、营运能力和获利能力的三大类财务比率都应当包括在内;

② 分析指标应具有代表性,即要选择能够说明问题的财务比率;

③ 具有变化方向的一致性,即当财务比率增大时,表示财务状况的改善;反之,当财务比率减少时,表示财务状况的恶化。

(2) 给各项财务指标赋予权重。各项财务比率的标准评分值之和应等于 100 分。各项财务指标评分值的确定是沃尔比重评分法的一个重点,它直接影响到对企业财务状况的评分多少。

(3) 确定各项财务指标评分值的上限和下限,即最高评分值和最低评分值。这主要是为避免个别财务指标的异常给总分带来不合理的影响。

(4) 确定各项财务指标的标准值。财务指标的标准值是指各项财务指标在本企业现时条件下最理想的数值,亦即最优值。财务指标的标准值通常通过参照同行业的平均水平并进行调整后确定。

(5) 计算企业在一定时期各项财务指标的实际值。

(6) 计算出各项财务指标的实际值与标准值的比率,即关系比率。

(7) 计算出各项财务指标的实际得分。各项财务指标的实际得分是关系比率与标准评分值的乘积,每项财务指标的得分都不得超过上限和下限,各项财务指标实际得分的合计数就是企业财务状况的综合得分。企业财务状况的综合得分就反映了企业综合财务状况的好坏。如果综合得分等于或接近于 100 分,说明企业财务状况良好;如果综合得分大于 100 分很多,说明企业财务状况很理想;如果综合得分小于 100 分很多,就说明企业财务状况很差。

下面我们以某企业 20×4 年度报告为例,说明沃尔比重评分法的具体应用,详见表 3-7。

根据表 3-7 的综合分析,该企业财务状况综合得分为 102.46,略大于 100 分,说明该企业的财务状况良好。

表 3-7　某企业 20×4 年度沃尔比重评分表

财务指标	评分值 ①	上/下限 ②	标准值 ③	实际值 ④	关系比率 ⑤=④/③	实际得分 ⑥=①×⑤
流动比率	8	20/5	2.1	2.32	1.10	8.84
速动比率	7	20/5	1.2	1.37	1.14	7.99
自有资本比率	12	20/5	60	70	1.17	14.00
存货周转率	10	20/5	4.5	3.22	0.72	7.16
应收账款周转率	8	20/4	20	22.72	1.14	9.09
总资产周转率	10	20/5	1.5	1.34	0.89	8.93
总资产报酬率	15	30/7	35	41	1.17	17.57
股权报酬率	15	30/7	45	39	0.87	13.00
销售净利率	15	20/5	18	19.06	1.06	15.88
合　计	100					102.46

3.7　Excel 在财务分析中的应用

为了全面分析企业的财务状况和经营成果，可以建立一套企业财务分析模型，其基本结构包括：财务比率分析模型、环比分析模型、结构分析模型、财务比率综合评分法模型和杜邦分析模型。

3.7.1　财务比率分析模型

财务比率分析模型主要应用于财务比率分析，对应于本章的 3.2 节到 3.5 节的内容。这里仅以短期偿债能力指标为例来介绍财务比率分析模型的构建及应用，其他各项指标的财务比率分析模型的构建和应用基本相同。

1. 使用 Excel 建立财务比率分析模型

（1）新建工作簿"财务分析模型.xls"。

（2）将表 3-1、3-2、3-3 中的财务报表导入"财务分析模型.xls"中，如图 3-2、3-3、3-4 所示。

（3）在"财务分析模型.xls"工作簿中插入一个名为"财务比率分析模型"的工作表，并在该表中中编辑相关公式，格式设计如图 3-5 所示。

2. 计算及分析

（1）短期偿债能力指标计算

分别在"财务比率分析模型"工作表的 B5、B6、B7、B8 单元格中插入公式"=资产负债表!B15/资产负债表!E16"、"=(资产负债表!B4+资产负债表!B5+资产负债表!B6+资产负债表!B7+资产负债表!B11)/资产负债表!E16"、"=(资产负债表!B4+资产负债表!B5)/资产负债表!E16"和"=现金流量表!B13/资产负债表!E16"，得到的结果如图 3-6 所示。

	A	B	C	D	E	F
1	**XYZ公司20×4年资产负债表（单位：万元）**					
2	资产	期末数	期初数	负债及所有者权益	期末数	期初数
3	流动资产：			流动负债：		
4	货币资金	250	125	短期借款	300	225
5	以公允价值计量且其变动计入当期损益的金融资产	30	60	以公允价值计量且其变动计入当期损益的金融负债	0	0
6	应收票据	40	55	应付票据	25	20
7	应收账款	1,990	995	应付账款	500	545
8	预付款项	260	75	预收款项	95	45
9	应收股利	0	0	应付股利	140	50
10	应收利息	0	0	应付利息	35	60
11	其他应收款	110	110	应付职工薪酬	70	85
12	存货	595	1,630	应交税费	25	20
13	一年内到期的非流动资产	225	0	其他应付款	35	5
14	其他流动资产	0	0	一年内到期的非流动负债	250	0
15	流动资产合计	3,500	3,050	其他流动负债	25	45
16	非流动资产：			流动负债合计	1,500	1,100
17	可供出售金融资产	0	0	非流动负债：		
18	持有至到期投资	0	0	长期借款	2,250	1,225
19	长期应收款	0	0	应付债券	1,200	1,300
20	长期股权投资	150	225	长期应付款	0	0
21	投资性房地产	0	0	专项应付款	0	0
22	固定资产	6,190	4,835	预计负债	0	0
23	工程物资	0	0	递延所得税负债	0	0
24	在建工程	90	175	其他非流动负债	350	375
25	固定资产清理	0	0	非流动负债合计	3,800	2,900
26	生产性生物资产	0	0	负债合计	5,300	4,000
27	油气资产	0	0	所有者权益（或股东权益）：		
28	无形资产	30	40	实收资本（或股本）	3,000	3,000
29	开发支出	0	0	资本公积	80	50
30	商誉	0	0	减：库存股	0	0
31	长期待摊费用	0	0	盈余公积	370	200
32	递延所得税资产	25	75	未分配利润	1,250	1,150
33	其他非流动资产	15	0	股东权益合计	4,700	4,400
34	非流动资产合计	6,500	5,350			
35	资产总计	10,000	8,400	负债及股东权益总计	10,000	8,400

图3-2 XYZ公司20×4年资产负债表

	A	B	C
1	XYZ公司20×4年利润表（单位：万元）		
2	项目	本期金额	上期金额
3	一、营业收入	28 100	26 430
4	减：营业成本	26 220	24 515
5	营业税金及附加	140	140
6	销售费用	110	100
7	管理费用	230	200
8	财务费用	550	480
9	资产减值损失	0	0
10	加：公允价值变动收益	0	0
11	投资收益	200	120
12	其中：对联营企业和合营企业投资收益	0	0
13	二、营业利润	1050	1 115
14	加：营业外收入	50	85
15	减：营业外支出	100	25
16	其中：非流动资产处置损失		
17	三、利润总额	1 000	1 175
18	减：所得税费用	320	375
19	四、净利润	680	800
20	五、每股收益		
21	（一）基本每股收益	（略）	（略）
22	（二）稀释每股收益	（略）	（略）
23	六、其他综合收益	0	0
24	七、综合收益总额	680	800

图 3-3　XYZ 公司 20×4 年利润表

	A	B
1	XYZ公司20×4年现金流量表（单位：万元）	
2	项目	金额
3	一、经营活动产生的现金流量：	
4	销售商品、提供劳务收到的现金	12 384
5	收到的税费返还	0
6	收到的其他与经营活动有关的现金	0
7	经营活动现金流入小计	12 384
8	购买商品、接受劳务支付的现金	7 090
9	支付给职工以及为职工支付的现金	300
10	支付的各项税费	3 090
11	支付的其他与经营活动有关的现金	700
12	经营活动现金流出小计	11 180
13	经营活动产生的现金流量净额	1 204
14	二、投资活动产生的现金流量：	
15	收回投资所收到的现金	16
16	取得投资收益所收到的现金	30

17	处置固定资产、无形资产和其他长期资产所收回的现金净额	300
18	处置子公司及其他营业单位收到的现金净额	0
19	收到的其他与投资活动有关的现金	0
20	投资活动现金流入小计	346
21	购建固定资产、无形资产和其他长期资产所支付的现金	450
22	投资所支付的现金	0
23	支付的其他与投资活动有关的现金	0
24	投资活动现金流出小计	450
25	投资活动产生的现金流量净额	-104
26	三、筹资活动产生的现金流量:	
27	吸收投资所收到的现金	0
28	借款所收到的现金	400
29	收到的其他与筹资活动有关的现金	0
30	筹资活动现金流入小计	400
31	偿还债务所支付的现金	1 250
32	分配股利、利润或偿付利息所支付的现金	125
34	支付的其他与筹资活动有关的现金	0
35	筹资活动现金流出小计	1 375
36	筹资活动产生的现金流量净额	-975
37	四、汇率变动对现金的影响	0
38	五、现金及现金等价物净增加额	125
39	加:期初现金及现金等价物	125
40	六、期末现金及现金等价物余额	250

图 3-4 XYZ 公司 20×4 年现金流量表

	A	B	C	D	E
1		XYZ公司财务比率			
2	项目	20×4	20×5	20×6	20×7
3	一、偿债能力				
4	(一) 短期偿债能力				
5	流动比率				
6	速动比率				
7	现金比率				
8	现金流量比率				

图 3-5 XYZ 公司财务比率分析模型

	A	B	C	D	E
1		XYZ公司财务比率			
2	项目	20×4	20×5	20×6	20×7
3	一、偿债能力				
4	(一) 短期偿债能力				
5	流动比率	2.33			
6	速动比率	1.61			
7	现金比率	0.19			
8	现金流量比率	0.80			

图 3-6 XYZ 公司 20×4 年短期偿债能力指标计算结果

(2) 趋势分析

这里仅以流动比率为例进行趋势分析，如表 3-5 所示，XYZ 公司在 20×5、20×6 和 20×7 年的流动比率分别为 1.34、1.23 和 1.15，如图 3-7 所示。

	A	B	C	D	E
1	XYZ公司财务比率				
2	项目	20×4	20×5	20×6	20×7
3	一、偿债能力				
4	(一) 短期偿债能力				
5	流动比率	2.33	1.34	1.23	1.15

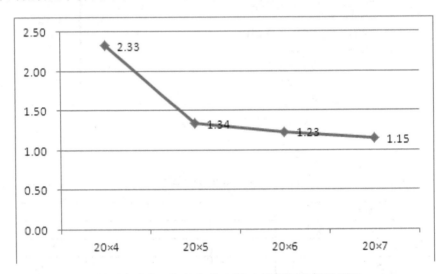

图 3-7　XYZ 公司 20×4—20×7 年流动比率计算结果

选中 B2:E2 和 B5:E5 单元格区域，利用 Excel 中的画图工具画出 XYZ 公司 20×4 到 20×7 年的流动比率折线图，如图 3-8 所示。

图 3-8　XYZ 公司 20×4—20×7 年流动比率折线图

3.7.2　环比分析模型

环比分析模型是将每年与上一年的相应项目的数值进行比较，如年末与年初相比增长或降低多少。这里仅以资产负债表的环比分析模型来进行说明，其他财务报表的环比分析模型的构建与分析基本相同。

1. 使用 Excel 建立环比分析模型

在“财务分析模型. xls”工作簿中插入名为“资产负债表环比分析模型”的工作表，如图 3-9 所示。

	A	B	C	D	E	F
1		XYZ公司20×4年资产负债表环比分析模型（单位：万元）				
2	项目	年末比年初		项目	年末比年初	
3		增减额	增减百分比		增减额	增减百分比
4	流动资产：			流动负债		
5	货币资金			短期借款		
6	以公允价值计量且其变动计入当期损益的金融资产			以公允价值计量且其变动计入当期损益的金融负债		
7	应收票据			应付票据		
8	应收账款			应付账款		
9	预付款项			预收款项		
10	应收股利			应付股利		
11	应收利息			应付利息		
12	其他应收款			应付职工薪酬		
13	存货			应交税费		
14	一年内到期的非流动资产			其他应付款		
15	其他流动资产			一年内到期的非流动负债		
16	流动资产合计			其他流动负债		
17	非流动资产：			流动负债合计		
18	可供出售金融资产			非流动负债：		
19	持有至到期投资			长期借款		
20	长期应收款			应付债券		
21	长期股权投资			长期应付款		
22	投资性房地产			专项应付款		
23	固定资产			预计负债		
24	工程物资			递延所得税负债		
25	在建工程			其他非流动负债		
26	固定资产清理			非流动负债合计		
27	生产性生物资产			负债合计		
28	油气资产			所有者权益（或股东权益）：		
29	无形资产			实收资本（或股本）		
30	开发支出			资本公积		
31	商誉			减：库存股		
32	长期待摊费用			盈余公积		
33	递延所得税资产			未分配利润		
34	其他非流动资产			股东权益合计		
35	非流动资产合计					
36	资产总计			负债及股东权益总计		

图3-9 XYZ公司20×4年资产负债表环比分析模型

2. 计算

在"资产负债表环比分析模型"工作表的相应单元格中输入如表3-8所示的公式进行计算。

表3-8 计算公式

单元格	公式
B5	=资产负债表!B4-资产负债表!C4（注：B6~B16公式向右填充）
C5	=B5/ABS(资产负债表!C4)（注：C6~C16公式向右填充）
B18	=资产负债表!B17-资产负债表!C17（注：B19~B36公式向右填充）
C18	=B18/ABS(资产负债表!C17)（注：C19~C36公式向右填充）
E5	=资产负债表!E4-资产负债表!F4（注：E6~E17公式向右填充）

续表 3-8

F5	＝E5/ABS(资产负债表!F17)(注:F6~F17公式向右填充)
E19	＝资产负债表!E18－资产负债表!F18(注:E20~E27公式向右填充)
F19	＝E19/ABS(资产负债表!F18)(注:F20~F27公式向右填充)
E29	＝资产负债表!E28－资产负债表!F28(注:E30~E34公式向右填充)
F29	＝E29/ABS(资产负债表!F28)(注:F30~F34公式向右填充)
E36	＝资产负债表!E35－资产负债表!F35
F36	＝E36/ABS(资产负债表!F35)

以上公式包含数组公式，在输入后都需按下"Ctrl＋Shift＋Enter"组合键才能得到计算结果，如图 3-10 所示。

	A	B	C	D	E	F
1		XYZ公司20×4年资产负债表环比分析模型（单位：万元）				
2	项目	年末比年初		项目	年末比年初	
3		增减额	增减百分比		增减额	增减百分比
4	流动资产：			流动负债：		
5	货币资金	125	100%	短期借款	75	33%
6	以公允价值计量且其变动计入当期损益的金融资产	-30	-50%	以公允价值计量且其变动计入当期损益的金融负债	0	
7	应收票据	-15	-27%	应付票据	5	25%
8	应收账款	995	100%	应付账款	-45	-8%
9	预付款项	185	247%	预收款项	50	111%
10	应收股利	0		应付股利	90	180%
11	应收利息	0		应付利息	-25	-42%
12	其他应收款	0	0%	应付职工薪酬	-15	-18%
13	存货	-1,035	-63%	应交税费	5	25%
14	一年内到期的非流动资产	225		其他应付款	30	600%
15	其他流动资产	0		一年内到期的非流动负债	250	
16	流动资产合计	450	15%	其他流动负债	-20	-44%
17	非流动资产：			流动负债合计	400	36%
18	可供出售金融资产	0		非流动负债：		
19	持有至到期投资	0		长期借款	1,025	84%
20	长期应收款	0		应付债券	-100	-8%
21	长期股权投资	-75	-33%	长期应付款	0	
22	投资性房地产	0		专项应付款	0	
23	固定资产	1,355	28%	预计负债	0	
24	工程物资	0		递延所得税负债	0	
25	在建工程	-85	-49%	其他非流动负债	-25	-7%
26	固定资产清理	0		非流动负债合计	900	31%
27	生产性生物资产	0		负债合计	1,300	33%
28	油气资产	0		所有者权益（或股东权益）：		
29	无形资产	-10	-25%	实收资本（或股本）	0	0%
30	开发支出	0		资本公积	30	60%
31	商誉	0		减：库存股	0	
32	长期待摊费用	0		盈余公积	170	85%
33	递延所得税资产	-50	-67%	未分配利润	100	9%
34	其他非流动资产	15		股东权益合计	300	7%
35	非流动资产合计	1,150	21%			
36	资产总计	1,600	19%	负债及股东权益总计	1,600	19%

图 3-10 XYZ公司20×4年资产负债表环比分析结果

3.7.3 结构分析模型

结构分析模型是以总量性指标为基数(100%),计算其他各组成项目占总量性指标的百分比情况。这里仅以资产负债表的结构分析模型来进行说明,其他财务报表的结构分析模型的构建与分析基本相同。

1. 使用 Excel 建立结构分析模型

在"财务分析模型.xls"工作簿中插入名为"资产负债表结构分析模型"的工作表,如图 3-11 所示。

	A	B	C	D	E	F
1	XYZ公司20×4年资产负债表结构分析模型					
2	项目	期末	期初	项目	期末	期初
3	流动资产:			流动负债:		
4	货币资金			短期借款		
5	以公允价值计量且其变动计入当期损益的金融资产			以公允价值计量且其变动计入当期损益的金融负债		
6	应收票据			应付票据		
7	应收账款			应付账款		
8	预付款项			预收款项		
9	应收股利			应付股利		
10	应收利息			应付利息		
11	其他应收款			应付职工薪酬		
12	存货			应交税费		
13	一年内到期的非流动资产			其他应付款		
14	其他流动资产			一年内到期的非流动负债		
15	流动资产合计			其他流动负债		
16	非流动资产:			流动负债合计		
17	可供出售金融资产			非流动负债:		
18	持有至到期投资			长期借款		
19	长期应收款			应付债券		
20	长期股权投资			长期应付款		
21	投资性房地产			专项应付款		
22	固定资产			预计负债		
23	工程物资			递延所得税负债		
24	在建工程			其他非流动负债		
25	固定资产清理			非流动负债合计		
26	生产性生物资产			负债合计		
27	油气资产			所有者权益(或股东权益):		
28	无形资产			实收资本(或股本)		
29	开发支出			资本公积		
30	商誉			减:库存股		
31	长期待摊费用			盈余公积		
32	递延所得税资产			未分配利润		
33	其他非流动资产			股东权益合计		
34	非流动资产合计					
35	资产总计			负债及股东权益总计		

图 3-11 XYZ公司 20×4 年资产负债表结构分析模型

2. 计算

在"资产负债表结构分析模型"工作表的 B3：B35 单元格区域中输入数组公式"＝资产负债表！B3：B35/资产负债表！B35"，并以同样的方法在单元格区域 C3：C35、E3：E35 和 F3：F35 中输入相应公式(将前一公式中的 B 分别改成 C、E、F)，结果如图 3-12 所示。

	A	B	C	D	E	F
1			XYZ公司20×4年资产负债表结构分析模型			
2	项目	期末	期初	项目	期末	期初
3	流动资产：	0%	0%	流动负债：	0%	0%
4	货币资金	3%	1%	短期借款	3%	3%
5	以公允价值计量且其变动计入当期损益的金融资产	0%	1%	以公允价值计量且其变动计入当期损益的金融负债	0%	0%
6	应收票据	0%	1%	应付票据	0%	0%
7	应收账款	20%	12%	应付账款	5%	6%
8	预付款项	3%	1%	预收款项	1%	1%
9	应收股利	0%	0%	应付股利	1%	1%
10	应收利息	0%	0%	应付利息	0%	1%
11	其他应收款	1%	1%	应付职工薪酬	1%	1%
12	存货	6%	19%	应交税费	0%	0%
13	一年内到期的非流动资产	2%	0%	其他应付款	0%	0%
14	其他流动资产	0%	0%	一年内到期的非流动负债	3%	0%
15	流动资产合计	35%	36%	其他流动负债	0%	1%
16	非流动资产：	0%	0%	流动负债合计	15%	13%
17	可供出售金融资产	0%	0%	非流动负债：	0%	0%
18	持有至到期投资	0%	0%	长期借款	23%	15%
19	长期应收款	0%	0%	应付债券	12%	15%
20	长期股权投资	2%	3%	长期应付款	0%	0%
21	投资性房地产	0%	0%	专项应付款	0%	0%
22	固定资产	62%	58%	预计负债	0%	0%
23	工程物资	0%	0%	递延所得税负债	0%	0%
24	在建工程	1%	2%	其他非流动负债	4%	4%
25	固定资产清理	0%	0%	非流动负债合计	38%	35%
26	生产性生物资产	0%	0%	负债合计	53%	48%
27	油气资产	0%	0%	所有者权益（或股东权益）：	0%	0%
28	无形资产	0%	0%	实收资本（或股本）	30%	36%
29	开发支出	0%	0%	资本公积	1%	1%
30	商誉	0%	0%	减：库存股	0%	0%
31	长期待摊费用	0%	0%	盈余公积	4%	2%
32	递延所得税资产	0%	1%	未分配利润	13%	14%
33	其他非流动资产	0%	0%	股东权益合计	47%	52%
34	非流动资产合计	65%	64%		0%	0%
35	资产总计	100%	100%	负债及股东权益总计	100%	100%

图 3-12　XYZ 公司 20×4 年资产负债表结构分析结果

3.7.4　财务比率综合评分法模型

为了进行综合的财务分析，可以编制财务比率汇总表，将反映偿债能力、营运能力和盈利能力的比率进行归类，得出各方面的综合情况。

1. 使用 Excel 建立财务比率综合评分法模型

在"财务分析模型.xls"工作簿中插入名为"财务比率综合评分法模型"的工作表,如图 3-13 所示。

	A	B	C	D	E	F	G
1				财务比率综合评分法模型			
2	财务指标	评分值	上/下限	标准值	实际值	关系比率	实际得分
3		①	②	③	④	⑤=④/③	⑥=①×⑤
4	流动比率						
5	速动比率						
6	自有资本比率						
7	存货周转率						
8	应收账款周转率						
9	总资产周转率						
10	总资产报酬率						
11	股权报酬率						
12	销售净利率						
13	合计						

图 3-13 财务比率综合评分法模型

2. 计算

(1) 分别在"评分值""上/下限""标准值""实际值"列内填入相应数据,如图 3-14 所示。

	A	B	C	D	E	F	G
1				财务比率综合评分法模型			
2	财务指标	评分值	上/下限	标准值	实际值	关系比率	实际得分
3		①	②	③	④	⑤=④/③	⑥=①×⑤
4	流动比率	8	20/5	2.1	2.32		
5	速动比率	7	20/5	1.2	1.37		
6	自有资本比率	12	20/5	60	70		
7	存货周转率	10	20/5	4.5	3.22		
8	应收账款周转率	8	20/4	20	22.72		
9	总资产周转率	10	20/5	1.5	1.34		
10	总资产报酬率	15	30/7	35	41		
11	股权报酬率	15	30/7	45	39		
12	销售净利率	15	20/5	18	19.06		
13	合计	100					

图 3-14 填入部分数据

(2) 在 F4 单元格中输入公式"=E4/D4"并将填充柄下拉至 F12 单元格;在 G4 单元格中输入公式"=B4*F4"并将填充柄下拉至 G12 单元格;在 G13 单元格中插入 SUM 函数,选择区域为"G4:G12",计算结果如图 3-15 所示。

	A	B	C	D	E	F	G
1	财务比率综合评分法模型						
2	财务指标	评分值 ①	上/下限 ②	标准值 ③	实际值 ④	关系比率 ⑤=④/③	实际得分 ⑥=①×⑤
3							
4	流动比率	8	20/5	2.1	2.32	1.10	8.84
5	速动比率	7	20/5	1.2	1.37	1.14	7.99
6	自有资本比率	12	20/5	60	70	1.17	14.00
7	存货周转率	10	20/5	4.5	3.22	0.72	7.16
8	应收账款周转率	8	20/4	20	22.72	1.14	9.09
9	总资产周转率	10	20/5	1.5	1.34	0.89	8.93
10	总资产报酬率	15	30/7	35	41	1.17	17.57
11	股权报酬率	15	30/7	45	39	0.87	13.00
12	销售净利率	15	20/5	18	19.06	1.06	15.88
13	合计	100					102.46

图 3-15 财务比率综合评分法计算结果

3.7.5 杜邦分析模型

对企业的财务状况和经营成果进行分析,除了要对企业的偿债能力、营运能力和盈利能力单独进行分析外,还需要将企业的多种财务活动、多种财务指标联系起来,根据其内在联系结合起来加以研究。

1. 使用 Excel 建立杜邦分析模型

在"财务分析模型.xls"工作簿中插入一个名为"杜邦分析模型"的工作表,格式设计如图 3-16 所示。

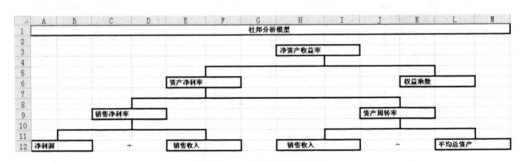

图 3-16 杜邦分析模型

2. 计算

(1) 将利润表中的净利润数据填入到 B12 单元格中,将销售收入净额数据分别填入 F12 与 I12 单元格中。在"杜邦分析模型"工作表的相应单元格中输入如表 3-9 所示的公式进行计算。

表 3-9 计算公式

单元格	公式
M12	=(资产负债表!B35+资产负债表!C35)/2
D9	=B12/F12
K9	=I12/M12
F6	=D9*K9
L6	=M12*2/(资产负债表!E33+资产负债表!F33)
I3	=F6*L6

(2) 计算结果如图 3-17 所示。

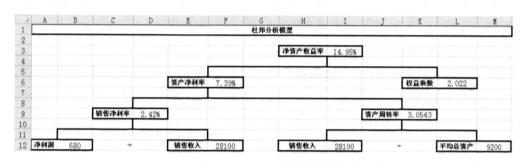

图 3-17 杜邦分析模型计算结果

【本章小结】

1. 财务分析就是以财务报表和其他资料为依据和起点,采用专门方法,系统分析和评价企业的财务状况、经营成果和现金流量状况的过程。财务分析是评价财务状况及经营业绩的重要依据,是实现理财目标的重要手段,也是作出正确投资决策的重要步骤。财务分析方法多种多样,但常用的有以下三种方法:比率分析法、因素分析法和趋势分析法。

2. 财务分析的内容主要包括以下四个方面:偿债能力分析、营运能力分析、盈利能力分析和发展能力分析。企业偿债能力分析包括短期偿债能力分析和长期偿债能力分析。企业短期偿债能力的衡量指标主要有流动比率、速动比率、现金比率和现金流量比率。长期偿债能力是指企业偿还长期负债的能力,其分析指标主要有资产负债率、产权比率、权益乘数、利息保障倍数和现金流量偿债保障比率。企业营运能力分析主要包括:流动资产周转情况分析、固定资产周转情况分析和总资产周转情况分析三个方面。企业盈利能力的一般分析指标主要有销售毛利率、销售净利率、资产收益率、净资产收益率以及上市公司盈利能力相关分析指标。企业发展能力的分析指标主要有销售增长率、净利润增长率、资本积累率和资产增长率。

3. 财务综合分析就是将企业的营运能力、偿债能力和盈利能力等方面的分析纳入到一个有机的分析系统之中,全面对企业的财务状况、经营状况进行解剖和分析,从而对企业经济效益作出较为准确的评价与判断。

4. Excel在财务分析中的应用主要包括财务比率分析模型、环比分析模型、结构分析模型、财务比率综合评分法模型和杜邦分析模型。

【案例分析】

宜宾五粮液财务分析

宜宾五粮液股份有限公司(000858)于1998年4月21日上市,上市时注册资本为人民币379 596.672万元。截至2013年年底,公司总股本为379 596.672万股,宜宾市国有资产有限责任公司作为公司第一大股东持股36%。公司2013年销售五粮液及系列产品151 087吨,同比下降1.13%;实现营业收入2 471 858.86万元,同比下降9.13%;营业利润为1 143 243.29万元,同比下降16.56%;实现净利润832 221.54万元,同比下降19.48%。

案例分析与讨论:

1. 从中国证券监督委员会等相关网站下载宜宾五粮液(000858)近3年的年报,从偿债能力、营运能力、盈利能力和发展能力等方面对宜宾五粮液(000858)近3年的财务数据进行比率分析。

2. 将宜宾五粮液(000858)与同行业公司进行相同比率的比较分析。

3. 写出公司3年的杜邦分析并作因素分析。

资料来源:改编自《〈公司理财〉习题与解析》。刘淑莲,张广宝.《公司理财》习题与解析[M].2版.北京:北京大学出版社,2017.

【思考题】

1. 什么是财务分析?财务分析有哪些作用?
2. 财务分析的方法有哪些?
3. 影响短期偿债能力的因素有哪些?
4. 资产负债率的高低对债权人和股东会产生什么影响?
5. 你是如何理解企业营运能力相关指标的计算公式的?
6. 为什么说净资产收益率是反映企业盈利能力的核心指标?
7. 企业发展能力分析的内容有哪些?
8. 阐述杜邦分析指标体系中主要财务指标之间的相互关系。

【课后练习】

一、单项选择题

1. 其他条件不变的情况下,下列经济业务可能导致总资产收益率下降的是_____。
   A. 用银行存款支付一笔销售费用　　B. 用银行存款购入一台设备
   C. 将可转换债券转换为优先股　　　D. 用银行存款归还银行借款

2. 在下列财务分析主体中,必须高度关注企业资本的保值和增值状况的是_____。
   A. 短期投资者　　　　　　　　　　B. 企业债权人
   C. 企业所有者　　　　　　　　　　D. 税务机关

3. 下列关于衡量短期偿债能力的指标的说法中正确的是_____。
   A. 流动比率较高时说明企业有足够的现金或存款用来偿债
   B. 如果速动比率较低,则企业没有能力偿还到期的债务
   C. 与其他指标相比,用现金流动负债比率评价短期偿债能力更加谨慎
   D. 现金流动负债比率＝现金/流动负债

4. 长期债券投资提前变卖为现金,将会_____。
   A. 对流动比率的影响大于对速动比率的影响
   B. 对速动比率的影响大于对流动比率的影响
   C. 影响速动比率但不影响流动比率
   D. 影响流动比率但不影响速动比率

5. 假设业务发生前速动比率大于1,偿还应付账款若干,将会_____。
   A. 增大流动比率,不影响速动比率   B. 增大速动比率,不影响流动比率
   C. 增大流动比率,也增大速动比率   D. 降低流动比率,也降低速动比率

6. 如果企业的应收账款周转率高,则下列说法中不正确的是_____。
   A. 收账费用少   B. 短期偿债能力强
   C. 收账迅速   D. 坏账损失率高

7. 产权比率为3/4,则权益乘数为_____。
   A. 4/3   B. 7/4   C. 7/3   D. 3/4

8. 下列指标中,在收付实现制的基础上,充分反映出企业当期净利润中有多少是有现金保障的有_____。
   A. 利息保障倍数   B. 已获利息倍数
   C. 每股收益   D. 盈余现金保障倍数

9. 不影响净资产收益率的指标包括_____。
   A. 总资产周转率   B. 营业净利率   C. 资产负债率   D. 流动比率

10. 下列说法中正确的是_____。
    A. 企业通过降低负债比率可以提高其净资产收益率
    B. 速动资产过多会增加企业资金的机会成本
    C. 市盈率越高,说明投资者对于公司的发展前景越看好,所以市盈率越高越好
    D. 在其他条件不变的情况下,用银行存款购入固定资产会引起总资产收益率降低

11. 下列各项展开式中不等于每股收益的是_____。
    A. 总资产收益率×平均每股净资产
    B. 股东权益收益率×平均每股净资产
    C. 总资产收益率×权益乘数×平均每股净资产
    D. 主营业务收入净利率×总资产周转率×权益乘数×平均每股净资产

12. 在杜邦财务分析体系中,综合性最强的财务比率是_____。
    A. 净资产收益率   B. 总资产净利率
    C. 总资产周转率   D. 营业净利率

13. 资产总额为100万元,年末资产总额为140万元,净利润为24万元,所得税为9万元,利息支出为6万元,则总资产收益率为_____。
   A. 27.5%   B. 20%   C. 32.5%   D. 30%

14. 某公司2015年度营业收入为3 000万元。年初应收账款余额为150万元,年末应收账款余额为250万元,每年按360天计算,则该公司应收账款周转天数为_____天。
   A. 15   B. 17   C. 22   D. 24

15. A上市公司2016年实现的净利为2 750万元,年初发行在外的普通股为10 000万股,2016年5月1日新发行6 000万股,11月1日回购1500万股,以备将来奖励职工之用,则该上市公司2016年基本每股收益为_____元。
   A. 0.1   B. 0.2   C. 0.3   D. 0.4

二、多项选择题

1. 下列各项中属于财务报表数据局限性的是_____。
   A. 缺乏可比性   B. 缺乏可靠性
   C. 存在滞后性   D. 缺乏具体性

2. 下列各项中属于效率比率的有_____。
   A. 资产周转率   B. 销售毛利率
   C. 总资产收益率   D. 流动比率

3. 某公司当年经营利润很多,却不能偿还当年债务,为查清原因,应检查的财务比率有_____。
   A. 已获利息倍数   B. 流动比率
   C. 存货周转率   D. 应收账款周转率

4. 在计算速动资产时需要在流动资产中减掉_____。
   A. 存货   B. 应付账款
   C. 预付账款   D. 一年内到期的非流动资产

5. 关于产权比率与资产负债率,下列说法中正确的是_____。
   A. 两个比率对评价偿债能力的作用基本相同
   B. 资产负债率侧重于揭示财务结构的稳健程度
   C. 产权比率侧重于分析债务偿付安全性的物资保障程度
   D. 产权比率侧重于揭示自有资金对偿债风险的承受能力

6. 提高营业净利率的途径主要包括_____。
   A. 扩大营业收入   B. 提高负债比率
   C. 降低成本费用   D. 提高成本费用

7. 下列各项中属于企业发展能力分析指标的是_____。
   A. 资本积累率   B. 营业收入增长率
   C. 资本保值增值率   D. 技术投入比率

8. 净资产收益率可以综合反映企业的_____。
   A. 盈利能力　　　　　　　　　　B. 短期偿债能力
   C. 长期偿债能力　　　　　　　　D. 营运能力
9. 企业计算稀释每股收益时,应当考虑的稀释性潜在普通股包括_____。
   A. 股票期权　　　　　　　　　　B. 认股权证
   C. 可转换公司债券　　　　　　　D. 不可转换公司债券
10. 下列公式中正确的是_____。
    A. 营业利润率＝营业利润/营业收入
    B. 权益乘数＝1/(1－产权比率)
    C. 营业净利率＝净利润/营业收入
    D. 营业利润率＝利润总额/营业收入
11. 下列各项中,与净资产收益率密切相关的有_____。
    A. 主营业务净利率　　　　　　　B. 总资产周转率
    C. 总资产增长率　　　　　　　　D. 权益乘数
12. 影响总资产收益率的因素主要有_____。
    A. 产品的售价　　　　　　　　　B. 单位产品成本的高低
    C. 产品的销量　　　　　　　　　D. 所得税税率
13. 利息保障倍数指标所反映的企业财务情况包括_____。
    A. 获利能力　　　　　　　　　　B. 长期偿债能力
    C. 短期偿债能力　　　　　　　　D. 发展能力

三、判断题

1. 速动比率用于分析企业的短期偿债能力,所以速动比率越大越好。　　　　　　(　　)
2. 尽管流动比率可以反映企业的短期偿债能力,但有的企业流动比率较高,却有可能出现无力支付到期的应付账款的情况。　　　　　　　　　　　　　　　　　　　(　　)
3. 在其他条件不变的情况下,权益乘数越小,企业的负债程度越高,财务风险越大。
   　　　　　　　　　　　　　　　　　　　　　　　　　　　　　　　　　　　(　　)
4. 某公司20×6年初发行在外的普通股股数为100万股,20×6年4月1日增发15万股,9月1日回购12万股。20×6年年末股东权益为1232万元,则该公司20×6年度加权平均发行在外的普通股股数为107.25万股,每股净资产为11.49元/股。　(　　)
5. 净资产收益率＝营业净利率×总资产周转率×权益乘数,其中权益乘数＝年末资产/年末所有者权益。　　　　　　　　　　　　　　　　　　　　　　　　　(　　)
6. 沃尔比重评分法的基本步骤为:选择评价指标并分配指标权重;确定各项评价指标的标准值;对各项评价指标计分并计算综合分数;形成评价结果。　　　　　　(　　)
7. 市盈率是评价上市公司盈利能力的指标,它反映投资者愿意为公司每股净利润支付的价格。　　　　　　　　　　　　　　　　　　　　　　　　　　　　　　(　　)
8. 某企业去年的销售净利率为5.73%,资产周转率为2.17,今年的销售净利率为4.88%,资产周转率为2.88。若两年的资产负债率相同,则今年的净资产收益率与去年的相比呈上升趋势。   (   )

四、计算分析题

1. 远大公司20×4年年末资产负债表如表3-10所示(单位:元)。该公司20×4年年末的流动比率为2,负债与股东权益比率为0.6,存货周转率为8次,年初该公司的存货金额为3万元,公司当年的销售收入为100万元,销售毛利率为60%。请根据已知的有关数据和资料完成下表(该公司全部账户均已包括在表3-10中)。

表3-10 远大公司20×4年年末资产负债表

资产	金额	负债及所有者权益	金额
货币资金	100 000	短期借款	60 000
应收账款净额		应付账款	
存货		长期负债	
固定资产净额	500 000	股本	400 000
		未分配利润	
资产总计	850 000	负债及所有者权益总计	

2. 某公司流动资产由速动资产和存货构成,年初存货为145万元,年初应收账款为125万元,年末流动比率为3,年末速动比率为1.5,存货周转率为4次,年末流动资产余额为270万元,一年按360天计算。要求:

(1) 计算该公司流动负债年末余额。

(2) 计算该公司存货年末余额和年平均余额。

(3) 计算该公司本年营业成本。

(4) 假定本年赊销收入净额为960万元,应收账款以外的其他速动资产忽略不计,计算该公司应收账款周转期。

3. 某企业上年营业收入净额为6 900万元,全部资产平均余额为2 760万元,流动资产平均余额为1 104万元;本年营业收入净额为7 938万元,全部资产平均余额为2 940万元,流动资产平均余额为1 323万元。请计算该企业上年与本年的全部资产周转率和流动资产周转率。

4. 某公司20×8年的有关财务资料如表3-11所示(单位:万元),该公司20×8年实现利润25万元。要求:

表3-11 20×8年有关资料

项目	年初数	年末数
资产	400	500
负债	225	300
所有者权益	175	200

(1) 计算净资产收益率。

(2) 计算总资产净利率(凡涉及资产负债表项目数据的,均按平均数计算)。

(3) 分别计算年初、年末的资产负债率。

5. 某公司20×4年度资产负债表如表3-12所示(单位:元)。20×4年实现的净利润为70万元,销售收入为350万元。该公司20×3年有关财务指标如下:销售净利率11%,总资产周转率1.5,权益乘数1.4。要求:

表3-12 某公司20×4年度资产负债表

资产	年初数	年末数	负债及所有者权益	年初数	年末数
现金及有价证券	510 000	650 000	负债总额	740 000	1 340 000
应收账款	230 000	280 000	所有者权益总额	1 680 000	1 730 000
存货	160 000	190 000			
其他流动资产	210 000	140 000			
长期资产	1 310 000	1 810 000			
总资产	2 420 000	3 070 000	负债及所有者权益	2 420 000	3 070 000

(1) 运用杜邦财务分析体系计算20×4年该公司的净资产收益率。
(2) 采用连环替代法分析20×4年该公司净资产收益率指标变动的具体原因。

第四章

企业融资决策（上）

【学习目标】
1. 理解企业融资的动因。
2. 掌握企业资金需求量的预测方法。
3. 掌握股票、债券发行价格和融资租赁租金的计算。
4. 理解各种筹资方式的优缺点。
5. 了解权益资金、负债资金筹集的各种方式。

【重点与难点】
1. 企业资金需求量的预测方法。
2. 股票、债券发行价格和融资租赁租金的计算。

【导引案例】

M企业是刚成立三年的公司，最近企业的销售增长非常快，还面临着需要购买新机器设备以扩大生产等问题。然而资金问题困扰着该企业，未来一年需要多少资金？这些资金可以采用哪些方式获得，发行股权、发行债券、向银行贷款还是采取融资租赁？哪种方式更适合企业？

大多数企业在经营过程中面临很多发展机会，新的投资项目、低价收购战略性物资以及收购其他企业等，这些机会不能仅依赖自身资金的积累实现，必然需要从外部获取资金。本章讲述企业融资的动因、资金需求量的预测方法以及各种融资方式的优缺点。

4.1　企业融资概述

企业融资是指企业为了满足生产经营、对外投资和调整资本结构等活动对资金的需要，采取适当的方式获取所需资金的一种行为。资金是企业生存和发展的必要条件。筹集资金既是保证企业正常生产经营的前提，又是谋求企业发展的基础。筹资工作做得好，不仅能降低资本成本，给经营或投资创造较大的可行性或有利空间，而且能降低财务风险，提高企业经济效益。筹集资金是企业资金运动的起点，它会影响乃至决定企业资金运动的规模及效果。企业的经营管理者必须把握企业何时需要资金、需要多少资金、以何种合理的方式取得资金。

1. 企业融资的来源

企业资金的来源有两个方面：一个方面是由投资人提供的，称为所有者权益，这部分资金称为权益资金；另一个方面是由债权人提供的，称为负债，这部分资金称为负债资金。

2. 企业融资的方式

企业融资的方式是指企业筹措资金采用的具体形式，主要有6种：吸收直接投资、发行股票、发行债券、融资租赁、银行借款以及商业信用等。这些筹资方式将在本章后面几节分别作详细介绍。

3. 融资的基本原则

采取一定的融资方式，有效地组织资金供应，是一项重要而复杂的工作。为此，企业筹集资金应遵循以下基本原则：

(1) 合理性原则。不论采取什么方式融资，都必须预先合理确定资金的需求量，以需定筹。既要防止筹资不足，影响生产经营的正常进行；又要防止筹资过多，造成资金闲置。所以筹资前应采用一定的方法进行预测，合理确定筹资规模，以防止筹资效果低下。

(2) 及时性原则。按照货币时间价值的原理，同等数量的资金在不同时点上具有不同的价值。企业筹集资金应根据资金投放使用的时间来合理安排，使筹资和用资在时间上相衔接。既要避免过早筹资使资金过早到位而形成资金投放前的闲置，又要避免资金到位滞后而丧失资金投放的最佳时机。

(3) 效益性原则。企业不论从何种渠道、以何种方式筹资，都必须付出一定的代价，即资本成本。不同资金来源的资本成本各不相同，取得资金的难易程度也有差异。筹集资金应从资金需求的实际情况出发，采用合适的方式操作，追求降低成本，谋求最大的经济效益。

(4) 优化资金结构原则。企业的资本结构一般由借入资金和自有资金构成，合理负债能提高自有资金利润率，又可缓解资金紧张的矛盾，若负债过多，企业则会产生较大的财务风险，甚至于丧失偿债能力而面临破产。因此，企业要安排合理的资本结构比例，同时其长期资金和短期资金也应比例适当。资金筹集应注意这两方面的比例关系，减少企业财务风险，优化资金结构。

4.2 企业资金需求量预测

4.2.1 融资数量预测的依据

企业经营和投资业务是其资金需求的数量依据，开展企业筹资数量预测的根本目的是保证企业经营和投资业务的顺利进行，使筹集的资本既能够保证经营和投资的需要，又不会有不合理的闲置，从而促使企业财务管理目标的实现。

影响企业筹资数量的因素有很多，譬如法律的限制、企业经营和投资规模等，总结起来，企业筹资数量预测的影响因素有以下三方面：

(1) 法律方面的限定:《公司法》对成立股份公司有最低注册资本的要求;同时也对公司累计债券总额有规定,不能超过公司净资产的40%。

(2) 企业经营和投资的规模。

(3) 其他因素;如利率的高低、企业资信等级状况等都会对融资数量产生影响。

4.2.2 销售收入百分比法

1. 基本原理

销售收入百分比法是指以未来销售收入变动的百分比为主要参数,考虑随销售变动而变动的资产负债表项目及其他因素对资金需求的影响,从而预测未来需要追加的资金量的一种定量计算方法。这种方法的基本思路是在生产经营过程中所需要的资金首先是来自于留存收益的增加,即依靠内部筹资解决,在内部筹资不能满足资金需求的情况下再进行外部筹资。

销售收入百分比法需要建立两个基本假设前提:一,资产负债表某些项目以及利润表某些项目与销售之间成比例变化;二,资产负债表中给出的各项资产、负债占销售收入的比例为最优比例,企业在未来继续予以保持。资产负债表中另外一些项目的金额保持不变。因此,在某资产项目与销售额的比率既定的情况下,便可预测未来一定销售额下该项目的资金需求量。

销售收入百分比法的主要优点是能够为财务管理提供短期的预计财务报表,以适应外部筹资的需要,但是在相关比例发生变化时,必须调整原有销售收入百分比。

2. 销售收入百分比法的运用

销售收入百分比法的运用一般是借助于预计资产负债表和预计利润表。通过预计利润表预测企业留用利润这种内部资本积累,通过预计资产负债表预测企业资本需求总额和外部筹资的增加额。

(1) 编制预计利润表预测留用利润数。首先,收集基年实际利润表资料,计算确定利润表各项目与销售额的百分比;其次,取得预测年度销售收入预计数,用此预计数和之前确定的百分比计算预测年度利润表各项目的预计数,并编制预测年度预计利润表;最后,利用预测年度税后利润预计数和预定的留用比例,测算留用利润的数额。

(2) 编制预计资产负债表预测外部筹资额。运用销售收入百分比法要选定与销售收入保持基本比例不变的项目,这类项目可称为敏感项目,它们随着销售收入的增减变化必然按比例增减,包括敏感资产项目和敏感负债项目。敏感资产项目一般包括货币资金、应收账款、存货等;敏感负债项目一般包括应付票据、应付账款、应交税费、应付职工薪酬等。固定资产、长期资产、长期负债等通常都不列为敏感项目。

(3) 按预测模型预测外部筹资额,其模型为:

$$\Delta F = K \times (A - L) - R \qquad (4-1)$$

式中,ΔF 表示企业在预测年度需从企业外部追加筹措资金的数额;K 表示预测年度销售收入相对于基年度增长的百分比。

A 表示随销售收入变动而成正比例变动的资产项目基期金额。资产项目与销售收入的关系一般可分为三种情况:第一种情况是随销售收入变动成正比例变动,如货币资金、应收账款、存货等流动资产项目,这些是公式中 A 的计量对象;第二种情况是与销售收入变动没有必然因果关系,如长期股权投资、无形资产等,这些项目不是 A 的计量对象;第三种情况是与销售收入变动有多种可能的关系,如固定资产。假定基期固定资产的利用已经饱和,那么增加销售就必须追加固定资产投资,且一般可以认为其与销售增长成正比,应把基期固定资产净额计入 A 之内;假定基期固定资产的剩余生产能力足以满足销售增长的需要,则不必追加资金添置固定资产。

L 表示随销售收入变动而成正比例变动的负债项目基期金额。负债项目与销售收入的关系一般可分为两种情况:第一种情况是随销售收入变动成正比例变动,如应付账款、应交税费、应付职工薪酬等流动负债项目,这些是公式中 L 的计量对象;第二种情况是与销售收入变动没有必然因果关系,如各种长期负债等,这些项目不是 L 的计量对象。L 在公式中前面有"—"减号,是因为它能给企业带来可用资金。资产是资金的占用,负债是资金的来源。

R 表示预测年度增加的可以使用的留存收益,是在销售净利率、股利发放率等确定的情况下计算得到的。R 是企业内部形成的可用资金,可以作为向外界筹资的扣减数。

对于销售百分比法的使用应注意:资产负债表中各项目与销售收入的关联情况在各企业不一定是相同的,上面的叙述存在着假定性,应当考察企业本身的历史资料以确定 A 与 L 的计量范围。此外,所有者权益类项目与销售收入变动无关,公式中没有涉及。

【例4-1】 某公司 20×6 年实现销售额 32 万元,销售净利率为 10%,并按净利润的 50% 发放股利,假定该公司的固定资产利用能力已经饱和,20×6 年底的资产负债表如表 4-1 所示。若该公司计划在 20×7 年把销售额提高到 40 万元,销售净利率、股利发放率仍保持 20×6 年的水平。用销售百分比法预测该公司 20×7 年需向外界融资的金额。

表 4-1 某公司 20×6 年底资产负债表 (单位:万元)

资产		负债及所有者权益	
货币资金	10	负债:应付账款	25
应收账款	30	应交税费	5
存货	30	长期负债	20
固定资产	55	所有者权益:实收资本	60
无形资产	5	留存收益	20
合计	130		130

解 $\Delta F = \dfrac{40-32}{32} \times (10+30+30+55-25-5) - 40 \times 10\% \times (1-50\%)$

$= 23.75 - 2 = 21.75$（万元）

4.2.3 线性回归法

线性回归方法是假定资金需求量和经营业务量之间存在线性关系而建立的计量模型，并根据历史资料，用回归直线方程确定参数来预测资金需求量的方法。其计量模型为：

$$Y = a + bX \qquad (4-2)$$

式中，Y 表示资本需求量；X 表示经营业务量；a 表示不变资本总额；b 表示单位业务量所需要的可变资本额。

不变资本是指在一定经营业务量规模内不随业务量变动的资本，主要为维持经营所必需的现金、存货、应收款等；可变资本是指随营业业务量变动而同比例变动的资本。

【例 4-2】 某企业 20×2—20×6 年的产销量和资本需求量数据如表 4-2 所示，假定 20×7 年预计产销量为 9 万件，试预测 20×7 年的资本需求量。

表 4-2 产销量和资本需求量数据

年度	产销量 X（万件）	资本需求量 Y（万元）
20×2	5.2	500
20×3	6.1	570
20×4	5.8	550
20×5	7.1	640
20×6	7.3	660

解 根据最小二乘法，列出正规方程组如下：

$$\begin{cases} \sum Y = na + b \sum X \\ \sum XY = a \sum X + b \sum X^2 \end{cases}$$

将相关数据代入上式则有：

$$\begin{cases} a = 116.52 \\ b = 74.2 \end{cases}$$

将 $a = 116.52$，$b = 74.2$ 代入式（4-2），得到模型为：

$Y = 116.52 + 74.2X$

将 20×7 年预测的业务量 9 万件代入上式，计算得到资本需求量为：

$116.52 + 74.2 \times 9 = 784.32$（万元）

4.3 权益资金筹集

企业的全部资产由两部分构成：投资人提供的所有者权益和债权人提供的负债。所有者权益是企业资金的最主要来源，是企业筹集债务资金的前提与基础。所有者权益是指投资人对企业净资产的所有权，包括投资者投入企业的资本金及企业在经营过程中形成的积累。资本金是企业在工商行政管理部门登记的注册资金，是企业设立时的启动资金，资本金的数额不能低于国家规定的开办此类企业的最低资本数额（法定资本金）。企业通过吸收直接投资、发行股票、内部积累等方式筹集的资金都称为权益资金，权益资金不用还本，因而也称之为自有资金或主权资金。由于吸收直接投资以及内部积累方式融资比较简单，而且在资金性质、资金使用等方面与股票相同，因此在此不做详细介绍，下面重点介绍股权融资。

4.3.1 私募公司的股权融资

开办公司的初始资本通常都是由企业家自己和其亲属提供，然而很少有家庭能够有资源和能力为快速发展的公司提供充足的资金支持，公司的成长总是需要外部资本的支持。私募公司必须寻求外部资本提供者，同时公司也必须理解外部资本提供者将对公司的控制权产生怎样的影响。

1. 资金来源

私募公司决定筹集外部资本时，可以寻求几个潜在的资金提供者：天使投资者、风险投资公司、机构投资者和公司投资者。

（1）天使投资者。购买小规模私募公司股权的个人投资者被称为天使投资者（angel investors）。在某些情况下，天使投资者所提供的资本是充足的，但大多数情形是公司的资金需求量远超天使投资者所能够提供的。发现天使投资者是非常困难的事情，这通常取决于企业家的人脉和联系，大多数企业家与持有大量资本的投资者缺乏联系，因此需要求助于风险投资公司。

（2）风险投资公司。风险投资公司（venture capital firm）是有限合伙制公司，专门筹集资金，然后向年轻的初创公司进行私募股权投资。一般基金机构为风险投资公司的有限合伙人，普通合伙人负责风险投资公司的运营和管理，他们被称作风险投资家。风险投资公司投资于很多初创企业，从而使有限合伙人的风险得到分散，更重要的是有限合伙人能够得益于普通合伙人的专长和知识。当然，这些好处是有成本的，普通合伙人会收取高额的费用来运营公司，除此之外普通合伙人还将从投入资金所创造的利润中享有一定份额的收益，这称为附带收益（carried interest），在大多数风险投资公司，这一比例为20%—30%。风险投资公司在过去几十年中获得巨大增长，并在互联网经济繁荣时期达到顶峰。

（3）机构投资者。诸如保险公司、信托基金等都是机构投资者，他们是许多不同类型资产的投资者。机构投资者可以直接投资于私募公司，或者通过先成为风险投资公司或私募股权投资公司的有限合伙人，从而间接投资于私募公司。

（4）公司投资者。很多已经成立多年的公司购买年轻的私募公司的股权，对于这些投资于私募公司的公司有很多称呼，比如公司投资者、公司合作伙伴、战略合作伙伴或者战略投资者。公司投资者除了追求投资回报外，还为了实现公司的战略目标而投资。比如，2009年5月汽车制造商戴姆勒投资5 000万美元，获得电动汽车制造商特斯拉10%的股权作为战略合作的一部分，旨在促进锂电池系统、电力驱动系统的发展。

2. 私募公司投资的退出

随着时间推移，私募公司的股权价值在不断增长，这说明早期的投资者获得了大量的资本利得。但是因为私募公司的性质，投资者无法在公开市场上卖出股权而变现。私募公司的投资者需要考虑的另一个重要问题就是退出策略，即最终将怎样实现投资回报。投资者的退出方式有两种：收购或者公开出售。通常大公司会收购成功的初创公司，在这种情形下，收购公司购买私募公司已发行的股票，从而使被收购的私募公司的投资者得以撤出投资。为投资者提供流动性的另一种途径就是使公司变成公开交易的上市公司，从而在公开市场上卖出股票。

4.3.2 公开发行股票

1. 股票的含义和种类

股票是股份有限公司为筹措股权资本而发行的有价证券，是持有人拥有公司股份的凭证，代表持股人在公司中拥有的所有权。

股份有限公司根据筹资者和投资者的需求发行各种不同的股票，股票可按不同的标准进行分类。

（1）按股东的权利和义务分类。股票按股东权利和义务分为普通股和优先股。普通股是公司发行的代表股东享有平等的权利、义务，不加特别的限制，股利不固定的股票。普通股是最基本的股票。优先股是公司发行的优先于普通股分得股利和公司剩余财产的股票。

（2）按票面有无记名分类。股票按票面有无记名分为记名股票和无记名股票。记名股票上记载股东的姓名或者名称，我国《公司法》规定，公司向发起人、国家授权机构、法人发行的股票应为记名股票。无记名股票上不记载股东的姓名或名称，公司对公众发行的股票可以为无记名股票。

2. 上市的优点

虽然我国的很多大公司是上市公司，但是也有例外，如总部位于深圳的华为技术有限公司，其年收入达上千亿元人民币，但仍然是由私人拥有。像这样从创立之日起一直由私人拥有的公司一直都存在。

企业上市的原因有很多。首先,在公开市场上,企业可以以更有利的条件取得资本。2007年11月,中国石油天然气有限公司在上海证券交易所上市,发行价16.7元/股,共融资600多亿人民币。还有一些公司发行股票较少,但实际上公司并不需要筹集资金,上市的目的是利用公开市场向公司经理和其他内部人员提供流动性的便利。公司曾经向这些人员分配股票作为回报,而公司上市意味着公司原来的股东、投资者、经理可以将自己的资金从公司撤出并分散其投资组合。上市的另一大好处是公开上市的股票价格为公司的经营者提供了宝贵的信息。每天投资者都买进或者卖出公司股票,以这种方式表达他们对公司前景的判断。尽管市场并非一贯正确,但它仍不失为一种有用的现实反映。比如,股价下跌之后,公司经理会对扩展公司核心业务三思而后行。股价下跌反映投资者和分析家对公司前景不看好,这也许意味着扩大业务不会取得预期回报。最后,很多人认为上市是对公司形象的一次很好的宣传。公司股票在上海证券交易所或者深圳证券交易所挂牌上市交易,将会提高公司知名度,增强客户、员工和供应商对公司的信心。

3. 上市的成本

公司上市最明显的成本是雇佣证券公司、律师和会计师的费用以及承销费。这些均是上市的直接成本,除此之外企业还要付出与此同样重要的间接成本。证券公司把股票出售给初始投资者的价格一般比股票随后在二级市场中交易的价格低得多,这被称为"IPO抑价之谜"。不管现实中抑价的原因是什么,企业必须把这个价差加到上市的成本中去。而且,上市之后公司还要承担非上市公司不需要承担的成本。上市公司必须按证监会的要求定期报送年度报告、半年度报告和季度报告,还需要召开股东会议,与机构投资者和财务分析师进行交流。上市公司与股东的沟通交流必须以相对公开的形式进行,因此竞争对手也能够获得公司提供给股东的信息,从而使上市公司在市场竞争中处于不利地位。因为上市公司比非上市公司的透明度更大,它可能以一种被迫的方式行事。如上市公司必须对外披露支付给管理人员的报酬,这项规定可能使上市公司不能向管理人员支付过高的薪酬。另外,股东可能会要求上市公司经理进行承担社会责任的投资选择等等。

4. 公开上市的程序

公司首次向公众发售股票的过程称作首次公开发行(Initial Public Offering,IPO)。企业上市是一个冗长的过程,通常需要几个月甚至更长的时间。

(1) 证券上市申请书

当企业作出上市决定并选定承销商之后,就需要开始整理申请上市所需的资料,包括经审计的财务报表、对企业经营活动发展前景和可能出现的风险的描述、法律意见书等。

(2) 发行股票的销售

承销商还要负责成立承销集团以销售所发行的股票,并在集团成员之间分配股票。销售时要进行路演,即由企业的管理人员和承销商向机构投资者介绍并推销首次公开发行的股票。这些展示工作不仅使投资者对企业的管理层有所了解,同样重要的是使承销商得以对所发行的股票的需求作出评估。虽然潜在的投资者所表现出的兴趣没有约束力,但这会对股票发行的价格、数量和在特定投资者之间的分配产生影响。

(3) 定价

一旦证监会批准了证券上市,上市程序就进入最后阶段了,即制定发行价格、确定发行数量并向投资者销售股票。首次公开发行的股票通常被超额认购,即投资者认购的数量超过承销商计划发行的数量,我国通常采用抽签的方式来分配股票,也有些国家可以由承销商决定合适的分配方案。发行价格一般可以采用固定价格法或者市场询价法确定。固定价格法是发行人和承销商在新股发行前商定一个价格,然后根据此价格公开发行。市场询价法是先根据新股的市场价值(可以采用现金流量现值评估)、市场大盘情况以及行业情况确定发行价格区间,然后进行路演,征集在各个价位上的需求量,最后承销商和发行人据此确定发行价格。

5. IPO 抑价之谜

前文已经提到首次公开发行股票的价格一般是偏低的。最著名的比如中石油的发行价为 16.7 元/股,发行当天收盘价为 43.96 元/股。据学者研究,我国证券市场上 IPO 当天股价平均上涨 226%。首次公开发行股票定价偏低的现象引起公众广泛的关注,学者从各个方面提出相应的解释。

(1) 证券公司的动机

在制定发行价格时,证券公司会衡量提高或者降低价格所带来的成本和收益。发行价格定得太低会增加上市的成本,因此为了吸引客户,证券公司会把发行价格定得尽可能高一些。然而,如果价格过高新股可能销售不出去,导致证券公司只能把未售出的股票留在自己手中,而这种可能性抵消了前一种趋势的影响。因为持有未售出股票的成本由证券公司承担并且损害了证券公司的声誉,这种就促使证券公司用低价发行股票。证券公司低价发行股票的另一个原因是,如果股票发行后业绩不佳,会使证券公司在投资者中丧失信誉,甚至会导致投资者投诉证券公司。

(2) 发行公司的管理者比投资者掌握更多信息

市场上存在众多的上市公司,而投资者对新上市的公司并不了解,新上市公司的管理者如何证明自己所在的公司是个优质公司呢?先低价少量发行股票,为将来更大规模的增资发行铺平道路,正是一个较好的发行策略。质量差的公司因为增资发行的风险太高,将不会模仿优质公司的发行策略。很多学术论文认为,预期企业经营良好而且有进一步投资机会的经营者倾向于制定低价发行策略。

(3) 赢家诅咒

洛克(Rock,1986)发表了一篇富有建设性的论文,提出因为人们认为首次公开发行股票定价往往偏低,于是认购所有首次公开发行的股票,而这可能会带来某种危害。假设有两种投资者:消息灵通者和消息不灵通者。消息灵通者由于种种原因知道股票的真实价值,只有当发行价格低于真实价值时才会认购,而消息不灵通者由于不知道股票的真实价值,因此认购所有首次公开发行的股票。不幸的是,消息不灵通者买到了所有定价过高的股票,而只买到部分定价偏低的股票。如果股票定价并不偏低,则消息不灵通者遭受的损失是系统性的,投资者得到的股票是劣质股票,这就是经济学家所说的"赢家诅咒"。这个词来自于拍卖市场,拍卖中标者最终发现他是拍卖中愿意以最高价格购买标的的人,因此付出了过高的代价。同样,新股发行市场也可能出现"赢家诅咒"之类的问题,知道自己消息不灵通的人就不参加拍卖,消息不灵通的人通常不认购公开发行的股票。券商为了吸引消息不灵通者认购股票,会制定较低的发行价格。

4.3.3 股票增发(SEO)

公司对外部资本的需求很少以 IPO 结束,通常公司在经营期内随时会出现有利的增长机会,并且在某些情况下仅靠留存收益无法满足增长机会的需求。此时公司会重新回到股票市场发售新股,这种发行方式被称作股票增发(Seasoned Equity Offering,SEO)。

1. SEO 的运作机制

公司通过 SEO 发行股票,要遵循很多和 IPO 相同的步骤。而两者主要的区别在于,增发时股票市场价格已经存在,不再需要为股票发行定价。目前,存在两种类型的股票增发:现金发行与配股发行。在现金发行中,公司向全体投资者发行新股;在配股发行中,公司仅向现有股东发行新股。在我国,大多数 SEO 都是配股发行。

配股发行可保护现有股东免遭发行折价的影响。假设一家公司的全部资产为 10 000 元现金,有 500 股流通股,每股价格 20 元。公司宣布以每股价格 10 元的现金增发方式发行 500 股,一旦此次发行完成,公司将拥有 15 000 元现金及 1 000 股流通股,现在每股价格为 15 元。这种发行将导致财富从原有股东流向新股东。但如果采用配股发行方式,则可以在融资的同时避免给股东造成损失。

2. 股价反应

研究人员发现,平均而言,市场会以股价下跌来回应 SEO 的消息。股价下跌造成的损失通常占新筹集资本的较大比例。原因在于公司可能会在股价高估时增发股票,投资者从增发股票这一行为推断出公司股价被高估了,因此股价会随着 SEO 的宣告而下跌。

另一种对此的解释是,这种结果可能和 SEO 宣告本身没有关系,而与促使公司选择 SEO 的条件有关。外源性融资决策通常意味着公司打算投资,当公司投资时,它实质上是在执行其看涨期权,期权一经执行,公司的 β 系数就会降低,这解释了 SEO 后较低回报率的现象。

3. 发行成本

股票增发的成本虽然没有 IPO 那么高,但依然是较高的。通常配股发行的成本比现金发行的要低,这部分地解释了为什么公司偏好配股发行。现金发行的一个优势是,承销商在其中扮演了重要角色,能够可靠地保证发行质量。

4.3.4 权益资金融资的优缺点

权益资金融资与其他方式融资相比有其优点和缺点。

1. 权益资金融资的优点

(1) 权益资金通常没有固定的股利负担,公司盈利可根据公司投资机会、现金流状况等条件而调整,而债券、借款的利息则无论公司盈利与否都必须要支付。

(2) 权益资金没有到期日,无需偿还,是公司的永久性资本。

(3) 权益资金融资的风险较小,由于权益资金没有到期日,不需要偿还,故不存在还本付息的风险。

2. 权益资金融资的缺点

(1) 资金成本较高。一般而言,权益资金成本高于债务资金成本。这主要是因为投资者投资于股票的风险较高,要求的回报率相对也较高,并且股利是从税后利润中支付,不能抵税。债权人风险较低,支付的利息允许在税前扣除。

(2) 利用普通股融资可能会分散公司控制权。

4.4 长期债务融资

负债是企业所承担的能以货币计量、需以资产或劳务偿付的债务。企业通过银行借款、发行债券、融资租赁、商业信用等方式筹集的资金属于企业的负债。由于负债要归还本金和利息,因而称为企业的借入资金或债务资金。因为商业信用属于短期债务,因此将在后面的章节介绍。

4.4.1 长期借款

长期借款是借款人向商业银行或其他非银行金融机构以及其他单位借入的、期限超过一年的借款,主要用于构建固定资产和满足长期流动资产占用的需要。

1. 长期借款的种类

基于不同的分类标准可以把长期借款分为很多类,企业可以根据自身的情况并与各种借款条件相结合作出最佳的决策。长期借款按是否提供抵押品担保可分为信用借款、担保借款、抵押借款等;按借款用途不同可分为基本建设借款、专项借款和流动资金借款;按付息方式与本金的偿还方式不同可分为分期付息到期偿还的长期借款、到期一次性还本付息的长期借款和分期偿还本息的长期借款;按提供贷款的机构不同可分为政策性银行贷款、商业性银行贷款和其他金融机构贷款等。下面以银行长期借款为例进行讨论。

2. 长期借款的程序

银行对企业提出的长期借款一般要经过以下几个步骤：

(1) 企业提出借款申请。企业要向银行借入资金，必须向银行提出申请，填写包括借款金额、借款用途、偿还能力、还款方式等内容的《借款申请书》并提供有关资料。

(2) 银行进行审查。银行对企业的借款申请要从企业的信用等级、基本财务情况、投资项目的经济效益、偿债能力等多方面作必要的审查，以决定是否提供贷款。

(3) 签订借款合同。借款合同是规定借款企业和银行双方的权利、义务与经济责任的法律文件。借款合同包括基本条款、保证条款、违约条款及其他附属条款等内容。

(4) 企业取得借款。双方签订借款合同后，银行应如期向企业发放贷款。

(5) 企业归还借款。企业应按借款合同规定按时足额归还借款本息。如因故不能按期归还，应在借款到期之前的3～5天内提出展期申请，由贷款银行审定是否给予展期。

3. 长期借款的信用条件

向银行借款往往附带一些信用条件，主要有：

(1) 补偿性余额。补偿性余额是银行要求借款企业在银行中保留一定数额的存款余额，约为借款额的10%～20%，其目的是降低银行贷款风险，但对借款企业来说加重了其利息负担。

【例4-3】 某企业按年利率9%向银行借款100万元，补偿性余额比率为10%。则企业实际借款利率为：

$$企业实际借款利率 = \frac{名义利率}{1-补偿性余额比率} = \frac{9\%}{1-10\%} = 10\%$$

(2) 信贷额度。信贷额度是借款企业与银行在协议中规定的借款最高限额。在信贷额度内，企业可以随时按需要支用借款。但如协议是非正式的，则银行并无必须按最高借款限额保证贷款的法律义务。

(3) 周转信贷协议。周转信贷协议是银行具有法律义务地承诺提供不超过某一最高限额的贷款协议。企业享用周转信贷协议，要对贷款限额中的未使用部分付给银行一笔承诺费。

【例4-4】 某企业与银行商定的周转信贷额度为2 000万元，承诺费比例为1‰，该企业年度内实际借款额为1 600万元。则该企业应向银行支付的承诺费为：

应付承诺费 = (2 000 - 1 600) × 1‰ = 4(万元)

4. 长期借款的优缺点

(1) 长期借款的优点

① 筹资速度快。与发行证券相比，不需印刷证券、报请批准等，一般所需时间短，可以较快满足资金的需要。

② 筹资的成本低。与发行债券相比，借款利率较低且不需支付发行费用。

③ 借款灵活性大。企业与银行可以直接接触，商谈借款金额、期限和利率等具体条款，借款后如情况变化可再次协商。到期还款有困难时，如能取得银行谅解，也可延期归还。

④ 可以产生财务杠杆作用。借款只需支付固定的利息，当企业的收益率高于借款的资金成本时，就可以提高权益资金收益率。

(2) 银行借款的缺点

① 筹资数额往往不可能很多。

② 银行会提出对企业不利的限制条款，这些条款可能会限制企业的发展战略，影响企业今后的筹资能力。

③ 风险高。由于借款利息是固定的且必须定期还本付息，在企业经营状况不佳时，可能会产生不能偿付的风险，甚至会引起破产。

4.4.2 发行债券

债券是企业依照法定程序发行的、承诺按一定利率定期支付利息并到期偿还本金的有价证券，是持券人拥有公司债权的凭证。

1. 债券的种类

(1) 按发行主体分类

债券按发行主体不同可分为政府债券、金融债券和企业债券。政府债券是由中央政府或地方政府发行的债券，其风险小、流动性强。金融债券是银行或其他金融机构发行的债券，其风险不大、流动性较强、利率较高。企业债券是由各类企业发行的债券，其风险较大、利率较高、流动性差别较大。

(2) 按有无抵押担保分类

债券按有无抵押担保可分为信用债券、抵押债券和担保债券。信用债券又称无抵押担保债券，是以债券发行者自身信誉发行的债券，政府债券即属于信用债券。信誉良好的企业也可发行信用债券。企业发行信用债券往往有一些限制条件，如不准企业将其财产抵押给其他债权人，不能随意增发企业债券，未清偿债券之前股利不能分配过多等。抵押债券是指以一定抵押品作抵押而发行的债券。当企业不能偿还债券时，债权人可将抵押品拍卖以获取债券本息。担保债券是指由一定保证人作担保而发行的债券。当企业没有足够资金偿还债券时，债权人可以要求保证人偿还。

(3) 按偿还期限分类

债券按偿还期限可分为短期债券和长期债券。短期债券是指偿还期在一年以内的债券。长期债券是指偿还期在一年以上的债券。

(4) 按是否记名分类

债券按是否记名可分为记名债券和无记名债券。对于记名债券，公司只对记名人还本，持券人凭印鉴支取利息。对于记名债券的转让，由债券持有人以背书等方式转让，转让后由公司将受让人的姓名或者名称及住所记载于公司债券存根簿记。无记名债券是指在券面上不记持券人的姓名或名称，还本付息时以债券为凭，一般实行剪票付息。无记名债券的转让是由债券持有人将债券交付给受让人，交付后即发生转让的效力。

（5）按计息标准分类

债券按计息标准可分为固定利率债券和浮动利率债券。固定利率债券指在发行时规定利率在整个偿还期内不变的债券。浮动利率债券的利率水平在发行债券之初不固定，而是根据市场利率加以确定。

（6）按是否可转换成普通股分类

债券按是否可转换成普通股可分为可转换债券和不可转换债券。其中可转换债券是指根据发行公司的债券募集办法的规定，债券持有人可将其转换为发行公司的股票的债券。发行公司应按规定办法向债券持有人换发股票，债券持有人有权选择是否将其所持债券转换为股票。发行这种债券既可以为投资者增加灵活的投资机会，又可为发行公司调整资本结构或减缓财务压力提供便利。

2. 债券的发行

国有企业、股份公司、有限责任公司只要具备发行债券的条件，都可以依法申请发行债券。

（1）发行方式

债券的发行方式有委托发行和自行发行。委托发行是指企业委托银行或其他金融机构承销全部债券，并按总面额的一定比例支付手续费。自行发行是指债券发行企业不经过金融机构直接把债券配售给投资单位或个人。

（2）发行债券的要素

① 债券的面值。债券面值包括两个基本内容：币种和票面金额。币种可以是本国货币，也可以是外国货币，这取决于债券发行的地区及对象。票面金额是债券到期时偿还本金的数额。票面金额印在债券上，固定不变，到期必须足额偿还。

② 债券的期限。债券从发行之日起至到期日之间的时间称为债券的期限。

③ 债券的利率。债券上一般都注明年利率，利率有固定的，也有浮动的。面值与利率相乘即为年利息。

④ 偿还方式。债券的偿还方式主要有分期付息、到期还本及到期一次还本付息两种。

⑤ 发行价格。债券的发行价格有三种：一是按债券面值等价发行，又叫面值发行；二是按低于债券面值的价格折价发行；三是按高于债券面值的价格溢价发行。

债券之所以会按偏离债券面值的价格发行是因为债券票面利率与金融市场平均利率不一致。如果债券票面利率大于市场利率，则由于未来利息多计，导致债券内在价值大，因而应采用溢价发行；如果债券票面利率小于市场利率，则由于未来利息少计，导致债券内在价值小，因而应采用折价发行。这是基于债券发行价格应该与它的价值贴近。债券的溢价、折价可依据按资金时间价值原理算出的内在价值确定。

每年末支付利息、到期支付本金的债券的发行价格计算公式为：

$$P = M \times (P/F, r, t) + M \times i \times (F/A, r, t) \tag{4-3}$$

式中，P 为债券发行价格；M 为债券面值；r 为市场利率；i 为票面利率；t 表示债券期限。

到期一次还本付息的债券的发行价格计算公式为：

$$P = M \times (1 + i \times t) \times (P/F, r, t) \tag{4-4}$$

【例4-5】 某企业发行债券筹资，面值为500元，期限为5年，发行时市场利率为10%，每年末付息，到期还本。分别按票面利率为8%、10%、12%计算债券的发行价格。

解 （1）若票面利率为8%，则

$P = 500 \times 8\% \times (F/A, 10\%, 5) + 500 \times (P/F, 10\%, 5)$

$= 40 \times 3.7908 + 500 \times 0.6209 = 462.08(元)$

（2）若票面利率为10%，则

$P = 500 \times 10\% \times (F/A, 10\%, 5) + 500 \times (P/F, 10\%, 5)$

$= 50 \times 3.7908 + 500 \times 0.6209 = 499.99(元)$

（3）若票面利率为12%，则

$P = 500 \times 12\% \times (F/A, 10\%, 5) + 500 \times (P/F, 10\%, 5)$

$= 60 \times 3.7908 + 500 \times 0.6209 = 537.9(元)$

从计算结果可见，上述三种情况分别对应于折价、等价、溢价发行。此类问题中的市场利率是复利年利率。当债券以单利计息，到期一次还本付息时，即使票面利率与市场利率相等，也不应是面值发行。

【例4-6】 依据例4-5的资料，改成单利计息，到期一次还本付息，其余条件不变，再次计算发行价格。

解 （1）若票面利率为8%，则

$P = 500 \times (1 + 5 \times 8\%) \times (P/F, 10\%, 5)$

$= 700 \times 0.6209 = 434.63(元)$

（2）若票面利率为10%，则

$P = 500 \times (1 + 5 \times 10\%) \times (P/F, 10\%, 5)$

$= 750 \times 0.6209 = 465.68(元)$

（3）若票面利率为12%，则

$P = 500 \times (1 + 5 \times 12\%) \times (P/F, 10\%, 5)$

$= 800 \times 0.6209 = 496.72(元)$

3. 债券筹资的优点

（1）债券利息作为财务费用在税前列支，而股票股利需由税后利润发放，因此利用债券筹资的资金成本较低。

（2）债券持有人无权干涉企业的经营管理，因而不会减弱原有股东对企业的控制权。

（3）债券利率在发行时就已确定，如遇通货膨胀，则实际减轻了企业负担；如企业盈利情况好，则因财务杠杆作用而令原有投资者获取更大的收益。

（4）债券筹资的对象十分广泛，既可以向各类银行或非银行金融机构筹资，也可以向其他法人单位、个人筹资，并可筹集到相对较大金额的资金。

（5）发行债券所筹集的资金一般属于长期资金，而且债券的投资者一般不能在债券到期日之前向企业索要本金，因此债券筹资方式具有长期性和稳定性特点。

4. 债券筹资的缺点

（1）筹资风险高。债券筹资有固定到期日，要承担还本付息义务。当企业资金周转出现困难时，容易使企业陷入财务困境，甚至破产清算。当企业经营不善时，会减少原有投资者的股利收入，从而导致投资者的担心。因此筹资企业在发行债券时，必须考虑利用债券筹资方式所筹集资金投资的项目的未来收益的稳定性和增长性问题。

（2）限制条件多。因为债权人没有参与企业管理的权利，债券持有人为保障其债权的安全，往往要在债券合同中签订保护条款，这对企业造成较多约束，影响企业财务的灵活性。

（3）筹资数量有限。债券筹资的数量一般比银行借款的数量多，但它筹集的毕竟是债务资金，不可能太多，否则会影响企业信誉，也会因资本结构变化而导致企业总体资金成本的提高。

4.5 融资租赁

4.5.1 租赁的基本知识

租赁是承租方向出租方交付租金，出租方在契约或合同规定的期限内将资产的使用权让渡给承租方的一种经济行为。

1. 租赁的类型

很多类型的租赁交易是基于承租方和出租方之间的关系，如销售型租赁、直接租赁、杠杆租赁。

（1）销售型租赁：出租方为资产的制造商。如 IBM 公司同时制造、销售和租赁服务器。制造商一般会把租赁的条件设定为更广泛的销售和定价策略中的组成部分。

（2）直接租赁：出租方通常是专门购买资产然后将其出租给客户的独立公司，比如汽车租赁公司。如果公司已经拥有想要租赁的资产，可以安排售后回租交易，承租方先收到出售资产的现金，然后再向出租方支付租金以保持资产使用权。

（3）杠杆租赁：出租方从银行或者其他贷款人处获取购买资产所需的初始资金，再使用收到的承租方的租金来偿付贷款的利息和本金。

2. 租金支付

租赁的成本取决于资产的购买价格、支付的租金和租赁到期时资产的剩余价值。在完美的资本市场上，租金的确定能够使得该交易的净现值为零，即

$$PV(租金现值)=购买价格-PV(剩余价值现值) \qquad (4-5)$$

因此租金的多少取决于资产的购买价格、剩余价值和折现率。

【例4-7】 假设公司需要增添一台设备，市场价值为10 000元，公司准备租赁使用4年，4年后该设备的剩余价值为4 000元，市场利率为6%，每年复利一次。公司在4年中为使用该资产，每年应该支付多少租金？

解 根据式(4-5)可得：

$$PV=10\,000-\frac{4\,000}{(1+6\%)^4}=6\,831.63(元)$$

每年支付租金多少会相当于6 831.63元的租金现值呢？运用年金现值公式，可得：

$$6\,831.63=L+\frac{L}{(1+6\%)}+\frac{L}{(1+6\%)^2}+\frac{L}{(1+6\%)^3}$$

解得 $L=1\,859.96(元)$。

3. 租赁还是贷款

考虑例4-7，公司也可以通过4年期的银行贷款直接购买设备。令 M 表示贷款的每年偿还金额，公司的现金流如图4-1所示。

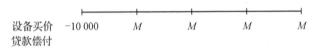

图4-1 公司现金流

假设贷款是公平定价的，则贷款的偿还使得

$$PV(贷款偿还现值)=买价$$

贷款是为取得资产而融资，租赁则是为资产在租期内的折旧成本融资。在完美资本市场上，租赁且租赁期满后留购资产的成本相当于借款购买资产的成本。在现实世界中，融资租赁相当于抵押贷款(资产所有者属于出租方)，相对于信用贷款来说风险较高，故融资租赁的利率水平通常高于信用贷款的利率水平。

4.5.2 租赁的会计处理与税务处理

在完美资本市场上，租赁是等价于贷款的另一种融资选项。然而，现实中的租赁决策通常要受到租赁的会计处理、税务处理等市场摩擦的影响。当公司租赁资产时，税务按租金能否抵税将租赁分为经营租赁和融资租赁，会计将融资租赁资产计入资产负债表并计提折旧。

1. 租赁的分类与会计处理

（1）经营租赁

经营租赁又称服务租赁，它是由承租方向出租方交付租金，由出租方向承租方提供资产使用及相关的服务，并在租赁期满时由承租方把资产归还给出租方的租赁。经营租赁通常为短期租赁，其特点是：

① 资产所有权属于出租方，承租方仅为了获取资产使用权，不是为了融资。

② 经营租赁是一个可解约的租赁，承租企业在租期内可按规定提出解除租赁合同。

③ 租赁期短，一般只是租赁物使用寿命期的小部分。

④ 出租企业向承租企业提供资产维修、保养及人员培训等服务。

⑤ 租赁期满或合同中止时，租赁资产一般归还给出租企业。

承租方不为资产计提折旧，也不在资产负债表中列示该资产，但需要在报表附注中披露经营租赁的情况。

（2）融资租赁

融资租赁又称财务租赁、资本租赁，它是承租方为融通资金而向出租方租用、由出租方出资按承租方要求购买的租赁物的租赁。它是以融物为形式、融资为实质的经济行为，是出租方为承租方提供信贷的信用业务。融资租赁通常为长期租赁，其特点是：

① 资产所有权形式上属于出租方，但承租方能实质性地控制该项资产，并有权在承租期内取得该项资产的所有权，承租方应把融资租入资产作为自有资产对待，比如需要在资产账户上作记录，需要计提折旧等。

② 融资租赁是一种不可解约的租赁，租赁合同比较稳定，在租赁期内承租方必须连续交纳租金，非经双方同意，中途不得退租，这样既能保证承租方长期使用该项资产，又能保证出租方收回投资并有所收益。

③ 租赁期长，租赁期一般是租赁资产使用寿命期的 75% 以上，租金现值达到或超过资产价值的 90% 以上。

④ 出租方一般不提供维修、保养方面的服务。

⑤ 租赁期满时，承租方可选择留购、续租或退还，通常由承租方留购。

承租方需要将融资租赁的资产列示在资产负债表中并且计提折旧，未来支付租金作为负债列示，租金的利息可以作为利息费用。

不同租赁方式的会计处理将影响公司的资产负债表和债务股权比，具体来说就是融资租赁会增加公司负债水平并加大债务股权比，即提高了公司的财务杠杆水平，所以公司有时更愿意将融资租赁归为经营租赁来处理。

2. 租赁的税务处理

税务部门将租赁分为租金可抵扣租赁和租金不可抵扣租赁，这种分类大致相当于经营租赁和融资租赁。税务处理会影响到现金流,所以从财务的角度分析,这些分类规则就非常重要。

(1) 经营租赁:承租方交付的租金可以在税前扣除,承租方不可以计提折旧费用,这些租金作为出租方的收入。

(2) 融资租赁:尽管租赁资产的法定所有权归属于出租方,但承租方需要计提折旧并且折旧费用可以在税前扣除,承租方支付的租金在税前不可以扣除,承租方支付的租金中包含的利息可以作为财务费用处理,进行税前扣除,同时这个利息也是出租方的收入。

4.5.3 融资租赁的优缺点

对承租企业而言,融资租赁是一种比较特殊的融资方式。通过融资租赁,企业可以不必筹措资金而直接获得所需要的资产,因此融资租赁有其特有的优缺点。

1. 融资租赁的优点

(1) 融资租赁能够快速获得所需资产。融资租赁集融资与融物与一身,一般要比先融资后采购来得快,可使公司尽快形成生产能力。

(2) 融资租赁的限制条件较少。

(3) 融资租赁的租金通常在整个租期内分期支付,可以适当降低企业不能偿付的风险。

2. 融资租赁的缺点

融资租赁的资金成本较高。融资租赁本质上相当于抵押贷款,其资金成本要高于无抵押的信用贷款。另外,支付固定的租金也构成企业的一个固定财务负担。

4.6 Excel 在企业融资决策中的应用(上)

4.6.1 企业融资数量预测的线性模型

利用线性模型预测企业外部融资数量时,先根据业务量和融资额的历史数据建立一元回归模型,再采用最小二乘法计算回归系数,最后根据预测的业务量数据计算预期融资额。使用 Excel 可以快速建立回归模型。

1. 主要 Excel 技术

(1) 绘制散点图:从菜单栏选择"插入→图表→散点图",然后选择需要做成散点图的数据即可完成。鼠标光标置于散点图中并按鼠标右键,在弹出菜单中选择"添加趋势线",可以在散点图中添加一条趋势线。

(2) INTERCEPT 函数:利用已知的一系列 x 值和 y 值计算直线与 y 轴的交叉点。函数格式为 INTERCEPT(y,x)。

(3) SLOPE 函数:利用已知的一系列 x 值和 y 值计算直线的斜率。函数格式为 SLOPE(y,x)。

2. 应用举例

【例 4-8】 某企业 2007—2016 年的业务量与融资额有关资料如表 4-3 所示（业务量单位为万件，融资额单位为万元），请对企业融资数量预测进行线性建模。

表 4-3 业务量与融资额

年　度	2007	2008	2009	2010	2011	2012	2013	2014	2015	2016
融资额	320	300	400	380	430	500	475	450	520	550
业务量	2.7	2.5	3.8	3.2	4.1	6	5.5	5	6.5	7

解 建模过程如下：

第一步：在单元格区域中输入原始数据，如图 4-2 中的 B3:D13 单元格区域所示。

第二步：绘制散点图。选择相应数据，然后在菜单中选择"插入→图表→散点图"，接着选择散点图样式，即可完成基本散点图的绘制。

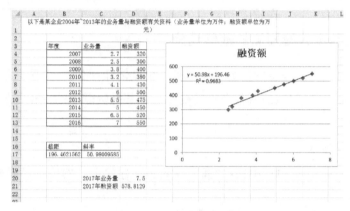

图 4-2 融资数量预测图

第三步：在散点图上添加趋势线并显示公式和 R^2。将鼠标光标移至散点图数据点的上方，点击鼠标右键，在弹出菜单中选择"添加趋势线"，在弹出的对话框中依次选中"线性"单选按钮、"显示公式"复选框、"显示 R 平方值"复选框，如图 4-3 所示。

图 4-3 添加趋势线

第四步：设置结论区。在结论区单元格中输入 INTERCEPT 函数和 SLOPE 函数，计算截距和斜率，如表 4-4 所示。

表 4-4 结论区输入内容

B16	截距	C16	斜率
B17	=INTERCEPT(C4:C13,D4:D13)	C17	=SLOPE(C4:C13,D4:D13)

第五步：设置预测区。在预测区单元格中输入公式，如表 4-5 所示，然后在 D20 单元格中输入 2017 年预测业务量"7.5"，根据回归方程计算得预测的 2017 年融资额为 578.81，见图 4-2。

表 4-5 预测区输入内容

C21	2017 年融资额
D21	=B17+D20*C17

4.6.2 企业融资数量预测的敏感性分析

有时候企业对未来业务量的预测可能不是一个点估计，而是一个区间估计，或者企业更希望看到随着业务量的变化（或其他条件的变化），外部融资需求的变化是怎样的，这就需要进行敏感性分析。

1. 主要 Excel 技术

（1）绘制柱状图：在菜单栏中选择"插入→图表→柱状图"，然后选择需要做成柱状图的数据即可完成。

（2）应用数值调节按钮窗体控件：在菜单栏中选择"开发工具→插入控件→数值调节按钮"，在弹出的对话框中可以设置步长、最大、最小值等参数。

2. 应用举例

【例 4-9】 沿用例 4-1 的资料：某公司 20×6 年实现销售额 32 万元，销售净利率为 10%，并按净利润的 50%发放股利，假定该公司的固定资产利用能力已经饱和，20×6 年底的资产负债表如表 4-1 所示。分析公司每提高 1 万元销售额，外部融资需增加多少？用销售百分比法预测该公司 20×7 年需向外界融资的数额。

解 建模过程如下：

第一步：建立数据区域，如图 4-4 中的 D5:J11 单元格区域所示。

第二步：建立预测区域，如图 4-4 中的 D15:J21 单元格区域所示，其中 F16 至 F19 单元格中输入的公式分别为 E6/32、E7/32、E8/32 和 E9/32；J16 和 J17 单元格中输入的公式分别为 J6/32 和 J7/32；E16 至 E19 单元格中输入的公式分别为(32+$F$25)*F16、(32+$F$25)*F17、(32+$F$25)*F18 和(32+$F$25)*F19；I16 和 I17 单元格中输入的公式分别为(32+$F$25)*J16 和(32+$F$25)*J17。

第三步：在 D25 单元格中输入"20×7 年销售增长"，D27 单元格中输入"20×7 年外部融资需求"，F27 单元格中输入"E21-I21"。

第四步：在 G25 和 G26 单元格上方插入数值调节按钮窗体控件，在窗体控件属性对话框中设置最小值为 0，最大值为默认值，步长为 1，链接单元格为 $F$25，如图 4-5 所示。

第五步：在表格右方插入柱状图，数据区域选择为 $F$25，y 轴设置为如图 4-4 所示。

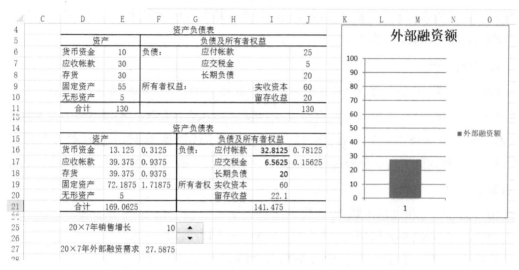

图 4-4 敏感性分析的 Excel 模型

图 4-5 设置数值调节按钮控件格式

第六步：点击控件上的正三角形按钮，能够观察到随着销售额增长，外部融资需求逐渐增长，柱状图不断增高。

4.6.3 企业融资租赁分析

1. 主要 Excel 技术

（1）IRR 函数：计算一系列现金流的内含报酬率。函数格式为 IRR(values)。

（2）PPMT 函数：计算根据定期固定付款和固定利率而定的投资在已知期间内的本金偿付额。函数格式为 PPMT(rate, per, nper, pv)，其中 rate 为利率，per 为指定期数，nper 为年金的付款总期数，pv 为现值。

2. 应用举例

【例 4-10】 某企业向融资租赁公司租入价值为 12 000 000 元的设备一套，租赁合同规定：租期 5 年，每年年末支付租金 3 000 000 元，租期满后设备归企业所有，该设备采用直线法折旧，无残值，企业所得税率为 25%。求：(1)租赁内含利率；(2)租金摊销表；(3)租赁成本现值。

第一步：创建融资租赁分析模型，如图 4-6 所示，B9 单元格中的"-1200"表示期初获得价值 1200 万元的设备。

第二步：在 D6 单元格中输入"IRR(B9:B14)"。

第三步：在 C10 单元格中输入"PPMT($D$6,A10,5,1200)"。

第四步：在 D10 单元格中输入"IPMT($D$6,A10,5,1200)"。

第五步：在 E10 单元格中输入"SLN(1200,0,5)"。

第六步：在 F10 单元格中输入"(E10-D10)*0.25"，然后将此公式填充至 F14 单元格。

第七步：在 G10 单元格输入"B10-F10"，然后将此公式填充至 G14 单元格。

第八步：H 列单元格的计算：H10=G10/(1+D6)，H11=G11/(1+D6)^2，H12=G12/(1+D6)^3，H13=G13/(1+D6)^4，H14=G14/(1+D6)^5，H15 单元格中输入的公式为"sum(H10:H14)"，按回车键后即得到总成本的现值。

	A	B	C	D	E	F	G	H
1				租赁分析模型				
2		租赁类型：融资租赁						
3		设备价值：1200万元						
4		租期：5年						
5		每年还款：300万元						
6		租赁内含利率：		0.079308				
7								
8	时间	还款额	偿还本金	偿还利息	折旧	税款节约	净现金流量	现值
9	0	-1200						
10	1	300	-204.83	-95.17	240.00	83.79248	216.20752	200.3205
11	2	300	-221.07	-78.93	240.00	79.7313	220.2687	189.0871
12	3	300	-238.61	-61.39	240.00	75.34803	224.65197	178.6791
13	4	300	-257.53	-42.47	240.00	70.61714	229.38286	169.0359
14	5	300	-277.96	-22.04	240.00	65.51105	234.48895	160.1013
15	总成本现值							897.2238

图 4-6 融资租赁分析模型

【本章小结】

1. 企业融资是指企业为了满足生产经营、对外投资和调整资本结构等活动对资金的需要,采取适当的方式获取所需资金的一种行为。企业融资来源总体上分为两类,一是债权性资本,另一个是股权性资本。

2. 融资数量预测是资本预算的起点,主要有销售收入百分比法和线性回归法。销售收入百分比法是指以未来销售收入变动的百分比为主要参数,考虑随销售变动的资产负债项目及其他因素对资金需求的影响,从而预测未来需要追加的资金量的一种定量计算方法。线性回归方法是假定资金需求量和经营业务量之间存在线性关系而建立的计量模型,并根据历史资料,用回归直线方程确定参数来预测资金需求量的方法。

3. 企业通过吸收直接投资、发行股票、内部积累等方式筹集的资金都称为权益资本,根据权益资本筹集方式可以分为两类,一类是私募,其资本来源通常包括天使投资者、风险投资公司、机构投资者和公司投资者;另一类是公开上市发行股票。

4. 企业通过银行借款、发行债券、融资租赁等方式筹集的资金属于企业的负债。由于负债要归还本金和利息,因而这些资金称为企业的借入资金或债务资金。

5. Excel 在财务中的应用主要有回归分析技术与敏感性分析技术。

【案例分析】

蓝海公司的再融资策略

蓝海公司自 2000 年上市以来,当前市值为 10 亿元,公司有 1 亿流通股,每股市场价格为 10 元。主营收入和利润持续增长,产品占有率不断上升。根据公司报表显示:公司 2016 年生产销售产品 3 万吨,占国内市场总产量 60% 以上,2013 年、2014 年、2015 年和 2016 年 1—6 月扣除非经常性损益的平均净资产收益率分别为 11%、10.5%、11.8% 和 4.5%,主营业务利润率以年均高于 15% 的速度增长。公司扩大生产规模势在必行,公司决定采取股权融资的方式募集资金。

本次融资资金需求量约 2 亿人民币,相对于公司规模来说金额不大,公司近三年资产负债率水平较低,也不需要引进新的战略投资者。公司作为成功的上市公司,融资渠道很多,究竟选择哪种方式才能够保证资金及时到位而成本最小,成为公司高管思考的问题。

案例分析与讨论:

1. 蓝海公司在股权再融资时,面临哪些方式可供选择?
2. 结合案例,分析蓝海公司应选择哪种融资方式并说明理由。
3. 如果进行配股,应如何定价?

改编自:乔纳森·伯克,彼得·德玛佐.公司理财[M].姜英兵,译.北京:中国人民大学出版社,2014.

【思考题】

1. 在进行融资数量预测时,敏感资产项目和负债项目有哪些?

2. 企业在进行长期融资时,可供选择的融资方式有哪些?各有什么特点?
3. 租赁的方式有哪些?
4. 融资租赁和贷款有什么不同?
5. 公司为什么要上市?
6. 如何理解 IPO 抑价?

【课后练习】

一、单项选择题

1. A 公司用线性回归法预测资金需求量,不变资产总额为 200 万元,单位可变资本额为 40 万元,预计下年度产销量为 5 万件,则下年度资本需求量为_____。
   A. 200 万   B. 300 万   C. 400 万   D. 500 万

2. 下列各项中属于销售收入比例法所称的敏感项目的是_____。
   A. 对外投资   B. 应收账款   C. 应付票据   D. 长期负债

3. 下列不属于编制预计资产负债表的敏感项目的是_____。
   A. 存货   B. 长期股权投资
   C. 现金   D. 应收账款

4. 相对于负债融资而言,采用吸收直接投资方式筹措资金的优点是_____。
   A. 有利于降低资金成本   B. 有利于集中企业控制权
   C. 有利于降低企业财务风险   D. 有利于发挥财务杠杆作用

5. 根据财务管理理论,按照企业资金的来源渠道不同,可以将筹资分为_____。
   A. 直接筹资和间接筹资   B. 内源筹资和外源筹资
   C. 权益筹资和负债筹资   D. 短期筹资和长期筹资

6. 相对于发行债券和利用银行借款购买设备而言,通过融资租赁方式取得设备的主要缺点是_____。
   A. 限制条款多   B. 筹资速度慢
   C. 资金成本高   D. 财务风险大

7. 某公司拟发行面值为 1 000 元、不计复利、5 年后一次还本付息、票面利率为 10% 的债券。已知发行时资金市场的年利率为 12%,$(P/F,10\%,5)=0.620\ 9$,$(P/F,12\%,5)=0.567\ 4$。则该公司债券的发行价格为_____。
   A. 851.10   B. 907.84   C. 931.35   D. 993.44

8. 下列做法中错误的是_____。
   A. 普通股息在税后利润中分派   B. 优先股息计入成本
   C. 优先股息一般是固定的   D. 优先股息先于普通股息分派

9. 溢价发行债券时,其价格_____债券的面值。
   A. 大于   B. 小于   C. 等于   D. 不一定小于

10. 融资租赁与经营租赁的会计处理方法不同,即_____。
    A. 融资租赁与经营租赁的租赁费都可以计入成本
    B. 融资租赁的租赁费不得计入成本,而经营租赁的租赁费可以计入成本

C. 融资租赁的租赁费计入成本,而经营租赁的租赁费不得计入成本

D. 融资租赁与经营租赁的租赁费都不可计入成本

11. 下列筹资方式中,不能形成企业自有资金的是_____。
   A. 内部留存收益   B. 吸收直接投资
   C. 发行股票   D. 发行债券

12. 一般来说,_____不是融资租赁的特点。
   A. 所有权为出租方所有   B. 由出租公司负责维修出租设备
   C. 租赁物是专用设备   D. 租赁期限长

13. 下列关于银行借款筹资方式的缺点中,表述错误的是_____。
   A. 财务风险较大   B. 筹资耗费时间长
   C. 限制条款多   D. 筹资规模有限

14. 当债券的票面利率小于市场利率时,债券应_____。
   A. 按面值发行   B. 溢价发行   C. 折价发行   D. 向外部发行

二、多项选择题

1. 下列各项中,属于吸收直接投资与发行普通股筹资方式所共有的缺点的有_____。
   A. 限制条件多   B. 财务风险大
   C. 控制权分散   D. 资金成本高

2. 在事先确定企业资金规模的前提下,吸收一定比例的负债资金可能产生的结果有_____。
   A. 降低企业资金成本   B. 降低企业财务风险
   C. 加大企业财务风险   D. 提高企业经营能力

3. 补偿性余额的约束使借款企业所受的影响有_____。
   A. 减少了可用资金   B. 提高了筹资成本
   C. 降低了实际贷款利率   D. 提高了实际贷款利率
   E. 增加了可用资金

4. 影响债券发行价格的因素有_____。
   A. 债券面额   B. 市场利率
   C. 票面利率   D. 债券期限
   E. 通货膨胀率

5. 与负债资金的筹集相比,普通股筹资的特点是_____。
   A. 筹资风险小   B. 筹资成本低
   C. 能增加公司信誉   D. 所筹资金可长期使用
   E. 容易分散公司控制权

6. 股票上市的不利之处有_____。
   A. 信息公开可能暴露商业秘密 B. 影响股票的流动性
   C. 可能分散公司的控制权   D. 不便于筹措资金
   E. 股权过于集中

7. 企业筹集长期资金的方式一般有_____。
   A. 筹集投入资本　　　　　　　　B. 发行股票
   C. 发行债券　　　　　　　　　　D. 长期借款
   E. 经营租赁

8. 普通股股东具有的权力有_____。
   A. 表决权　　　　　　　　　　　B. 剩余索取权
   C. 新股发行的优先认购权　　　　D. 红利分配权
   E. 查账

9. 企业资产租赁按其性质划分有经营租赁和融资租赁两种，其中融资租赁的主要特点有_____。
   A. 出租的设备由承租企业提出购买要求
   B. 由承租企业负责设备的维修、保养和保险
   C. 由租赁公司负责设备的维修、保养和保险
   D. 租赁期较长，在租赁期间双方无权取消合同
   E. 租赁期满，通常采用企业留购办法处理设备

三、判断题

1. 企业的产销数量增加会引起资本需求量增加；反之，则会使资本需求量减少。（　　）
2. 企业发行债券与发行股票相比，由于其资金成本低，因而筹资风险也低。（　　）
3. 融资租入的设备应由承租企业负责维护、保养，但不由承租企业计提设备折旧。（　　）
4. 债券的价格会随着市场利率的变化而变化。当市场利率上升时，债券价格下降；当市场利率下降时，债券价格上升。（　　）
5. 采用发行普通股或负债方式筹集资金，可保证少数股东对企业的绝对控制权。（　　）
6. 发行股票既可筹集企业生产经营所需的资金，又不会分散企业的控制权。（　　）
7. 由于负债利息可以在税前列支，因此负债筹资有助于提高企业自有资金利润率。（　　）
8. 吸收直接投资中的出资者是企业的所有者，可以通过一定方式参与生产经营管理、共同平等分享利润、承担损失。（　　）
9. 优先股股息是固定的，类似于债券利息，因此优先股的股息应在所得税前列支。（　　）

四、计算分析题

1. 企业拟发行面值为100元的债券一批。该债券期限3年，单利计息，票面利率为12%，到期一次还本付息。计算市场利率分别为10%、12%、15%时的债券发行价格。

2. 某企业为扩大经营规模融资租入一台机床，该机床的市价为198万元，租期10年，租赁公司的融资成本为20万元，租赁手续费为15万元，租赁公司要求的报酬率为15%。
要求：
（1）确定租金总额。
（2）如果采用等额年金法，每年年初支付，则每期租金为多少？

（3）如果采用等额年金法，每年年末支付，则每期租金为多少？

3. 某公司上年利润如表4-6所示（单位：万元），上年优先股股利为30万元，普通股股利为90万元，该公司坚持一贯的固定股利政策，预计计划年度销售收入增加30%。运用销售百分比法编制计划年度预计利润表并测算计划年度留用利润额。

表4-6 某公司上年利润表

项　目	金　额
营业收入	2 500
减：营业成本	1 700
销售费用	144
销售利润	656
减：管理费用	292
财务费用	36
税前利润	328
减：所得税费用	65.6
净利润	262.4

第五章

企业融资决策(下)

【学习目标】

1. 了解资金时间价值与资本成本的联系与区别。
2. 理解资本成本的概念,掌握股权成本测算方法。
3. 理解债务成本并掌握债务成本计算方法。
4. 理解杠杆效应以及财务杠杆、经营杠杆的概念并掌握其计算方法。
5. 理解边际资本成本并掌握其计算方法。
6. 理解资本结构理论并掌握资本结构决策方法。

【重点与难点】

1. 股权成本的概念及估算。
2. 杠杆原理及其计算方法。
3. 资本结构决策方法。

【导引案例】

在 M 上市公司 2013 年度报告中,公司财务总监回答了股东的问题。其中两个问题和相应的回答如下。

问题:公司的加权平均资本成本是多少?

回答:一些股东可能不太熟悉这个术语,加权平均资本成本通常定义为公司各种不同资本来源的税后实际成本。为了增加股东价值,所投资本的收益率必须超过加权资本成本。

问题:公司计划杠杆率水平是多少?

回答:在本会计年度,我们计划使杠杆率达到股东权益的 15%~20%。在确定适当的杠杆率水平时,我们考虑了很多因素。这些因素不是静止的,而是动态的,包括债务利率固定或受保护的程度、利率趋势、利息保障倍数等。杠杆率还取决于我们的即期收购和投资计划。在债务使用问题上,我们是一家稳健的公司,然而我们致力于坚持有效资本结构和逐步降低加权平均资本成本。它将确保我们在发生经济萧条的情况下仍能够更好地获得融资。

资料来源:乔纳森·伯克,彼得·德玛佐.公司理财[M].姜英兵,译.北京:中国人民大学出版社,2014.

5.1 资本成本

5.1.1 资本成本的概念

资本成本又称资金成本,它是企业为筹集和使用长期资金而付出的代价。资本成本包括资金筹集费和资金占用费两部分。资金筹集费是指企业为筹集资金而付出的代价,如向银行支付的借款手续费,向证券承销商支付的发行股票、债券的发行费等。资金筹集费通常是在筹措资金时一次支付的,在用资过程中不再发生,可视为筹资总额的一项扣除。资金占用费主要包括资金时间价值和投资者要考虑的投资风险报酬两部分,如向银行借款所支付的利息、发放股票的股利等。资金占用费与筹资金额的大小、资金占用时间的长短有直接联系。

资本成本这一概念包含两个方面的内容。一是从企业管理者筹集资金的角度来看,资本成本是企业使用资金付出的代价。资本成本是在商品经济条件下,资金所有权与资金使用权分离的产物,是资金使用者对资金所有者转让资金使用权利的价值补偿。二是从投资者角度来看,资本成本是资金提供者(股东或债权人)要求得到的报酬率。债权人或股东作为资本的所有人,向企业提供资金实质是投资行为,企业必须要满足投资者对投资回报的要求。即可以将资本成本和投资者的期望报酬看作同一问题的两个方面。

资本成本与资金时间价值既有联系又有区别:联系在于两者考察的对象都是资金;区别在于资本成本既包括资金时间价值,又包括投资风险价值。

资本成本是企业选择筹资来源和方式,拟定筹资方案的依据,也是评价投资项目可行性的衡量标准。

资本成本可以用绝对数表示,也可以用相对数表示。资本成本用绝对数表示即资本总成本,它是资金筹集费和资金占用费之和。由于它不能反映所用资本总额,所以较少使用。资本成本用相对数表示即资本成本率,它是资金占用费与筹资净额的比率,一般讲到资本成本时多指资本成本率,其计算公式为:

$$资本成本率 = \frac{资金占用费}{筹资总额 - 资金筹集费} \qquad (5-1)$$

由于资金筹集费一般以筹资总额的某一百分比计算,因此上述计算公式也可表示为:

$$资本成本率 = \frac{资金占用费}{筹资总额 \times (1 - 筹资费率)} \qquad (5-2)$$

企业以不同方式筹集的资金所付出的代价一般是不同的,企业总的资本成本是由各项个别资本成本及资金比重所决定的。我们对资本成本的计算必须从个别资本成本开始。

5.1.2 债务资本成本

债务资本包括银行贷款和企业发行的债券,因此债务资本成本可以分为银行借款资本成本和债券资本成本。

1. 银行借款资本成本

银行借款资本成本主要是借款时一次性支付的筹资费用和以后定期支付的利息,因为这两种费用都可以在所得税前扣除,所以银行借款资本成本要从税后角度计算。计算银行借款资本成本有两种方法。

① 不考虑货币时间价值。此时银行借款资本成本就是税后利息与实际获得的可使用资金的比率,计算公式为:

$$K_L = \frac{I_L(1-T)}{L \times (1-F)} \quad (5-3)$$

式中,K_L 为银行借款资本成本;I_L 为银行借款年利息;L 为银行借款筹资总额;T 为所得税税率;F 为银行借款筹资费率。

② 考虑货币时间价值。考虑货币时间价值时,能使借款净额等于未来每年支付的利息及期满偿还本金的现值时的贴现率即为银行借款资本成本,计算公式如下:

$$K \times (1-F) = \sum_{t=1}^{n} \frac{I_L \times (1-T)}{(1+K_L)^t} + \frac{P}{(1+K_L)^n} \quad (5-4)$$

式中,P 为银行借款本金;n 为贷款期限;其他符号的含义同前。

由于式中考虑了所得税,因此所确定的资本成本即为银行借款的税后成本。假设不考虑所得税,式(5-4)右边第一项对每年利息进行贴现,所确定出来的贴现率即为银行借款的税前资本成本。

【例5-1】 企业借入一笔期限3年的银行借款100万元,年利率为8%,每年付息一次,到期还本,筹资费率为1%。假设企业所得税率为25%,分别用式(5-3)和式(5-4)计算这笔银行借款的资本成本。

解 不考虑货币时间价值时,根据式(5-3)有:

$$K_L = \frac{100 \times 8\% \times (1-25\%)}{100 \times (1-1\%)} = 6.06\%$$

考虑货币时间价值时,根据式(5-4)有:

$$100 \times (1-1\%) = \sum_{t=1}^{3} \frac{100 \times 8\% \times (1-25\%)}{(1+K_L)^t} + \frac{100}{(1+K_L)^3}$$

利用插值法,得到:

$$K_L = 6.38\%$$

2. 债券资本成本

(1) 债券资本成本计算

企业发行债券筹集资金时,债券利息也是在税前支付,同样可以为企业带来抵税收益。债券发行费用较高,主要包括申请费用、注册费用、佣金等。债券发行价格也未必等于债券面值,有溢价发行或折价发行的情况。债券资本成本的计算同银行借款资本成本一样,也可以分为考虑货币时间价值和不考虑货币时间价值两种情况。

① 不考虑货币时间价值。同银行借款资本成本一样,债券资本成本就是税后利息与实际获得的可使用资金的比率,计算公式为:

$$K_b = \frac{I_b \times (1-T)}{B \times (1-F)} \times 100\% \tag{5-5}$$

式中,K_b 为债券资本成本;I_b 为债券年利息;B 为债券融资额,由发行价格确定;其他符号的含义同前。

② 考虑货币时间价值。当考虑货币时间价值时,企业发行债券筹得的可用资金总额应等于未来每年利息支付额(税后)和到期本金的现值,使该等式成立的贴现率即为债券资本成本,计算公式如下:

$$B(1-F) = \sum_{t=1}^{n} \frac{I_{Bt} \times (1-T)}{(1+K_b)^t} + \frac{M}{(1+K_b)^n} \tag{5-6}$$

式中,M 为债券面值;其他符号的含义同前。

【例 5-2】 M 企业发行债券 1 000 万元,面额 1 000 元,按溢价 1 050 元发行,票面利率为 10%,所得税率为 25%,发行筹资费率为 1%,每年付息一次,10 年后还本。分别利用式(5-5)和(5-6)计算该债券的资本成本。

解 不考虑货币时间价值时,根据式(5-5)有:

$$K_b = \frac{1\,000 \times 10\% \times (1-25\%)}{1\,050 \times (1-1\%)} = 7.215\%$$

考虑货币时间价值时,根据(式 5-6)有:

$$1\,050 \times (1-1\%) = \sum_{t=1}^{10} \frac{1\,000 \times 10\% \times (1-25\%)}{(1+K_b)^t} + \frac{1\,000}{(1+K_b)^{10}}$$

根据插值法,得到:

$$K_b = 6.985\%$$

(2) 债券到期报酬率与资本成本

在式(5-6)中,如果将 F 换为投资者的投资费用,投资者和发行企业所得税率相同,则该式实质上是用债券到期报酬率来代替资本成本。如果公司违约风险很低,就可以近似地用债券到期报酬率估计债券投资者的期望报酬率。然而,如果企业违约风险高,则会高估投资者的期望报酬率。

为了理解债务到期报酬率和期望报酬率之间的关系,考虑债券到期报酬率为 y 的 1 年期债券。今天投资 1 元钱于该债券,该债券承诺 1 年后支付 $(1+y)$ 元。如果该债券违约的概率为 p,在违约情况下,债券持有者将仅仅收到 $(1+y-L)$ 元,其中 L 表示违约时每 1 元钱投资的预期损失。则该债券的期望报酬率[①]为:

$$r_d = (1-p)y + p(y-L) = y - pL = 到期报酬率 - 违约概率 \times 预期损失率 \quad (5-7)$$

3. 税盾

债务成本中,利息可以在支付所得税前扣除,因此对于企业来说支付的利息不全是成本,这也是上述的公式中利息要乘以 $(1-T)$ 的原因,使用债务资金而产生的抵税收益就称作税盾。税盾的价值可以用式(5-8)计算:

$$税盾 = I \times T \times (P/A, i, n) \quad (5-8)$$

式中,$PVIFA_{i,n}$ 为利率为 i、期限为 n 的普通年金现值系数;其他符号含义同上。

【例 5-3】 续例 5-2,假设该公司平均资本成本为 10%,估计该债券的税盾价值。

解 根据式(5-8)得:

$$税盾 = 1\,000 \times 10\% \times 25\% \times PVIFA_{10\%,10} = 153.615(万元)$$

5.1.3 优先股资本成本

和普通股相比,持有优先股的股东享有股利支付上的优先权。虽然优先股股利发放不属于企业的合同义务,是由董事会决定是否发放股利,但一般来说绝大多数发行优先股的公司都是准备支付设定股利的。与债券不同的是,优先股股利是在所得税后支付的,因此不存在抵税收益。优先股没有到期日,故可以将优先股股利看作永续年金。优先股资本成本是每期股利与优先股筹资净额之比,如下所示:

$$K_p = \frac{D_p}{P \times (1-F)} \quad (5-9)$$

式中,K_p 为优先股资本成本;D_p 为优先股年股利额;P 为优先股筹资总额;其他的符号含义同前。

【例 5-4】 某公司发行优先股,每股 10 元,每年支付股利 1 元,发行费率为 3%。计算该优先股的资本成本。

解 根据式(5-9)得:

$$K_p = \frac{1}{10 \times (1-3\%)} = 10.31\%$$

---

① 虽然推导的公式是针对 1 年期,但该等式对多年期债券同样成立。

5.1.4 普通股资本成本

1. 资本资产定价模型

普通股资本成本是资本市场上具有类似风险的投资的最高期望报酬率，是一种机会成本。资本资产定价模型(CAPM)为确定具有相似风险的投资提供了一种实用方法。在资本资产定价模型下，市场组合是一个充分分散化的有效投资组合，其收益代表经济中的不可分散风险收益。如果投资对市场风险的敏感度（由该投资相对于市场组合的 β 系数衡量）相同，那么这些投资就具有相似的风险。资本资产定价模型表明，给定公司的 β 系数 β_i，公司的股权资本成本如式(5-10)所示：

$$K_i = R_f + \beta_i \times (R_m - R_f) \qquad (5-10)$$

式中，K_i 为公司普通股资本成本；R_f 为无风险报酬率；R_m 为市场组合的报酬率；其他符号的含义同前。

【例 5-5】 蓝海公司股票的 β 系数为 0.83，市场组合报酬率为 10%，如果无风险利率为 3%，求该公司的股权资本成本。

解 根据式(5-10)得：

$K_i = 3\% + 0.83 \times (10\% - 3\%) = 8.81\%$

根据资本资产定价模型计算股权成本显得特别简单，将关键变量代入公式即可，关键是公司的 β 系数如何确定。很多资料来源提供了估计 β 系数所需要的历史数据，通常利用周或者月报酬率数据，以上证综指或深证成指（取决于公司在哪个交易所上市）作为市场组合。以蓝海公司为例，图 5-1 显示了 2008 年 9 月至 2010 年 12 月蓝海公司股票和上证综指的每月回报率。

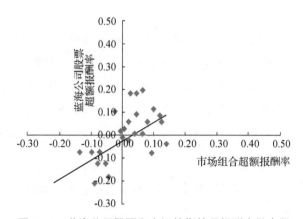

图 5-1 蓝海公司股票和上证综指的月报酬率散点图

从绘制的散点图可以看出，蓝海公司股票超额报酬率和市场组合超额报酬率有正的协方差；市场上涨时，蓝海公司股票也上涨，反之亦然。而且，由拟合线看出，市场组合的报酬率变动10%,蓝海公司股票的报酬率变化略低于10%,也就是说蓝海公司股票报酬率变化大约是市场组合报酬率变化的0.8倍,蓝海公司股票的β系数大约是0.8。

通过一系列散点来确定最佳拟合直线的方法称作线性回归法。图5-1中,根据线性回归法,证券的超额报酬率可以写成三个组成部分之和:

$$(R_i - R_f) = \alpha_i + \beta_i(R_m - R_f) + \varepsilon_i \tag{5-11}$$

式中,R_i为证券报酬率;α_i为回归截距项,称为阿尔法系数,根据资本资产定价模型,阿尔法系数不应该显著地不为0;ε_i为回归残差;其他符号的含义同前。

对式(5-11)两边同时取期望,重新整理结果,得到:

$$E(R_i) = R_f + \beta_i(E(R_m) - R_f) + \alpha_i \tag{5-12}$$

运用Excel的回归分析工具,对2008年9月至2010年12月蓝海公司股票和上证综指的每月报酬率进行回归分析,估计出其β系数为0.83,有了β系数就可以估计蓝海公司的股权资本成本。

2. 股利折现模型

利用历史数据来估计公司股权资本成本有两个缺点:第一,尽管可以使用更长时间的数据,但估计的标准误差仍然很大;第二,历史数据是向后看的,不能确保它们代表当前的预期。作为一种替代,可以采用股利折现模型来估计股权资本成本,如式(5-13)所示:

$$K_i = \frac{D_1}{P_0} + g \tag{5-13}$$

式中,D_1为下年度预计股利;P_0为当前股价;g为预计股利增长率;其他符号的含义同前。

5.1.5 综合资本成本

在实际工作中,企业筹措资金往往同时采用几种不同的方式。综合资本成本就是指一个企业采用的各种不同筹资方式总的平均资本成本,它是以各种资本所占的比重为权数,对各种资本成本进行加权平均计算出来的,所以又称为加权平均资本成本。加权平均资本成本也是出于满足所有利益相关者要求的综合收益率,其计算公式为:

$$K_W = \sum_{j=1}^{n} K_j W_j \tag{5-14}$$

式中,K_W为综合资本成本(加权平均资本成本);K_j为第j种资金的资本成本;W_j为第j种资金占全部资金的比重。

【例5-6】 某企业共有资金1 000万元,其中银行借款有50万元,长期债券有250万元,普通股有500万元,优先股有150万元,留存收益有50万元;各种来源资金的资本成本分别为7%、8%、11%、9%、10%;债务资本成本均为税后资本成本。计算综合资本成本。

解 综合资本成本 $= \dfrac{50\times 7\% + 250\times 8\% + 500\times 11\% + 150\times 9\% + 50\times 10\%}{1\,000}$

$= 9.7\%$

上述综合资本成本的计算中所用的权数是按账面价值确定的。使用账面价值权数容易从资产负债表上取得数据,但当债券和股票的市价与账面价值相差过多时,计算得到的综合资本成本显得不客观。

计算综合资本成本也可选择采用市场价值权数和目标价值权数。市场价值权数是指债券、股票等以当前市场价格确定的权数,这样做比较能反映当前实际情况,但其因市场价格变化不定而难以确定。目标价值权数是指债券、股票等以未来预计的目标市场价值确定的权数,但未来市场价值只能是估计值。概括地说,以上三种权数分别有利于了解过去、反映现在、预知未来。

我们使用加权平均资本成本,通常是因为需要将预期未来现金流按照一个恰当的折现率贴现,这个贴现率即加权平均资本成本。然而使用加权平均资本成本作为贴现率时需要满足如下几个条件:

① 新项目与公司现有项目独立。
② 项目融资不会偏离目前的资本结构(否则应该使用边际资本成本)。
③ 新项目与公司现行业务具有相同系统风险。

5.1.6 边际资本成本

边际资本成本是指资金每增加一个单位而增加的成本。当企业需要追加筹措资金时应考虑边际资本成本的高低。企业追加筹资时可以只采用某一种筹资方式,但这对保持或优化资本结构不利。当筹资数额较大而资本结构又有既定目标时,应通过边际资本成本的计算,确定最优的筹资方式组合。

下面举例说明边际资本成本的计算和应用。

【例 5-7】 华东公司现有资金 1 000 万元,其中长期借款 100 万元,长期债券 200 万元,普通股 700 万元。公司考虑扩大经营规模,拟筹集新的资金。经分析,认为目前的资本结构是最优的,希望筹集新资金后能保持目前的资本结构。经测算,随着筹资额的增加,各种资本成本的变动情况如表 5-1 所示。

表 5-1 华东公司筹资资料

资金种类	目标资本结构	新筹资的数量范围(元)	资本成本
长期借款	10%	0~100 000 大于 10 0000	6% 7%
长期债券	20%	0~150 000 大于 150 000	8% 9%
普通股	70%	0~3 500 000 3 500 000~7 000 000 大于 7 000 000	10% 11% 12%

(1) 计算筹资总额的分界点(突破点)

根据目标资本结构和各种个别资本成本变化的分界点(突破点),计算筹资总额的分界点(突破点)。其计算公式为:

$$BP_j = \frac{TF_j}{W_j} \tag{5-15}$$

式中,BP_j 为筹资总额的分界点;TF_j 为第 j 种个别资本成本的分界点;W_j 为目标资本结构中第 j 种资金的比重。

华东公司的筹资总额分界点如表5-2所示。

表5-2 筹资总额分界点计算表

资金种类	资本结构	资金成本	新筹资的数量范围(元)	新筹资总额分界点(元)
长期借款	10%	6% 7%	0~100 000 大于100 000	0~1 000 000 大于1 000 000
长期债券	20%	8% 9%	0~1 500 000 大于1 500 000	0~7 500 000 大于7 500 000
普通股	70%	10% 11% 12%	0~3 500 000 3 500 000~7 000 000 大于7 000 000	0~5 000 000 5 000 000~10 000 000 大于10 000 000

在表5-2中,新筹资总额分界点是指引起某资金种类的资本成本发生变化的分界点。如长期借款,筹资总额不超过100万元时,资本成本为6%;超过100万元时,资本成本就要增加到7%。那么筹资总额约在100万元左右时,尽量不要超过100万元。然而要维持原有资本结构,必然要多种资金按比例同时筹集,单考虑某个别资本成本是不成立的,必须考虑综合的边际资本成本。

(2) 计算各筹资范围的边际资本成本

根据表5-2的计算结果可知有4个分界点,因此应有5个筹资范围。计算5个筹资范围的边际资本成本,结果如表5-3所示。

表5-3 边际资本成本计算表

序号	筹资总额范围(元)	资金种类	资本结构	资本成本	边际资本成本
1	0~1 000 000	长期借款 长期债券 普通股	10% 20% 70%	6% 8% 10%	0.6% 1.6% 7%
	第一个筹资范围的边际资本成本=9.2%				
2	1 000 000~5 000 000	长期借款 长期债券 普通股	10% 20% 70%	7% 8% 10%	0.7% 1.6% 7%

续表 5-3

序号	筹资总额范围(元)	资金种类	资本结构	资本成本	边际资本成本
	第二个筹资范围的边际资本成本＝9.3%				
3	5 000 000～7 500 000	长期借款 长期债券 普通股	10% 20% 70%	7% 8% 11%	0.7% 1.6% 7.7%
	第三个筹资范围的边际资本成本＝10%				
4	7 500 000～10 000 000	长期借款 长期债券 普通股	10% 20% 70%	7% 9% 11%	0.7% 1.8% 7.7%
	第四个筹资范围的边际资本成本＝10.2%				
5	10 000 000 以上	长期借款 长期债券 普通股	10% 20% 70%	7% 9% 12%	0.7% 1.8% 8.4%
	第五个筹资范围的边际资本成本＝10.9%				

5.2 杠杆原理

在实务中,大多数融资可以归结为债务融资和权益融资两种。上一节中,我们讨论了加权平均资本成本的概念和计算。加权平均资本成本就是公司资本结构中不同组成部分的加权平均数。研究加权平均资本成本的主要原因是,当加权平均资本成本最小化时,公司的价值就被最大化了。这是因为,加权平均资本成本是公司总现金流量的贴现率,而价值和贴现率呈反方向变化。是否存在恰当的负债比例,即一个恰当的杠杆比,成为财务学者持续关注的问题。公司使用债务的一个最主要原因在于债务具有税盾价值,可以增加股东收益。如果公司使用债务资本,在利息费用固定的情况下,因经营环境变化带来的收益水平的变化会带来可分配给股东收益更大比例的变化,这种作用同经营杠杆相类似。本节将考察这两种杠杆作用。

5.2.1 经营杠杆

1. 经营杠杆效应与经营风险

大多数企业的经营活动是固定和变动生产因素的结合,从而分别引起了变动和固定成本。企业在生产经营中会有这么一种现象:在单价和成本水平不变的条件下,销售量的增长会引起息税前利润以更大的幅度增长,这就是经营杠杆效应。经营杠杆效应产生的原因是,不变的固定成本下,当销售量增加时,变动成本将同比增加,销售收入也同比增加,但固定成本总额不变,单位固定成本以反比例降低,这就导致单位产品成本降低,每单位产品利润增加,于是利润比销量增加得更快。具有高杠杆的公司主要是资本密集型公司,它们对经营周期的波动十分敏感,在商业活动下降时期,随着公司销售额的下降,息税前利润会以更大比例下降;在商业活动上升期,情况则相反。

【例 5-8】 考察 M 公司连续 3 年的销量、利润资料,如表 5-4 所示。

表 5-4　M 公司盈利情况资料　　　　　　　　　　　(金额单位:元)

项目	第一年	第二年	第三年
单价	200	200	200
单位变动成本	100	100	100
单位边际贡献	100	100	100
销售量(件)	10 000	20 000	30 000
边际贡献	1 000 000	2 000 000	3 000 000
固定成本	200 000	200 000	200 000
息税前利润(EBIT)	800 000	1 800 000	2 800 000

由表 5-4 可见,从第一年到第二年,销售量增加了 100%,息税前利润增加了 125%;从第二年到第三年,销售量增加了 50%,息税前利润增加了 55.56%。利用经营杠杆效应,企业在可能的情况下适当增加产销量会取得更多的盈利。但我们也必须认识到,当企业遇上不利情况而使销售量下降时,息税前利润会以更大的幅度下降,即经营杠杆效应也会带来经营风险。

2. 经营杠杆系数及其计算

经营杠杆系数(DOL)也称经营杠杆率,是指息税前利润变动率相对于销售量变动率的倍数,其定义公式为:

$$经营杠杆系数 = \frac{息税前利润变动率}{销售量变动率} = \frac{\Delta EBIT / EBIT_0}{\Delta x / x_0} \tag{5-16}$$

式中,$EBIT_0$ 表示基期息税前利润;x_0 表示基期销售量。

根据表 5-4 的资料,可以算得第一年经营杠杆系数为 1.25,第二年经营杠杆系数为 1.11。利用上述公式计算经营杠杆系数时必须掌握息税前利润变动率与销售量变动率,这些是事后反映,不便于利用 DOL 进行预测。为此,我们设法推导出一个只需用基期数据计算经营杠杆系数的公式。

以下标"0"表示基期数据,下标"1"表示预测期数据,推导如下:

$$DOL = \frac{\frac{\Delta EBIT}{EBIT_0}}{\frac{\Delta x}{x_0}} = \frac{EBIT_1 - EBIT_0}{EBIT_0} \times \frac{x_0}{x_1 - x_0} = \frac{cm \cdot (x_1 - x_0)}{EBIT_0} \times \frac{x_0}{x_1 - x_0} = \frac{Tcm_0}{EBIT_0}$$

$$= \frac{基期边际贡献}{基期算息税前利润} \tag{5-17}$$

式中,cm 表示单位边际贡献;Tcm 表示总边际贡献;其他符号的含义同前。

5.2.2 财务杠杆

1. 财务杠杆效应与财务风险

企业在核算普通股每股利润时会发现这么一种现象:在资金构成不变的情况下,息税前利润的增长会引起普通股每股利润以更大的幅度增长,这就是财务杠杆效应。财务杠杆效应产生的原因是,当息税前利润增长时,债务利息不变,优先股股利不变,那么留给普通股的利润增加,这就导致普通股每股利润比息税前利润增加得更快。

【例5-9】 假设M公司年债务利息为1 000 000元,所得税率为25%,有普通股1 000 000股,连续3年普通股每股利润资料如表5-5所示。

表5-5 M公司普通股每股利润资料 （金额单位:元）

项目	第一年	第二年	第三年
息税前利润(EBIT)	8 000 000	18 000 000	28 000 000
债务利息	1 000 000	1000000	1 000 000
税前利润	7 000 000	17 000 000	27 000 000
所得税	1 750 000	4 250 000	6 750 000
税后利润	5 250 000	12 750 000	20 250 000
普通股每股利润(EPS)	5.25	12.75	20.25

由表5-5可见,从第一年到第二年,EBIT增加了125%,EPS增加了143%;从第二年到第三年,EBIT增加了55.56%,EPS增加了58.82%。利用财务杠杆效应,企业适度负债经营,在盈利条件下可能给普通股股东带来更多的盈利,这就是财务杠杆利益。但我们也必须认识到,当企业遇上不利情况而盈利下降时,普通股股东的盈利会以更大幅度减少,即财务杠杆效应也会带来财务风险。

2. 财务杠杆系数及其计算

财务杠杆系数(DFL)也称财务杠杆率,是指普通股每股利润变动率相对于息税前利润变动率的倍数,其定义公式为:

$$财务杠杆系数 = \frac{普通股每股利润变动率}{息税前利润变动率} = \frac{\Delta EPS/EPS_0}{\Delta EBIT/EBIT_0} \quad (5-18)$$

式中,EPS表示每股收益;其他符号的含义同前。

根据表5-5的资料,可以算得第一年财务杠杆系数为1.14,第二年财务杠杆系数为1.06。利用上述定义公式计算财务杠杆系数时必须掌握普通股每股利润变动率与息税前利润变动率,这些是事后反映,不便于利用DFL进行预测。为此,我们设法推导出一个只需用基期数据计算财务杠杆系数的公式。推导如下:

$$DFL = \frac{\Delta EPS/EPS_0}{\Delta EBIT/EBIT_0}$$

$$= \frac{\frac{(EBIT_1-I)\times(1-T)-D_p}{n} - \frac{(EBIT_0-I)\times(1-T)-D_p}{n}}{\frac{(EBIT_0-I)\times(1-T)-D_p}{n}} \div \frac{EBIT_1-EBIT_0}{EBIT_0}$$

$$= \frac{(EBIT_1-EBIT_0)\times(1-T)}{(EBIT_0-I)\times(1-T)-D_p} \times \frac{EBIT_0}{EBIT_1-EBIT_0}$$

$$= \frac{EBIT_0}{EBIT_0 - I - \frac{D_p}{1-t}}$$

$$= \frac{\text{基期息税前利润}}{\text{基期息税前利润} - \text{债务利息} - \frac{\text{优先股股利}}{1-\text{所得税税率}}} \tag{5-19}$$

式中,I 为债务利息;T 为所得税税率;D_p 为优先股股利;n 为普通股股数;其他符号的含义同前。

对于无优先股的股份制企业或非股份制企业,上述财务杠杆系数的计算公式可简化为:

$$DFL = \frac{EBIT_0}{EBIT_0 - I} = \frac{\text{基期息税前利润}}{\text{基期税前利润}} \tag{5-20}$$

5.2.3 综合杠杆

1. 综合杠杆效应与整体风险

由于存在固定的生产经营成本,会产生经营杠杆效应,即销售量的增长会引起息税前利润以更大的幅度增长。由于存在固定的财务成本(债务利息和优先股股利),会产生财务杠杆效应,即息税前利润的增长会引起普通股每股利润以更大的幅度增长。一个企业会同时存在固定的生产经营成本和固定的财务成本,那么两种杠杆效应会共同发生,产生连锁效应,形成销售量的变动使普通股每股利润以更大幅度变动。综合杠杆效应就是经营杠杆和财务杠杆的联合效应。

以上的分析表明,杠杆率越高,股权收益率期望值也越高,收益离差也会越大,从而可能会引起风险规避股东的担心。应该注意到,可以把企业整体风险分解为经营和财务两个方面。经营风险是指由企业经营相关因素导致的收益离差;财务风险指各种经营环境下的利息费用支付需要导致的额外股东净收益离差。在企业整体风险一定的情况下,需要平衡经营风险和财务风险,即经营风险和财务风险成反比关系。

2. 综合杠杆系数及其计算

综合杠杆系数,也称复合杠杆系数,又称总杠杆系数(DTL),是指普通股每股利润的变动率相对于销售量变动率的倍数,其定义公式为:

$$\text{综合杠杆系数} = \frac{\text{普通股每股利润变动率}}{\text{销售量变动率}} = \frac{\Delta EPS/EPS_0}{\Delta x/x_0} \tag{5-21}$$

对于综合杠杆系数可以推导出它的计算公式为:

$$DTL = \frac{\Delta EPS/EPS_0}{\Delta x/x_0} = \frac{\Delta EBIT/EBIT_0}{\Delta x/x_0} \times \frac{\Delta EPS/EPS_0}{\Delta EBIT/EBIT_0}$$

$$= DOL \times DFL = \frac{Tcm_0}{EBIT_0} \times \frac{EBIT_0}{EBIT_0 - I - \frac{D_p}{1-T}}$$

$$= \frac{Tcm_0}{EBIT_0 - I - \frac{D_p}{1-T}} \tag{5-22}$$

可见,综合杠杆系数可以由经营杠杆系数与财务杠杆系数相乘得到,也可以由基期数据直接计算得到。考察表5-4、表5-5中M公司的相关资料,计算各年DTL如下:

第一年:$DTL = 1.25 \times 1.14 = 1.43$

第二年:$DTL = 1.11 \times 1.06 = 1.18$

5.3 资本结构理论

5.3.1 资本结构概述

当公司需要筹集资金进行投资时,必须确定筹集资金的方式,是股权还是债务?公司发行在外的债券(包括未偿还的银行贷款)、股票和其他证券的相对比例构成了公司的资本结构。当公司作出这些决策时,会影响公司价值吗?进而会影响公司股票价格吗?在完美资本市场中,所有证券被公允定价,没有税收和交易成本,且公司投资项目的现金流不受融资方式的影响。根据一价定律,选择债务融资还是股权融资并不会影响公司的总价值、股票价格和资本成本。但目前许多国家资本市场并非完美的资本市场,因此筹资方式的选择对公司价值将产生影响。

1. 单纯的股权融资

某公司有一投资机会,初始投资800万元,预期第二年产生的现金流为1 400万元或900万元,取决于经济形势的假设,两种情形的概率相等。假设无风险报酬率为5%,投资者在此基础上要求一定的风险溢价,合理的风险溢价为10%,现金流情况如表5-6所示。

表5-6 无杠杆公司的现金流 (单位:万元)

	时期0	时期1	
	初始投资/融资	经济繁荣(P=0.5)	经济低迷(P=0.5)
债务			
股权	1000		
公司	−800/1000	1400	900

根据净现值公式,得到投资机会的净现值为:

$$NPV=-800+\frac{1\ 400\times 0.5+900\times 0.5}{1+15\%}=200(万元)$$

如果该项目全部以股权方式融资,投资者愿意为公司股票支付的金额即公司股权价值,在这里也就是该项目的现金流入的现值,如下所示:

$$PV=\frac{1\ 400\times 0.5+900\times 0.5}{1+15\%}=1\ 000(万元)$$

即公司价值为1 000万元,其中800万元支付投资成本,剩余200万元为利润。

2. 既有股权又有债务融资

企业还可以使用部分债务资金筹集初始投资资本。假设公司除股权外还借入500万元的债务。项目现金流能够满足债务的偿付,债务利率是无风险利率5%,一年后公司偿还525万元。则此种情况下公司价值和现金流如表5-7所示。

表5-7 杠杆公司的债务与股权的现金流 (单位:万元)

	时期0	时期1	
	初始价值/融资	经济繁荣($P=0.5$)	经济低迷($P=0.5$)
债务	500	525	525
股权	=?	875	375
公司	-800/1 000	1400	900

因为优先支付债务,所以投资者在经济繁荣时只能获得875万元,在经济低迷时则获得375万元。此时,股权价值仍然是875万元和375万元加权平均数的现值,问题是折现率还是15%吗?很显然不是,原因是杠杆增加了公司风险,股权投资者必然要求更高的报酬率。根据一价定律①,债务和股权的价值之和必定等于1 000万元,因此股权价值为500万元。

无杠杆时股权报酬率为40%或-10%,期望报酬率为15%。杠杆公司股权的风险较高,其报酬率为75%或-25%,期望报酬率为25%,所以股权价值应以25%作为折现率。由于债务资金的资本成本为5%,所以此时的综合资本成本仍然为15%。所以,如果该项目以股权和债务两种方式融资,投资者愿意为公司支付的金额即公司价值,在这里也就是该项目的现金流入的现值,如下所示:

$$PV=\frac{1\ 400\times 0.5+900\times 0.5}{1+15\%}=1\ 000(万元)$$

即公司价值仍为1 000万元,其中800万元支付投资成本,剩余200万元为利润。

因此,完美资本市场中,公司价值不受资本结构的影响。这一结论由下面介绍的MM资本结构理论的第一定理支撑。

---

① 一价定律:购买力平价理论在金融领域的应用,即在完美市场中一件证券必然拥有单一价格,不论该证券是如何创造的。

5.3.2 MM 资本结构理论

现代资本结构理论的起点是 Modigliani 和 Miller 提出的 MM 理论。MM 理论在理想的资本环境中得出资本结构与企业价值无关的结论,虽然其理论假设与现实经济环境不符,但是它提供了一个理想的参照系,使后来的学者可以通过放松假设来进一步发展理论。

1. MM 第一定理:杠杆、套利与公司价值

一价定律表明杠杆不影响公司的总价值,仅仅改变现金流在债权人和股东之间的分配,而没有改变公司整体现金流。Modigliani 和 Miller(简称为 MM)证明,在完美资本市场中,上述结论具有一般性。完美资本市场假设如表 5-8 所示。

表 5-8 完美资本市场假设

假设 1	无交易成本的资本市场	证券交易无交易成本、无交易限制,资本资产可以无限分割
假设 2	无个人所得税	无个人所得税,或者对股利、利息和资本所得课税平等
假设 3	完全竞争的市场	市场有足够的交易者,任何人都不能影响证券价格
假设 4	借贷平等	个人和企业可以按照同样的利率借入和贷出资金
假设 5	同质期望	投资者是理性的,对公司盈利水平有相同的期望
假设 6	没有信息成本	企业和个人可利用的信息是相同的,而且获得这些信息不需要付出成本
假设 7	没有财务危机成本	企业和个人可能发生财务危机或破产,但是不会发生财务危机或者破产的成本(如法律费用、清算费用等)

在这些条件下,MM 证明了关于资本结构对于公司价值的影响的结论。

MM 第一定理:在完美资本市场中,公司的总价值等于其资产所产生的全部现金流的市场价值,它不受公司资本结构选择的影响。

MM 第一定理表明公司价值不受资本结构选择的影响。但是假如相对于公司选定的资本结构,投资者更偏好另一种资本结构,对此 MM 理论认为投资者可以自制杠杆,投资者可以通过自行借入或者贷出资金而实现相同的效果。例如,相对于公司选定的杠杆水平,如果投资者偏好更高的杠杆,则可以借入资金,从而提高个人投资组合中的杠杆水平。只要投资者能够以与公司相同的利率借入或贷出资金,自制杠杆就可以完全替代公司使用的杠杆。

2. MM 第二定理:杠杆、风险和资本成本

可以通过 MM 第一定理推导杠杆和股权资本成本之间的关系。在公司有债务时,用 E 和 D 表示股权和债务的市值,用 U 表示无杠杆公司的股权市值,用 A 表示公司全部资产价值。则 MM 第一定理可表示为:

$$E+D=U=A \tag{5-23}$$

也就是说,不论公司是否利用杠杆,公司发行的证券的总市值都等于其资产的市值。这个等式还意味着杠杆股权报酬率、债务报酬率和无杠杆股权报酬率之间存在如下的关系:

$$R_E\left(\frac{E}{E+D}\right)+R_D\left(\frac{D}{E+D}\right)=R_U \tag{5-24}$$

式中,R_E 为杠杆股权报酬率;R_D 为债务报酬率;R_U 为无杠杆股权报酬率。

根据式(5-24)可以推导出 R_E:

$$R_E=R_U+\frac{D}{E}(R_U-R_D) \tag{5-25}$$

这一公式揭示了财务杠杆对杠杆股权报酬率的影响。杠杆股权报酬率等于无杠杆股权报酬率加上由杠杆产生的溢价,当公司业绩好时,$R_U>R_D$,这种效应会增加股权报酬率;当公司业绩差时,$R_U<R_D$,这种效应会降低股权报酬率。额外溢价的大小取决于杠杆水平的高低。基于此,可以得到MM第二定理。

MM第二定理:杠杆股权的资本成本随着公司以市值计算的债务股权比的增加而增加。

3. 权衡理论

由于财务困境成本的存在,企业不可能进行100%的债权融资。同时,债务却能给企业带来税收抵免利益。权衡理论强调对财务困境成本与债务抵税利益的权衡,以期达到最佳平衡点。权衡理论最早由Myers提出,他认为由于税收原因,利息可以从企业收益中扣减,所以财务杠杆有助于给现有投资者增加企业价值。另外,如果破产和重组存在或有成本,那么带给现有投资者的企业价值会变少,所以债务结构的最优水平处在债务利息抵税收益与财务困境成本相等的点上。图5-2描述了上述结论。

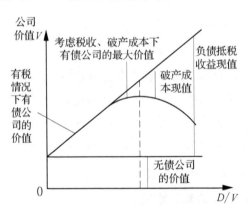

图5-2 权衡理论下公司价值与资本结构关系

5.4 资本结构决策

资本结构的优化意在寻求最优资本结构,使企业综合资本成本最低、企业风险最小、企业价值最大。下面介绍三种常用的优化资本结构的方法。

1. 比较综合资本成本

当企业对不同筹资方案作选择时可以采用比较综合资本成本的方法选定一个资本结构较优的方案。

【例 5-10】 某企业计划年初的资本结构如表 5-9 所示。普通股每股面值 1 元,市场价格 4 元,今年期望股息为 0.4 元,预计以后每年股利将增加 3%。企业所得税率为 25%。该企业现拟增资 300 万元,有以下两个方案可供选择:

甲方案:发行长期债券 300 万元,年利率为 11%,筹资费率为 2%。普通股每股股息增加到 0.45 元,以后每年需增加 4%。

乙方案:发行长期债券 150 万元,年利率为 11%,筹资费率为 2%。另发行股票 50 万股,发行价 3 元,新股发行后股价将为 3.5 元,筹资 150 万元,筹资费率为 2%。普通股每股股息增加到 0.45 元,以后每年需增加 3%。要求:

(1) 计算年初综合资本成本。
(2) 试作出增资决策。

表 5-9 某企业的资本结构

资金来源	金额
普通股 600 万股	600 万元
长期债券年利率 10%(筹资费率 2%)	400 万元
长期借款年利率 9%(无筹资费用)	200 万元
合 计	1 200 万元

解 (1) 年初:

$$\text{普通股资本成本} = \frac{0.4 \times (1+3\%)}{4} + 3\% \approx 13.30\%$$

$$\text{长期债券资本成本} = \frac{10\% \times (1-25\%)}{1-2\%} \approx 7.65\%$$

$$\text{长期借款资本成本} = 9\% \times (1-25\%) = 6.75\%$$

$$\text{综合资本成本} = 13.30\% \times \frac{600}{1\,200} + 7.65\% \times \frac{400}{1\,200} + 6.75\% \times \frac{200}{1\,200} = 10.325\%$$

(2) 增资决策

甲方案:

$$\text{普通股资本成本} = \frac{0.45 \times (1+4\%)}{4} + 4\% \approx 15.7\%$$

旧债券资本成本 ≈ 7.65%

长期借款资本成本 = 6.75%

$$\text{新债券资本成本} = \frac{11\% \times (1-25\%)}{1-2\%} \approx 8.42\%$$

$$\text{综合资本成本} = 15.7\% \times \frac{600}{1\,500} + 7.65\% \times \frac{400}{1\,500} + 6.75\% \times \frac{200}{1\,500} + 8.42\% \times \frac{300}{1\,500}$$

≈10.9%

乙方案：

普通股资本成本 = $\frac{0.45 \times (1+3\%)}{3.5} + 3\% \approx 16.24\%$

旧债券资本成本 ≈ 7.65%

长期借款资本成本 = 6.75%

新债券资本成本 = $\frac{11\% \times (1-25\%)}{1-2\%} \approx 8.42\%$

新普通股资本成本 = $\frac{0.45 \times (1+3\%)}{3 \times (1-2\%)} + 3\% \approx 18.76\%$

综合资本成本 = $16.24\% \times \frac{600}{1\,500} + 7.65\% \times \frac{400}{1\,500} + 6.75\% \times \frac{200}{1\,500} +$

$8.42\% \times \frac{150}{1\,500} + 18.76 \times \frac{150}{1\,500}$

= 12.15%

由以上计算结果可知，甲方案的综合资本成本低于乙方案的，故应采用甲方案增资。

2. 比较普通股每股利润

从普通股股东的获益这一角度考虑资本结构的优化可以采用比较普通股每股利润的方法。

【例 5-11】 某企业现有权益资金 500 万元（普通股 50 万股，每股面值 10 元）。企业拟再筹资 500 万元，现有三个方案可供选择：A 方案，发行年利率为 9% 的长期债券；B 方案，发行年股息率为 8% 的优先股；C 方案，增发普通股 50 万股。预计当年可实现息税前盈利 100 万元，所得税率为 25%。请选择最优资本结构。

解 各方案的每股利润分别为：

$EPS_A = \frac{(100 - 500 \times 9\%) \times (1-25\%)}{50} = 0.825(元)$

$EPS_B = \frac{100 \times (1-25\%) - 500 \times 8\%}{50} = 0.70(元)$

$EPS_C = \frac{100 \times (1-25\%)}{50+50} = 0.75(元)$

由以上计算结果可知，A 方案的每股利润最大，故应采用 A 方案筹资。

3. 每股收益无差别点分析

无差别点分析是对不同资本结构的获利能力的分析。无差别点是指使不同资本结构的每股利润相等的息税前利润点，这个点是两种资本结构优劣的分界点。无差别点分析可称作 EBIT—EPS 分析。

【例 5-12】 某企业现有资本结构全部为股权 100 万元，折合 10 万股。现拟增资 20 万元，有甲、乙两种筹资方案可供选择。甲方案：发行普通股 2 万股，每股面值 10 元。乙方案：

发行普通股 1 万股,每股面值 10 元;另发行债券 10 万元,债券年利率为 10%。该企业所得税率为 25%。请作 EBIT—EPS 分析。

解 设 x 为该企业的息税前利润,则有:

$$EPS_{甲} = \frac{x \times (1-25\%)}{10+2}$$

$$EPS_{乙} = \frac{(x - 10 \times 10\%) \times (1-25\%)}{10+1}$$

令 $EPS_{甲} = EPS_{乙}$,得:

$$\frac{x \times 0.75}{12} = \frac{(x-1) \times 0.75}{11}$$

$x = 12$(万元)

此时,$EPS_{甲} = EPS_{乙} = 0.6$(元)

则当企业息税前利润小于 12 万元时选择甲方案增资,大于 12 万元时选择乙方案增资。

上述三种优化资本结构的方法都有一定的局限性。首先,它们都仅从有限个方案中选出最优方案,因此只能是"较优",不可能是"最优"。其次,它们与财务管理的总目标——股东财富最大化不可能完全一致,在第一种方法下,综合资本成本低并不能保证股东财富最大;在第二和第三种方法下,假定普通股每股利润越大,则普通股股价越高,从而股东财富越大,但事实上普通股股价并不仅仅取决于每股利润,其受到很多因素的影响。

上述三种优化资本结构的方法适用于不同的情况。比较综合资本成本法适用于各个资本成本已知或可计算的情况;比较普通股每股利润法适用于息税前利润可明确预见的情况;无差别点分析法适用于息税前利润不能明确预见,但可估测大致范围的情况。

5.5 Excel 在企业融资决策中的应用(下)

5.5.1 估计公司的 β 系数

根据资本资产定价模型,利用公开市场数据估计公司的 β 系数的方法,是以公司股票报酬率作为因变量,市场平均报酬率作为自变量,建立一元回归模型,用最小二乘法计算回归系数,市场平均报酬的系数即为公司系统风险系数,即 β 系数。

1. 主要 Excel 技术

Excel 默认安装时没有加载数据分析功能,可在菜单栏中选择"文件→选项→加载项→转到",然后在打开的"加载宏"对话框中选中"分析工具库"复选框,单击"确定"按钮,关闭 Excel 后再重新打开 Excel,此时在"数据"选项卡中就会有"数据分析"按钮。点击"数据分析"按钮,在弹出的对话框中选择"回归"选项,然后在"回归"对话框中输入相应 x 值和 y 值的单元格区域即可。

2. 应用举例

【例 5-13】 从证券交易所网站获得蓝海公司和综合指数自 2014 年 9 月到 2016 年 12 月每月的收盘价和收盘指数。

解 第一步：将获得的公开数据整理成如图 5-3 所示的工作表，其中 A 列为交易时间，B 列为蓝海公司股票的每月收盘价，C 列为市场的每月收盘指数。

第二步：计算蓝海公司股票月报酬率和市场平均报酬率。在 D2 单元格中输入"个股报酬率"，E2 单元格中输入"市场平均报酬率"；在 D2 单元格中输入公式"=（B2－B3）/B3"，然后将此公式填充至 D 列和 E 列，即可得到如图 5-3 所示的 D 列和 E 列数据。

	A	B	C	D	E	F
1	每日行情数据统计					
2	交易日期	收盘价	INDX	个股报酬率	市场报酬率	
3	2010年12月	6.39	2808.08	0.01751592	-0.00429051	
4	11月	6.28	2820.18	-0.12412831	-0.053262344	
5	10月	7.17	2978.84	0.081447964	0.121694795	
6	9月	6.63	2655.66	0.024729521	0.006389268	
7	8月	6.47	2638.8	-0.01221374	0.000492891	
8	7月	6.55	2637.5	0.112054329	0.099705216	
9	6月	5.89	2398.37	-0.07244094	-0.074756476	
10	5月	6.35	2592.15	-0.07837446	-0.097003773	
11	4月	6.89	2870.61	-0.12563452	-0.076710055	
12	3月	7.88	3109.11	-0.0199005	0.018732347	
13	2月	8.04	3051.94	0.060686016	0.020958154	
14	1月	7.58	2989.29	-0.21532091	-0.087835735	
15	2009年12月	9.66	3277.14	0.182374541	0.025612619	
16	11月	8.17	3195.3	0.194444444	0.066575429	
17	10月	6.84	2995.85	0.058823529	0.077864886	
18	9月	6.46	2779.43	0.00623053	0.041862993	
19	8月	6.42	2667.75	0.050736498	-0.098538197	
20	7月	6.11	2959.36	0.057093426	0.123979749	
21	6月	5.78	2632.93	0.006968641	0.062706604	
22	5月	5.74	2477.57	0.093333333	0.043974195	
23	4月	5.25	2373.21	-0.0419708	0.139405142	
24	3月	5.48	2082.85	0.181034483	0.046311274	
25	2月	4.64	1990.66	-0.07936508	0.09328266	
26	1月	5.04	1820.81	0.102844639	-0.026908442	
27	2008年12月	4.57	1871.16	-0.29907975	-0.184246092	
28	11月	6.52	2293.78	-0.191067	-0.043209851	
29	10月	8.06	2397.37	-0.07462687	-0.136306976	

图 5-3 计算蓝海公司股票月报酬率和市场平均报酬率

第三步：进行回归分析。在"数据"选项卡中点击"数据分析"按钮，在弹出的对话框中选择"回归"选项，如图 5-4 所示。

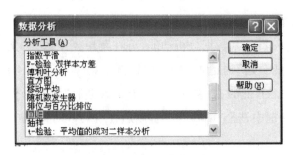

图 5-4 "数据分析"对话框

第四步:在弹出的"回归"对话框中,在"Y值输入区域"文本框中输入"$D$3:$D$29",在"X值输入区域"文本框中输入"$E$3:$E$29",在"输出区域"文本框中输入"$B$32",如图5-5所示,单击"确定"按钮后得到如图5-6所示的回归结果,可知β系数为0.83。

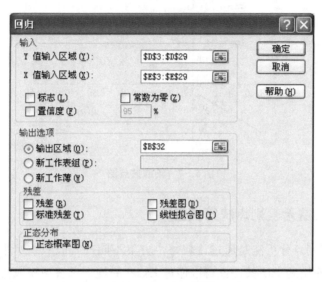

图5-5 "回归"对话框

SUMMARY OUTPUT

回归统计	
Multiple R	0.50559
R Square	0.25562
Adjusted R	0.22585
标准误差	0.12571
观测值	27

方差分析

	df	SS	MS	F	ignificance F
回归分析	1	0.135676888	0.135676888	8.58503	0.00714
残差	25	0.395097366	0.015803895		
总计	26	0.530774254			

	Coefficients	标准误差	t Stat	P-value	Lower 95%	Upper 95%	下限 95.0%	上限 95.0%
Intercept	-0.02859	0.024341045	-1.174401409	0.2513	-0.07872	0.02155	-0.07872	0.02155
X Variable	0.83496	0.284967057	2.930021953	0.00714	0.24806	1.42186	0.24806	1.42186

图5-6 回归结果

第五步:绘制散点图。在"插入"选项卡中点击"散点图"按钮,选择散点图样式,然后在打开的"设计"选项卡的"数据"组中点击"选择数据"按钮,在打开的"选择数据源"对话框中的"图表数据区域"文本框中输入"$D$3:$E$29",然后点击"确定"按钮即可得到散点图,将鼠标光标停留在散点图上,在右键快捷菜单中选择"添加趋势线"选项,得到如图 5-7 所示的散点图。

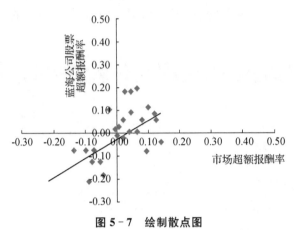

图 5-7 绘制散点图

5.5.2 每股收益无差别点决策模型

每股收益无差别点分析法是通过比较每个方案不同的每股收益水平,结合预测的息税前利润水平,从而作出融资决策。这可以通过 Excel 的规划求解功能来实现。

1. 主要 Excel 技术

Excel 的规划求解功能可以用于模拟分析,它与一组用于计算目标和约束单元格中公式的单元格一起工作,调整决策变量单元格中的值以满足约束单元格上的限制,并产生对目标单元格期望的结果。Excel 在默认安装时没有加载规划求解功能,可在菜单栏中选择"文件→选项→加载项→转到",然后在打开的"加载宏"对话框中选中"规划求解"加载项复选框,单击"确定"按钮,关闭 Excel 后再重新打开 Excel,此时在"数据"选项卡中就会有"规划求解"按钮。

2. 应用举例

【例 5-14】 M 企业目前的资本结构如表 5-10 所示,为了满足投资计划,企业准备再筹资 500 万元,现有三个备选方案,相关数据列于表 5-10 中。

表 5-10 企业现有资本结构及备选方案资料

目前资本结构		备选方案数据		方案 1	方案 2	方案 3
普通股(万股)	150					
优先股(万元)	220	普通股	股数(万股)	30		40
长期借款(万元)	200		价格(元/股)	10		10
长期债券(万元)	100	优先股	金额(万元)		200	
普通股市价(元/股)	10		股息率		15%	
优先股股息率	10%	长期借款	金额(万元)			100
长期借款利率	8%		利率			9%
长期债券利率	9%	长期债券	金额(万元)	200	300	
所得税税率	25%		利率	10%	11%	

解 第一步:建立数据区域,如图 5-8 所示。

	A	B	C	D	E	F	G	H
1								
2	目前资本结构				备选方案数据			
3	普通股(万股)	150				方案1	方案2	方案3
4	优先股(万元)	220		普通股	股数(万股)	30		40
5	长期借款(万元)	200			价格(元/股)	10		10
6	长期债券(万元)	100		优先股	金额(万元)		200	
7	普通股市价(元/股)	10			股息率		15%	
8	优先股股息率	10%		长期借款	金额(万元)			100
9	长期借款利率	8%			利率			9%
10	长期债券利率	9%		长期债券	金额(万元)	200	300	
11	所得税税率	25%			利率	10%	11%	
12					每股收益(方案1和方案2)	1.325	1.325	
13					每股收益(方案1和方案3)	0.825		0.825
14					每股收益(方案2和方案3)		1.20000475	1.20000375
15								

图 5-8 数据区域

第二步:建立结果区域,如图 5-9 所示。

	A	B
15		
16	息税前利润无差别点(万元)	
17	方案1与方案2	392.33333
18	方案1与方案3	272.33333
19	方案2与方案3	367.33428
20		
21		

图 5-9 结果区域

第三步:F12、G12、F13、H13、G14 和 H14 单元格中输入的公式如表 5-11 所示。

表 5-11 单元格中输入的公式

单元格	公式
F12	(($B$17-$B$5*$B$9-$B$6*$B$10-$F$10*$F$11)*0.75-$B$4*$B$8)/180
G12	(($B$17-$B$5*$B$9-$B$6*$B$10-$G$10*$G$11)*0.75-$B$4*$B$8-$G$6*$G$7)/150
F13	(($B$18-$B$5*$B$9-$B$6*$B$10-$F$10*$F$11)*0.75-$B$4*$B$8)/180
H13	(($B$18-$B$5*$B$9-$B$6*$B$10-$H$8*$H$9)*0.75-$B$4*$B$8)/190
G14	(($B$19-$B$5*$B$9-$B$6*$B$10-$G$10*$G$11)*0.75-$B$4*$B$8-$G$6*$G$7)/150
H14	(($B$19-$B$5*$B$9-$B$6*$B$10-$H$8*$H$9)*0.75-$B$4*$B$8)/190

第四步:点击"数据"选项卡中的"规划求解"按钮,在打开的"规划求解参数"对话框中将目标单元格和可变单元格设置为"$B$17",约束设置为"$F$12=$G$12",如图 5-10 所示,单击"求解"按钮后得到 B17 单元格的值为 392.33 万元。

第五步:同理,通过规划求解功能可以得到 B18 和 B19 单元格的数值,然后据此作出决策。

图 5-10 设置规划求解参数

【本章小结】

1. 资本成本是企业为筹集和使用长期资金而付出的代价。资本成本包括资金筹集费和资金占用费两部分。资金筹集费通常是在筹措资金时一次支付的,在用资过程中不再发生,可视为筹资总额的一项扣除。资金占用费主要包括资金时间价值和投资者要考虑的投资风险报酬两部分。

2. 杠杆效应即由于存在固定成本导致的收益变化率超出业务量变化率的效应。经营杠杆效应是在单价和成本水平不变的条件下,销售量的增长会引起息税前利润以更大的幅度增长。财务杠杆效应是在资金构成不变的情况下,息税前利润的增长会引起普通股每股利润以更大的幅度增长。

3. 资本结构即股权资本与债权资本的对比关系。现代资本结构理论的起点是 Modigliani 和 Miller 提出的 MM 理论。MM 理论在理想的资本环境中得出资本结构与企业价值无关的结论,虽然其理论假设与现实经济环境不符,但是它提供了一个理想的参照系,使后来的学者可以通过放松假设进一步发展理论。

4. 资本结构的优化意在寻求最优资本结构,使企业综合资本成本最低、企业风险最小、企业价值最大,所以资本结构决策可以采用比较综合资本成本法、比较每股收益法、每股收益无差别点分析法等。

5. Excel 在融资问题中的应用主要有回归分析技术以及规划求解技术。

【案例分析】

项目融资

蓝海公司最近已经进行了大量负债融资,公司资本结构中负债比例过高,继续举债会降低公司的债券级别。公司最近的业绩也不太好,公司财务状况如表 5-12 所示。公司股权的市场价值小于其账面价值,这意味着即使项目盈利,假如利用股权来融资,也会减少每股收益。比如,公司正在考虑一项耗资 400 万元的项目,其价值为 500 万元(NPV),这将使公司每年收益增加60万元(必要报酬率为12%)。如果使用权益融资,400万元需要200万股,那么公司流通在外的股票数量将为1 200万股。新的收益为60万元,每股收益下降为0.55元。公司总裁认为该项目由于以下原因需要推迟:

(1) 举债成本过高。

(2) 对项目进行股权融资会减少每股收益,因为其股权的市场价值小于账面价值。

(3) 股权市场现在不景气,如果公司等市场指数上升,股权价值就会超过账面价值,因此股权融资不会减少每股收益。

表5-12 蓝海公司资产负债表

资产		权益	
短期资产	1 000万元	债券	4 000万元
长期资产	5 000万元	股权	2 000万元
股权市场价值		2 000万元	
流通在外股票数量		1 000万股	
每股价格		2元/股	
上年度公司总收益		600万元	
每股收益		0.6元/股	

案例分析与讨论:

1. 投资项目是否要与该项目融资统筹考虑?
2. 以每股收益降低为理由拒绝该项目正确吗?
3. 公司应选择什么融资方式?

改编自:理查德·派克,比尔·尼尔.公司财务与投资——决策与战略[M].4版.孔宁宁,译.北京:中国人民大学出版社,2006.

【思考题】

1. 如何理解股权成本?
2. 利用股利折现模型和资本资产定价模型计算股权成本的区别在哪里?如何理解它们的差别?
3. 什么是边际资本成本?
4. 什么是自制杠杆?

【课后练习】

一、单项选择题

1. 从理论上讲,资金成本最高的筹资方式是_____。
   A. 发行债券　　　B. 长期借款　　　C. 发行普通股　　　D. 发行优先股
2. 企业所有者权益资金与债务资金各占50%,则企业_____。
   A. 只存在财务风险　　　　　　　B. 经营风险和财务风险可以相互抵消
   C. 既存在经营风险又存在财务风险　D. 经营收益和财务杠杆利益均等

3. 当市场利率大于票面利率时,债券发行的价格应小于债券面值,随着债券到期日的临近,债券的价格_____。
   A. 会上升　　　B. 会下降　　　C. 会不变　　　D. 不上升

4. 当增加债务资金的数额时,企业的加权平均资金成本会_____。
   A. 不一定　　　B. 上升　　　C. 下降　　　D. 不变

5. 最优资金结构是指企业在一定条件下的_____。
   A. 负债最低的资金结构
   B. 加权平均资金成本最低的资金结构
   C. 综合杠杆系数最小的资金结构
   D. 加权平均资金成本最低而企业价值最大的理想资金结构

6. 对筹资企业而言,普通股票的筹资风险与资金成本的关系是_____。
   A. 风险高、资金成本高
   B. 风险高、资金成本低
   C. 风险低、资金成本低
   D. 风险低、资金成本高

7. 目前国库券收益率为13%,市场投资组合收益率为18%,而某股票的β系数为1.2,那么该股票的资金成本为_____。
   A. 19%　　　B. 13%　　　C. 18%　　　D. 8%

8. 如果企业一定期间内的固定生产成本和固定财务费用均不为零,则由上述因素共同作用而导致的杠杆效应属于_____。
   A. 经营杠杆效应
   B. 财务杠杆效应
   C. 综合杠杆效应
   D. 风险杠杆效应

9. 如果企业的资金来源全部为自有资金,且没有优先股存在,则企业财务杠杆系数_____。
   A. 等于0　　　B. 等于1　　　C. 大于1　　　D. 小于1

10. 在下列各项中,不能用于加权平均资金成本计算的是_____。
    A. 市场价值权数
    B. 目标价值权数
    C. 账面价值权数
    D. 边际价值权数

11. 普通股每股税后利润变动率相当于息税前利润变动率的倍数表示的是_____。
    A. 经营杠杆系数
    B. 财务杠杆系数
    C. 综合杠杆系数
    D. 以上均错

12. 不存在财务杠杆作用的筹资方式是_____。
    A. 发行债券　　　B. 融资租赁　　　C. 银行借款　　　D. 发行普通股

13. 下列各项中,不影响经营杠杆系数的是_____。
    A. 产品销量　　　B. 产品售价　　　C. 固定成本　　　D. 利息费用

14. 某厂的经营杠杆系数为2,预计息税前利润增长10%,在其他条件不变的情况下,销售量增长率应为_____。
    A. 5%　　　B. 10%　　　C. 15%　　　D. 20%

15. 调整企业资金结构并不能_____。
    A. 降低财务风险
    B. 降低经营风险
    C. 降低资金成本
    D. 增强融资弹性

二、多项选择题

1. 影响企业综合资金成本大小的因素主要有_____。
   A. 边际资本成本　　　　　　　　B. 资本结构
   C. 个别资本成本　　　　　　　　D. 筹资费用
   E. 加权平均权数

2. 企业资本结构最佳时,应该_____。
   A. 资本成本最低　　　　　　　　B. 财务风险适度
   C. 经营杠杆系数最大　　　　　　D. 债务资本最多
   E. 企业价值最大

3. 综合杠杆系数_____。
   A. 指每股利润变动率相当于业务量变动率的倍数
   B. 等于经营杠杆系数与财务杠杆系数之积
   C. 反映息税前利润随业务量变动的剧烈程度
   D. 反映每股利润随息税前利润变动的剧烈程度
   E. 等于经营杠杆系数与财务杠杆系数之和

4. 在个别资金成本中,须考虑所得税因素的是_____。
   A. 债券成本　　　　　　　　　　B. 银行借款成本
   C. 优先股成本　　　　　　　　　D. 普通股成本
   E. 留用利润成本

5. 加权平均资金成本的权数可有三种选择,即_____。
   A. 票面价值　　　　　　　　　　B. 账面价值
   C. 市场价值　　　　　　　　　　D. 目标价值
   E. 清算价值

6. 资金结构中的负债比例对企业有重要影响,表现在_____。
   A. 负债比例影响财务杠杆作用的大小　　B. 适度负债有利于降低企业资金成本
   C. 负债有利于提高企业净利润　　　　　D. 负债比例反映企业财务风险的大小
   E. 适度负债有利于提高企业的价值

7. 资金成本的作用在于_____。
   A. 它可以作为评价经营业绩的依据
   B. 是选择资金来源,拟定筹资方案的依据
   C. 可以反映企业运用资金的情况
   D. 是评价投资项目可行性的主要经济指标
   E. 是企业利润分配的依据

8. 当企业在进行资本结构决策、筹资方式决策和追加筹资方案决策时,应当依据的成本依次为_____。
   A. 债权资本成本　　　　　　　　B. 股权资本成本
   C. 个别资本成本　　　　　　　　D. 综合资本成本

E. 边际资本成本

9. 在资本结构决策中,确定最佳资本结构,可以运用下列方法_____。
   A. 比较资本成本法　　　　　　　B. 比较总成本法
   C. 总利润比较法　　　　　　　　D. 每股收益分析法
   E. 公司价值比较法

10. 企业在负债筹资决策时,除了考虑资金成本外,还应考虑_____。
    A. 财务风险　　　　　　　　　　B. 偿还期限
    C. 偿还方式　　　　　　　　　　D. 限制条件
    E. 以上皆对

三、判断题

1. 负债的规模越小,企业的资本结构就越合理。（　）
2. 从资本结构的理论分析中可知,企业综合资本成本最低时的资本结构与企业价值最大时的资本结构是不一致的。（　）
3. 一般来说个别资本成本最高的是普通股,其次是优先股,再次是公司债券。（　）
4. 资本结构决策中的核心问题是债权资本的比例。（　）
5. 只要企业存在固定成本,就存在经营业杠杆作用。（　）
6. 由于经营杠杆的作用,当息税前盈余下降时,普通股每股盈余会下降得更快。（　）
7. 当预期的息税前利润大于每股利润无差别点息税前利润时,采取股权筹资方式增资比较有利。（　）
8. 资本成本是投资方案的取舍率,也是最低收益率。（　）
9. 最佳资本结构是使企业筹资能力最强、财务风险最小的资本结构。（　）
10. 企业负债越多,财务杠杆系数越高,则财务风险就越大。（　）
11. 当财务杠杆系数为1,经营杠杆系数也为1时,则综合杠杆系数应为1。（　）

四、计算分析题

1. 某公司拟筹资10 000万元,其中长期借款1 000万元,年利率为6%;发行长期债券10万张,每张面值150元,发行价为200元,票面利率为8%,筹资费用率为2%;发行优先股为2 000万元,年股利率为10%,筹资费用率为3%;以每股25元的价格发行普通股股票200万股,预计第一年每股股利为1.8元,以后每年股利增长6%,每股支付发行费0.8元。计算该公司的综合资本成本(所得税税率为25%)。

2. 某公司本年度打算投资8 000万元于某项目,其资金来源如下:发行债券筹资2 400万元,年利率为10%,筹资费用率为3%;发行优先股筹资1 600万元,年股利率为12%,筹资费用率为4%;发行普通股筹资3 200万元,预期每股股利2元,每股市价20元,筹资费用率为4%,股利增长率为5%;留存利润筹资800万元。预计项目投产后每年可实现1 600万元的净利润,企业所得税率为25%。判断该项投资是否可行。

3. 某公司拟筹集资本1 000万元,现有甲、乙、丙三个备选方案。甲方案:按面值发行长期债券500万元,票面利率为10%,筹资费用率为1%;发行普通股500万元,筹资费用率为

5%,预计第一年股利率为10%,以后每年按4%递增。乙方案:发行优先股800万元,年股利率为15%,筹资费用率为2%;向银行借款200万元,年利率为5%。丙方案:发行普通股400万元,筹资费用率为4%,预计第一年股利率为12%,以后每年按5%递增;利用公司留存收益筹600万元,该公司所得税税率为25%。请确定该公司的最佳资本结构。

4. 某公司全年销售净额为560万元,固定成本为64万元,变动成本率为40%,资本总额为500万元,债权资本比率为45%,债务利率为9%。计算该公司的经营杠杆系数、财务杠杆系数和综合杠杆系数。

5. 某公司20×7年销售产品100万件,单价60元,单位变动成本为40元,固定成本总额为1 000万元,公司资产总额为1 000万元,资产负债率为50%,负债平均年利息率为10%,所得税税率为25%。要求:

(1) 计算该公司20×7年经营杠杆系数、财务杠杆系数和综合杠杆系数。

(2) 若20×8年销售收入提高30%,计算20×8年每股利润增长率。

6. 某公司全年销售产品150万件,单价100元,单位变动成本为60元,固定成本总额为4 000万元。公司负债4 000万元,年利息率为10%,并须每年支付优先股利200万元,所得税税率为25%。计算该公司的边际贡献、息税前利润总额、综合杠杆系数。

7. 某公司现有资本总额500万元,全作为普通股股本,流通在外的普通股股数为100万股。为扩大经营规模,公司拟筹资500万元,现有两个方案可供选择:方案一,以每股市价10元发行普通股股票;方案二,发行年利率为6%的公司债券。要求:

(1) 计算两方案的每股收益无差别点(假设所得税税率为25%)并作出决策。

(2) 计算无差别点的每股收益。

8. 某公司现有普通股600万股,股本总额为6 000万元,公司债券为3 600万元。公司拟扩大筹资规模,有两个备选方案:一是增发普通股300万股,每股发行价格为15元;一是平价发行公司债券4 500万元。若公司债券年利率为8%,所得税税率为25%。要求:

(1) 计算两种筹资方案的每股收益无差别点。

(2) 如果该公司预计息税前利润为1 800万元,对两个筹资方案作出择优决策。

9. MC公司20×7年初的负债及所有者权益总额为9 000万元,其中,公司债券为1 000万元(按面值发行,票面利率为8%,每年末付息,3年后到期);普通股股本为4 000万元(面值1元,4 000万股);资本公积为2 000万元;其余为留存收益。

20×7年该公司为扩大生产规模,需要再筹资1 000万元,有以下两个筹资方案可供选择:方案一,增加发行普通股,预计每股发行价格为5元;方案二,增加发行同类公司债券,按面值发行,票面利率为8%。预计20×7年可实现息税前利润2 000万元,适用的企业所得税税率为25%。要求:

(1) 计算增发股票方案的下列指标:

① 20×7年增发普通股股份数;

② 20×7年全年债券利息。

(2) 计算增发公司债券方案下的20×7年全年债券利息。

(3) 计算每股收益无差别点,并据此作出筹资决策。

第六章

证券投资决策

【学习目标】

1. 了解股票、债券等有价证券投资管理的基本知识。
2. 理解股票投资与债券投资等金融投资的风险与报酬。
3. 掌握股票与债券等有价证券估价的基本方法与技巧。
4. 掌握证券投资组合的风险与收益以及资本资产定价模型。
5. 结合案例掌握证券投资方案决策方法。

【重点与难点】

1. 股票估价。
2. 债券估价。
3. 资本资产定价模型。
4. 证券投资组合策略。

【导引案例】

股市投资风险

2008年上半年,中国股民亲历了中国股市史无前例的极端走势。超出常规的跳水态势一路上演,挑战着人们的心理承受极限,让人猝不及防,饱受煎熬。市场人士分析,从2007年10月16日上证综合指数见顶6124点后,大盘在振荡中一路下滑,随着股市的不断下跌,股价的整体水平也在向下运动,至2008年6月份,上证综指已调整到2 695点,下跌幅度已达到55.99%,A股投资价值重新显现,而市场内外的诸多迹象也可以反映这一观点。

很多投资者的情绪非常低落,人们对市场前途也比较悲观。不过,如果承认中国三十年改革开放的成果,承认中国经济螺旋式向上的话,长期投资是没有问题的。选择就此离场,还是坚持长期投资、与好的企业共成长,完全取决于个人对投资的理解。

投资、市场、风险是证券投资者要面对的三个重要问题。进行证券投资离不开证券市场,而证券市场尤其是股票市场是一个高风险的市场,投资者必须努力规避风险以获得高的投资收益。本章将对上述问题进行具体阐述。

资料来源:高栓秀.股市猜想:黑暗中的曙光[J].山西青年(新晋商),2008(6).

6.1 证券投资概述

6.1.1 证券投资的含义

证券投资是指投资者通过买卖股票、债券、基金券等有价证券以及这些有价证券的衍生品,以获取差价、利息及资本利得的投资行为和投资过程,是一种金融投资,它是间接投资的重要形式。

需要指出的是,证券投资和实物投资并不是互相排斥的,而是互补的。实物投资在其无法满足巨额资本的需求时,需要借助于资本市场。证券投资的资金来源主要是社会储蓄,这部分社会储蓄虽然没有直接投资于生产经营活动,而是通过证券市场间接投资于实物资产,但由于证券市场自身机制的作用,不但使资金在盈余部门和短缺部门之间重新配置,解决了资金不足的矛盾,而且还促使社会资金流向经济效益好的部门和企业,提高资金利用率和社会生产力水平。高度发达的证券市场使实物投资更为便捷,通过证券的发行筹集到实物投资所需的巨额资金。

6.1.2 证券投资的特征

证券投资是投资者通过买卖金融资产,获取相关权益并在一定时期内获得预期收入的投资行为和过程。证券投资具有以下特征。

1. 收益性

证券投资的收入或报酬包括利息、股息等当前收入和由证券价格涨跌所带来的资本收益或损失两部分。证券投资的最终目的就是获取收益。

2. 风险性

证券投资的资金价值是确定的,但未来获得收益的可能性是不确定的,这种获得收益的不确定性就是证券投资的风险。一般而言,证券投资的收益和风险呈正相关关系,即预期收益越高的证券,其所包含的风险越大。

3. 时间性

证券投资者进行证券投资的时间是影响证券投资收益大小的重要因素。在证券投资中,时间长短与收益多少、风险大小高度相关。一般而言,投资时间越长,收益相对越高,风险也越大。

6.1.3 证券投资的要素

1. 投资场所

投资场所其实就是金融交易的场所,即金融市场。金融市场具有融通资金、定价、转移和分散风险以及提供流动性等多种功能。对投资者来说,金融市场是买卖股票、债券及其他有价证券的场所。当前,随着现代信息、通信与电子技术的发展,许多金融市场已经电子化,不再是一个具体的场所,而成为一个网络,许多金融工具的交易也是在这样的网络中实现的。

2. 投资参与者

(1) 个人投资者。个人投资者是以家庭资产进行投资的投资者,又叫散户,是投资活动的主体。居民家庭的投资活动有两种形式:一是投资于各种基金,二是直接投资于金融市场中的各种金融工具。

(2) 机构投资者。金融市场上的机构投资者可分为两类:一类是非金融机构们,另一类是金融机构。

金融机构在投资活动中的作用要突出得多,也重要得多。参与投资活动的金融机构有主要从事证券业务的投资银行,从事存贷款业务的商业银行,从事人寿保险、财产保险和再保险的保险公司和包括共同基金、养老基金在内的各种基金。金融机构是投资活动中最具活力、最有影响的参与者。由于投资银行与商业银行混业经营已成为国际金融业发展的一大趋势,在我国,二者也已呈现出逐渐融合的势头。

对非金融机构来说,虽然它们也有闲置资金,也需要利用金融市场进行投资,以获得尽可能好的效益。但是这不是它们主要的目的,这类企业在金融市场中主要是资金的需求者,在投资活动中是投资工具的发行者,也是投资资金的接受者。因此,企业更关注如何利用金融市场进行融资,如何利用金融市场进行套期保值以规避产品价格波动、利率变化和汇率变化的风险。

(3) 政府。政府是资金的需求者,与企业一样,政府需要利用金融市场发行中长期国债或短期国库券筹措资金以满足其支出需要。同时,政府通过中央银行在金融市场上发行中央银行票据或大量买卖国库券以影响市场利率和货币供应量,从而达到宏观调控的目的。

3. 投资对象

投资对象是资本市场中的各种金融工具。金融工具的种类比较多,概括起来主要有四类:

(1) 货币市场工具。在货币市场比较发达的西方国家,货币市场交易的规模较大,主要的品种有短期国库券、商业票据、大额存单、银行承兑汇票、欧洲货币、回购协议等。货币市场工具的共同特点是风险小、期限短、流动性强、收益较好。

（2）固定收益资本市场工具。这是指那些期限在一年以上的固定收益的证券。在发达国家，这类工具包括中长期国债、市政债券、公司债券和抵押债券等。它们的共同点为期限较长、收益固定和投资风险较小。在我国，固定收益证券的主要形式为中央政府发行的政府债券、金融债券和企业债券。

（3）权益性证券。权益性证券是指代表发行企业所有者权益的证券，如股份有限公司发行的普通股。权益性证券是一种基本的金融工具，是企业筹集资金的主要工具。投资者持有某企业的权益性证券代表其在该企业中享有所有者权益。普通股和优先股就是常见的权益性证券。

（4）衍生证券。衍生证券又叫衍生工具，是20世纪70年代以来金融创新的产物。它是在基础金融工具的基础上派生出来的金融工具，其价值依赖于基础金融工具的价格。衍生工具主要包括期货、期权等。

6.1.4 证券投资的种类

1. 股权投资

股权投资（equity investment）指通过投资取得被投资单位的股份。企业（或者个人）购买的其他企业（准备上市、未上市公司）的股票或以货币资金、无形资产和其他实物资产直接投资于其他单位，最终目的是为了获得较大的经济利益，这种经济利益可以通过分得利润或股利获取，也可以通过其他方式取得。

股权投资通常是长期（至少在一年以上）持有一个公司的股票或长期投资一个公司，以期达到控制被投资单位，或对被投资单位施加重大影响，或为了与被投资单位建立密切关系以分散经营风险的目的。如被投资单位生产的产品为投资企业生产所需的原材料，在市场上这种原材料的价格波动较大且不能保证供应。在这种情况下，投资企业通过所持股份达到控制被投资单位或对被投资单位施加重大影响，使其生产所需的原材料能够直接从被投资单位取得而且价格比较稳定，从而保证自身生产经营的顺利进行。股权投资通常具有投资大、期限长、风险大以及能为企业带来较大的利益等特点。股权投资的利润空间相当广阔，一是企业的分红；二是一旦企业上市则会有更为丰厚的回报，同时还可享受企业的配股、送股等一系列优惠措施。

2. 债券投资

债券投资可以获取固定的利息收入，也可以在市场买卖中赚差价。随着利率的升降，投资者如果能适时地买进卖出，就可获取较大收益。债券作为投资工具，其特征为：安全性高、收益高于银行存款、流动性强。

3. 组合投资

组合投资是指由投资人或金融机构所持有的股票、债券、衍生金融产品等组成的集合。

组合投资的目的在于分散风险。

组合投资有两个层次：第一个层次是在股票、债券和现金等各类资产之间的组合，即如何在不同的资产当中进行比例分配；第二个层次是债券的组合与股票的组合，即在同一个资产等级中选择几个品种的债券和几个品种的股票以及各自的权重是多少进行投资。

投资者把资金按一定比例分别投资于不同种类的有价证券或同一种类有价证券的多个品种上，这种分散的投资方式就是投资组合。通过投资组合可以分散风险，即"不要把所有鸡蛋放在同一个篮子里"。

6.1.5 证券投资的功能

证券投资的产生和资本市场的建立较之一般的货币借贷关系和货币市场来说，无疑是市场经济发展的一大进步。这种利用证券工具来筹集可供长期使用的巨额资金，变间接融资为直接融资的投资形式，其功能主要有以下三种。

1. 资本集聚功能

作为一个开放的资本市场，它可以利用股票、债券等有价证券来筹集巨额的资本，其资金来自于本国的居民、企业和政府，当然也可以来自于国外经济主体，这种筹资方式为资本积聚提供了广阔的市场。尤其在技术创新日新月异的时代，通过证券市场积聚资金，注入新兴高科技的风险行业，对于推动新兴产业的发展以及社会的进步具有极为重要的现实意义。

2. 资本配置功能

证券投资的吸引力在于能够获得比银行存款利息更高的投资回报，在同样安全的条件下，投资者更愿意购买回报高、变现快的证券，如政府债券、高效企业和朝阳行业发行的股票等。投资者的这种偏好引导了社会资金流向符合社会利益的方向。而在证券市场中表现良好的主要是那些朝阳行业和高效企业，投资者通过购买这类企业的股票，将大量的资金配置到高风险、高回报的产业，从而实现有限资金的合理使用。因为这些产业是推动社会经济发展的主导力量，所以证券市场的资金配置明显要比银行的资金配置具有更高的社会效率。

3. 传递经济信息功能

证券投资活动可以有效地增加社会经济信息的供给渠道，加速经济信息的传递。证券投资的过程就是一个不断处理各类经济信息的过程，这一特性决定了证券投资活动所形成的经济信息系统非常完善，信息流量极为庞大，信息内容十分全面和深入。利用和处理好证券投资过程中集中传递的经济信息，有助于人们对企业、行业、市场以及整个国民经济的发展态势进行及时的评估和判断，进而为进行各种决策提供重要的依据。

6.1.6 证券投资的理念和策略

1. 证券投资理念

随着我国证券市场制度建设和监管的日益完善，机构投资者队伍的不断发展壮大，以价值发现型投资理念、价值培养型投资理念为主的理性价值投资理念逐步发展成为主流投资理念。

(1) 价值发现型投资理念

价值发现型投资理念是一种风险相对分散的市场投资理念。这种投资理念的前提是证券的市场价值是潜在的、客观的,广大投资者的投资风险才会相对较小。原因在于:

① 价值发现是一种投资于市场价值被低估的证券的过程,在证券价值未达到被高估的价值时,投资获利的机会总是大于风险。

② 由于某些证券的市场价值直接或间接与其所在的行业成长、国民经济发展的总体水平相联系,因此在行业发展及国民经济增长没有出现停滞之前,证券的价值还会不断增加,在这种增值过程中又相应分享着国民经济增长的益处。

③ 对于某类具有价值发现型投资理念的证券,随着投资过程的进行,往往还有一个价值再发现的市场过程,这个过程也许还会将这类证券的市场价值推到一个相当高的价值平台。

因此,在价值发现型投资理念下,只要有国民经济增长和行业发展的客观前提,以此理念指导投资就能够较大程度地规避市场投资风险。

(2) 价值培养型投资理念

价值培养型投资理念是一种投资风险共担型的投资理念。这种投资理念指导下的投资行为既分享证券内在价值成长,也共担证券价值成长风险。其投资方式有两种:一种是投资者作为战略投资者,通过对证券母体注入战略投资的方式培养证券的内在价值与市场价值;另一种是众多投资者参与证券母体的融资,培养证券的内在价值和市场价值。前者有如各类产业集团的投资行为,后者有如投资者参与上市公司的增发、配股及可转债融资等投资行为。

2. 证券投资策略

在上述理性价值投资理念的基础上,根据对风险收益的不同偏好,投资者的投资策略大致可分为以下三类。

(1) 保守稳健型

保守稳健型投资者的风险承受能力最低,安全性是其首先要考虑的因素。可以选择的投资策略包括:

① 投资无风险、低收益的证券,如国债交易。投资的信息需求主要包括各类无风险证券的特征、到期收益率和期限结构以及与之相关的宏观经济政策信息。

② 投资低风险、低收益的证券,如信用等级在投资级以上的公司债券、金融债券和可转换债券。投资的信息需求主要包括发债企业和担保机构的信用等级、财务状况、市场价格走势等。

(2) 稳健成长型

稳健成长型投资者希望能通过投资的机会来获利,并确保足够长的投资期间。可以选择的投资策略为:投资中等风险、中等收益的证券,如稳健型证券投资基金、指数型基金、分红持续稳定的蓝筹股及高利率、低等级企业债券等。投资的信息需求更多地体现在所选投资品种的微观层面。

(3) 积极成长型

积极成长型投资者可以承受投资的短期波动,愿意承担因获得高报酬而面临的高风险。可以选择的投资策为:投资高风险、高收益的证券,主要包括市场相关性较小的股票。由于我国证券市场目前还属于弱式有效市场,信息公开化不足,虚假披露时有发生,因此这类投资的信息需求很难在理性上得到有效满足。

此外,对于风险收益既定型投资者而言,证券组合投资也是一个不错的选择。该类投资的信息需求主要集中在投资组合产品的各项特征参数及其动态修正上,以保证投资组合的风格与其需求一致。

6.2 股票投资

6.2.1 股票投资概述

1. 股票的概念及分类

股票是股份公司发给股东的所有权凭证,是股东借以取得股利的一种有价证券。股票持有者即为该公司的股东,对该公司财产有要求权。

股票可以按不同的方法和标准分类:按股东所享有的权利,可分为普通股和优先股;按票面是否标明持有者姓名,可分为记名股票和不记名股票;按股票票面是否记明入股金额,可分为有面值股票和无面值股票;按能否向股份公司赎回自己的财产,可分为可赎回股票和不可赎股票。我国目前各公司发行的大都是不可赎回的、记名的、有面值的普通股,当然也有公司按规定发行优先股。

2. 股票价格

股票本身是没有价值的,仅是一种凭证。它之所以有价格,可以买卖,是因为它能给持有人带来预期收益。一般说来,公司第一次发行股票时,要规定发行总额和每股金额,一旦股票发行后上市买卖,股票价格就与原来的价值分离。这时的价格主要由预期股利和当时的市场利率决定,即股利的资本化价值决定了股票价格。此外,股票价格还受整个经济环境变化和投资者计划等复杂因素的影响。

3. 股利

股利是公司对股东投资的回报,它是股东所有权在分配上的体现。股利是公司税后利润的一部分。

6.2.2 股票估价

股票的内在价值就是股票带给持有者的未来现金流入的现值,即由一系列的未来股利的现值和将来出售股票时售价的现值之和构成。股票估价的主要方法是计算其内在价值,然后和股票市价比较,视其低于、高于或等于市价,决定买入、卖出或继续持有。可以通过一个特定技术指标与数学模型,估算出股票在未来一段时期的相对价格,也叫做股票预期价格。股票估价的基本模型有三种:

1. 短期持有,未来准备出售的股票估价模型

$$V = \sum_{t=1}^{n} \frac{D_t}{(1+K)^t} + \frac{V_n}{(1+K)^n} \qquad (6-1)$$

式中,V 为股票的内在价值;D_t 为第 t 年的股利;V_n 为第 n 年出售股票时的市价;K 为贴现率,一般采用当时的市场利率或投资者要求的最低报酬率;n 为股票出售前的年数(期数)。

2. 长期持有,股利零成长的股票估价模型

在未来每年股利稳定不变,投资者持有期间很长的情况下,投资者未来所获得的现金流入是一个永续年金,则股票的估价模型为:

$$V = \frac{D}{K} \qquad (6-2)$$

式中,D 为未来每年固定的股利。

【例 6-1】 某公司每年分配每股股利为 3 元,最低报酬率为 15%,则股票的价值是多少?

解 $V = \dfrac{3}{15\%} = 20(元)$

3. 长期持有,股利固定增长的股票估价模型

$$V = \frac{D_1}{K-g} = \frac{D_0(1+g)}{K-g} \qquad (6-3)$$

式中,D_1 为未来第一年的每股股利,$D_1 = D_0(1+g)$;D_0 为基期(上一年)已经发放的每股股利;g 为固定股利增长率。

【例 6-2】 某公司准备投资购买 A 股票,该股票上年每股股利为 3 元,预计以后每年增长率为 5%,该公司要求的报酬率为 15%,则该股票的内在价值是多少?

解 $V = \dfrac{3 \times (1+5\%)}{15\% - 5\%} = 31.5(元)$

【例 6-3】 甲企业计划利用一笔长期资金投资购买股票。现有 A 公司股票和 B 公司股票可供选择,甲企业只准备投资一家公司的股票。已知 A 公司股票现行市价为每股 9 元,上年每股股利为 0.15 元,预计以后每年以 6% 的增长率增长;B 公司股票现行市价为每股 7

元,上年每股股利为0.60元,股利分配政策将一贯坚持固定股利政策。甲企业所要求的投资必要报酬率为8%。要求:

(1) 利用股票估价模型,分别计算A、B公司股票的价值。

(2) 代甲企业作出股票投资决策。

解 (1) 计算A、B公司股票价值

A公司股票价值 $V_A=0.15\times(1+6\%)/(8\%-6\%)=7.95$(元)

B公司股票价值 $V_B=0.60/8\%=7.5$(元)

(2) 分析与决策

由于A公司股票现行市价为9元,高于其投资价值7.95元,故A公司股票目前不宜投资购买;B公司股票现行市价为7元,低于其投资价值7.50元,故B公司股票值得投资,因此宜购买B公司股票。

6.2.3 股票收益

股票收益即股票投资收益,是指企业或个人以购买股票的形式对外投资取得的股利,转让、出售股票取得款项高于股票账面实际成本的差额,股权投资在被投资单位增加的净资产中所拥有的数额等。股票收益包括股利收入、资本利得和公积金转增收益。股利收入是指股票持有人定期从股份公司中取得的一定利润。利润分配的标准以股票的票面资本为依据,公司发放股利的原则是:必须依法进行必要的扣除后才能将税后利润用于分配股利。其具体的扣除项目和数额比例要视法律和公司章程的规定。资本利得即是股票市价的升值部分,其根据企业资产增加的程度和经营状况而定,具体体现为股票价格增长所带来的收益。

6.2.4 股票投资的特点

1. 股票投资的优点

(1) 投资收益高。虽然普通股的价格变动频繁,但优质股票的价格总是呈上涨趋势。随着股份公司的发展,股东获得的股利也会不断增加。只要投资决策正确,股票投资收益是比较高的。

(2) 能降低购买力的损失。普通股的股利是不固定的,随着股份公司收益的增长而提高。在通货膨胀时期,股份公司的收益增长率一般仍大于通货膨胀率,股东获得的股利可全部或部分抵消通货膨胀带来的购买力损失。

(3) 流动性很强。上市股票的流动性很强,投资者有闲散资金可随时买入,需要资金时又可随时卖出。这既有利于增强资产的流动性,又有利于提高其收益水平。

(4) 能达到控制股份公司的目的。投资者是股份公司的股东,有权参与或监督公司的生产经营活动。当投资者的投资额达到公司股本的一定比例时,就能实现控制公司的目的。

2. 股票投资的缺点

（1）股票投资风险较大，股票价格不稳定，收益不稳定。长期股票投资的平均年报酬率比其他投资工具的高，但是当股票大跌时，很有可能会因此被套牢，风险也很高。普通股股利的多少视企业经营状况和财务状况而定，其有无、多寡均无法律上的保证，普通股收入的风险也远远大于固定收益证券；政治因素、经济因素、投资人心理因素、企业的盈利情况与风险情况等都会影响股票价格，这也使股票投资具有较高的风险。

（2）普通股对公司资产和盈利的求偿权均居最后。须承担经营的风险，但股份有限公司股东的责任仅以出资额为限。

6.3 债券投资

6.3.1 债券投资的概述

债券是发行者为筹集资金发行的、在约定时间支付一定比例的利息并在到期时偿还本金的一种有价证券。

债券面值是指设定的票面金额，它代表发行者借入并且承诺于未来某一特定日期偿付给债券持有者的金额。

债券票面利率是指债券发行者预计一年内向投资者支付的利息占票面金额的比率。票面利率不同于有效年利率。有效年利率通常是指按复利计算的一年期的利率。债券有多种计息和付息方式，可以使用单利或复利计息，利息支付可能半年一次、一年一次或到期日一次兑付，这就使得票面利率可能不等于有效年利率。

债券的到期日指偿还本金的日期。债券一般都规定到期日，以便到期时归还本金。

6.3.2 债券估价

债券估价具有重要的实际意义。企业要运用债券形式从资本市场上筹资，必须要知道它如何定价。如果定价偏低，企业会因付出更多现金而遭受损失；如果定价偏高，企业会因发行失败而遭受损失。对于已经发行在外的上市交易的债券，估价仍然有重要意义。债券的价值体现了债券投资者要求的报酬，对于经理人员来说，不知道债券如何定价就是不知道投资者的要求，也就无法使他们满意。

1. 基本估价模型

典型的债券采用固定利率，每年计算并支付利息，到期归还本金。按照这种模式，债券估价的基本模型是：

$$V = \frac{I_1}{(1+i)^1} + \frac{I_2}{(1+i)^2} + \cdots + \frac{I_n}{(1+i)^n} + \frac{M}{(1+i)^n} \qquad (6-4)$$

式中，V 为债券价值；I 为每年支付的利息；M 为到期的本金；i 为贴现率，一般采用当时的市场利率或投资者要求的最低报酬率；n 为债券到期前的年数。

【例 6-4】 某附息债券的面值为 1 000 元，票面利率为 9%，每年付息一次，下一次利息支付正好在一年以后，期限为 10 年，适当的贴现率为 10%。请计算该债券的价值。

解 $V = \sum_{t=1}^{10} \dfrac{90}{(1+10\%)^t} + \dfrac{1000}{(1+10\%)^{10}} = 553.01 + 385.54 = 938.55(元)$

2. 平息债券的估价模型

平息债券是指利息在到期时间内平均支付的债券，利息支付的频率可能是一年一次、半年一次或每季度一次等。平息债券的估价模型如下：

$$V = \sum_{t=1}^{mn} \dfrac{\dfrac{I}{m}}{\left(1+\dfrac{i}{m}\right)^t} + \dfrac{M}{\left(1+\dfrac{i}{m}\right)^{mn}} \tag{6-5}$$

式中，V 为债券价值；I 为每年支付的利息；M 为到期的本金；i 为贴现率，一般采用当时的市场利率或投资者要求的最低报酬率；n 为债券到期前的年数；m 为每年付息的次数。

3. 纯贴现债券估价模型

纯贴现债券是指承诺在未来某一确定日期作某一单笔支付的债券。这种债券在到期日前购买人不能得到任何现金支付，因此也称为零息债券。零息债券没有标明利息计算规则的，通常采用按年计息的复利计算规则。纯贴现债券的估价模型如下：

$$V = \dfrac{F}{(1+i)^n} \tag{6-6}$$

式中，V 为债券价值；F 为债券到期的价值；i 为贴现率；n 为债券到期前的年数。

6.3.3 债券收益率

衡量债券收益一般使用债券收益率这个指标。债券收益率是债券收益与其投入本金的比率，通常用年利率表示。债券收益不同于债券利息，债券利息仅指债券票面利率与债券面值的乘积。但由于人们在债券持有期内还可以在债券市场进行买卖以赚取价差，因此债券收益除利息收入外，还包括买卖盈亏差价。决定债券收益率的主要因素有债券的票面利率、期限、面值和购买价格。最基本的债券收益率计算公式为：

$$债券收益率 = \left(\dfrac{到期本息和 - 发行价格}{发行价格 \times 偿还期限}\right) \times 100\% \tag{6-7}$$

由于债券持有人可能在债务偿还期内转让债券，因此债券的收益率还可以分为债券出售者的收益率、债券购买者的收益率和债券持有期间的收益率。各自的计算公式如下：

$$债券出售者的收益率 = \left(\frac{卖出价格 - 发行价格 + 持有期间的利息}{发行价格 \times 持有年限}\right) \times 100\% \quad (6-8)$$

$$债券购买者的收益率 = \left(\frac{到期本息和 - 买入价格}{买入价格 \times 剩余年限}\right) \times 100\% \quad (6-9)$$

$$债券持有期间的收益率 = \left(\frac{卖出价格 - 发行价格 + 持有期间的利息}{买入价格 \times 持有年限}\right) \times 100\% \quad (6-10)$$

【例 6-5】 某人于 20×5 年 1 月 1 日以 102 元的价格购买了一张面值为 100 元、利率为 10%、每年 1 月 1 日支付一次利息、20×1 年发行的 5 年期国库券,并持有到 20×6 年 1 月 1 日到期。请问债券购买者和债券出售者各自的收益率是多少?

解 债券购买者的收益率 $= \left[\dfrac{(100 + 100 \times 10\% - 102)}{102 \times 1}\right] \times 100\% = 7.8\%$

债券出售者的收益率 $= \left(\dfrac{102 - 100 + 100 \times 10\% \times 4}{100 \times 4}\right) \times 100\% = 10.5\%$

以上计算公式没有考虑到把获得的利息进行再投资的因素。如果把所获利息的再投资收益计入债券收益,据此计算出来的收益率即为复利收益率,可以参照第七章中介绍的内含报酬率法计算。

6.3.4 债券投资的特点

1. 债券投资的优点

(1) 本金安全性高。由于债券发行时就约定了到期后可以支付本金和利息,故其收益稳定、本金安全性高。特别是对于国债来说,其本金及利息的给付是由政府作担保的,几乎没有什么风险,是具有较高安全性的一种投资方式。

(2) 收益稳定性强,高于银行存款。在我国,债券的利率高于银行存款的利率。投资于债券,投资者一方面可以获得稳定的、高于银行存款的利息收入,另一方面可以利用债券价格的变动买卖债券,赚取价差。

(3) 市场流动性好。上市债券具有较好的流动性。当债券持有人急需资金时,可以在交易市场随时卖出,而且随着金融市场的进一步开放,债券的流动性将会不断加强。因此,债券作为投资工具,最适合想获取固定收入的、投资目标属于中长期的投资者。

2. 债券投资的缺点

(1) 实际收益率受外部影响较大。利率上扬时,债券价格会下跌,对抗通货膨胀的能力较差。债券投资本金的安全性视发行机构的信用而定,获利则受利率风险的影响,有时还会受通货膨胀风险的威胁。

(2) 投资者没有经营管理权。债券投资者与被投资者是债权与债务的关系,除按约定取得债券利息和本金外,对被投资者没有经营管理权。

6.4 证券投资组合

6.4.1 证券投资组合的意义

证券投资组合是投资者对各种证券进行一定的选择而形成的相对固定的若干个投资品种,以达到在一定的约束下,实现投资收益最大化的基本目标。这种组合并非是若干证券简单随意的拼凑,它应体现出投资者的意愿和所受的约束,是经过精心选择和科学搭配的,并可随时调整,使其不偏离投资者的预定目标,也就是在投资收益与风险的权衡中作出的最佳组合,希望达到投资本金安全、投资收入相对稳定并逐步实现资本增值的一个综合目标。

6.4.2 证券投资组合的风险与收益

1. 证券投资组合的风险分散效应

投资组合理论认为,若干种证券组成的投资组合,其收益是这些证券收益的加权平均数,但是其风险不是这些证券风险的加权平均风险,投资组合能降低风险。

这里的"证券"是"资产"的代名词,它可以是任何产生现金流的东西,例如一项生产性实物资产、一条生产线或者一个企业。

【例6-6】 假设投资100万元,A和B各占50%。如果A和B完全负相关,即一个变量的增加值永远等于另一个变量的减少值,组合的风险被全部抵消,如表6-1所示。如果A和B完全正相关,即一个变量的增加值永远等于另一个变量的增加值,组合的风险不减少也不扩大,如表6-2所示。

表6-1 完全负相关的证券投资组合数据

方案	A		B		组合	
年度	收益	报酬率	收益	报酬率	收益	报酬率
20×1	20	40%	−5	−10%	15	15%
20×2	−5	−10%	20	40%	15	15%
20×3	17.5	35%	−2.5	−5%	15	15%
20×4	−2.5	−5%	17.5	35%	15	15%
20×5	7.5	15%	7.5	15%	15	15%
平均数	7.5	15%	7.5	15%	15	15%
标准差		20.2%		20.2%		0

表6-2 完全正相关的证券投资组合数据

方案	A		B		组合	
年度	收益	报酬率	收益	报酬率	收益	报酬率
20×1	20	40%	20	40%	40	40%
20×2	−5	−10%	−5	−10%	−10	−10%
20×3	17.5	35%	17.5	35%	35	35%
20×4	−2.5	−5%	−2.5	−5%	−5	−5%
20×5	7.5	15%	7.5	15%	15	15%
平均数	7.5	15%	7.5	15%	15	15%
标准差		20.2%		20.2%		20.2%

各种证券之间通常不太可能完全正相关或完全负相关,所以证券投资组合可以降低风险,但又不能完全消除风险。一般而言,证券的种类越多,风险分散效应越大,证券投资组合的风险越小。

以上我们看到的是两种证券不同组合时的风险分散效应,如果将市场上的所有证券(或资产)纳入到投资组合中来,其风险分散效应如图6-1所示。

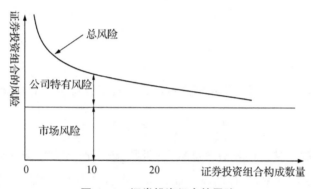

图6-1 证券投资组合的风险

承担风险会从市场上得到回报,回报大小仅仅取决于系统风险。这就是说,一项资产的期望报酬率高低取决于该资产的市场风险大小。

2. 证券投资组合的风险与 β 系数

(1)非系统风险。非系统风险又叫作可分散风险或者公司特别风险,是某一因素或事件只会对特定的证券带来价格波动或者对某一投资者带来收益不确定影响的可能性。投资者对非系统风险应尽可能消除。

(2)系统风险。系统风险又叫作不可分散风险或者市场风险,是某一种因素对市场上所有证券都会带来价格波动或者对所有投资者带来收益不确定影响的可能性。投资者对系统风险无法消除,但可回避。单项资产或资产组合受系统风险影响的程度可以通过 β 系数来衡量。

β 系数又可称为系统风险系数,是美国经济学家威廉·夏普提出的风险衡量指标。β 系数是个相对指标,反映证券组合波动性与市场波动性的比例,揭示单项资产(或证券组合,下同)收益率与市场平均收益率之间的变动关系。在一般情况下,将某个具有一定权威性的股指作为测量股票 β 系数的基准,也称为市场组合。如果基准为 1.0,而 β 系数为 1.1,即表明该股票的波动性要比市场大盘高 10%;同理,如 β 系数为 0.95,则说明该股票的波动性弱于市场大盘。β 系数可较方便准确地反映投资收益与风险之间的关系。系统风险系数的计算公式如下:

$$\beta_i = \frac{\text{Cov}(R_i, R_m)}{\sigma_m^2} = \frac{\rho_{i,m}\sigma_i\sigma_m}{\sigma_m^2} = \rho_{i,m}\frac{\sigma_i}{\sigma_m} \tag{6-11}$$

式中,$\rho_{i,m}$ 为第 i 项资产收益率与市场组合收益率的相关系数;σ_i 为第 i 项资产收益率的标准差,表示该资产的风险大小;σ_m 为市场组合收益率的标准差,表示市场组合的风险大小;$\text{Cov}(R_i, R_m)$ 为第 i 项资产收益率与市场组合收益率的协方差,等于三个指标的乘积 $\rho_{i,m}\sigma_i\sigma_m$。

证券投资组合的 β 系数是该证券投资组合中各单项资产 β 系数的加权平均数,如下所示:

$$\beta_p = \sum_{i=1}^{n} W_i \beta_i \tag{6-12}$$

式中,W_i 为证券投资组合中每一单项资产占证券投资组合总价值的百分比:

$$W_1 + W_2 + W_3 + \cdots + W_n = \sum_{i=1}^{n} W_i = 1.0$$

β 系数越大的资产,其预期收益率也越大;否则,该资产就会增加证券投资组合的风险,却不能同比增长预期收益率,这样的市场证券组合也就算不上是最佳的市场风险投资组合。所以只要从中剔除这种不起积极作用的证券,就可使该组合的预期收益率相对于它的风险度而增加。因此可以说 β 系数与预期收益率是一种正相关关系,也可以说,无风险证券的 β 系数等于零。证券投资组合相对于自身的 β 系数就是 1。

证券与证券投资组合的 β 系数衡量的是相对于某一特定证券投资组合——市场证券组合,证券与证券投资组合收益的波动性。个别公司因经营亏损发生股价剧烈波动的情况不应在 β 系数的衡量范围内。β 系数衡量的风险属于系统风险,即无法通过投资分散化予以消除,而非系统风险是由单个证券的收益波动来决定的,可通过投资分散化来消除。人们只需知道某种证券过去一系列的收益数据以及作为参照物的特定证券投资组合,即市场证券组合在相应年份的变动数据,就可得出该证券的 β 系数,而证券投资组合的 β 系数就是该组合中各证券 β 系数的加权平均数。$\beta > 1$,表示该项投资风险大于整个市均风险;$\beta < 1$,表示该项投资风险小于整个市均风险;$\beta = 1$,表示该项投资风险等于整个市均风险。

【例 6-7】 某投资人持有共 100 万元的 3 种股票,其中 A 股票 30 万元、B 股票 30 万元、C 股票 40 万元，β 系数均为 1.5，则综合 β 系数为：

$\beta(ABC) = 30\% \times 1.5 + 30\% \times 1.5 + 40\% \times 1.5 = 1.5$

若他将其中的 C 股票出售并买进同样金额的 D 股票，D 的 β 系数为 0.1，则：

$\beta(ABD) = 30\% \times 1.5 + 30\% \times 1.5 + 40\% \times 0.1 = 0.94$

可见，构成组合的单个证券的 β 系数减小，则组合的综合 β 系数降低，使组合的风险减小；反之，则风险增大。投资者可以据此选择自己能接受的风险水平。但是，降低风险的同时，收益率也会降低。

3. 证券投资组合的预期收益率

假如有两种股票，每种股票的预期收益率都是 10%，且持股比例相等，均为 50%，则由这两种股票构成的投资组合的预期收益率也肯定等于 10%。这一结果意味着你不会因为投资某种股票数量的多少而减少投资组合的预期收益率，即投资组合的预期收益率是构成投资组合的各个证券的预期收益率的简单加权平均数，如下所示：

$$R = W_1 \cdot R_1 + W_2 \cdot R_2 + \cdots + W_n \cdot R_n = \sum_{i=1}^{n} W_i \cdot R_i \qquad (6-13)$$

式中，R_i 为单个证券的预期收益率；W_i 为单个证券在投资组合中投资价值的比重；n 为投资组合中证券的种类。

假设 A、B、C、D 四种证券的预期收益率分别为 $R_1 = 18\%$、$R_2 = 15\%$、$R_3 = 20\%$、$R_4 = 13\%$，投资组合中各证券的比重见例 6-7，则两种投资组合的预期收益率分别为：

$R(ABC) = 18\% \times 30\% + 15\% \times 30\% + 20\% \times 40\% = 17.9\%$

$R(ABD) = 18\% \times 30\% + 15\% \times 30\% + 13\% \times 40\% = 15.1\%$

如果该投资组合的预期收益率高于投资者要求的收益率，则该组合可行，否则应进行调整。

投资者可以优先选择低风险方案，如 ABD 组合，但只能得到 15.1% 的预期收益率；投资者也可以优先选择高预期收益率方案，如 ABC 组合，可以得到 17.9% 的预期收益率，但必须承担较高的风险。投资者确定了风险水平后，可通过选择证券种类，优化证券投资组合，在不提高风险的条件下使预期收益率最高。或者在确定预期收益率之后，优化证券投资组合，使风险降至最低。

4. 证券投资组合风险的测定

风险是指投资者投资于某种证券的不确定性，即指遭受损失的可能性。实际发生的收益率与预期收益率的偏差越大，投资于该证券的风险也就越大。

（1）双证券投资组合风险的测定

双证券投资组合的风险不能简单地等于单个证券的风险以投资比重为权数的加权平均数，因为两种证券的风险具有相互抵消的可能性。这就需要引进协方差和相关系数的概念。

① 协方差。协方差是表示两个随机变量之间关系的变量，它是用来确定证券投资组合收益率方差的一个关键性指标。若以 A、B 两种证券的投资组合为例，则其协方差为：

$$\text{Cov}(R_A, R_B) = \frac{1}{n}\sum_{i=1}^{n}[R_{Ai} - E(R_A)][R_{Bi} - E(R_B)] \qquad (6-14)$$

式中，R_A 为证券 A 的收益率；R_B 为证券 B 的收益率；$E(R_A)$ 为证券 A 的收益率的期望值；$E(R_B)$ 为证券 B 的收益率的期望值；n 为证券种类数；$\text{Cov}(R_A, R_B)$ 为 A、B 两种证券收益率的协方差。

② 相关系数。相关系数也是表示两种证券的收益变动的相互关系的指标。它是协方差的标准化，其公式为：

$$\rho_{AB} = \frac{\text{Cov}(R_A, R_B)}{\sigma_A \sigma_B} \times 100\% \qquad (6-15)$$

其中，$\text{Cov}(R_A, R_B) = \rho_{AB}\sigma_A\sigma_B$。相关系数 ρ_{AB} 的取值范围介于 -1 与 $+1$ 之间：当取值为 -1 时，表示证券 A 和 B 的收益变动完全负相关；当取值为 $+1$ 时，表示证券 A 和 B 的收益变动完全正相关；当取值为 0 时，表示证券 A 和 B 的收益变动完全不相关；当 $0 < \rho_{AB} < 1$ 时，表示证券 A 和 B 的收益变动正相关；当 $-1 < \rho_{AB} < 0$ 时，表示证券 A 和 B 的收益变动负相关。

③ 双证券投资组合的标准差。计算公式如下所示：

$$\sigma_P^2 = W_A^2 \sigma_A^2 + W_B^2 \sigma_B^2 + 2W_A W_B \rho_{AB} \sigma_A \sigma_B \qquad (6-16)$$

因此，影响证券投资组合风险的因素主要是组合中每种证券所占的比重、证券收益率的相关性和每种证券的标准差。

(3) 多证券投资组合风险的测定

多证券投资组合风险测定的基本原理同双证券投资组合的一样，可用如下公式来表示：

$$\sigma_P^2 = \sum_{i=1}^{n}\sum_{j=1}^{n} W_i W_j \text{Cov}_{ij} \qquad (6-17)$$

式中，$W_i W_j$ 为第 i 种、第 j 种证券在证券投资组合中所占的比重；Cov_{ij} 为第 i 种证券和第 j 种证券的协方差；ρ_{ij} 为第 i 种证券和第 j 种证券的相关系数。

随着投资组合中证券数目的增加，在决定组合方差时，协方差的作用越来越大，而方差的作用越来越小，这一点可以通过考察方差-协方差矩阵得知。在一个由两种证券组成的投资组合中，有两个加权方差和两个加权协方差；随着组合中证券数目的增加，任意两种证券间的协方差在式(6-17)中出现的个数将快速增加，其对总方差的影响越来越大于各证券方差对总方差的影响，因此，对于一个大的投资组合，总方差主要取决于任意两种证券间的协方差，若一个投资组合进一步扩大到包括所有的证券，则协方差几乎就成了投资组合标准差的决定性因素。

6.4.3 证券投资组合的可行集与有效边界

1. 证券投资组合的可行集

证券投资组合的可行集又称可行域(feasible set),是指一组证券的所有可能(行)组合的集合。在由多个证券组成的证券投资组合中,如果选定了每种证券的投资比例,就确定了一个证券投资组合,进而可以计算这个组合的预期收益率和标准差。从几何角度来说,这就可以在以标准差 σ_p 为横坐标、预期收益率 $E(R_P)$ 为纵坐标确定的 $E(R_P)$-σ_p 坐标系中确定一个点。如果改变投资比例产生另一个证券投资组合,其组合的预期收益率和标准差也为 $E(R_P)$-σ_p 坐标系中的一个点。因而,每个证券投资组合都对应于 $E(R_P)$-σ_p 坐标系中的一个点;反过来,$E(R_P)$-σ_p 坐标系中的某个点有可能反映一个特定的证券投资组合,如图6-2所示。

如果投资者选择了全部的可以选择的投资比例,那么每个证券投资组合在 $E(R_P)$-σ_p 坐标系中的点将组成 $E(R_P)$-σ_p 坐标系中的一个区域,这个区域就是可行域。可行域中的点所对应的组合才是有可能实现的证券投资组合,可行域之外的点是不可能实现的证券投资组合。

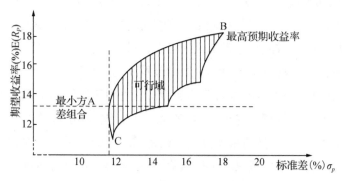

图6-2 证券投资组合的可行域

2. 证券投资组合的有效边界

给定风险水平下具有最高预期收益率的组合被称为有效组合,有效集或有效边界是指所有有效组合的结合。投资者在证券投资组合的选择上遵循下述规则:

① 如果两种证券投资组合具有相同的收益率标准差和不同的预期收益率,那么投资者选择预期收益率高的一种组合。

② 如果两种证券投资组合具有相同的预期收益率和不同的收益率标准差,那么就选择标准差较小的那种组合。

③ 如果一种证券投资组合比另一种证券投资组合具有较小的标准差和较高的预期收益率,则选择前一种组合。

对于这些选择规则,我们称之为投资者的共同偏好规则。

在图 6-2 中,可行域的左端点 A(垂直于横轴的切线切点)将可行域分为上下两部分,可行域中任何一点都一定比上部分边缘曲线 AB 上的点"坏",同时,一定比下部分边缘曲线 AC 上的点"好"。上部分边缘上的点对应的各种投资组合不仅在同等收益水平下风险最小,还满足同等风险水平下收益最高的条件,是理性投资者的理想选择。这些"好"的资产组合在可行域的图形中组成了可行域的左上方的边界,我们称之为有效边界曲线 AB,又称为有效组合。对于可行域内部及下边缘上的任意组合,均可以在有效边界上找到一个有效组合比它好。但对于有效边界上的不同组合,按共同偏好规则,不能区分好坏。因而有效组合相当于有可能被某位投资者选作最佳组合的候选组合,不同投资者可以在有效边界上获得任何位置。

6.4.4 资本资产定价模型

1. 假设及模型

资本资产定价模型(Capital Asset Pricing Model,CAPM)是由美国学者夏普(William Sharpe)、林特纳(John Lintner)和莫辛(Jan Mossin)等人在资产组合理论的基础上发展起来的,是现代金融市场价格理论的支柱,广泛应用于投资决策和公司理财领域。CAPM 主要研究证券市场中资产的预期收益率与风险之间的关系,以及均衡价格是怎样形成的。该模型认为,只有系统风险才需要补偿,非系统风险可以通过资产组合分散掉。

资本资产定价模型是财务学形成和发展中最重要的里程碑。它第一次使人们可以量化市场的风险程度,并且能够对风险进行具体定价。它可用于回答如下不容回避的问题:为了补偿某一特定程度的风险,投资者应该获得多大的收益率?在前面的讨论中,我们将风险定义为期望收益率的不确定性,然后根据投资理论将风险区分为系统风险和公司特有风险,知道了在高度分散化的资本市场里只有市场风险,并且会得到相应的回报。

资本资产定价模型建立在以下基本假设的基础上:

① 所有投资者均追求单期财富的期望效用最大化,并以各备选组合的预期收益率和标准差为基础进行组合选择。

② 所有投资者均可以无风险利率无限制地借入或贷出资金。

③ 所有投资者拥有同样预期,即对所有资产收益的均值、方差和协方差等,投资者均有完全相同的主观估计。

④ 所有的资产均可被完全细分,拥有充分的流动性且没有交易成本。

⑤ 投资者无须纳税。

⑥ 所有投资者均为价格接受者,即任何一个投资者的买卖行为都不会对股票价格产生影响。

⑦ 所有资产的数量是给定的和固定不变的。

基于以上假设，资本资产定价模型表述如下：

$$R = R_f + \beta \times (R_m - R_f) \tag{6-18}$$

式中，R 为证券或证券投资组合的必要收益率；R_f 为无风险收益率；R_m 为整个市场的平均收益率；β 为证券或证券投资组合的 β 系数；$(R_m - R_f)$ 是市场风险溢价，反映的是市场作为整体对风险的平均容忍度，对风险的平均容忍度越低，越厌恶风险，要求的收益率就越高，市场风险溢价就越大；反之，市场风险溢价则越小。

式(6-18)右边第一项——无风险收益率，一般取相同期限的国债利率水平。如果股票投资者需要承受额外风险，那么他将需要在无风险收益率的基础上多获得相应的溢价。股票市场溢价也就是上文所称的市场风险溢价，是市场预期收益率减去无风险收益率后的差。证券风险溢价就是股票市场溢价和 β 系数的乘积。

【例6-8】 大华公司持有 X、Y、Z 三种股票构成的证券投资组合，其 β 系数分别是 1.5、1.7、1.9，在证券投资组合中所占比重分别为 30%、40%、30%，股票的市场平均收益率为 9%，无风险收益率为 7%。要求：

(1) 计算该证券投资组合的 β 系数。
(2) 计算该证券投资组合的风险收益率。
(3) 计算该证券投资组合的必要投资收益率。

解 根据以上资料分析计算如下：

(1) $\beta_p = 1.5 \times 30\% + 1.7 \times 40\% + 1.9 \times 30\% = 0.45 + 0.68 + 0.57 = 1.7$

(2) $R_r = 1.7 \times (9\% - 7\%) = 3.4\%$

(3) $R_p = 7\% + 3.4\% = 10.4\%$

作为基于风险资产预期收益均衡基础上的预测模型之一，CAPM 阐述了在投资者都采用马科维茨的理论进行投资管理的条件下市场均衡状态的形成，把资产的预期收益与预期风险之间的理论关系用一个简单的线性关系表达出来了，即认为一个资产的预期收益率与衡量该资产风险的一个尺度——β 系数之间存在正相关关系。应该说，作为一种阐述风险资产均衡价格决定的理论，单一指数模型或以之为基础的 CAPM 不仅大大简化了投资组合选择的运算过程，使马科维茨的投资组合选择理论朝现实世界的应用迈进了一大步，而且也使得证券理论从以往的定性分析转入定量分析，从规范性转入实证性，进而对证券投资的理论研究和实际操作，甚至整个金融理论与实践的发展都产生了巨大影响，成为现代金融学的理论基础。

由于 CAPM 的假设条件比较多，因此许多研究者对这些假设逐渐放开，并在新的基础上进行研究，取得了一定的突破与发展，各种理论、争议和经验证明不断涌现。尽管 CAPM 存在许多问题和疑问，但多年来，CAPM 经过了大量经验上的证明，以其科学的简单性、逻辑的合理性赢得了人们的支持，尤其是 β 概念，各种实证研究验证了 β 概念的科学性及适用性。

2. 证券市场线

CAPM 通常可以用图形来表示,该图形就叫作证券市场线(简写为 SML)。证券市场线用于说明必要收益率 R 与不可分散风险 β 系数之间的关系,如图 6-3 所示。

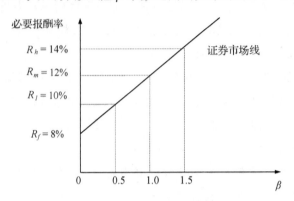

图 6-3 β 系数与必要报酬率的关系

证券市场线的主要含义如下:

① 纵轴为要求的收益率,横轴则是以 β 系数表示的风险。

② 无风险证券的 β 系数为 0,故 R_f 成为证券市场线在纵轴的截距。

③ 证券市场线的斜率表示经济系统中对风险的厌恶感程度。一般地说,投资者对风险的厌恶感越强,证券市场线的斜率越大,则对风险资产所要求的风险补偿越大,对风险资产的必要收益率越高。

④ 在 β 系数分别为 0.5、1.0 和 1.5 的情况下,必要收益率由最低的 $R_l=10\%$ 到市场平均的 $R_m=12\%$,再到最高的 $R_h=14\%$。β 系数越大,必要收益率越高。

从证券市场线可以看出,投资者要求的收益率不仅仅取决于市场风险,还取决于无风险利率(证券市场线的截距)和市场风险补偿程度(证券市场线的斜率)。由于这些因素始终处于变动之中,所以证券市场线也不会一成不变。预计通货膨胀提高时,无风险利率会随之提高,进而导致证券市场线的向上平移。风险厌恶感的加强会增加证券市场线的斜率。

证券市场线适用于单个证券和证券投资组合(不论它是否已经有效地分散了风险),它测度的是证券(或证券投资组合)每单位市场风险(β 系数)的超额收益。

6.4.5 证券投资组合策略与方法

1. 证券投资组合策略

在证券投资组合理论的发展过程中,形成了各种各样的派别,从而也形成了不同的组合策略,现介绍其中最常见的三种。

(1)保守型策略。这种策略认为,最佳证券投资组合要尽量模拟市场现状,将尽可能多的证券包括进来,以便分散掉全部可分散风险,得到市场所有证券的平均收益。这种投资组合的好处是能分散掉全部可分散风险;不需要高深的证券投资专业知识;证券投资的管理费比较低。但这种投资组合获得的收益不会高于证券市场上所有证券的平均收益。因此,此种策略属于收益不高,风险不大的策略,故称之为保守型策略。

(2) 冒险型策略。这种策略认为,与市场完全一样的投资组合不是最佳组合,只要投资组合做得好,就能击败市场或超越市场,取得远远高于平均水平的收益。在这种投资组合中,一些成长型的股票比较多,而那些低风险、低收益的证券不多。另外,这种投资组合的随意性强,变动频繁。采用这种策略的人都认为,收益就在眼前,何必死守苦等。对于追随市场的保守派,他们是不屑一顾的。这种策略收益高,风险大,因此称之为冒险型策略。

(3) 适中型策略。这种策略认为,证券的价格,特别是股票的价格,是由特定企业的经营业绩来决定的,市场上股票价格的一时沉浮并不重要,只要企业经营业绩好,股票一定会升到其本来的价值水平。采用这种策略的人,一般都善于对证券进行分析。适中型策略如果做得好,可获得较高的收益,又不会承担太大风险。但采取这种投资组合的人必须具备丰富的投资经验,拥有进行证券投资的各种专业知识。这种投资策略风险不太大,收益却比较高,所以是一种最常见的投资组合策略。各种金融机构、投资基金和企事业单位在进行证券投资时一般都采用此种策略。

2. 证券投资组合方法

进行证券投资组合的方法有很多,但最常见的方法通常有以下三种。

(1) 选择足够数量的证券进行组合。这是一种最简单的证券投资组合方法。在采用这种方法时,不是进行有目的的组合,而是随机选择证券,随着证券数量的增加,可分散风险会逐步减少,当证券数量足够时,大部分可分散风险都能分散掉。为了有效地分散风险,每个投资者拥有股票的数量最好不少于14种。

(2) 把风险大、风险中等、风险小的证券放在一起进行组合。这种组合方法又称1/3法,是指把全部资金的1/3投资于风险大的证券,1/3投资于风险中等的证券,1/3投资于风险小的证券。一般而言,风险大的证券对经济形势的变化比较敏感,当经济处于繁荣期,风险大的证券获得高额收益,但当经济衰退时,风险大的证券却会遭受巨额损失;相反,风险小的证券对经济形势的变化则不十分敏感,一般都能获得稳定收益,而不致遭受损失。因此,这种1/3投资组合法是一种进可攻、退可守的组合法,虽不会获得太高的收益,但也不会承担巨大风险,是一种常见的组合方法。

(3) 把投资收益呈负相关的证券放在一起进行组合。一种证券的收益上升而另一种证券的收益下降的两种证券称为负相关证券。把收益呈负相关的证券组合在一起能有效地分散风险。

6.5 Excel 在证券组合投资决策中的应用

6.5.1 股票估价

1. 主要 Excel 技术

（1）NPV 函数：用于计算一定贴现率以及一系列未来支出（负值）和收益（正值）的净现值。函数格式为 NPV(rate,value1,value2,…)，其中 rate 为利率，value 为支出或收益的值。

（2）If 函数：可以对估算值和期待值进行逻辑比较。函数格式为 If(logic,true,false)，其中 logic 为逻辑表达式，该表达式为真返回 true，否则返回 false。

2. 应用举例

某公司目前的股利为 0.8 元/股。预计未来 5 年的股利增长率为 20%，在第 5 年结束后股利增长率恢复到正常增长率即 5% 的水平。若投资者的预期报酬率为 10%，计算该股票的价值。若该股票的现时价格为 28.5 元，判断该股票是否具有投资价值。

第一步：建立 Excel 工作表并输入基本数据，如图 6-4 所示。

	A	B	C	D	E	F
1		股票价值静态估算表				
2		已知数据				
3	目前的股利（元/股）	0.8				
4	第一阶段的年数（年）	5				
5	第一阶段股利增长率	20%				
6	第二阶段股利增长率	5%				
7	投资者的期望报酬率	10%				
8	股票现时价格（元）	28.5				
9		计算过程及结果				
10	第一阶段的年份	1	2	3	4	5
11	每股股利（元）					
12	第五年末固定增长股的价值（元/股）		—	—	—	—
13	股票价值（元）		—	—	—	—
14	股票投资价值判断		—	—	—	—

图 6-4 股票估价数据区域

第二步：在需要计算的单元格中输入公式如表 6-3 所示。

表 6-3 单元格中输入的公式

单元格	公式
B11	=＄B＄3*(1+C5)^B10
B12	=F11*(1+B6)/(B7－B6)
B13	=NPV(7,B11:F11)+B12/(1+B7)^B4
B14	=IF(B8<B13,"具有投资价值","无投资价值")

第三步：利用填充功能计算 C11:F11 单元格区域的值，结果如图 6-5 所示。

股票价值静态估算表					
已知数据					
目前的股利（元/股）	0.8				
第一阶段的年数（年）	5				
第一阶段股利增长率	20%				
第二阶段股利增长率	5%				
投资者的期望报酬率	10%				
股票现时价格（元）	28.5				
计算过程及结果					
第一阶段的年份	1	2	3	4	5
每股股利（元）	0.96	1.15	1.38	1.66	1.99
第五年末固定增长股的价值（元/股）	41.8	—	—	—	—
股票价值（元）	31.19	—	—	—	—
股票投资价值判断	具有投资价值	—	—	—	—

图 6-5　股票估价结果

6.5.2　债券估价

1. 主要 Excel 技术

利用 PV 函数计算债券的价格，利用 IF 函数进行逻辑判断。

2. 应用举例

2010 年 7 月 20 日市场上债券 A 的价格为 966.46 元。已知该债券面值 1 000 元，票面利率为 7%，到期日为 2015 年 8 月 1 日，每年付息一次。若贴现率为 10%，在 Excel 中分别用现金流量法和 PV 函数计算债券 A 的价值，并判断债券 A 是否具有投资价值。

第一步：建立 Excel 工作表并输入基本数据，如图 6-6 所示。

	A	B	C	D	E	F
1	债券价值计算					
2	债券面值（元）	1000				
3	票面年利率	7%				
4	贴现率	10%				
5	期限（年）	5				
6	债券的市场价格（元）	966.46				
7	每期利息（元）					
8	1.用现金流量计算					
9	期数	1	2	3	4	5
10	现金流量（元）					
11	现金流量现值（元）					
12	计算的债券价格（元）					
13	债券投资价值判断					
14	2.用PV函数计算					
15	计算的债券价格（元）					
16	债券投资价值判断					

图 6-6　债券估价数据区域

第二步：计算每期利息，每期利息＝债券面值×票面利率。

第三步：将每期利息及最后到期本金的值填入各期现金流量的相应单元格，同时利用现值公式计算各期现金流量的现值。在 B12 单元格中用 Excel 的 SUM 函数计算债券价格，并用 IF 函数判断该债券是否有投资价值。

第四步：在 B15 单元格中利用 Excel 的 PV 函数计算债券的价格，并判断债券是否具有投资价值。

根据上述计算思路，需填入各单元格的公式如表 6-4 所示。

表 6-4 单元格中输入的公式

单元格	公　式
B7	＝B2＊B3
B10	＝＄B＄7
B11	＝B10/(1＋＄B＄4)^B9
B12	＝SUM(B11:F11)
B13	＝IF(B6<=B12,"有投资价值","无投资价值")
B15	＝－PV(B4,B5,B7,B2)
B6	＝IF(B6<=B15,"有投资价值","无投资价值")

第五步：利用填充功能计算 C10:F11 单元格区域的值，计算结果如图 6-7 所示。

	A	B	C	D	E	F
1		债券价值计算				
2	债券面值（元）	1000				
3	票面年利率	7%				
4	贴现率	10%				
5	期限（年）	5				
6	债券的市场价格（元）	966.46				
7	每期利息（元）	70				
8	1.用现金流量计算					
9	期数	1	2	3	4	5
10	现金流量（元）	70	70	70	70	1070
11	现金流量现值（元）	63.64	57.85	52.59	47.81	664.39
12	计算的债券价格（元）	886.28				
13	债券投资价值判断	无投资价值				
14	2.用PV函数计算					
15	计算的债券价格（元）	886.28				
16	债券投资价值判断	无投资价值				

图 6-7 债券估价结果

【本章小结】

1. 证券投资是指投资者（法人或自然人）通过买卖股票、债券、基金券等有价证券以及这些有价证券的衍生品，以获取差价、利息及资本利得的投资行为和投资过程，是间接投资的重要形式。证券投资具有收益性、风险性和时间性特征。

2. 股票持有者即为该公司的股东，对该公司财产有要求权。股票的内在价值就是股票带给持有者的未来现金流入的现值。股票估价模型分短期持有、长期持有等几种不同情况而异。股票收益即股票投资收益,是指企业或个人以购买股票的形式对外投资取得的股利,转让、出售股票取得款项高于股票账面实际成本的差额,股权投资在被投资单位增加的净资产中所拥有的数额等。股票投资具有收益高、降低购买力损失、流动性强、能达到控制股份公司目的等优点,但股票投资具有风险较大,股票价格不稳定、收益不稳定、普通股对公司资产和盈利的求偿权均居最后等缺点。

3. 债券投资可以获取固定的利息收入,也可以在市场买卖中赚差价。债券估价的基本原理是未来各年现金净流量的现值之和。债券收益率是债券收益与其投入本金的比率,通常用年利率表示。由于债券持有人可能在债务偿还期内转让债券,因此债券的收益率还可以分为债券出售者的收益率、债券购买者的收益率和债券持有期间的收益率。债券投资有本金安全性高、收益稳定、市场流动性好等优点,但其实际收益率受外部金融环境的影响较大,且投资者没有经营管理权。

4. 证券投资组合理论主要论述每项资产的风险与收益和其他资产的风险与收益间的相互关系,以及投资者应如何合理地选择自己的最佳证券投资组合,以获得投资收益与风险的最佳组合。有效地构建投资组合可以实现降低风险、保证收益的目的。证券投资组合的市场风险可以用 β 系数表示,证券投资组合的预期收益率等于构成组合的各个证券的预期收益率的简单加权平均数。

5. 投资组合中资产收益之间完全不相关时投资组合可以大大降低风险;投资组合中两种证券的收益完全正相关,则组合的收益和风险是两种证券的收益和风险的加权平均数,故无法通过组合来使得投资组合的风险比组合中风险最小的证券的风险还低;投资组合中两种证券的收益变化完全是相反的,可以大大降低风险并且可以完全回避风险。投资组合中两种证券的收益变化的相关系数在 0~1 之间表示正相关,可以在一定程度上降低组合风险;相关系数在 −1~0 之间表示负相关,也可以在一定程度上降低组合风险,降低的幅度比在 0~1 之间的幅度大,但是比完全负相关的幅度小。

6. 资本资产定价模型使人们可以量化市场的风险程度,并且能够对风险进行具体定价。其阐述了在投资者都采用马科维茨的理论进行投资管理的条件下市场均衡状态的形成,把资产的预期收益与预期风险之间的理论关系用一个简单的线性关系表达出来,即认为一个资产的预期收益率与衡量该资产风险的一个尺度——β 系数之间存在正相关关系。

7. 证券投资组合策略有保守型策略、冒险型策略和适中型策略三种。证券投资组合可以采用增加证券种类,组合风险大、中、小的证券,组合投资收益负相关的证券等方法进行。

8. 应用 Excel 的相关函数可以进行证券投资的估价和衡量。

【案例分析】

股神巴菲特传奇:两万倍的成长

如果你在 1956 年把 1 万美元交给沃伦·爱德华·巴菲特(Warren Edward Buffett),它今天就变成了大约 2.7 亿美元。这仅仅是税后收入！但是，伯克希尔公司（Berkshire）股东们的投资绝不是一帆风顺的。在 1973 年至 1974 年的经济衰退期间，公司受到了严重打击，它的股票价格从每股 90 美元跌至每股 40 美元。在 1987 年的股灾中，股票价格从每股大约 4000 美元跌至 3000 美元。在 1990 年至 1991 年的海湾战争期间，它再次遭到重创，股票价格从每股 8 900 美元急剧跌至 5 500 美元。在 1998 年至 2000 年期间，伯克希尔公司宣布收购通用再保险公司（General Re）之后，它的股价也从 1998 年中期的每股大约 80 000 美元跌至 2000 年初的 40 800 美元。

不过，别忘了，自从巴菲特在 20 世纪 60 年代廉价收购这家濒临破产的纺织厂以来，伯克希尔公司发生了质的变化。当时，伯克希尔公司只是一个"抽剩的雪茄烟头"，巴菲特把一个价格极其低廉的投资称作"剩一口烟"。今天，按照标准会计股东权益（净资产）来衡量，伯克希尔公司是世界上最大的上市公司之一。在美国，伯克希尔公司的净资产排名第五，位居美国在线-时代华纳、花旗集团、埃克森-美孚石油公司和维亚康姆公司之后。

如果在 1956 年，你的祖父母给你 10 000 美元，并要求你和巴菲特共同投资，如果你非常走运或者说很有远见，你的资金就会获得 27 000 多倍的惊人回报，而同期的道琼斯工业平均指数仅仅上升了大约 11 倍。再说，道琼斯指数是一个税前数值，因而它是一个虚涨的数值。如果伯克希尔的股票价格为 7.5 万美元，在扣除各种费用，缴纳各项税款之后，起初投资的 1 万美元就会迅速变为 2.7 亿美元，其中有一部分费用发生在最初的合伙企业里。在扣除所有的费用和税款之前，起初投资的 1 万美元就会迅猛增至 3 亿多美元！无怪乎有些人把伯克希尔股票称为"人们拼命想要得到的一件礼物"。

如果你姗姗来迟，直到巴菲特 1965 年收购伯克希尔公司时才开始投资，那么你所投资的 10 000 美元现在就变成了 6 000 多万美元。如果你把 10 000 美元投资于标普 500 指数，它的价值现在约为 50 万美元。顺便说一句，能够战胜标普 500 指数的投资者极少。标普 500 指数"在截至 1997 年 12 月 31 日的 16 年里表现优于 91％的股票共同基金"。

还有一件事在此提一下，特威迪-布朗的传统型基金管理公司是价值投资之父本杰明·格雷厄姆（Benjamin Graham）的早期证券经纪人之一，格雷厄姆在哥伦比亚大学培育和塑造了巴菲特。公司执行董事克里斯·布朗的父亲确实担任过巴菲特的早期顾问。

克里斯·布朗不无遗憾地说，作为巴菲特的财务顾问，职业道德不允许他投资于伯克希尔公司。糟糕的是，他父亲在 1970 年 9 月将价值 1000 美元的伯克希尔股票作为结婚礼物送给他的弟弟，伯克希尔当时的股票价格约为 40 美元。遗憾的是，他的弟弟卖掉这些股票以支付其结婚费用。克里斯·布朗说："他这样做只是为了度蜜月，并非全为办喜事。"年轻的弟弟讲排场、摆阔气，挥霍掉现在约合 150 万美元的钱财。布朗只得辩解说"这都是 30 年以前发生的事情"。然而，这可是一次代价高昂的蜜月。

1965 年春，当巴菲特收购伯克希尔公司时，伯克希尔的股票价格只有十几美元，道琼斯指数接近 1 000 点；1983 年，伯克希尔的股票价格约为 1 000 美元，道琼斯指数约为 1 000

点;到了2002年,道琼斯指数约为10 000点,伯克希尔的股票价格却涨到了大约75 000美元。

如果你的投资使你成为一名百万富翁,你或许想知道这对于巴菲特来说意味着什么。回答是:他已经多次成为亿万富翁。巴菲特没有继承任何财产,他持有伯克希尔公司30%多的股份,这是一家投资控股公司,它拥有大量的股票、债券、现金、其他投资品种以及众多的实业公司。由于巴菲特持有大量的伯克希尔股票,从多方面来看,巴菲特就是伯克希尔公司,伯克希尔公司理所当然就是他的智慧结晶。他把伯克希尔公司比喻成他的画布。巴菲特回忆他的工作情景,对《女装日报》(1985年10月10日)说:"我对我的工作非常满意。每天早晨上班时,我好像是前往西斯廷教堂去画画。"

在2000年,巴菲特收购了本杰明穆尔油漆公司,他这样做的一个理由或许就是他需要为一块更大的画布准备充足的油彩颜料。关于他的画布,巴菲特说过"我希望它是一个人们可以效仿的公司行为典范"(奥马哈 WOWT 电视台,1993年10月14日)。巴菲特在其画布上描绘了一幅内容详尽、价值连城的投资艺术品。

伯克希尔公司的出色业绩可以同美国任何一家企业相媲美,巴菲特在金融领域很有名气,但是,在1991年出面拯救华尔街的所罗门公司之前却鲜为人知。它的办公地点就在内布拉斯加州(Nebraska)中等城市奥马哈一栋很不起眼的大楼里。多年来,巴菲特坐在他的办公室阅读和思考,他已经创造了数十亿美元的股东价值,使几十位早期投资伙伴的财富超过了数千万美元,使几百位投资者成了百万富翁。

起家于一家名不见经传的纺织公司——伯克希尔公司,神奇地在30年左右的时间内变成了一家封闭式基金公司,接着又成为了一家股权公司。现在伯克希尔公司主要拥有可口可乐、吉列、美国特快、迪斯尼和华盛顿邮报这样一些享誉全球的大公司的持股权。他的股票价格也在30年间上涨了2 000倍,而标普500指数内的股票价格平均才上涨了近50倍。巴菲特1930年8月30日出生于美国内布拉斯加州的奥马哈市,从小就极具投资意识,他钟情于股票和数字的程度远远超过了家族中的任何人。他满肚子都是挣钱的道儿,五岁时就在家中摆地摊兜售口香糖。稍大后他带领小伙伴到球场捡大款用过的高尔夫球,然后转手倒卖,生意颇为红火。上中学时,除利用课余做报童外,他还与伙伴合伙将弹子球游戏机出租给理发店老板们,挣取外快。刚刚跨入11岁,他便跃身股海,购买了平生第一支股票。1947年,巴菲特进入宾夕法尼亚大学攻读财务和商业管理。但他学习教授们的空头理论不过瘾,两年后便不辞而别,辗转考入哥伦比亚大学金融系,拜师于著名投资学理论学家本杰明·格雷厄姆。在格雷厄姆门下,巴菲特如鱼得水。格雷厄姆反投机,主张通过分析企业的赢利情况、资产情况及未来前景等因素来评价股票。他教授给巴菲特丰富的知识和诀窍。天才巴菲特很快成了格雷厄姆的得意门生。

1951年,21岁的巴菲特学成毕业的时候,获得了最高成绩A+。然而,毕业后他却多次碰壁,找不到适合自己的工作。1956年他回到家乡,年少气盛的巴菲特决心自己一试身手。

有一次,他在父亲的一个朋友家里突然语惊四座,宣布自己要在30岁以前成为百万富翁,"如果实现不了这个目标,我就从奥马哈最高的建筑物上跳下去"。不久,他从一帮亲朋好友那里凑了约10.5万美元,其中有他的100美元,成立了自己的公司——巴菲特有限公司。创业之初巴菲特非常谨慎。在不到一年的时间内,他已拥有了五家合伙公司。当了老板的巴菲特竟然整天躲在奥马哈的家中埋头在资料堆里。他每天只做一项工作,就是寻找低于其内在价值的廉价小股票,然后将其买进,等待价格攀升。这正是格雷厄姆教给他的秘诀。这些远远低于其营运资本的股票果然为他带来了丰厚的利润,格雷厄姆的"点金术"百试百验。在1962年至1966年的5年中,他公司的业绩高出了道琼斯工业平均指数(相关新闻实时行情)20~47个百分点,而巴菲特本人也在当年的《奥马哈先驱报》上获得"成功的投资业经营人"的名头。巴菲特兑现了他的"百万富翁"狂言。在别人的眼里,股市是个风险之地,但在巴菲特看来,股市没有风险。"我很重视确定性,如果你这样做了,风险因素对你就没有任何意义了。股市并不是不可捉摸的,人人都可以做一个理性的投资者。"巴菲特还说:"投资的决定可用六个字来概括,即简单、传统、容易。"巴菲特说投资的原则其实很简单,第一条,不许失败;第二条,永远记住第一条。

案例分析与讨论:

1. 从巴菲特的投资经历中,我们可以得出哪些投资理念?
2. 本案例给我们哪些启示?

资料来源:基尔帕特里克.投资圣经:巴菲特的真实故事[M].何玉柱,译.北京:机械工业出版社,2005.

【思考题】

1. 如何应用 Excel 进行债券价值的动态估算?
2. 如何应用 Excel 进行股票价值的动态估算?
3. 试述股票投资和债券投资的特点。
4. 什么是投资组合的多元化效应?
5. 试述几种股票估价模型。
6. 试述资本资产定价模型在证券估值中的应用。
7. 证券投资组合的作用是什么?如何计算证券投资组合的预期收益率?
8. 如何计算多种资产组合的方差?
9. 如何利用资本资产定价模型来计算风险报酬率?

【课后练习】

一、单项选择题

1. ABC 公司于 2009 年 1 月 1 日发行债券,每张面值 50 元,票面利率为 10%,期限为 3 年,每年 12 月 31 日付息一次,当时市场利率为 8%,则该债券 2011 年 1 月 1 日的价值为 _____ 元。

    A. 50　　　　B. 50.92　　　　C. 52.58　　　　D. 53.79

2. 下列关于债券的说法中,不正确的是_____。
   A. 债券的价值是发行者按照合同规定从现在至债券到期日所支付的款项的现值
   B. 平息债券的支付频率可能是一年一次、半年一次或每季度一次等
   C. 典型的债券是固定利率、每年计算并支付利息、到期归还本金的
   D. 纯贴现债券在到期日前可能获得现金支付

3. 有一纯贴现债券,面值1 000元,期限为10年,假设折现率为5%,则它的购买价格应为_____。
   A. 920.85   B. 613.9   C. 1 000   D. 999.98

4. 下列关于债券到期收益率的说法中,正确的是_____。
   A. 债券到期收益率是购买债券后一直持有到期的内含报酬率
   B. 债券到期收益率是能使债券每年利息收入的现值等于债券买入价格的折现率
   C. 债券到期收益率是债券利息收益率与本金收益率之和
   D. 债券到期收益率的计算要以债券每年末计算并支付利息、到期一次还本为前提

5. A股票目前的市价为10元/股,预计下一年的股利为0.1元/股,一年后的出售价格为12元/股,甲投资者现在购买500股,则投资A股票的股利收益率为_____。
   A. 20%   B. 21%   C. 1%   D. 无法计算

6. 某股票刚刚发放的股利为0.8元/股,预期第一年的股利为0.9元/股,第二年的股利为1.0元/股,从第三年开始,股利增长率固定为5%,并且打算长期保持该股利政策。假定股票的资本成本为10%,已知(P/F,10%,1)=0.909 1,(P/F,10%,2)=0.826 4,(P/F,10%,3)=0.751 3,则该股票的价值为_____元。
   A. 17.42   B. 19   C. 22.64   D. 27.2

7. A债券每年付息一次,报价利率为10%,B债券每季度付息一次,如果想让B债券在经济上与A债券等效,则B债券的报价利率应为_____。
   A. 10%   B. 9.92%   C. 9.65%   D. 10.25%

8. 有一债券面值为1 000元,票面利率为8%,每半年支付一次利息,2年期。假设必要收益率为10%,则发行9个月后该债券的价值为_____元。
   A. 991.44   B. 922.768   C. 996.76   D. 1 041.003

9. 甲公司平价购买刚发行的面值为1 000元(5年期,每季度支付利息20元)的债券,该债券的到期收益率的实际利率为_____。
   A. 4%   B. 7.84%   C. 8.24%   D. 8.16%

10. 永久债券价值的计算与下列_____项的计算类似。
    A. 纯贴现债券的价值   B. 零增长股票的价值
    C. 固定增长股票的价值   D. 典型债券的价值

11. 某种股票当前的市场价格是40元,上年每股股利是2元,预期的股利增长率是5%,则目前购买该股票的预期收益率为_____。
    A. 5%   B. 7.1%   C. 10.1%   D. 10.25%

12. 有一长期债券,面值为1 000元,每年复利2次,在必要收益率为10%的情况下计算

出的债券价值为1 000元,则该债券在每一个付息期支付的利息为_____元。
A. 50　　　　　B. 51.25　　　　　C. 100　　　　　D. 102.5

二、多项选择题

1. 下列关于债券的概念说法中,正确的有_____。
   A. 债券票面利率是指债券发行者预计一年内向投资者支付的利息占票面金额的比率
   B. 债券面值代表发行者借入并且承诺于未来某一特定日期偿付给债券持有者的金额
   C. 债券一般都规定到期日,以便到期时归还本金
   D. 债券可能使用单利或复利计息

2. 甲企业现在发行到期日一次还本付息的债券,该债券的面值为1 000元,期限为5年,票面利率为10%,单利计息,复利折现,当前市场上无风险收益率为6%,市场平均风险收益率为2%,则下列价格中适合购买的有_____。
   A. 1 020　　　B. 1 000　　　C. 2 204　　　D. 1 071

3. 影响债券价值的因素包括_____。
   A. 折现率　　　B. 利息率　　　C. 计息期　　　D. 到期时间

4. 某企业准备发行3年期企业债券,每半年付息一次,票面年利率为8%,面值为1 000元,平价发行。以下关于该债券的说法中,正确的有_____。
   A. 该债券的实际周期利率为4%　　　B. 该债券的年实际必要收益率是8.16%
   C. 该债券的名义利率是8%　　　　　D. 该债券的名义必要收益率为8%

5. 下列因素中,与固定增长股票内在价值呈同方向变化的有_____。
   A. 股利年增长率　　　　　　　　　B. 最近一次发放的股利
   C. 投资的必要收益率　　　　　　　D. β系数

6. 下列说法中正确的有_____。
   A. 当必要收益率高于票面利率时,债券价值高于债券面值
   B. 在必要收益率保持不变的情况下,对于连续支付利息的债券而言,随着到期日的临近,债券价值表现为一条直线,最终等于债券面值
   C. 当必要收益率等于票面利率时,随着到期时间的缩短,债券价值一直等于债券面值
   D. 溢价出售的债券,其利息支付频率越快,价值越高

7. 下列关于股票的有关说法中,正确的有_____。
   A. 股票本身没有价值
   B. 投资者心理会影响股票价格
   C. 投资者在进行股票估价时主要使用开盘价
   D. 股利是股东所有权在分配上的体现

8. 下列关于股票估价在实际应用中股利的取决因素包括_____。
   A. 销售收入　　　　　　　　　　　B. 每股盈利
   C. 股票市价　　　　　　　　　　　D. 股利支付率

9. 下列关于股票收益率说法中,不正确的有_____。

   A. 股票的总收益率可以分为股利收益率和股利增长率

   B. D_1/P_0 是资本利得收益率

   C. g 的数值可以根据公司的可持续增长率估计

   D. 股东预期收益率就是与该股票风险相适应的必要收益率

10. 下列关于债券价值与折现率的说法中,正确的有_____。

    A. 名义利率除以年内复利次数得出实际的周期利率

    B. 如果折现率低于债券利率,债券的价值就高于面值

    C. 如果债券印制或公告后折现率发生了变动,可以改变票面利率

    D. 为了便于不同债券的比较,在报价时需要把不同计息期的利率统一折算成年利率

三、判断题

1. 收益的不确定性即为投资的风险,风险的大小与投资时间的长短成反比。（ ）

2. 投资者将资金存入商业银行或其他金融机构,以储蓄存款或企业存款、机构存款的形式存在,从融资者的角度看是间接融资。（ ）

3. 证券投资是指个人或法人对有价证券的购买行为,这种行为会使投资者在证券持有期内获得与其所承担的风险相称的收益。（ ）

4. 有价证券即股票,是具有一定票面金额、代表财产所有权并借以取得一定收入的一种证书。（ ）

5. 零息债券,又叫附息债券,是在债券券面上附有息票,按照债券票面载明的利率及支付方式支付利息的债券。（ ）

四、计算分析题

1. 有一面值为 1 000 元的债券,票面利率为 8%,2008 年 7 月 1 日发行,2013 年 7 月 1 日到期,半年支付一次利息(6 月末和 12 月末支付),假设投资的必要报酬率为 10%。要求:

   (1) 计算该债券在发行时的价值。

   (2) 计算该债券在 2011 年 12 月末支付利息之前的价值。

   (3) 计算该债券在 2012 年 1 月初的价值。

   (4) 计算该债券在 2011 年 9 月 1 日的价值。

   (5) 如果 2012 年 1 月初该债券的价格为 980 元,计算其到期名义收益率和实际收益率。

2. 某投资者准备进行证券投资,现在市场上有以下几种证券可供选择:

   (1) A 股票,上年发放的股利为 1.5 元,以后每年的股利按 5% 递增,目前股票的市价为 15 元。

   (2) B 债券,面值为 1000 元,5 年期,票面利率为 8%,单利计息,到期一次还本付息,复利折现,目前价格为 1 080 元,假设在该投资者准备投资时离到期日还有两年。

   (3) C 股票,最近支付的股利为 2 元,预计未来 2 年股利将按每年 14% 递增,在此之后转为正常增长,增长率为 10%,股票的市价为 46 元。

   如果该投资者期望的最低收益率为 15%,请你帮他选择哪种证券可以投资(小数点后保留两位)。

3. 目前市场上有三种证券可供选择：

(1) 甲股票目前的市价为9元，该公司采用固定股利政策，每股股利为1.2元。

(2) 乙股票目前的市价为8元，该公司刚刚支付的股利为每股0.8元，预计第一年的每股股利为1元，第二年的每股股利为1.02元，以后每年股利的固定增长率为3%。

(3) 丙债券的面值为10元，利息率为5%，每年付息一次，复利计息，期限为10年，目前该债券市价为12元，折现率为4%。

已知无风险收益率为8%，市场上所有股票的平均收益率为13%，甲股票的 β 系数为1.5，乙股票的 β 系数为1.2。要求：

(1) 分别计算甲、乙股票的必要收益率。

(2) 为该投资者作出应该购买何种证券的决策。

(3) 按照要求(2)中所作出的决策，投资者打算长期持有该证券，计算投资者购入该证券的持有期年均收益率。

(4) 按照要求(2)中所作出的决策，投资者持有3年后以9元的价格出售，计算投资者购入该种证券的持有期年均收益率。

(5) 如果投资者按照目前的市价同时投资购买甲、乙两种股票各200股，计算该投资组合的 β 系数和必要收益率。

(6) 假设甲股票的标准差为40%，乙股票的标准差为25%，甲和乙股票的相关系数为0.8，计算按照要求(5)构成的投资组合的标准差。

4. 国库券的利息率为5%，市场证券组合的收益率为13%。要求：

(1) 计算市场风险报酬率。

(2) 当 β 系数为1.5时，必要收益率应为多少？

(3) 如果一项投资计划的 β 系数为0.8，期望收益率为11%，是否应当进行投资？

(4) 如果某种股票的必要收益率为12.2%，其 β 系数应为多少？

第七章 项目投资决策

【学习目标】
1. 了解项目投资的特点。
2. 掌握现金流量的预测和估算。
3. 掌握项目投资决策的基本方法。
4. 了解考虑风险因素时项目投资决策方法的应用。

【重点与难点】
1. 现金流量的预测和估算。
2. 项目投资决策的基本方法。
3. 项目投资决策实例分析应用。
4. Excel 在投资决策中的应用。

【导引案例】

投资不可转率

宝丽来公司（Polaroid Corporation）由美国物理学家艾尔文·兰德（Edwin Land）于1937年成立，1944年研发出即时摄影技术，1948年11月26日在市场推出世界上第一个即时成像相机 Polaroid 95，当时的售价是每台 89.75 美元。1972 年，宝丽来推出 SX-70 袖珍型即时成像相机，随即风靡世界，到 70 年代中期时共售出了 600 万台。

当年，在兰德发明了立即显像照相机时，由于这项产品的需求潜能非常庞大，兰德根本不必应用任何投资决策方法就可以决定：应该马上投入资本兴建厂房，并开始生产。然而，并非每一个投资决策都可以如此轻易地制定。例如，很多公司通常需要在增加新生产线或维持现有生产线，使用新设备或继续使用旧设备，购买价昂但耐用的设备或购买价廉但不耐用的设备等投资方案之间作出困难的抉择，而这些为了维持公司经营所需要作出的决策对公司的生存和发展往往产生相当大的影响。

在分析了大量倒闭的公司后，我们发现，这些公司的投资决策程序和制度都不健全。例如，这些公司在采用某投资方案前，大多没有详细地分析并比较其他可行的投资方案，而且在进行投资决策时并未将投资方案的风险考虑在内，更为严重的是，它们也未适当地评估投资方案的预期现金流量。

资料来源：徐光华，柳世平. 财务管理——理论. 实务. 案例[M]. 北京：高等教育出版社，2009.

7.1 项目投资概述

在当今社会,投资已是构成现代经济活动或经济生活的重要内容之一,无论是政府、企业还是个人,都在不同程度上以不同方式参与投资活动。项目投资是生产经营企业的主要投资活动,它能够形成企业的生产能力,决定着企业的发展前景。正确的项目投资决策能够创造更多财富、促进企业成长。

7.1.1 投资的概念和种类

1. 投资的含义

从一般意义上讲,投资是将一定数量的资源投入某种对象,以取得一定的经济收益或社会效益的活动。企业投资就是为获取收益而向一定对象投放资金的经济行为。从投资行为介入程度的角度考虑,投资分为直接投资和间接投资,其中直接投资主要是指固定资产投资,即将资金直接投入建设项目,形成固定资产和流动资产,本章介绍的项目投资即为直接投资的一种;间接投资是指通过购买国内外各种证券而获取利润。在西方国家,狭义的投资通常指间接投资,在我国,上个世纪时狭义的投资主要是指直接投资,而现在其所指也正向间接投资概念偏移。

2. 投资的种类

(1) 按照投资行为的介入程度不同进行分类

按照投资行为对最终投资对象介入程度的不同,企业投资分为直接投资和间接投资。

① 直接投资,是将资金直接投放于形成生产经营能力的实体性资产,直接谋取经营利润的企业投资。其主要特征是投资者能有效地控制投资资金的使用,并能实施全过程的管理。直接投资的形式多种多样,如:项目投资,需要购置设备、配置劳动力、劳动资料和劳动对象等生产要素;对外开办企业、收购和兼并现有企业及开办合资企业等。这种投资活动直接将投资者与投资对象联系在一起。

② 间接投资,又称为证券投资,是把资金投放于证券等金融性资产,以赚取股利或利息收入的投资。其特点是在资本市场上投资者可以灵活地投入各种有价证券和期货期权等金融工具并能随时进行调整和转移,有利于规避各类风险,但投资者一般不能直接干预和有效控制其投放资金的运用状况。

(2) 按照投资的方向不同进行分类

按照投资的方向不同,企业投资分为对内投资和对外投资。

① 对内投资,是项目投资的一种,是指在本企业范围内的资金投放,用于购买和配置各种生产经营所需的经营性资产。

② 对外投资，是指向本企业范围以外的其他单位的资金投放。企业以现金、实物、无形资产等形式，通过联合投资、合作投资、合作经营、换取股权、购买金融资产等方式向其他单位投放资金。从企业来看，对外投资不能使企业取得可供本企业使用的实物资产。

（3）按照投资回收时间的长短不同进行分类

按照投资回收时间的长短不同，企业投资可以分为短期投资和长期投资。

① 短期投资，是指能够并且准备在1年以内收回的投资，主要指对应收账款、存货、交易性金融资产等的投资。

② 长期投资，是指不能或者不准备在1年以内收回的投资，主要是指对厂房、机器设备等固定资产的投资，也包括对无形资产和长期有价证券的投资。由于长期投资中固定资产所占的比重最大，所以长期投资有时专指固定资产投资。

（4）按照投资活动对企业未来的影响进行分类

按照投资活动对企业未来经营前景的影响不同，企业投资可以分为发展性投资和维持性投资。

① 发展性投资，是指对企业未来的经营发展全局有重大影响的企业投资，也可称之为战略性投资，如企业开发新产品、因扩大生产规模的需要而添置新的流水线、购置设备、兼并、合并等。这种投资一般属于长期投资，投资项目的实施可能改变企业的经营领域、经营方向或经营能力等。这种投资所需资金较多、风险较大。

② 维持性投资，是指为了维持企业现有的生产经营顺利进行，不会改变企业未来生产经营发展全局的企业投资，如旧设备更替、经营租赁厂房设备、生产技术更新等。这种投资所需资金相对较少、风险较小，对企业未来的影响不大。

（5）按照投资项目之间的关系进行分类

按照投资项目之间的相互关系的不同，企业投资可以分为独立投资和互斥投资。

① 独立投资，是指在彼此相互独立的若干个投资方案或项目间进行选择的投资。在这种情况下，项目间不能相互替代，而且某一项目投资的收益和成本不会因其他项目的采纳与否而受影响。独立投资项目的决策是对待定项目是否可以采纳的决策，决策时可以不考虑任何其他投资项目的采纳与否，其成本与收益也不会因其他投资项目的采纳与否而受影响，即项目的取舍、可行性只取决于项目本身的经济价值。从财务的角度看，两种独立投资所引起的现金流量是不相关的。

② 互斥投资，是指不同投资方案或项目之间相互影响，如果接受某项目的话，其他项目就要被拒绝。显然，对于互斥投资而言，即使每个项目本身从经济上评价都是可行的，也不能同时入选，只能取其优者。例如，对一块地皮的开发，项目A是建一幢公寓楼，项目B是建一座电影院，那么选择了A项目就不可能选择B项目，二者只能选择其一。互斥投资项目中，其他投资项目是否被采纳直接影响本项目的决策，其他项目被采纳，则本项目就被拒绝。因此，互斥投资项目决策考虑的是各项目之间的排斥性，也许每个项目都是可行项目，

但互斥投资项目决策只能选择最优项目。

此外,还有其他分类,比如战略性投资与战术性投资、确定性投资与风险性投资等,不再详述。下文所指"投资"若没有特别说明,均特指对内长期投资。

7.1.2 项目投资决策应考虑的因素

投资一般要考虑投资收益和投资风险、投资约束和投资弹性。考虑投资约束是为了防止投资风险或降低风险程度,但在与对方的讨价还价中,会相应降低投资收益。考虑投资弹性也是为防止投资风险,以调整投资规模、投资结构等,为此需要付出一定的代价(比如丧失掉对自己最有利的获利机会等),结果投资收益和投资风险处于相称状态。

1. 投资收益

企业投资的最终目的就是获取收益。企业使用大额资金进行项目投资,目的是获得丰厚的收益回报。收益是吸引投资者的最直接诱惑,同时也是项目评估最普遍的标准。投资收益包括投资项目经营收益和项目的资本利得。项目经营收益指投入资金后所得收入与发生成本之间的差额。项目的资本利得一般是指金融商品卖价与买价之间的差额。

2. 投资风险

投资风险是一种市场风险或经营风险,是投资收益的不确定性,在投资中可能会遭受损失的风险。企业进行项目投资时,注入的投资金额大,回收时间长,目的是为了获得高额的报酬,根据风险与收益相均衡的原则,不同收益要求伴随着不同的风险,要求的报酬越高,面临的风险就越大。因此在投资中企业应考虑投资风险的可能性,同时也应考虑实现投资风险与投资收益的匹配,寻找投资风险产生的原因并提出规避风险的办法。在风险和收益相统一的条件下,投资行为才能得到有效的调节。

3. 投资约束

投资约束是指企业对项目资金影响力的程度,它与投资风险密切相关,当投资风险较大时,约束程度增强;否则,约束程度减弱。比如用途约束,因为资源是有限的,当某项投资占用了资源,那么企业用于其他方面的资源相对减少,因此投资所用资源因其用途约束而发生机会成本;担保约束,投资企业可能要求受资企业在取得其投资时,以其动产或不动产作抵押,一旦投资不能收回,则变卖抵押资产以清偿债务。

4. 投资弹性

投资弹性是指投资项目的规模弹性和结构弹性。规模弹性,是指企业必须根据其资金的供应能力、投资效益或市场状况,调整投资规模,或收缩或扩张;结构弹性,是指企业必须根据市场风险或市场价格波动情况,调整其投资结构,即调整现存投资结构。在不断变化的市场上,企业经营规模和投资规模、经营结构和投资结构都必须相机调整,而前提是企业必须有投资弹性。

7.1.3 项目投资方案的取舍标准

为了选择最好的项目投资方案,要对方案有取舍标准。一般认为需要考虑以下三个标准。

1. 投资回收期限标准

投资回收期限往往是最先进入投资者考虑范围的一项指标。因为市场是多变的,企业的未来收益、项目的未来发展等所面临的不确定因素很多。回收期越长,不可控因素越多,项目所面临的风险越大,所以投资者一般都希望在短时间内收回投资。

2. 投资预期收益标准

投资者之所以愿意冒风险进行投资,其目的就是获取收益,取得丰厚的投资回报。判断一个投资项目是否可行,其主要标准就是看投资回报是否符合预先设定的标准,或者是否高于其取舍率。将投资回收期限标准与预期收益标准结合起来,就构成投资者判断项目可行性的时间价值标准。

3. 投资风险标准

企业在项目投资中注入较大的资金额,回收时间也较长,还要承担一定风险,企业之所以愿意这样做是为了将来能取得更多的收益。风险大,实际收益可能大也可能小。因此对企业的项目投资方案进行评价时,要把其风险程度与收益大小综合在一起进行权衡,制定项目投资方案的风险价值标准。

投资回收期限、预期收益及其风险程度,是进行项目投资方案最基本的评价标准,三项标准综合评价,再针对不同的考察对象,与其他一些特定因素联系起来综合平衡,全面考虑,统筹运用,基本可以保证项目投资方案分析的合理性。

对内长期投资具有投入资金多、发生频率低、变现能力差、投资回收期长、风险大等特点,对企业未来的影响较大。为了保证对投资方案的科学评价,除以上三个标准必须考虑以外,还需要重点考察两个因素:一是资金时间价值计算的依据即资本成本,二是货币时间价值的计算对象即现金流量。因此,项目投资方案分析的要点就是对不同时期的现金流量,以资本成本为依据,预测其收益状况。

因此,货币时间价值、投资风险价值、资本成本、现金流量这四个要素就构成项目投资方案分析的主要依据,也因此成为项目投资方案分析的主要研究内容。

7.1.4 项目投资决策的基本原则

项目投资决策是对具体的项目投资方案进行评估、分析、论证,它是保证项目投资预期目标的实现、减少投资风险、取得良好投资效益的重要手段。企业进行内部长期投资需要依赖于科学的决策分析。在决策分析过程中,需要认真考虑投资技术的先进性、项目的财务可行性、企业资金结构的平衡性等,并在项目运行的过程中实施动态监控。

1. 可行性分析

由于项目投资的金额大、占用时间长，对企业财务状况和发展前景均有较大影响，因此企业做投资之前必须进行可行性分析。投资可行性分析的主要任务是对投资项目实施的可能性进行科学论证，包括技术上的可行性和财务上的可行性；对项目实施后未来的运行和发展前景进行预测，通过定性分析和定量分析比较项目的优劣。

项目投资的财务可行性分析，包括收入、费用和利润等经营成果指标的预测和分析，资产、负债、所有者权益等财务状况指标的预测和分析，资金投入、配置、流转和回收等资金运行过程的预测和分析，项目现金流量、净现值、内含报酬率等项目效益指标的预测和分析，项目收益与风险平衡关系的预测和分析等内容。项目投资的技术可行性分析的最终落脚点也是经济上的效益性，因为投资项目的根本目的是经济效益，项目实施后的业绩绝大部分表现在价值化的财务指标上。所以，财务可行性分析是投资项目可行性分析的主要内容。

2. 结构平衡

一个项目投资牵涉企业多方面的资源配置，不仅要将资金投放于主要生产设备，还要投放于辅助设备；既要满足长期资产所需资金，又要满足流动资产所需资金。资金投放要遵循结构平衡原则，安排好固定资产与流动资金之间的配套、生产能力与经营规模的平衡关系、投资进度和资金供应的协调、流动资产的内部结构关系、发展性投资与维持性投资的合理配置等问题。

因为投资项目实施以后，资金将较长期地被占用在具体项目上，其退出和转向比较困难，而且受资金来源的限制，企业也常常发生资金需求超过资金供应的矛盾。因此必须合理配置资源，遵循结构平衡原则，使有限的资金发挥最大效用，避免资源闲置和浪费，这样投资项目实施后才能顺利运行。

3. 动态监控

动态监控是指对投资项目资本预算的过程进行监控，对投资项目实施的进程进行控制。特别是对于工程量大、工期长的建造项目来说，按工程预算实施有效的动态投资控制尤其重要。

投资项目的资本预算，是对总投资项目中各工程项目及所包含的分步工程和单位工程的财务预算。建设性投资项目应当按工程进度、各分项工程、各分步工程、各单位工程的完成情况，逐步拨付资金和结算资金，控制资金耗费，防止资金浪费。在项目建设完工后，通过工程决算，全面清点所建造的资产数额和种类，分析工程造价的合理性，合理确定工程资产的账面价值。

7.2 现金流量估算

7.2.1 现金流量的基本概念

1. 资金

资金是企业生产经营过程中财产物资的货币表现，用以维持企业运营。资金运用是指资金的分布和存在形态,资金来源是指资金的取得和形成来源。企业内部的资金来源以及资金运用可以看作一个持续进行的过程,资金的每种用途都必然有它相应的来源。对于持续经营的企业来说,资金循环本质上并不存在起点和终点。

2. 现金流量

所谓现金流量,在项目投资中是指一个项目引起的企业现金支出和现金收入增加的数量。这里所说的现金是指广义的现金,它不仅包括各种货币资金,还包括项目需要投入的、企业现有的非货币资源的变现价值,如厂房、设备和材料等的变现价值,而不是其账面价值。

新建项目投资的现金流量包括现金流入量、现金流出量和现金净流量三个概念。现金流出量是一个项目引起的企业现金支出的增加额;现金流入量是一个项目引起的企业现金收入的增加额;现金净流量是一定期间现金流入量与现金流出量的差额。通常现金流入量用"+"表示,现金流出量用"-"表示,现金净流量可能是净现金流入量也可能是净现金流出量。

7.2.2 现金流量的预计

现金流量是一个投资项目引起的现金流入量与现金流出量的总称,它可以反映和描述整个项目周期(包括建设期、经营期、终结点)的资本流动状况。正确预计投资项目的现金流量是进行项目投资决策的基础,同时也是保证项目投资决策有效性的重要前提。

按照现金流量发生的时间顺序,可以对初始现金流量、经营现金流量和终结现金流量分别进行预计。

1. 初始现金流量

初始现金流量是指从投资项目启动开始到建成为止发生的现金流量(主要发生在项目建设过程中),即项目在建设期的现金流量,主要包括以下几个方面。

(1) 固定资产投资,包括固定资产的购置或建造成本、运输成本和安装调试成本等。

(2) 垫支的流动资产,也称为营运资金的垫支。一个项目的正常运转,除了固定资产投资外,还需要企业注入相应的流动资金,包括为维持项目正常运转所需要占用的现金、应收账款、原材料等流动资产。但这些流动资产不需要企业全部出资,因为这些流动资产所需的资金中的一部分可以由自然性流动负债比如应付账款、应付税金等来解决,企业只需投入二者的差额即净营运资金即可。之所以说是"垫支",是因为这部分流动资金完全是为满足新增固定资产的需求而投入的,当固定资产到期报废或被处置后,这部分资金自然就可以收回了。通常,营运资金的投放应该在项目建设完成投产的时点。另外,由于在会计上一般不涉及企业损益,因此这部分现金流量不受所得税的影响。

(3) 原有固定资产的变价收入,主要是固定资产更新时原有固定资产的变卖所得的现金收入。

(4) 所得税,是指固定资产重置时变价收入的税赋损益,其中引起所得税多缴的部分视为现金流出,形成节税的部分视为现金流入。

(5) 其他费用,是指与投资有关的筹建费用、职工培训费用、资料费用、咨询费用等。

可见,初始现金流量大多为现金流出量,它们可以是一次性发生的,也可以是分次发生的。

2. 经营现金流量

经营现金流量,又称为营业现金流量,是指从投资项目投入使用开始到项目报废清理为止的整个经营期内,由于本项目的生产经营所带来的现金流入和现金流出的数量。现金流入多指经营收入,现金流出多指经营现金支出和缴纳的税金。一般以年为单位进行预计。

某一年的现金流入量减去其现金流出量之后的差额即构成该年的经营现金净流量(NCF)。经营现金净流量一般可以按以下三种方法计算。

(1) 根据经营现金净流量的定义计算

$$经营现金净流量=销售收入-付现成本-所得税 \qquad (7-1)$$

这里的付现成本泛指每年付现的营业成本,不仅包括经营活动中所发生的营业成本,而且还包括消费税、城市维护建设税及教育费附加等。但不包括筹资活动发生的成本,也不包括非付现成本,比如折旧和摊销等费用。

(2) 根据年末经营结果来计算

企业每年的现金增加来自两个方面,一是当年增加的净利润;二是当年计提的折旧及摊销等非付现成本(为了方便,在下面的讨论中,以折旧作为非付现成本的代名词),以现金形式从销售收入中回收,留存在企业,所以有

$$经营现金净流量=税后净利润+折旧 \qquad (7-2)$$

(3) 根据所得税对收入、营业成本和折旧的影响计算

因为有

$$\begin{aligned}经营现金净流量&=税后净利润+折旧\\&=(年营业收入-年营业成本)\times(1-所得税率)+年折旧\\&=[年营业收入-(年付现成本+年折旧)]\times\\&\quad(1-所得税率)+年折旧\\&=年营业收入\times(1-所得税率)-年付现成本\times\\&\quad(1-所得税率)-年折旧\times(1-所得税率)+年折旧\end{aligned}$$

由此产生经营现金净流量的第三个计算公式为:

$$经营现金净流量=税后营业收入-税后付现成本+折旧的抵税额 \qquad (7-3)$$

以上三种方法的计算结果是一致的。

第七章 项目投资决策

3. 终结现金流量

终结现金流量是指投资项目终结时所发生的各种现金流量。项目终结的"年份"具有双重含义,它既是项目经营使用期的最后年份,同时也是项目终了的年份。因此,终结现金流量既包括经营现金流量(内容与预计方法同前),又包括非经营现金流量。非经营现金流量包括固定资产的净残值收入或变价收入及税负损益、垫支营运资金的回收、停止使用土地的变价收入。终结现金流量主要是现金流入量。

利润在各年之间的分布受折旧方法等人为因素的影响,而现金净流量的分布不受或相对少受折旧方法的影响,它主要是根据收付实现制进行预计,但会计上的利润是根据权责发生制原则所确定的分期损益,因此两者既有区别也相联系。但在项目整个有效年限内,利润总数与现金净流量总数应该是相等的。

【例 7-1】 宏达公司拟购入一台设备以扩大生产规模,现有 I 和 II 两个方案可供选择。I 方案需投资 300 万元,使用寿命 5 年,采用直线法计提折旧,5 年后设备无残值,5 年中每年销售收入为 150 万元,每年付现成本为 50 万元。II 方案需投资 360 万元,采用直线法折旧,使用寿命也是 5 年,5 年后残值收入为 60 万元,5 年中每年销售收入为 170 万元,付现成本第 1 年为 60 万元,以后随着设备陈旧逐年增加修理费 3 万元,另需垫支营运资金 30 万元。假设所得税税率为 25%,如何估算该项目投资的现金流量?

解 根据以上资料计算编制两个方案的现金流量表如表 7-1 和表 7-2 所示。

表 7-1 两个项目投资方案的营业现金流量计算表 （单位:万元）

年 份	1	2	3	4	5
I 方案:					
销售收入	150	150	150	150	150
付现成本	50	50	50	50	50
折旧*	60	60	60	60	60
税前利润	40	40	40	40	40
所得税	10	10	10	10	10
税后利润	30	30	30	30	30
经营现金流量	90	90	90	90	90
II 方案:					
销售收入	170	170	170	170	170
付现成本	60	63	66	69	72
折旧	60	60	60	60	60
税前利润	50	47	44	41	38
所得税*	12.5	11.75	11	10.25	9.5
税后利润	37.5	35.25	33	30.75	28.5
经营现金流量	97.5	95.25	93	90.75	88.5

注:I 方案的年折旧额=300÷5=60(万元)。
　　II 方案的年折旧额=(360-60)÷5=60(万元)。

表 7-2　两个项目投资方案税后现金净流量计算表　　　　　　　　（单位：万元）

年　份	0	1	2	3	4	5
Ⅰ方案：						
设备投资	−300					
经营现金流量		90	90	90	90	90
税后现金净流量	−300	90	90	90	90	90
Ⅱ方案：						
设备投资	−360					
垫支营运资本	−30					
经营现金流量		97.5	95.25	93	90.75	88.5
设备残值						60
营运资本回收						30
税后现金净流量	−390	97.5	95.25	93	90.75	178.5

7.2.3　现金流量预计应注意的问题

1. 确定现金流量的假设

为了简化现金流量的计算过程，前述现金流量的计算方法一般是以以下假设为前提的。

(1) 财务可行性分析假设

假设项目投资决策是从企业投资者的立场出发，投资决策者确定现金流量是为了进行项目财务可行性研究，该项目已经具备财务可行性和技术可行性。

(2) 全投资假设

假设以整个企业为投资主体而不是以企业的所有者(或债权人)为投资主体来计算确定企业投资项目的现金流量。在此假设下，项目全部投资视同企业的自有资金，即使存在借入资金，也将其作为企业的自有资金对待，因此企业归还的借款本金及利息自然不应视为现金流量。

(3) 建设期投入全部资金假设

不论项目的原始总投资是一次投入还是分次投入，除个别情况外，假设它们都是在建设期内投入的。

(4) 经营期与折旧年限一致假设

假设项目主要固定资产的折旧年限或使用年限与经营期相同。

(5) 时点指标假设

为便于以资金时间价值为基础对项目进行评价，不论现金流量内容所涉及的价值指标实际上是时点指标还是时期指标，均假设其发生在特定时点(年末或年初)，按时点指标进行计算。其中，原始投资往往假设在建设期内有关年度的年初发生；垫付流动资金一般假设发生在经营期期初，如果有建设期，则发生在建设期期末，如果不存在建设期，其与原始投资共同发生在建设起点；经营期内各有关的年收入、成本、折旧、摊销、利润、税金等均假设在年末发生;项目报废或清理均假设发生在终结点,即经营期最后一期期末(更新改造项目除外)。

(6) 确定性假设

假设与项目现金流量有关的价格、产销量、成本水平、所得税税率等因素均为已知常数。

2. 对折旧的重新认识

折旧虽然在会计上常常作为一种费用来理解,但在计算现金流量时必须对它重新认识。

首先,由于折旧方法及折旧率的选择对企业来说是由会计政策等因素确定的,不同的选择会导致一台设备在各年度的折旧额分布不同,所以它会影响企业各年的会计利润。计提折旧多的年份,该年利润减少;反之,则增加。

其次,折旧是收回投资的途径。一项投资的收回,除了靠项目本身创造的收益外,另一个渠道就是通过将折旧费用计入营业成本、由销售收入对营业成本的补偿得以收回。因此,通常将折旧作为现金流入的一个方面。

最后,由于企业经营收益需要缴纳所得税,折旧作为费用可以减低企业收益,因此会产生抵税效应。某年计提折旧越多,抵税效应越明显。

3. 机会成本与沉没成本要区别对待

预计项目的现金流量时只涉及因实施该投资项目后,企业总现金流量发生的变动,即增量现金流量。在确定增量现金流量时,除了需要考虑企业的直接投入和由此带来的直接收益外,还要关注该项目对企业其他方面的影响,以及企业为此投入的其他支出。企业投入的其他支出中,有些并不导致项目的增量现金流量的变化,如沉没成本,它是已经发生的不能收回的历史成本,与项目投资决策无关。对于一个正在评估的项目,无论采纳与否,沉没成本早已发生,其数额不会影响投资决策,因此不必考虑,比如前期的研发费用。

但对有关的机会成本必须予以考虑。机会成本是指采纳一个项目而放弃其他项目所丧失的最大潜在收益。一笔资金用在一个项目上,就必然不能同时用在另一个项目上。因此,采纳一个项目的收益往往是建立在放弃另一个项目的收益的基础之上。如将企业现有的一台设备投入该项目,那么企业必然因此而丧失掉该设备的转让收益,即该资产的可变现价值。尽管放弃项目的收益并不构成企业的真实现金流出,也无需作为账面成本,但必须作为采纳项目的成本加以考虑,否则,就无法准确判断一个项目的优劣。

在项目投资决策中,必须将已放弃的项目也许可以得到的潜在收益与已采纳项目能够得到的期望收益进行比较,如果前者大于后者,则说明决策是失误的。

4. 利息费用

如果投资项目所需资金的来源是借款,那么在估算现金流量时,常常出现借款的利息费用如何处理的困扰。对于利息费用的处理,一般情况下可以采用两种方式:一是将其作为费用处理,从现金流量中扣除;二是将其归于现金流量的资本成本中。在财务管理实务中,一般采纳第二种方式。如果采用第一种方式将利息费用从现金流量中扣除掉的话,那么就不能再对资本成本对现金流量的折现进行投资评价,否则,对利息费用进行了重复计算。这与前述"全投资假设"中的描述是一致的。

5. 全面考虑有关因素的相互影响

在采纳一个项目之后,必须考虑系统风险对项目的影响、通货膨胀对项目的影响、税收政策和折旧政策对项目的影响等。除此以外,也要考虑项目对企业其他部分产生的影响,如决定开设第二家销售点,很可能会减少已有销售点的销售量。因此,在进行项目投资决策时,必须将这些影响因素视为项目的成本或收入,否则,不能正确评价项目对公司整体产生的影响。

【例7-2】 现有A和B两家企业,全年销售收入、付现费用均相同,所得税税率为25%。两者的区别是:A企业有一项可计提折旧的资产,每年折旧额相同,B企业没有可计提折旧的资产。两家企业的现金流量如表7-3所示。A企业的利润虽然比B企业少45万元,但现金净流入却多出15万元,为什么?

表7-3 A和B企业的现金流量表 （单位:万元）

项 目	A 企业	B 企业
销售收入	400	400
费用:		
付现经营费用	200	200
折旧	60	0
合计	260	200
税前利润	140	200
所得税	35	50
税后净利	105	150
经营现金流入:		
净利	105	150
折旧	60	0
合　计	165	150
A企业比B企业拥有较多现金	15	

解 从表7-3可以看出,A企业的利润虽然比B企业少45万元,但现金净流入却多出15万元,其原因在于A企业有60万元的折旧计入成本,使应纳税所得额减少60万元,从而少纳税15万元(60×25%)。这笔现金保留在企业,不必缴出。

折旧对税负的影响可按以下方法计算:

　　税负减少额＝折旧额×税率

7.3 项目投资决策的基本方法

根据是否考虑货币时间价值,项目投资决策方法可分为非贴现方法和贴现方法。

7.3.1 非贴现方法

非贴现方法不考虑货币时间价值,把不同时间的货币收支看作等效的,可以直接进行加减运算。这类方法的决策指标主要包括静态投资回收期和投资收益率。

1. 静态投资回收期

静态投资回收期(Payback Period,PP)又称为全部投资回收期,简称回收期,是指用投资项目的经营现金净流量回收原始总投资所需的全部时间,一般以年为单位计算,即项目将来的净现金流量足以抵补投资支出的年限。静态投资回收期法就是根据回收某项投资所需的时间来判断投资项目是否可行的方法。静态投资回收期可分为包括建设期的回收期 PP 和不包括项目建设期的回收期 PP',即

$$PP = PP' + S \tag{7-4}$$

式中,PP 为包括建设期的投资回收期;PP' 为不包括建设期的投资回收期;S 为建设期。

本章内容若没有特别说明,一般是指包括建设期的投资回收期。

回收期是非贴现的绝对量反指标,一般回收期指标越小说明项目的回收速度越快,投资风险越小。

(1) 静态投资回收期的计算

静态投资回收期的计算因每年的经营现金净流量是否相等而不同。

① 如果投资项目各年的经营现金净流量(NCF)相等,且累计大于原始总投资,则静态投资回收期可按以下公式计算:

$$静态投资回收期 = \frac{原始投资}{每年经营现金净流量} \tag{7-5}$$

② 如果每年的经营现金净流量(NCF)不相等,那么静态投资回收期需按以下公式计算:

$$静态投资回收期 = 累计现金净流量第一次出现正值的年份 - 1 + \frac{该年初尚未回收的投资}{年现金净流量} \tag{7-6}$$

【例 7-3】 宏达公司现有Ⅲ、Ⅳ两个投资方案,其现金净流量如表 7-4 所示,请计算它们各自的静态投资回收期。

表 7-4 Ⅲ、Ⅳ投资方案的现金净流量表 (单位:万元)

方案	0	1	2	3	4	5
Ⅲ	-5 000	1 600	1 600	1 600	1 600	1 700
Ⅳ	-5 000	-500	1 500	2 000	2 400	2 900

解 对于Ⅲ方案,因其经营期前4年中每年的现金净流量相等,而且累计为6 400万元,大于原始投资5 000万元,则其静态投资回收期=5 000/1 600=3.125(年)。

对于Ⅳ方案,由于经营期中每年的现金净流量不相等,必须采用另一种方法计算,具体计算如表7-5所示。

表7-5　Ⅳ方案的累计现金流量表　　　　　　　　　　　(单位:万元)

	0	1	2	3	4	5
年NCF	−5 000	−500	1 500	2 000	2 400	2 900
累计NCF	−5 000	−5 500	−4 000	−2 000	400	3 300

因此,Ⅳ方案的静态投资回收期=(4−1)+2 000/2 400=3.83(年)。

从静态投资回收期指标判断,Ⅲ方案优于Ⅳ方案。

很明显,第二种方法计算的静态投资回收期包括了建设期,而第一种方法计算的静态投资回收期在有建设期时并不包括建设期,因此要想计算包括建设期的静态投资回收期,应在此基础上加上建设期。

当然,不论在什么情况下,都可以通过第二种方法即列表计算累计现金净流量的方式,确定包括建设期的静态投资回收期。该方法的原理是:按照静态投资回收期的含义,包括建设期的静态投资回收期PP满足于以下关系式,即

$$\sum_{t=0}^{PP} NCF_t = 0$$

这表明在财务现金流量表的"累计现金净流量"一栏中,包括建设期的静态投资回收期恰好是累计现金净流量为0的年限。在计算时有两种可能:第一,在"累计现金净流量"栏中可以直接找到0,那么读出所在列的t值即为所求的包括建设期的静态投资回收期;第二,由于无法在"累计现金净流量"栏中找到0,可按上述第二种方法计算包括建设期的静态投资回收期。

(2) 静态投资回收期法的决策规则

利用静态投资回收期进行决策的判断原则有两种。可以将包括建设期的静态投资回收期PP与项目计算期n比较,若$PP \leqslant n/2$,则项目可行;否则,项目不可行。也可以将不包括建设期的静态投资回收期PP'与项目生产经营期P比较,若$PP' \leqslant P/2$,则项目可行;否则,项目不可行。静态投资回收期越短越好。

(3) 静态投资回收期法的特点

静态投资回收期法的优点是计算简便,容易为决策人所正确理解。其缺点在于不仅忽视货币时间价值,而且没有考虑回收期以后的收益,也没有提供回收期满后方案是否继续盈利及盈利总额是多少等指标。因此,静态投资回收期指标只能作为一个辅助决策指标,必须与其他决策指标相结合,才可以对投资项目进行合理、科学的决策。

在实务中,包括建设期的静态投资回收期比不包括建设期的静态投资回收期的用途更

广泛。

需要说明的是,在计算投资回收期时,如果考虑货币时间价值,那么产生的投资回收期即为贴现的投资回收期,也叫动态投资回收期。

2. 平均会计收益率

投资收益率指标有很多种,平均会计收益率是其中之一。平均会计收益率是年平均净收益占投资额的百分比(Accounting Rate of Return,ARR)。平均会计收益率法以会计收益率作为评估分析投资项目可行性的指标。该指标在计算时直接使用会计报表的数据,计算方法简便,应用范围相对较广。

(1) 平均会计收益率的计算

$$平均会计收益率 = \frac{年均净收益}{项目投资总额} \times 100\% \qquad (7-7)$$

式中,项目投资总额包括垫支的营运资金以及资本化利息和开办费等。

(2) 平均会计收益率法的决策规则

利用平均会计收益率进行决策的判断原则为:若平均会计收益率 ARR<基准收益率,则项目不可行,应舍弃;若平均会计收益率 ARR≥基准收益率,则项目可行。平均会计收益率越大越好。

【例 7-4】 以例 7-1 的资料为例计算平均会计收益率指标。

解 宏达公司Ⅰ方案在经营期每年的息税前利润均为 40 万元,投资总额为 300 万元,则:

平均会计收益率=40/300=13.3%

宏达公司Ⅱ方案经营期每年的息税前利润分别为 50 万元、47 万元、44 万元、41 万元、38 万元,其年均息税前利润额为(50+47+44+41+38)/5=44(万元),其投资总额为 360 万元,则:

平均会计收益率=44/360=12.2%

故从平均会计收益率指标判断,Ⅰ方案优于Ⅱ方案。

(3) 平均会计收益率法的特点

平均会计收益率法的优点是计算简便,容易理解。而且它是基于会计的收益和成本观念,使用的是会计报表上的数据,因此数据便于取得。同时,它考虑了投资项目整个生命周期内的现金流量,克服了投资回收期涵盖不全的不足。其缺点是除了没有考虑时间价值外,还有以下两点:第一,平均年息税前利润不包括项目折旧,不反映该项目的现金净流量,在某种程度上歪曲了投资决策;第二,没有考虑投资项目的经济寿命,有可能使经济寿命不同的项目的平均会计收益率都一样,凭此作出的决策可能不正确。

7.3.2 贴现方法

贴现方法考虑货币时间价值,这类方法的指标主要包括净现值、现值指数和内含报酬率。这些指标的计算体现了折现现金流的思想,即把未来现金流折现,使用现金流量的现值计算各种决策指标并进行决策。

1. 净现值

净现值(Net Present Value,NPV)是指项目投产后每年现金净流量的总现值减去投资额的现值后的余额,或投资项目各年现金净流量的现值之和。净现值法就是根据净现值的正负来判断投资项目是否可行的方法。

净现值是长期投资决策的基础指标,也是最为重要的动态评价指标。它既可以用来评价一个投资项目可行与否,也可以用来找出两个以上投资项目中的较优者。

(1) 净现值的计算

净现值的计算需要按照一定的贴现率进行折现,贴现率可以是资本成本,也可以是企业要求达到的报酬率或基准折现率。计算公式为:

$$NPV = \sum_{t=0}^{n} \frac{NCF_t}{(1+K)^t} \tag{7-8}$$

式中,K 为折现率或资本成本;NCF_t 为投资项目在第 t 年年末的现金净流量;n 为项目计算期;S 为项目建设期。

当建设期为 0 时,期初投资总额为 I,则上式可以简化为:

$$NPV = \sum_{t=1}^{n} \frac{NCF_t}{(1+K)^t} - I \tag{7-9}$$

净现值的计算步骤如下:

第一步:计算项目计算期内每年的现金净流量。

第二步:选用适当的折现率,确定投资项目各年现金净流量的折现系数。

第三步:将各年现金净流量乘以相应的折现系数求出现金净流量的现值。

第四步:汇总各年现金净流量现值,得出投资项目的净现值。

(2) 净现值法的决策规则

净现值法的决策规则为:当只有一个备选方案时,若 $NPV>0$,则方案可行,可以采纳;若 $NPV\leqslant 0$,则方案不可行,应舍弃。当有多个备选方案的互斥项目以供选择时,应选用净现值大于 0 者中的最大者。

对于某一项目来讲,或对于投资额相同的项目比较来讲,NPV 越大越好。但当多个项目的投资额不相等时,各项目的净现值数额对比关系不能体现出项目的绝对优劣。

净现值法所依据的原理是:假设预计的现金流入在年末实现,并把原始投资看成按预定折现率借入的,如果投资项目的净现值为正数,说明该项目的报酬率超过折现率,说明用投资产生的收益偿还借入资金本息后仍然有余额;当净现值为负数时,说明投资产生的现金流量无法偿还借款本息;当净现值为0时,说明偿还本息后投资者一无所获。净现值的经济意义是投资项目折现后的净收益。运用净现值法对投资项目进行评价,关键是现金流量及折现率的确定。

【例7-5】 以前述例7-1的资料为基础,假设宏达公司的资本成本为10%,计算Ⅰ方案与Ⅱ方案的净现值,并对两方案的财务可行性作出评价。

解 Ⅰ方案的建设期为0,正常经营期为5年,各年现金净流量(见表7-1)都相等,则:

$$NPV = \sum_{t=1}^{n} \frac{NCF_t}{(1+K)^t} - I$$
$$= 90 \times (P/A, 10\%, 5) - 300$$
$$= 90 \times 3.791 - 300$$
$$= 341.19 - 300$$
$$= 41.19(万元)$$

可见Ⅰ方案的净现值大于0,故方案可行。

Ⅱ方案的建设期为0,正常经营期为5年,各年现金净流量(见表7-1)不相等,具体计算见表7-6。

可见Ⅱ方案的净现值为19.98万元,大于0,故方案可行。

如果要在以上两个方案之间作出取舍,那么应该采纳Ⅰ方案,放弃Ⅱ方案。因为Ⅰ方案既有较小的投资额,同时又能产生较大的净现值。

表7-6 Ⅱ方案的NPV计算表

年 份	0	1	2	3	4	5	合 计
经营现金流量(万元)	−390	97.5	95.25	93	90.75	178.5	165
10%的复利现值系数	1	0.909	0.826	0.751	0.683	0.621	
折现的现金净流量(万元)	−390	88.63	78.68	69.84	61.98	110.85	19.98

【例7-6】 宏达公司拟建一项固定资产,需要投资100万元,按直线法计提折旧,使用寿命10年,期末无残值,预计投产后每年获净利10万元,假定该项目的行业基准折现率为10%。要求:在以下两种独立情况下计算项目的净现值:

(1)该项目的建设期为0。

(2)该项目的建设期为2年,建设期末有10万元的流动资金垫支。

解 下面对以上两种情况进行分析。

(1)本项目建设期 $S=0$,投资额 $I=100$ 万元,项目计算期为 n。

项目投产后每年现金净流量均为 $10+100/10=20$(万元),符合普通年金的计算形式,所以可以直接用年金公式计算如下:

$$NPV = \sum_{t=1}^{n} \frac{NCF_t}{(1+K)^t} - I$$
$$= 20 \times (P/A, 10\%, 10) - 100$$
$$= 20 \times 6.145 - 100 = 22.9(万元)$$

在情况(1)下,项目的净现值大于0,故项目可行。

(2) 本项目建设期 $S=2$,投资额 $I=100+10=110$(万元),项目计算期 $n=10+2=12$(年),项目各年的现金净流量如下:

$NCF_0 = -100$(万元)

$NCF_1 = 0$

$NCF_2 = -10$

$NCF_{3\sim11} = 10 + 100/10 = 20$(万元)

$NCF_{12} = 20 + 10 = 30$(万元)

则

$$NPV = \sum_{t=s+1}^{n} \frac{NCF_t}{(1+K)^t} - \sum_{t=0}^{s} \frac{NCF_t}{(1+K)^t}$$
$$= \sum_{t=3}^{11} \frac{NCF_t}{(1+10\%)^t} + \frac{NCF_{12}}{(1+10\%)^{12}} - \sum_{t=0}^{2} \frac{NCF_t}{(1+10\%)^t}$$
$$= 20 \times (P/A, 10\%, 9) \times (P/F, 10\%, 2) +$$
$$\quad 30 \times (P/F, 10\%, 12) - 100 + 0 - 10 \times (P/F, 10\%, 2)$$
$$= 20 \times 5.759 \times 0.826 + 30 \times 0.319 - 100 + 0 - 10 \times 0.826$$
$$= 95.14 + 9.57 - 100 - 8.26 = -3.55(万元)$$

在情况(2)下,项目净现值小于0,故项目不可行。

(3) 净现值法的特点

① 净现值法考虑了货币时间价值,能够反映各种投资项目的净收益。由于投资项目的投资报酬率和投资支出发生在项目的不同时期,两者建立在同一时点上的比较才合理,而净现值充分考虑了项目生命周期(建设期和经营期之和)中全部现金流量的时间价值,能够较好地反映投资项目的收益。

② 净现值法考虑了投资项目的风险性,净现值法下的折现率与投资项目的风险直接相关,在确定该比率时,要求选择与投资项目的风险和报酬率类似的项目作为基础拟定,这在一定程度上考虑了投资项目的风险,其取舍标准较好地体现了财务管理的基本目标——公司价值最大化。

③ 净现值是一个绝对数指标,只能反映某个单独投资项目的投资与收益的关系,当几个互斥项目的投资额不等或者效益期限不同时,仅用净现值无法确定投资项目的优劣。

④ 折现率通常指投入资本的机会成本,即投资者在资本市场上以风险等价的投资所要求的报酬率。具有类似报酬率和风险的项目较难找到,其确定比较困难,常常难以摆脱主观

性成分,而它对计算净现值有着非常重要的影响。

⑤ 净现值并不能揭示出投资项目本身能达到的实际报酬率水平。下面要呈现的内含报酬率则能够弥补这一缺陷。

2. 内含报酬率

内含报酬率(Internal Rate of Return,IRR)也称内部收益率,是指对投资项目未来每年的现金净流量进行折现,使未来现金净流量的总现值正好等于投资额的折现率,或者说,内含报酬率是使投资项目的净现值等于零时的折现率。它反映了一个投资项目自身实现的投资收益率水平。

内含报酬率法就是将投资项目的内含报酬率与投资项目的资本成本进行比较,以确定投资项目是否可行的一种方法。

(1) 内含报酬率的计算

内含报酬率是满足下列等式的 K 值:

$$\sum_{t=0}^{n} NCF_t(P/F,K,t) = 0 \tag{7-10}$$

$$\sum_{t=s+1}^{n} NCF_t(P/F,K,t) = \sum_{t=0}^{s} NCF_t(P/F,K,t) \tag{7-11}$$

式(7-11)中等式左边是经营现金净流量的现值之和,等式右边是建设期全部投资的现值之和,式中符号含义同前。

内含报酬率的计算可以采用逐步测试法和插值法,或者采用 Excel 中的 IRR 函数来计算。下面先介绍逐步测试法和插值法,应用 Excel 中的 IRR 函数的方法在本章最后一节介绍。

① 如果项目投资均于建设起点一次性投入,建设期为 0,即建设起点的现金净流量等于原始投资额的负值,$NCF_0 = -I$,而且经营期每年的现金净流量都相等,即 $NCF_1 = NCF_2 = \cdots = NCF_n$。则内含报酬率可以按下式确定:

$$(P/A, IRR, n) = I/NCF \tag{7-12}$$

式中,I 为原始投资额;$(P/A, IRR, n)$ 为以 IRR 为折现率的 n 期的年金现值系数;NCF 为投产后 $1 \sim n$ 年的每年相等的现金净流量。

具体计算步骤如下:

第一步,计算年金现值系数,即 $(P/A, IRR, n) = I/NCF$。

第二步,根据上一步计算出的年金现值系数,查 n 年的年金现值系数表,如果恰好能找到有系数等于所计算的年金现值系数 $(P/A, IRR, n)$(即要求必须达到的系数),则该系数所对应的折现率即为所求的内含报酬率 IRR。

第三步,如果系数表中查不到所要求的系数,则可以利用系数表上同期略大于及略小于该系数的两个临界值及其对应的两个折现率,应用插值法计算近似的内含报酬率。

【例 7-7】 以前述例 7-1 的资料为例,计算宏达公司Ⅰ方案的内含报酬率。如果该公司的资本成本为 13%,试判断方案的财务可行性。

解 该方案的 $NCF_{1\sim5}=90$ 万元,$NCF_0=-300$ 万元,符合年金的计算形式,故:

$$(P/A, IRR, n) = I/NCF = 300/90 = 3.333$$

查 5 年的年金现值系数表得:

$$(P/A, 15\%, 5) = 3.352 > 3.333$$
$$(P/A, 16\%, 5) = 3.274 < 3.333$$

由此可知,所要求的 IRR 必定介于 15% 与 16% 之间。应用插值法可得:

$$IRR = 15\% + \frac{3.352 - 3.333}{3.352 - 3.274} \times (16\% - 15\%) = 15\% + 0.24\% = 15.24\%$$

可见该方案的内含报酬率大于资本成本,因此方案可行。

② 如果不存在上述规律,则内含报酬率的计算必须采用逐次测试的方法。

首先估计一个折现率,以该折现率测算投资项目的净现值,如果净现值大于零,说明投资项目本身的报酬率超过估计的折现率,应提高折现率后进一步测试;如果净现值小于零,说明投资项目本身的报酬率低于估计的折现率,应降低折现率后进一步测试。经过反复测试直至找到使净现值等于或接近于零的折现率,即为项目本身的内含报酬率。

如果经过上述的有限次测试后仍未求得内含报酬率,且已经无法继续利用有关货币时间价值系数表,则可利用最为接近 0 的两个净现值正负临界值 NPV_m 和 NPV_{m+1} 及相应的折现率 K_m 和 K_{m+1},应用插值法计算近似的内含报酬率。即如果下列关系成立:

$$NPV_m > 0 \quad K_m < K_{m+1}$$
$$NPV_{m+1} < 0 \quad K_{m+1} - K_m < 5\%$$

则可用下列关系式计算内含报酬率:

$$\frac{NPV_m - NPV_{m+1}}{K_m - K_{m+1}} = \frac{NPV_m - 0}{K_m - IRR}$$

【例 7-8】 以前述例 7-1 的资料为例,计算宏达公司Ⅱ方案的内含报酬率。如果该公司资本成本为 13%,试判断方案的财务可行性。

解 宏达公司Ⅱ方案各年的现金净流量分别为 -390、97.5、95.25、93、90.75、178.5(单位:万元),按照逐次测试的方法,设定折现率并计算净现值,据此判断调整折现率,得到以下数据:

表 7-7 内含报酬率测算表

测试次数 i	设定折现率 K_i	净现值 NPV_i(按 K_i)
1	10%	+19.98
2	11%	+8.82
3	12%	-8.94

最接近于 0 的两个净现值正负临界值分别为 +8.82 和 -8.94,相应的折现率分别为 11% 和 12%。采用插值法计算如下:

$$\frac{8.82-(-8.94)}{11\%-12\%}=\frac{8.82-0}{11\%-IRR}$$

由此推出:

$IRR=11.5\%$

或

$$IRR=11\%+\frac{8.82-0}{8.82-(-8.94)}\times(12\%-11\%)=11\%+0.5\%=11.5\%$$

可见该方案的内含报酬率小于资本成本,因此方案不可行。

(2) 内含报酬率法的决策规则

内含报酬率是一个贴现的相对量正指标。采用这一指标进行决策时,要区分单一项目财务可行性的决策分析与多个互斥项目的抉择问题。

对于采纳与否的单一项目而言,先设定一个基准的必要报酬率 K(一般可用企业的资金成本),如果项目的 IRR 大于 K,则项目可行;否则项目不可行。项目的 IRR 越是大于资本成本,即使此项投资是以借款进行的,在还本付息后,该投资项目仍能给企业带来较多的剩余收益。

对于几个互斥项目的优选决策,先选择内含报酬率大于其资本成本的项目,然后进行如下判断:如果各项目的原始投资额相同,则内含报酬率最大的项目最好;如果各方案的原始投资额不等,其决策标准应是"投资额×(内含报酬率-资本成本)"最大的项目为最优项目。

还可能存在一些特定的项目投资,它们的目的或是为了提高士气,或是为未来发展提供选择机会,或是为了社会公益等,这些项目投资具有在所估计的现金流量中无法反映的、不能忽视的重要效益,这些投资可能因为改善了投资的整体风险而创造价值。所以,不是任何时候都要求内部报酬率一定要大于资本成本率。

(3) 内含报酬率法的特点

内含报酬率法的优点是考虑了货币时间价值,能够反映投资项目的真实报酬率。缺点在于计算过程比较复杂;在现金流量呈不规则变化时,有时可能出现多个或没有内含报酬率的问题,不利于投资决策分析;在互斥项目的抉择中,利用这一指标有时会得出与净现值法不同的结论(这时应以净现值法为准)。

3. 现值指数

现值指数(Profitability Index, PI)是指投资项目未来现金净流量的总现值与投资总额的现值的比率,也称为获利指数、贴现后收益与成本比率。现值指数法就是根据获利指数的大小来判断投资项目是否可行的一种方法。

(1) 现值指数的计算

$$\text{现值指数}(PI) = \frac{\sum_{t=s+1}^{n} \frac{NCF_t}{(1+K)^t}}{\left| \sum_{t=0}^{s} \frac{NCF_t}{(1+K)^t} \right|} \tag{7-13}$$

式中各符号的含义同前；分子为未来收益的现值合计，分母为项目投资额的现值合计。

(2) 现值指数法的决策规则

现值指数法的决策规则为：对于采纳与否的单一投资项目，若 $PI \leqslant 1$，则项目不可行，应舍弃；若 $PI > 1$，则项目可行，应接受该项目。PI 越大越好。

对于互斥投资项目的抉择，一般应选择现值指数最大的项目。但这样选择有时也会得出错误的结论，应结合净现值、内含报酬率以及投资回收期指标全面分析。

【例 7-9】 以前述例 7-1 的资料为基础，假设宏达公司的资本成本为 10%，计算 Ⅰ 方案与 Ⅱ 方案的现值指数，并对两方案的财务可行性作出评价。

解 Ⅰ 方案的建设期为 0，正常经营期为 5 年，各年现金净流量（见表 7-1）都相等，则：

$$\text{现值指数}(PI) = \frac{\sum_{t=s+1}^{n} \frac{NCF_t}{(1+K)^t}}{\left| \sum_{t=0}^{s} \frac{NCF_t}{(1+K)^t} \right|} = \sum_{t=1}^{n} \frac{NCF_t}{(1+K)^t} / I$$

$$= 90 \times (P/A, 10\%, 5)/300 = 90 \times 3.791/300$$

$$= 341.19/300 = 1.137$$

式中，I 为项目投资额。

可见 Ⅰ 方案的现值指数大于 1，故方案可行。

Ⅱ 方案的建设期为 0，正常经营期为 5 年，各年现金净流量（见表 7-1）不相等，则其计算需要采用复利现值系数（见表 7-8），如下所示：

表 7-8 Ⅱ 方案的 PI 计算表

年 份	0	1	2	3	4	5	合 计
经营现金流量（万元）	-390	97.5	95.25	93	90.75	178.5	165
10%的复利现值系数	1	0.909	0.826	0.751	0.683	0.621	
折现的净现金流量（万元）	-390	88.63	78.68	69.84	61.98	110.85	19.98

$$PI = \sum_{t=1}^{n} \frac{NCF_t}{(1+K)^t} / I$$

$$= (88.63 + 78.68 + 69.84 + 61.98 + 110.85)/390$$

$$= 1.05$$

可见 Ⅱ 方案的净现值为 1.05 万元，大于 1，故方案可行。

两个方案相比较而言，Ⅰ 方案的现值指数大于 Ⅱ 方案的，所以 Ⅰ 方案的投资效益大于 Ⅱ 方案的投资效益。

（3）现值指数法的特点

现值指数法和净现值法的基本原理在本质上是一样的，都是将未来现金净流量的总现值与投资总额的现值进行比较来取舍投资项目。在对未来现金净流量折现时通常取资本成本作为折现率。

4. 几种贴现方法决策指标的比较

净现值法和现值指数法的共同优点主要在于：考虑了货币时间价值，将投资项目经济寿命中每年的现金净流量按资本成本（折现率）进行折现，比较真实地反映出不同时期的现金流入对投资收益的不同作用这一事实；考虑了投资项目的最低盈利水平即投资的资本成本，反映了投资盈利的最低极限。它们之间又各有不同：净现值法使用的是绝对量指标，反映投资的效益；现值指数法采用的是相对量指标，反映投资的效率。

采用净现值法与采用现值指数法作出的选择有时会不一致，其原因在于投资额不等时，投资收益的绝对量与相对量之间会存在差异。究竟如何处理呢？一般而言，在投资额不同的互斥项目的选择中，遵循选择净现值最大的原则是正确的。当然也要根据具体情况具体分析。当资金相对充裕时，可以选择投资额较大而投资收益绝对数也较大的项目；当资金相对紧张时，可以选择投资额较小而现值指数较大的项目。遇到这些情况时应综合权衡。

内含报酬率法考虑了货币时间价值，将未来的现金净流量进行折现后与投资总额比较来取舍投资项目，比较准确；考虑了投资项目的内含报酬率，便于与资本成本相比较，更能确保投资的效益最佳。

综上所述，每一种方法都有优缺点，投资者应结合投资项目的实际情况和企业本身的条件来选择适合的一种或几种方法进行项目投资决策。

7.3.3 考虑投资风险的项目投资决策方法

前面在讨论项目投资决策时，假定现金流量是确定的，避开了投资风险问题。但实际上，投资活动充满了不确定性。如果这种不确定性较小，则可以忽略其影响，把决策视为确定条件下的行为。如果这种不确定性和风险较大，则应对其风险进行计量并在决策时加以考虑。风险项目投资决策的方法有很多，这里仅介绍折现率风险调整法和肯定当量法。

1. 折现率风险调整法

折现率风险调整法的基本思路是对于高风险的投资项目，采用较高的贴现率去计算净现值，然后根据净现值法的规则来选择项目，其关键在于对折现率按照风险程度进行调整。具体步骤如下：

第一步：确定无风险利率，即投资项目在无风险状态下的投资报酬率，一般指政府债券利率。

第二步：确定风险溢价，即具有风险的投资项目可能的报酬率与无风险投资项目可能的报酬率之间的差异，这样风险项目要求的投资报酬率可表示为：

$$K_d = i + p \tag{7-14}$$

式中，K_d 为调整后的风险投资报酬率；i 为无风险利率；p 为风险溢价。

第三步：利用调整后的折现率来计算净现值并据此判断投资项目。净现值的计算方法同前文所述。

上述按投资项目风险大小调整折现率的方法也可以采用资本资产定价模型来确定。资本资产定价模型的基本原理在前面章节已经介绍过，在此不再赘述。

2. 肯定当量法

在风险项目投资决策中，各年的现金流量往往是不确定的，因此必须对其进行调整。肯定当量法就是把不确定的各年现金流量按照一定的系数（通常为约当系数）折算为大约相当于确定的现金流量的数额，然后利用无风险贴现率来评价风险投资项目的决策方法。即先用一个系数把有风险的现金收支调整为无风险的现金收支，然后用无风险贴现率去计算净现值，再用净现值规则判断投资项目的可行性。

约当系数是肯定的现金流量对与之相当的、不肯定的期望现金流量的比值，通常用 d 表示，即：

$$\text{肯定的现金流量} = \text{期望现金流量} \times \text{约当系数} d$$

在评价时，可根据各年现金流量的风险程度选取不同的约当系数。当现金流量确定时，取 $d=1.00$；当现金流量的风险很小时，取 $1.00 > d \geq 0.80$；当现金流量的风险一般时，可取 $0.80 > d \geq 0.40$；当现金流量的风险很大时，可取 $0.40 > d > 0$。

但约当系数的选取可能会因人而异，敢于冒险的分析人员会选用较高的系数；相反，比较保守的分析人员会选用较低的系数。为了防止这种因偏好不同而造成的决策失误，有些企业根据标准差率来确定约当系数，因为标准差率是衡量风险大小的一个很好的指标，用它来确定约当系数是合理的。标准差率与约当系数的经验对照关系如表 7-9 所示。

有时，也可以对不同分析人员各自给出的约当系数进行加权平均，用加权平均约当系数进行折算。

当约当系数确定以后，决策分析问题就变得简单了，各种方法和步骤如前述内容。

表 7-9 标准差率与约当系数的经验对照表

标准差率	约当系数
0.01—0.07	1
0.08—0.15	0.9
0.16—0.23	0.8
0.24—0.32	0.7
0.33—0.42	0.6
0.43—0.54	0.5
0.55—0.7	0.4
……	……

【例7-10】 假设宏达公司准备进行一项投资,其各年的预计现金流量和分析人员确定的约当系数已列示在表7-10中,无风险贴现率为10%。判断该项目是否具有财务可行性。

表7-10 投资项目的现金流量和约当系数

年　份	0	1	2	3	4	5
现金流量(万元)	−3 900	975	952	930	907	1785
d_t	1	0.95	0.9	0.8	0.7	0.65
调整后的现金流量(万元)	−3 900	926.25	856.8	744	634.9	1 160.25

解 根据上述资料,利用净现值法对该项目进行财务可行性评价。

利用肯定当量法对该项目中各年的现金流量进行调整,调整结果如表7-8中最后一行数字所示。则

$$NPV = \sum_{t=1}^{n} \frac{NCF_t}{(1+K)^t} - I$$
$$= 926.25 \times (P/F, 10\%, 1) + 856.8 \times (P/F, 10\%, 2) +$$
$$\quad 744 \times (P/F, 10\%, 3) + 634.9 \times (P/F, 10\%, 4) +$$
$$\quad 1\,160.25 \times (P/F, 10\%, 5) - 3\,900$$
$$= 926.25 \times 0.909 + 856.8 \times 0.826 + 744 \times 0.751 +$$
$$\quad 634.9 \times 0.683 + 1\,160.25 \times 0.621 - 3\,900$$
$$= 841.96 + 707.72 + 558.74 + 433.64 + 720.52 - 3\,900$$
$$= -637.42(万元)$$

根据计算结果得知,按风险程度对现金流量进行调整后,计算出的净现值为负值,所以不能进行投资。

采用肯定当量法调整现金流量,进而作出投资决策,克服了调整贴现率方法夸大远期风险的缺点,但如何准确、合理地确定约当系数也是一个十分困难的问题。

7.4 项目投资决策实例

7.4.1 独立投资项目决策

独立投资项目的决策,可运用静态投资回收期、投资收益率及净现值、现值指数、内含报酬率等任何一个合理的指标进行分析,即可决定项目的取舍。只要运用得当,一般都能作出正确的决策。

(1) 项目完全具备财务可行性的条件

如果某投资项目的评价指标同时满足以下条件,则可以判定该项目无论从哪个方面看,都具备财务可行性,应当接受。这些条件是:净现值 $NPV>0$;内含报酬率 $IRR>K$;现值指数 $PI>1$;包括建设期的静态投资回收期 $PP \leqslant n/2$(即项目计算期的一半);不包括建设期的

静态投资回收期 $PP' \leqslant P/2$（即项目生产经营期的一半）；平均会计收益率 $ARR \geqslant$ 基准投资收益率。

(2) 项目完全不具备财务可行性的条件

如果某一投资项目的评价指标同时不满足上述条件，就可以判定该项目无论从哪一方面看，都不具备财务可行性，应当放弃该投资项目。

(3) 项目基本具备财务可行性的条件

如果在评价过程中发现某项目的主要指标处于可行区间（$NPV>0$，$IRR>K$，$PI>1$），但次要或辅助指标处于不可行区间（$PP>n/2$，$PP'>P/2$，$ARR<$基准投资收益率），则可以断定该项目基本上具有财务可行性。

(4) 项目基本不具备财务可行性的条件

如果在评价过程中发现某项目出现 $NPV \leqslant 0$、$IRR \leqslant K$、$PI \leqslant 1$ 的情况，即使有 $PP \leqslant n/2$，$PP' \leqslant P/2$ 或 $ARR \geqslant$ 基准投资收益率发生，也可以判定该项目基本不具备财务可行性。

(5) 其他应注意的问题

当静态投资回收期（次要指标）或投资收益率（辅助指标）的评价结论与净现值等主要指标的评价结论发生矛盾时，应当以主要的评价结论为准。

利用贴现方法的指标对同一投资项目进行评价和决策会得出完全相同的结论。在对同一个项目进行财务可行性评价时，净现值、内含报酬率和现值指数指标的评价是一致的。

【例 7-11】 某投资项目只有一个备选方案，各项财务可行性评价指标经过计算得出如下结果：平均会计收益率为 11.9%，包括建设期的静态投资回收期为 6 年，不包括建设期的静态投资回收期为 5 年，净现值 98.45 万元，现值指数为 1.36，内含报酬率为 16.15%。项目计算期为 11 年（其中生产经营期为 10 年），基准投资收益率为 8.9%，基准折现率为 10%。根据上述资料，评价该项目的财务可行性。

解 因为该项目的 $ARR >$ 基准投资收益率，$PP' =$ 生产经营期/2，$NPV>0$，$PI>1$，$IRR>K$，所以该项目基本上具备财务可行性（尽管 $PP>n/2$，超过基准回收期）。

评价结论：因为该项目各项主要评价指标均达到或超过相应标准，所以基本上具有财务可行性，只是包括建设期的静态投资回收期较长，有一定风险。如果条件允许的话，可投资。

7.4.2 互斥项目投资决策

对于互斥项目的投资决策，如果互斥项目的投资额相等、项目寿命期相等，依然可以使用上述决策方法比如净现值法进行决策，一般选择净现值较大的项目。但如果投资额相等、寿命期相等的条件不能满足，则不能直接选择上述方法进行决策。这时选择最优投资项目的基本方法可以归纳为以下几种。

1. 增量收益分析法

对于投资规模不同的互斥项目，可以选择该方法。增量收益分析法，又称差量分析法，是根据两个投资项目的增量现金流量计算增量净现值、增量现值指数或增量内含报酬率,并以其中任一标准选择最优方案的决策方法。如果增量净现值大于0,或增量现值指数大于1,或增量内含报酬率大于资本成本,则增量投资在财务上是可行的,即投资额较大者优;反之,则投资额较小者优。

对于旧设备是否更新,如果新设备的使用时限与旧设备的尚可使用时限相等,通常可以从新设备的角度进行分析,并通过计算增量净现值、增量现值指数或增量内含报酬率来判断:如果增量净现值大于0,或增量现值指数大于1,或增量内含报酬率大于资本成本,则应选择设备更新;否则,应继续使用旧设备。

【例7-12】 某公司5年前以1 000万元的价格购买了一台机器。购买时机器的预计使用寿命为10年,10年后残值为100万元,使用直线法折旧,每年折旧费为90万元。现在机器的市场价值为650万元。

为提高生产效率,公司拟更新这台机器。此时可以用1 500万元买到一台新机器(包括安装费)。5年内机器可降低经营费用每年500万元。第5年末此机器报废,无残值,采用直线法折旧。该公司的所得税税率为25%,折现率为15%。要求:

(1) 如果购买新机器,卖出旧机器,期初现金流量为多少?

(2) 若采用更新方案,与使用旧机器相比,1~5年每年年末的经营现金流量分别是多少?

(3) 期末资产净残值的增量是多少?

(4) 该更新方案的增量净现值是多少?公司是否应该更新机器?

解 这是一个项目寿命相同、投资额不等的互斥项目决策,所以可以用增量收益分析法,计算一个方案(出售旧设备购买新设备)比另一个方案(继续使用旧设备)增减的现金流量。下面分析它们的增量现金流量。

(1) 购买新机器并出售旧机器的现金流量计算如表7-11所示。

表7-11 购买新机器并出售旧机器的现金流量计算表　　　　　　　　(单位:万元)

项　目	金　额
购买新机器的费用	-1 500
出售旧机器的市场价(旧机器账面价值)	650(550)
出售旧机器资本收益的增量税款	-25
净营运资本增加额	0
期初项目增量现金流出	-875

可见如果购买新机器并卖出旧机器,则期初增量现金流量为-875万元。

(2) 项目寿命期内的经营现金流量增量。

新机器投入使用后,每年的经营成本比使用旧机器时减少,其减少量减去所得税即为资产更新后比不更新时增加的净现金流量。此外,还有因机器的折旧费用增加而引起的所得税款节约,具体计算见表7-12。

表7-12 项目寿命期内的经营现金流量计算表　　　　　　　　　（单位:万元）

年　份	1	2	3	4	5
(1)税前经营成本节约	500	500	500	500	500
(2)税后经营成本节约	375	375	375	375	375
(3)新机器折旧额	300	300	300	300	300
(4)旧机器折旧额	90	90	90	90	90
(5)折旧差额	210	210	210	210	210
(6)折旧税款节约	52.5	52.5	52.5	52.5	52.5
(7)经营现金净流量增量=(2)+(6)	427.5	427.5	427.5	427.5	427.5

可见若采用更新方案,与使用旧机器相比,1～5年每年年末的经营现金流量增量都是427.5万元。

(3)由于旧机器期末净残值为100万元,新机器期末无残值。所以期末资产净残值的增量是-100万元。

(4)期末非经营现金净流量增量见表7-13。

表7-13 期末非经营现金净流量计算表　　　　　　　　　（单位:万元）

项　目	金　额
新机器预计净残值	0
旧机器净残值	100
新、旧机器净残值差额	-100
净营运资本收回	0
期末非经营现金净流量	-100

综合以上数据,某公司两互斥项目的逐年现金净流量增量如表7-14所示。

表7-14 逐年现金净流量增量计算表　　　　　　　　　（单位:万元）

年　份	0	1	2	3	4	5
△初始投资	-875					
△经营现金流量		427.5	427.5	427.5	427.5	427.5
△终结现金流量						-100
△现金净流量增量	-875	427.5	427.5	427.5	427.5	327.5

按上述现金净流量增量计算,当折现率为15%时,两互斥项目的净现值增量为:
$427.5 \times (P/A, 15\%, 4) + 327.5 \times (P/F, 15\%, 5) - 875 = 508.35$(万元)

净现值增量大于0,说明资产更新比不更新时的获利能力大,应选择购买新机器并卖出旧机器的方案。

2. 总费用现值法

总费用现值法是指通过计算各备选投资项目的全部费用的现值来进行投资项目选择的

一种方法。这种方法一般适用于收入额、计算期相同的项目之间的选择,其选择标准是以总费用现值较小者为最佳。在重置型投资项目决策中也可以采用总费用现值法进行分析。

【例 7-13】 某公司正在考虑以一台新设备取代现有旧设备。有关资料如下:

旧设备原购置成本为 10 万元,已使用 5 年,估计还可以使用 5 年,已计提折旧 5 万元,假定使用期满后无残值,如果现在出售可得 4 万元,每年付现成本为 8 万元。

新设备的购置成本为 11 万元,估计可用 5 年,期满后有残值 1 万元,使用新设备后,每年付现成本为 5 万元。假定该公司按直线法折旧,所得税税率为 25%,资本成本率为 15%,销售收入不变。

判断该公司是否应该更新设备。

解 通过编制重置投资项目实际现金流量表(如表 7-15 所示),进而计算总费用的现值。

表 7-15 重置投资项目实际现金流量表　　　　　　　　　　　　　　(单位:元)

项　目	旧设备	新设备
初始投资:		
设备购置支出	0	−110 000
旧设备出售收入	0	40 000
旧设备出售损失减税	0	(50 000−40 000)×25%=2 500
现金流出合计	0	−67 500
经营现金流量(1~5 年)		
税后经营成本	−80 000×(1−25%)=−60 000	−50 000×(1−25%)=−37 500
折旧减税	10 000×25%=2 500	20 000×25%=5 000
现金流出合计	−60 000+2 500=−57 500	−32 500
终结现金流量(第 5 年)	0	10 000

旧设备费用总额现值=57 500×(P/A,15%,5)=57 500×3.352=192 740(元)

新设备费用总额现值=67 500+32 500×(P/A,15%,5)−10 000×(P/F,15%,5)

=67 500+32 500×3.352−10 000×0.497

=67 500+108 940−4 970=171 470(元)

计算结果表明,用新设备取代旧设备可节约费用现值 21 270 元(即 192 740−171 470)。因此,用总费用现值法分析可知,应该更新设备。

3. 年均费用法

年均费用法适用于收入相同但计算期不同的投资项目决策。这种方法是把继续使用旧设备与购置新设备看成两个互斥的项目,而不是一个更换设备的特定项目。也就是说,要有正确的"局外观",即从局外人的角度来考察:一个项目是购置旧设备,另一个项目是购置新设备,新、旧设备的使用期限不同,在此基础上比较各自的年均费用并作出选择,以年均费用较小者为优选项目。

【例 7-14】 某公司有一台生产用设备,技术人员提出更新要求,设备有关数据如表 7-16 所示。假设销售收入不变,企业最低报酬率为 15%,企业应如何决策?

表 7-16 新旧设备的有关数据

项目	旧设备	新设备
原值(元)	11 000	12 000
预计使用年限(年)	10	10
已使用年限(年)	4	0
预计残值(元)	1 000	1 500
变现价值(元)	3 000	12 000
年运行成本(元)	3 500	2 000

解 根据上述资料,计算新旧设备的年均成本如下:

$$旧设备的年均成本 = \frac{3\,000 + 3\,500 \times (P/A, 15\%, 6) - 1\,000 \times (P/F, 15\%, 6)}{(P/A, 15\%, 6)}$$

$$= \frac{3\,000 + 3\,500 \times 3.785 - 1\,000 \times 0.432}{3.785}$$

$$= 4\,178.47(元)$$

$$新设备的年均成本 = \frac{12\,000 + 2\,000 \times (P/A, 15\%, 10) - 1\,500 \times (P/F, 15\%, 10)}{(P/A, 15\%, 10)}$$

$$= \frac{12\,000 + 2\,000 \times 5.019 - 1\,500 \times 0.247}{5.019}$$

$$= 4\,317.1(元)$$

计算结果表明,使用旧设备的年均成本低于使用新设备的年均成本,因此应该继续使用旧设备,不应该更新设备。

4. 最小公倍寿命法

当几个备选投资项目的计算期不同时,可以采用最小公倍寿命法。这种方法又称为项目复制法,是将几个备选投资项目使用寿命的最小公倍数作为比较区间,并假设项目在这个比较区间内进行多次重复投资,将各自多次投资的净现值进行比较的分析方法。

对于寿命不同的项目,不能对它们的净现值、内含报酬率及现值指数直接比较。为了项目的评价指标具有可比性,要设法使其在相同的寿命期内进行比较。这种情况下除了可以采用最小公倍寿命法外,还可以采用年均净现值法。其中年均净现值法的基本思路与前述年均费用法的一样,这里不再赘述,下面主要介绍最小公倍寿命法的应用。

【例 7-15】 某公司要在以下两个项目中选取一个:A 项目需要 48 万元的初始投资,每年产生 24 万元的营业现金净流量,项目的使用寿命为 3 年,3 年后必须更新且无残值;B 项目需要初始投资 63 万元,使用寿命为 6 年,每年产生 19.2 万元的营业现金净流量,6 年后必须更新且无残值。公司最低报酬率为15%。该公司应如何决策?

解 A、B项目的最小公倍寿命为6年。由于B项目的寿命期原本就是6年,因此不需要进行调整,只需要对A项目进行调整,使A项目重复投资一次,将A项目的6年期内的现金流量情况与B项目进行对比。A项目的调整情况如表7-17所示:

表7-17 A投资项目的现金流量表 (单位:万元)

项 目	0	1	2	3	4	5	6
第0年投资的现金流量	−48	24	24	24			
第3年投资的现金流量				−48	24	24	24
再次投资合并的现金流量	−48	24	24	−24	24	24	24

$$A项目的净现值 = 24 \times (P/A,15\%,3) - 48 + (24 \times (P/A,15\%,3) - 48) \times (P/F,15\%,3)$$
$$= 24 \times 2.283 - 48 + (24 \times 2.283 - 48) \times 0.658$$
$$= 6.792 + 6.792 \times 0.658 = 11.26(万元)$$

$$B项目的净现值 = 19.2 \times (P/A,15\%,6) - 63$$
$$= 19.2 \times 3.785 - 63 = 72.67 - 63$$
$$= 9.67(万元)$$

对以上两个净现值进行比较,可见A项目的净现值大于B项目的净现值,因此该公司应该选择A项目。

本例中的两个项目寿命的最小公倍数为6年,正好是B项目的寿命期,所以计算比较简单。但如果项目寿命的最小公倍数比较大,而且需要对每个项目进行调整,则计算分析的工作量比较大,该方法就不适用。

5. 排列顺序法

这种方法是指对于全部待选投资项目,分别根据它们各自的净现值或现值指数或内含报酬率按降级顺序排列,然后进行项目挑选,值大者为最优。通常情况下,按上述三个评价指标对互斥项目进行排序选择的结果是一致的,但在有些情况下也会出现不一致的结论,也就是会出现排序矛盾的情况。这时,一般应以净现值为标准进行选优。

7.4.3 资本限额决策

在资本有限额的情况下,可能会发生企业的实际投资额达不到最佳投资规模所要求的额度,不能使公司价值达到最大。那么,在这种情况下,什么样的投资项目将被采用呢?为了使公司获得最大利益,应在资本限额允许的范围内,投资于一组使净现值最大的项目,即选择净现值最大的投资项目组合。对于这样的项目组合必须用适当的方法进行决策,比较简单的决策方法是项目组合法。

项目组合法是把所有待选项目组合成相互排斥的项目组,并依此找出满足约束条件的一个最好的项目组合,在这样的一个项目组合下,或者能使组合的净现值最大,或者能使组合的加权平均现值指数最大。

(1) 如果以项目组合的净现值最大为决策标准,则资本限额决策的步骤是:

第一步:计算所有项目的 NPV 并列出项目的初始投资额。

第二步:接受 NPV 大于 0 的项目,如果可接受的项目都有足够的资本,说明资本无限额,这一过程即可完成。

第三步:如果资本不能满足所有 NPV 大于 0 的项目,则需对所有项目在资本限额内进行各种可能的组合并计算出各种组合的净现值合计数。

为了能够快速求得 NPV 最大的项目组合,应按现值指数 PI 的大小并结合净现值 NPV 进行项目排序。

第四步:接受净现值合计数最大的项目组合。

(2) 如果以项目组合的现值指数最大为决策标准,则资本限额决策的步骤是:

第一步:计算所有项目的现值指数(不能忽略掉任何项目),并列出每一个项目的初始投资额。

第二步:接受 PI 大于 1 的项目,如果所有可接受的项目都有足够的资本,则说明资本无限额,这一过程即可完成。

第三步:如果资本不能满足所有 PI 大于 1 的项目,则需对所有的项目都在资本限额内进行各种可能的组合并计算出各种组合的加权平均现值指数。

第四步:接受加权平均现值指数最大的项目组合。

【例 7-16】 现有 A、B、C、D、E 五种投资项目,有关原始投资额、净现值和内含报酬率数据如表 7-18 所示。要求:确定投资限额为 700 万元时的投资项目组合。

表 7-18 A、B、C、D、E 投资项目的数据表

项 目	原始投资额(万元)	净现值(万元)	现值指数	内含报酬率(%)
A	300	120	1.40	18
B	200	40	1.20	21
C	200	100	1.50	40
D	100	22	1.22	19
E	100	30	1.30	35

解 依据表 7-18 的数据,各项目的分析指标均符合可行的条件,因此在投资总额不受限制的前提下,应接受所有项目,决策结束。

在资本限额为 700 万元时,首先按各项目的现值指数大小排序,并计算累计原始投资额和累计净现值数据,结果如表 7-19 所示。

表7-19　各项目的累计原始投资额及累计净现值计算表　　　　　　　　（单位：万元）

排　序	项　目	原始投资额	累计原始投资额	净现值	累计净现值
1	C	200	200	100	100
2	A	300	500	120	220
3	E	100	600	30	250
4	D	100	700	22	272
5	B	200	900	40	312

然后，列出在资本限额内的所有可能的项目组合，并计算项目组合的加权平均现值指数和净现值合计数，如表7-20所示。

表7-20　投资项目组合的净现值合计数计算表　　　　　　　　　　　　（单位：万元）

项目组合	原始投资总额	平均现值指数	净现值合计数
CAED	700	1.39	272
CAB	700	1.37	260
AEDB	700	1.30	212

根据表7-18的数据，按投资组合决策的原则应选择CAED项目组合。很明显，项目组合的加权平均现值指数最大时，其净现值合计数也达到最大，而且是按顺序选定的第一个组合。

值得注意的是，以上分析是在多种假设条件下进行的，这些假设条件包括：

（1）假设各备选投资项目都是相互独立的，如果在备选投资项目中存在互斥项目，应把所有项目都列出来，但在分组时，每一组中的互斥项目只能排一个。

（2）假设各项目的风险程度相同并且资本成本相一致。

（3）假设资本限额只是单一时间周期的，但在实施资本限额时，限额通常要持续若干年，在今后几年中可获得的资本取决于前些年投资的现金流入状况。例如，第2年的资本限额取决于第1年投资的现金流入，以此类推。要解决此类问题，还应掌握投资机会和以后若干年可获得的资本两方面的资料，而不能仅限于当年的信息。

7.5　Excel在项目投资决策中的应用

1. 主要Excel技术

项目投资决策主要采用净现值法或者内含报酬率法评价投资项目是否可行，可利用Excel建立投资评价模型，主要用到SLN函数、NPV函数、IRR函数。

（1）SLN函数：返回一定期间的按直线法计算的资产折旧额。该函数的参数有三个，即资产原值（cost）、残值（salvage）、折旧期数（life）；函数格式为：SLN(cost,salvage,life)。

（2）NPV函数：利用折现率和未来一系列支出和收益计算投资项目的净现值。该函数的参数有两个，即折现率（rate）和系列现金流（value1、value2，…）；函数格式为：NPV(rate, value1,value2,…)。

（3）IRR 函数：返回一系列现金流的内含报酬率。该函数的参数有两个，即现金流（value1，value2，…）和估计的内含报酬率值（guess）；函数格式为：IRR(value1，value2，…，guess)。

2. 应用举例

某投资项目的初始固定资产投资额为 300 万元，流动资产投资额为 50 万元，于第 0 年一次性投入，预计期末固定资产残值为 12 万元，固定资产按直线法计提折旧。该项目经营期为 5 年，经营期内每年销售收入为 220 万元，付现经营成本为 80 万元，所得税税率为 25%，贴现率为 15%。试计算该投资项目的净现金流量和各项评价指标，并根据各评价指标判断该项目的可行性。

第一步：启动 Excel 并新建工作表，在工作表中输入相关的原始数据，如图 7-1 所示。

	A	B	C	D	E	F	G
1			投资项目现金流概况				
2		建设期		经营期			
3		0	1	2	3	4	5
4	1.现金流入	—	—	—	—	—	—
5	年销售收入（万元）	0	220	220	220	220	220
6	固定资产残值收入						12
7	流动资产投资收回						50
8	2.现金流出	—	—	—	—	—	—
9	初始固定资产投资（万元）	300	0	0	0	0	0
10	初始流动资产投资（万元）	50	0	0	0	0	0
11	年付现经营成本（万元）	0	80	80	80	80	80
12	年折旧（万元）	0					
13	所得税（万元）	0					
14	3.净现金流量（万元）	0					
15	累计现金流量	0					
16			投资项目计算评价表				
17	项目经营期（年）	5	NPV				
18	固定资产期末残值（万元）	12	PI				
19	所得税税率	25%	IRR				
20	贴现率	15%	回收期	—	—	—	—

图 7-1 在工作表中输入原始数据

第二步：利用 Excel 中的 SLN 函数、NPV 函数、IRR 函数和 IF 函数计算 C12、D17、D18、D19、D20、E17、E18 以及 E19 单元的值。

依照上述要求，各单元格的计算公式或函数如表 7-21 所示。

表 7-21 单元格中输入的公式

单元格	公 式
C12	=SLN($B$9,$B$18,$B$17)
C13	=(C5−C11−C12)*$B$19
B14	=SUN(B5:B7)−SUN(B9:B11;B13)
B15	=B14
C15	=B15+C14
D17	=NPV(B20,C14:G14)+B14
D18	=NPV(B20,C14:G14)/(−B14)
D19	=IRR(B14:G14)
D20	=D3−D15/E14
E17	=IF(D17>=0,"可行","不可行")
E18	=IF(D18>0,"可行","不可行")
E19	=IF(D19>=B20,"可行","不可行")

第三步:将 D17、D18 和 D20 单元格中的数值设定为小数点后两位,以防数据显示杂乱。

第四步:利用填充功能计算 D12:G12、D13:G14 和 D15:G15 单元格区域的值。

第五步:输出计算结果,如图 7-2 所示。

	A	B	C	D	E	F	G
1				投资项目现金流概况			
2			建设期		经营期		
3			0	1	2	3	4	5
4	1.现金流入		—	—	—	—	—	—
5	年销售收入(万元)		0	220	220	220	220	220
6	固定资产残值收入							12
7	流动资产投资收回							50
8	2.现金流出		—	—	—	—	—	—
9	初始固定资产投资(万元)		300	0	0	0	0	0
10	初始流动资产投资(万元)		50	0	0	0	0	0
11	年付现经营成本(万元)		0	80	80	80	80	80
12	年折旧(万元)		0	57.6	57.6	57.6	57.6	57.6
13	所得税(万元)		0	20.6	20.6	20.6	20.6	20.6
14	3.净现金流量(万元)		-350	119.4	119.4	119.4	119.4	181.4
15	累计现金流量		-230.6	-111.2	8.2	127.6	309	
16				投资项目计算评价表			
17	项目经营期(年)	5	NPV	81.07	可行	—	—
18	固定资产期末残值(万元)	12	PI	1.23	可行	—	—
19	所得税税率	25%	IRR	24%	可行	—	—
20	贴现率	15%	回收期	2.93	—	—	—

图 7-2 投资项目现金流概况

【本章小结】

财务管理的目标是企业价值最大化,那么什么样的投资项目才能实现这一目标呢?本章介绍了基于这一目标的项目投资决策方法。进行项目投资决策的前期工作是进行现金流量估算。因此,本章的主要内容包括项目投资的基础理论、现金流量估算、项目投资决策的基本方法以及项目投资决策实例介绍。

1. 项目投资的基础理论主要包括投资的概念和种类、项目投资决策应考虑的因素、项目投资方案的评价标准以及项目投资决策的基本原则等内容。

2. 现金流量估算主要包括现金流量的基本概念、现金流量的预计方法以及现金流量预计时应注意的问题等内容。

3. 项目投资决策的基本方法包括两大类:非贴现方法和贴现方法。前者的决策指标主要有静态投资回收期和平均会计收益率;后者的决策指标主要有净现值、现值指数和内含报酬率。后者的这三种指标的计算需要充分考虑货币时间价值和风险价值,因此称之为贴现方法指标。净现值法以净现值是否大于 0 为标准,当投资项目的净现值大于 0 时即可行,反之则不可行。现值指数法以净现值是否大于 1 为标准,当投资项目的现值指数大于 1 则可行,反之则不可行。内含报酬率法则以内含报酬率是否大于投资者要求的最低报酬率为标准。对于一般的独立项目,这三种指标的评价结果是一致的,但对于特殊项目,如投资项目规模不同、期限不同等情况,则应灵活使用。非贴现方法指标不考虑货币时间价值和风险价值,尽管其与企业价值最大化不直接联系,但在实践中常被作为辅助评价指标。

4. 投资项目评价结论的准确与否取决于对项目未来现金流量估算和风险的处理，因此本章还分别介绍了投资项目处于不确定和风险较大的环境中的处理方法，包括风险调整贴现率法和肯定当量法。

5. 项目投资决策实例部分主要包括独立项目投资决策、互斥项目投资决策以及资本限额决策等内容。其中互斥项目投资决策方法包括增量收益分析法、总费用现值法、年均费用法、最小公倍寿命法以及排列顺序法，在应对不同情况下的项目投资决策评价时，这些方法是很实用的。

【案例分析】

案例一：Goodweek 轮胎有限公司

经过广泛的研发工作，Goodweek 轮胎有限公司近期研制了一种新轮胎——"超级轮胎"，现需要对生产和销售"超级轮胎"的投资必要性进行决策。这种轮胎除了能用于一般的快车道，对那些经常行驶于湿滑路面和野地的驾驶员也非常适合。研发工作的成本到目前为止总额为 1 000 万美元。"超级轮胎"将于今年面市，Goodweek 公司打算在市场上销售 4 年。花费了 500 万美元的市场调查显示："超级轮胎"存在一个相当大的市场。

假设你是 Goodweek 轮胎有限公司的一个财务分析师。公司的 CFO，亚当·史密斯先生要求你评估"超级轮胎"项目并提供一份是否进行投资的建议书。你被告知所有过去对"超级轮胎"的投资都是沉没成本，只需考虑未来的现金流量。除了马上将发生的初始投资，假定所有的现金流量都是在年末发生的。

Goodweek 公司需要马上投资 120 000 000 美元购买设备以制造"超级轮胎"。此设备预计有 7 年的使用寿命，第 4 年末时可以 51 428 571 美元出售。Goodweek 公司打算在两类市场上销售"超级轮胎"：

（1）原始设备制造商(OEM)市场。OEM 市场包括为新车购买轮胎的主要的大汽车公司(如通用汽车)。在 OEM 市场上，"超级轮胎"预计能以每只轮胎 36 美元的价格出售，生产每只轮胎的可变成本为 18 美元。

（2）更换市场。更换市场包括所有汽车出厂后购买的轮胎。这个市场上的利润率较高。Goodweek 公司预计能以每只轮胎 59 美元的价格出售"超级轮胎"，可变成本与 OEM 市场上的相同。

Goodweek 公司打算以高于通货膨胀 1% 的速度提高价格。可变成本同样也以高于通货膨胀 1% 的速度增加。此外，"超级轮胎"项目第一年将发生 25 000 000 美元的销售和一般管理费用(这个数字在此后年份里预计将以通货膨胀的速度增加)。

Goodweek 公司的所得税率为 40%。年通货膨胀率预计保持在 3.25% 不变。公司使用 15.9% 的折现率来评价新产品决策。汽车行业分析家预测汽车制造商今年将生产出 200 万辆新车，此后产量以每年 2.5% 的速度增长，每辆新车需要 4 个轮胎(备用胎型号较小，划分到另一类中)。

Goodweek 公司期望"超级轮胎"能占领 11% 的 OEM 市场。

行业分析家预测更换市场今年的规模为 14 000 000 只轮胎且每年将增长 2%。Goodweek 公司期望"超级轮胎"能占领 8% 的市场份额。

该设备适用于 7 年期改进的加速成本折旧法(MACRS)。眼下的初始营运资本需求为 11 000 000 美元,此后的净营运资本需求为销售额的 15%。

案例分析与讨论:

计算此项目的 NPV、静态投资回收期、贴现回收期、ARR、IRR 和 PI。

资料来源:斯蒂芬 A. 罗斯,伦道夫 W. 威斯特菲尔德,杰弗利 F. 杰富. 公司理财(第 8 版)[M]. 吴世农,沈艺峰,译. 北京:机械工业出版社,2009.

案例二:教学电影《公司理财》制作的大预算与小预算的讨论

斯坦利·杰佛(Stanley Jaffe)和雪莉·兰星(Sherry Lansing)刚购买了教学电影《公司理财》的版权。他们不清楚制作这部影片应该用多大的预算比较合适,预计的现金流量见表 7-22。

表 7-22 预计现金流量表　　　　　　　　　　　　　　　　　(单位:百万美元)

项　目	第 0 期现金流量	第 1 期现金流量	NPV(25%)	IRR(%)
大预算	−25	65	27	160
小预算	−10	40	22	300

由于项目的风险比较高,折现率假定为 25%。雪莉·兰星认为应该斥巨资,因其净现值比较高。斯坦利·杰佛的观点是小预算比较合适,因为内含报酬率比较高。因观点不一样,两个人展开了长时间的讨论,但最终雪莉·兰星还是说服了斯坦利·杰佛。究竟谁正确呢?

案例分析与讨论:

1. 请分析这里的实质性问题。

2. 用事实说明雪莉·兰星是如何说服斯坦利·杰佛的?最能令斯坦利·杰佛信服的理由是什么?

资料来源:斯蒂芬 A. 罗斯,伦道夫 W. 威斯特菲尔德,杰弗利 F. 杰富. 公司理财(第 8 版)[M]. 吴世农,沈艺峰,译. 北京:机械工业出版社,2009.

【思考题】

1. 项目投资决策时应主要考虑什么因素?

2. 计算现金流量时应注意哪些问题?

3. 简述净现值、内含报酬率指标在项目投资决策评价中是如何与企业价值最大化这一理财目标相联系的?

4. 项目投资决策评价中为什么使用现金净流量而不用会计利润?

5. 简述利用静态投资回收期进行评价的优缺点。

6. 简述净现值、现值指数、内含报酬率指标的内在联系与区别。

7. 在项目投资决策评价的贴现指标计算中,如何确定折现率?

8. 简述项目投资决策评价中考虑风险的方法有哪些?

9. 在比较两个或两个以上的投资项目时,如果投资项目是相互独立的,应该如何决策?如果项目是相互排斥的,应该如何决策?

【课后练习】

一、单项选择题

1. 某投资项目年营业收入为 10 000 元,年付现成本为 6 000 元,年折旧额为 2 000 元,所得税率为 50%,则该项目的 NCF 为_____。
   A. 2 000   B. 1 000   C. 3 000   D. 5 00

2. 下列不属于终结现金流量范畴的是_____。
   A. 固定资产残值收入   B. 固定资产投资
   C. 垫支流动资金的收回   D. 停止使用的土地的变价收入

3. 某投资项目欲购进一套新设备,要支付 2 000 万元,旧设备残值为 50 万元,在投入运营前要垫支营运资金 200 万元,则该项目的初始现金流量是_____。
   A. 2 150 万元   B. 1 950 万元
   C. 2 000 万元   D. 2 200 万元

4. 某项投资方案在经济上认为是有利的,其净现值至少应该_____。
   A. 等于 1   B. 大于 0
   C. 等于 0   D. 小于 0

5. 下列指标的计算中,没有直接利用现金净流量的是_____。
   A. 内部收益率   B. 投资利润率
   C. 净现值率   D. 现值指数

6. 根据计算结果是否大于 1 来判断固定资产投资项目是否可行的指标是_____。
   A. 平均报酬率   B. 净现值
   C. 现值指数   D. 静态投资回收期

7. 对投资项目内部收益率的大小不产生影响的因素是_____。
   A. 原始投资额   B. 现金流量
   C. 设定折现率   C. 项目寿命期

8. 某投资项目的年销售收入为 180 万元,年付现成本费用为 120 万元,年折旧率为 20 万元,所得税税率为 30%,则该项目的年现金流量为_____万元。
   A. 60   B. 62   C. 56   D. 48

9. 当一项长期投资的 NPV 大于 0 时,下列说法中不正确的是_____。
   A. 该方案不可投资
   B. 该方案的内含报酬率大于其资本成本
   C. 该方案的现值指数大于 1
   D. 该方案的未来报酬总现值大于初始投资现值

10. 在没有资本限额的投资决策中,最好的评价方法是_____。
    A. 净现值法   B. 现值指数法
    C. 内含报酬率法   D. 静态投资回收期法

11. 固定资产使用成本是一种_____。
    A. 非付现成本   B. 付现成本
    C. 沉没成本   D. 资金成本

12. 现值指数法与净现值法相比,其优点是_____。
    A. 便于投资额相同的项目的比较   B. 便于投资额不同的项目的比较
    C. 考虑了投资风险性   D. 考虑了资本时间价值

13. 计算经营现金净流量时,每年净现金流量可按_____来计算。
    A. NCF＝年营业收入－年付现成本
    B. NCF＝年营业收入－年付现成本－所得税
    C. NCF＝税后利润＋折旧＋所得税
    D. NCF＝税后利润＋折旧－所得税

14. 当贴现率与内含报酬率相等时_____。
    A. 净现值等于零   B. 净现值小于零
    C. 净现值大于零   D. 净现值不一定

15. 某投资项目的贴现率为10%时,净现值为5;贴现率为11%时,净现值为－100,则该项目的内含报酬率为_____。
    A. 11.05%   B. 9.95%
    C. 10.52%   D. 10.05%

16. 某公司拟新建一车间用于生产受市场欢迎的甲产品,据预测甲产品投产后每年可创造100万元的收入。但公司原生产的A产品会因此受到影响,使其年收入由原来的200万元降低到180万元,则与新建车间相关的现金流量为_____。
    A. 100万元   B. 80万元
    C. 20万元   D. 120万元

17. 下列指标中,非贴现的现金流量指标是_____。
    A. 净现值   B. 现值指数
    C. 内含报酬率   D. 静态投资回收期

18. 项目投资决策评价指标中,贴现现金流量指标不包括_____。
    A. 净现值   B. 内含报酬率
    C. 现值指数   D. 回收期

19. 计算一个投资项目的投资回收期,必须考虑_____因素。
    A. 使用寿命   B. 净现值
    C. 年现金流量   D. 要求最小的投资报酬率

20. 下列关于NPV与PI关系的表述中正确的是_____。
    A. 若NPV＝0,则PI＝1   B. 若NPV＞0,则PI＜1

C. 若 NPV<0,则 PI>1　　　　　　　　D. 若 NPV<0,则 PI 不确定

21. 某投资项目的年营业收入为 240 万元,年销售成本为 170 万元,其中折旧为 70 万元,所得税率率为 40%,则该项目的年经营现金流量为_____。
    A. 70 万元　　　　　　　　　　　　B. 112 万元
    C. 140 万元　　　　　　　　　　　 D. 84 万元

22. 在假定其他因素不变情况下,提高贴现率会导致下述_____指标变小。
    A. 净现值　　　　　　　　　　　　B. 内含报酬率
    C. 平均报酬率　　　　　　　　　　D. 静态投资回收期

23. 某设备的原始价值为 525 000 元,预计残值为 30 000 元,预计清理费用为 5 000 元,该设备使用寿命为 10 年,按年限平均法计提折旧,则该设备的年折旧额是_____。
    A. 49 000 元　　　　　　　　　　　B. 50 000 元
    C. 52 000 元　　　　　　　　　　　D. 55 000 元

24. 以下各项中,属于固定资产投资项目经营现金流量的是_____。
    A. 固定资产的残值收入　　　　　　B. 产品的销售收入
    C. 固定资产的变价收入　　　　　　D. 垫支资金回收收入

25. 在存在所得税的情况下,以"利润＋折旧"估计经营现金净流量时,利润是指_____。
    A. 利润总额　　　　　　　　　　　B. 净利润
    C. 营业利润　　　　　　　　　　　C. 息税前利润

二、多项选择题

1. 下列几个因素中影响内含报酬率的有_____。
    A. 投资项目的现金流量　　　　　　B. 银行贷款利率
    C. 企业要求的最低投资报酬率　　　D. 投资项目有效年限
    E. 银行存款利率

2. 下列项目中,属于贴现评价指标的有_____。
    A. 静态投资回收期　　　　　　　　B. 现值指数
    C. 净现值　　　　　　　　　　　　D. 内含报酬率
    E. 平均会计收益率

3. 下列项目中属于现金流入项目的有_____。
    A. 营业收入　　　　　　　　　　　B. 建设投资
    C. 回收流动资金　　　　　　　　　D. 经营成本节约额
    E. 残值收入

4. 某公司拟于2018年初建一生产车间用于某种新产品的开发,则与该投资项目相关的现金流量有_____。
    A. 2015 年公司支付 5 万元的咨询费,请专家论证
    B. 垫付 25 万元的流动资金
    C. 投产后每年创造销售收入 100 万元
    D. 需购置新生产线,价值为 300 万元

E. 该生产线寿命期完结时的残值收入

5. 进行项目投资决策评价时,属于非贴现的方法有_____。
   A. 静态投资回收期　　　　　　B. 现值指数
   C. 净现值　　　　　　　　　　D. 平均会计收益率
   E. 内含报酬率

6. 当一项长期投资项目的净现值大于零时,则可以说明_____。
   A. 该项目贴现后现金流入大于贴现后现金流出
   B. 该项目的内含报酬率大于预定的贴现率
   C. 该项目可以接受,应该投资
   D. 该项目应拒绝,不能投资
   E. 该项目的现值指数大于零

7. 考虑折旧抵税而计算现金净流量的公式有_____。
   A. 现金净流量＝税后利润－折旧
   B. 现金净流量＝收入－付现成本－所得税
   C. 现金净流量＝税后收入－税后成本＋折旧
   D. 现金净流量＝税后收入－税后成本＋折旧×所得税率
   E. 净现金流量＝收入×(1－所得税率)－付现成本×(1－所得税率)＋折旧×税率

8. 确定一个投资项目可行的必要条件是_____。
   A. 净现值大于0　　　　　　　B. 获利指数大于1
   C. 回收期小于1年　　　　　　D. 内含报酬率较高
   E. 内含报酬率大于1

9. 下列关于静态投资回收期指标的说法中正确的有_____。
   A. 没有考虑货币时间价值因素　　B. 计算简单,易于操作
   C. 忽略了回收期以后的现金流量　D. 无法直接利用现金净流量指标
   E. 是进行投资决策用到的主要指标

10. 按投资与企业生产经营的关系,企业投资可分为_____。
    A. 直接投资　　　　　　　　　B. 间接投资
    C. 长期投资　　　　　　　　　D. 短期投资
    E. 初创投资

11. 影响项目投资决策的因素有_____。
    A. 沉没成本　　　　　　　　　B. 税负
    C. 机会成本　　　　　　　　　D. 非相关成本
    E. 折旧

12. 下列投资属于对外投资的有_____。
    A. 固定资产投资　　　　　　　B. 股票投资
    C. 债券投资　　　　　　　　　D. 应收账款
    E. 联营投资

三、判断题

1. 在互斥项目投资决策中,净现值法有时会作出错误的决策,而内含报酬率法则始终能得出正确的参考答案。（   ）

2. 净现值法考虑了货币时间价值,能够反映各个投资项目的净收益,但不能揭示各个投资项目本身可能达到的投资报酬率。（   ）

3. 进行长期投资决策时,如果某一备选项目的净现值比较小,则该项目的内含报酬率也较低。（   ）

4. 非贴现现金流量指标有静态投资回收期、平均会计收益率和净现值。（   ）

5. 由于现值指数是用相对数来表示,因此现值指数法优于净现值法。（   ）

6. 现金净流量＝营业收入－付现成本费用－所得税。（   ）

7. 静态投资回收期既考虑了回收期的现金流量,又考虑了货币时间价值。（   ）

8. 投资项目的内含报酬率受其折现率影响。（   ）

9. 净现值、现值指数、内含收益率和静态投资回收期都是固定资产投资决策的主要指标。（   ）

10. 考虑所得税的影响时,项目采用加速折旧法计提折旧,计算出来的项目净现值比采用直线法计提折旧的项目净现值大。（   ）

11. 如果要在多个相互排斥的项目中选择的话,依据内含报酬率、净现值和现值指数进行评价得出的结论都是一样的。（   ）

四、计算分析题

1. 某企业投资100万元购入一台设备,该设备的预计残值率为4%,可使用3年,折旧按直线法计算。设备投产后每年销售收入增加额分别为100万元、200万元、150万元,每年付现成本(除折旧外的费用)增加额分别为40万元、120万元、50万元。企业适用的所得税税收率为25%,要求的最低投资报酬率为10%。要求:

(1) 假设企业经营无其他变化,预测未来3年企业每年的税后利润。

(2) 计算该投资项目的净现值并作出判断。

2. 某公司一长期投资项目各期现金净流量为:$NCF_0 = -3\,000$万元,$NCF_1 = -3\,000$万元,$NCF_2 = 0$万元,第3—11年的经营现金净流量为1 200万元,第11年还另有回收额200万元。该公司的资本成本为10%。计算原始投资额、终结现金流量、投资回收期、净现值并作出判断。

3. 公司计划购入一设备,现有甲、乙两个方案可供选择。甲方案需投资100万,设备使用寿命为5年,采用直线法计提折旧,5年后设备无残值,5年中每年销售收入为50万元,每年付现成本为15万元。乙方案需投资120万元,另需垫支营运资金15万元,也采用直线法计提折旧,设备使用寿命也为5年,5年后有残值20万元,5年中每年销售收入为60万元,付现成本第一年为20万,以后随设备陈旧逐年增加1万元。所得税税率为25%。要求:计算两方案的现金流量,若该公司的资本成本为10%,用净现值法作出投资决策。

4. 某公司现有两个方案,投资额均为600万元,每年的现金流量如表7－23所示,该公司的资本成本为10%。要求:

表7-23 某公司现金流量 (单位:万元)

年 次	A方案		B方案	
	现金流入量	现金流出量	现金流入量	现金流出量
0		6 000		6 000
1	2 500		1 600	
2	2 000		1 600	
3	1 500		1 600	
4	1 000		1 600	
5	1 000		1 600	
合计	8 000	6 000	8 000	6 000

(1) 计算A、B两方案的净现值和现值指数。

(2) 选择最优方案并说明理由。

5. 某公司进行一项投资项目,正常投资期为5年,每年投资400万元。第6—15年每年现金净流量为450万元。如果把投资期缩短为3年,每年需投资700万元。竣工投产后的项目寿命和每年现金净流量不变。资本成本为10%,假设项目寿命终结时无残值,无需垫支营运资金。请判断公司是否应缩短投资期。

6. 某企业准备进行一项固定资产投资项目,该项目的现金流量情况如表7-24所示。要求:

表7-24 某企业投资项目的现金流量情况 (单位:万元)

T	0	1	2	3	4	5	合 计
现金净流量	−100	5	50	?	50	50	145
累计现金净流量	−100	−95	?	45	95	145	—
折现现金净流量	−100	4.715	44.5	75.6	39.6	37.35	—

(1) 计算上表中用问号表示的数值。

(2) 计算该项目的投资回收期。

(3) 计算该项目的净现值和现值指数。

7. 某公司准备购入一设备以扩充生产能力。现有甲、乙两个方案可供选择。甲方案需投资30 000元,设备使用寿命为5年,采用直线法计提折旧,5年后设备无残值,5年中每年销售收入为16 000元,每年付现成本为6 500元。乙方案需投资38 000元,采用直线法计提折旧,设备使用寿命也是5年,5年后设备有残值收入6 000元,5年中每年销售收入为18 000元,付现成本第一年为7 000元,以后随着设备陈旧,逐年将增加修理费300元,另需垫付营运资金5 000元。假设所得税税率为25%,资本成本为10%。要求:

(1) 计算两个方案的现金流量。

(2) 计算两个方案的净现值、现值指数和内含报酬率。

(3) 计算两个方案的静态投资回收期。

(4) 试判断应选用哪个方案。

8. 某企业有一旧设备,生产使用部门提出更新要求,技术人员及财务人员提供的相关数据见表7-25。

表7-25　投资项目相关财务数据

项　目	旧设备	新设备
原始价值(购价)(元)	22 000	24 000
预计使用年限(年)	10	10
已使用年限(年)	4	0
尚可使用年限(年)	6	10
变现价值(元)	6 000	24 000
每年付现成本(元)	7 000	4 000
期末残值(元)	2 000	3 000

假设该企业要求的最低收益率为15%,那么该企业是继续使用旧设备,还是以新设备替代(假设不考虑所得税)。

9. 沪江公司打算在2015年末购置一套不需要安装、有效使用年限为5年的新设备,以替换一套尚可使用5年、折余价值为50 000元、变价净收入为20 000元的旧设备。取得新设备的投资额为175 000元。到2020年末,新设备的预计净残值比旧设备的预计净残值高出5 000元。使用新设备可使企业在5年内,第1年增加息税前利润14 000元,第2—4年每年增加税后利润18 000元,第5年增加税后利润13 000元。新旧设备均采用直线法计提折旧。假设全部资金来源均为自有资金,适用的企业所得税税率为25%,折旧方法和预计净残值的估计均与税法规定相同,投资者要求的最低报酬率为12%。请问该公司是否应该替换旧设备?

第八章 短期财务决策

【学习目标】
1. 了解营运资金的含义与特点,营运资金管理的基本要求和政策。
2. 理解公司持有现金的目的、最佳现金余额模型、现金收支管理。
3. 理解存货成本的内容,掌握经济订货批量的基本模型以及 ABC 管理法等存货控制方法。
4. 掌握应收账款信用标准和收账政策的制定方法。
5. 了解短期债务的筹集方式及其特点。

【重点与难点】
1. 营运资金管理的基本要求和政策。
2. 存货控制的经济订货批量模型。
3. 应收账款信用政策的制定方法。
4. Excel 在短期财务决策中的应用。

【导引案例】

流动性的重要性

一个富翁通过一个天桥时,迎面走来一个乞丐,看到乞丐破烂的穿着和虚弱的身子,富翁本能地把手伸进了自己的口袋,掏钱时才发现身上只带了 100 元钱,"把钱给了乞丐,自己回家的路费怎么解决?"富翁拿着 100 元钱的手犹豫了。乞丐见到富翁手里的钞票一阵狂喜,但突然富翁又把钱收回去了,乞丐吞了一下口水。富翁脱下自己的大衣对乞丐说:"衣服给你吧,价值 1 000 多元钱呢。"富翁以为乞丐会很高兴。乞丐接过大衣,但很快又摇摇头还给了他,眼睛盯住他的钱包说:"你还是给我现金吧,衣服不能买饭吃,我现在很饿!"这回富翁只好挤公交回家。

从这个故事中可以了解一些财务原理:名贵的衣服虽然价值 1 000 多元,但只能用来穿,而 100 元可以让乞丐买到很多他需要的东西。对乞丐来说,100 元现金比 1 000 多元的衣服更有诱惑力。对一个企业来说,是利润重要还是手里的现金重要?如果一个公司没有现金,公司的流动性就不存在,结果就是破产。实际上,保证合理的一定比例的流动资金在任何一个企业的理财中都十分关键,这就是财务管理中的营运资金管理。

资料来源:陈玉菁.财务管理实务与案例[M].北京:中国人民大学出版社,2011.

8.1 营运资金管理

8.1.1 营运资金的概念及其分类

营运资金，又称为营运资本，有广义和狭义两种概念。广义的营运资金又称毛营运资金，是指企业的流动资产总额；狭义的营运资金又称为净营运资金，是指企业的流动资产减去流动负债后的差额。我们通常所指的营运资金是指净营运资金，因此营运资金管理包括流动资产管理和流动负债管理。就流动资产的典型项目来说，主要有现金、应收账款、存货等；就流动负债的典型项目来说，主要有应付债款和短期借款。

一个企业要维持正常的运转就必须要拥有适当的营运资金。因此，营运资金管理是企业财务管理的重要组成部分。从财务角度看，营运资金应该是流动资产与流动负债关系的总和，在这里"总和"不是数额的加总，而是关系的反映，这有利于财务人员意识到，对营运资金的管理要注意流动资产与流动负债这两个方面的问题。

从有效管理的角度出发，企业应以一定量的营运资金为基础从事生产经营活动。这是因为，在商业信用高度发达的条件下，企业的流动资产可转化为现金，构成现金流入之源；企业偿还流动负债需支付现金，构成现金流出之源。虽然流动资产各项目的流动性不尽相同，但相对来说，持有流动资产越多，企业的偿债能力就越强。

企业需持有一定数量营运资金的另一个原因是现金流入量与流出量的非同步性和不确定性。这主要表现在：企业支付材料货款在先，取得现金收入（产品销售）在后；未来经营活动的不确定性使现金流量预测难以准确。在财务管理实务中，大多数企业的现金流入与现金流出无法在时间上相互匹配，因此保持一定数量的营运资金，以备偿付到期债务和当期费用具有重要意义。

企业营运资金的大小还可以用来衡量经营风险的大小。在一般情况下，营运资金越多，企业违约风险就越小，举债融资能力就越强。因此，许多贷款契约都要求借款企业保持一定数量的营运资金或保持最低的流动比率。

1. 流动资产及其分类

流动资产是指可以在1年内或者超过1年的一个营业周期内变现或者运用的资产，主要包括库存现金、以公允价值计量且其变动计入当期损益的金融资产、应收款项、存货等。

（1）按流动性强弱分类

按流动性强弱，流动资产可分为速动资产和非速动资产。

在整个流动资产中，变现能力最强的是货币资金，因为货币资金本身就已经实现了的货币价值，因此不存在能否变现的问题。其次是以公允价值计量且其变动计入当期损益的金融资产，由于该类金融资产不受具体使用价值的限制，在金融市场中具有较强的灵活性，决定了其相对于其他实物形态的资产较为容易向货币转化。各种结算资产是已经完成销售、进入待收阶段的款项,因此其变现能力大于尚未进入销售过程的存货资产。在结算资产中,应收票据不仅可以转让、贴现与抵押,而且由于其法律约束的特点,使其变现能力必然强于一般记账信用的应收账款等其他结算资产。

存货因已经完成购进过程,较之预付账款的流动性或变现能力要强一些,但是企业决定以预付账款方式进行赊购时,通常是以商品的市场销路极为顺畅为前提的,否则企业是不会冒风险预付款购货,因此以预付款方式购入的存货通常是比较容易销售的。此外,即使购进不发生,企业一般也能立即将之收回并转化为货币资金。正是基于这种意义,预付账款的流动性或变现能力通常被视为强于存货资产。1年内将要到期或收回的长期资产,作为长期资产的转化结果,其流动性介于流动资产与非流动资产之间,列在流动资产中的末尾。

因此,在财务管理实务中,企业将流动资产归并为两大类:速动资产与非速动资产。其中速动资产包括货币资金、以公允价值计量且其变动计入当期损益的金融资产、应收票据、应收账款(扣除坏账准备)、其他应收款等;非速动资产包括存货、预付款项、1年内到期(或收回)的非流动资产等。

(2) 按占用形态分类

按占用形态,流动资产可分为货币资金、以公允价值计量且其变动计入当期损益的金融资产、应收及预付款项和存货

货币资金是可以立即用来购买物品、支付各项费用或用来偿还债务的交换媒介或支付手段。它主要包括库存现金和银行活期存款及其他货币资金。货币资金是流动资产中流动性最强的资产,可直接投入流通。拥有大量货币资金的企业具有较强的偿债能力和承担风险的能力。但因为货币资金的收益性弱,所以财务管理比较健全的企业都不会保留过多的货币资金。

以公允价值计量且其变动计入当期损益的金融资产是各种能够而且准备随时变现的有价证券以及不超过1年的其他投资,其中主要是指证券投资。证券投资一方面能给企业带来收益,另一方面又能增加企业资产的流动性,降低财务风险。因此,适当持有有价证券是一种较好的财务管理策略。

应收及预付款项是企业在生产经营过程中所形成的应收而未收的或预先支付的款项。在商品经济条件下,为了加强市场竞争能力,企业拥有一定数量的应收及预付款项是不可避免的,企业应力求加速账款的回收,减少坏账损失。

存货是企业在生产经营过程中为销售或者耗用而储存的各种资产,包括商品、产成品、半成品、在产品、原材料、周转材料等。存货在流动资产中占有较大比重。加强存货管理与控制,使存货保持在最优水平上,是财务管理的一项重要工作。

流动资产投资又称为经营性投资,与非流动资产投资相比,有如下特点:

第一,投资回收期短。投资于流动资产的资金一般在1年或一个营业周期内收回,对企

业影响的时间较短。因此流动资产投资所需要的资金一般可通过商业信用、短期银行借款等加以解决。

第二，流动性强。经过供、产、销三个环节，流动资产的占用形态不断变化，按货币资金→材料→在产品→产成品→应收账款→货币资金的顺序不断转化其形态，循环往复。流动性使流动资产有较强的变现能力，如遇意外情况，可迅速变卖以获取现金。这对于在财务上满足临时性资金需要具有重要意义。

第三，并存性。流动资产在循环周转的过程中，不断地有资金流入和流出，从供、产、销的某一瞬间看，各种不同形态的流动资产在空间上同时存在，在时间上依次继起。合理配置流动资产各项目的比例，是保证流动资产得以顺利周转的必要条件。

第四，波动性。受内外环境的影响，占用在流动资产上的资金量往往波动较大，因此流动资产上的投资并非一个常数，时高时低，起伏不定，季节性企业和非季节性企业均是如此。流动负债的数量也随流动资产占用量的变动而变化。因此，财务人员应对这种波动进行适时预测和控制，以防对企业正常的生产经营活动产生不利影响。

2. 流动负债及其分类

流动负债是指需要在1年或超过1年的一个营业周期内偿还的债务，包括短期借款、应付票据、应付账款、预收账款、应计费用、其他应付款等。

按形成情况及用途的不同，流动负债可以分为自然性流动负债与人为性流动负债。自然性流动负债是由于法律制度或结算制度的规定，使一部分应付费用的支付期晚于形成期，从而自然形成的那部分流动负债，例如应付职工薪酬、应付账款、应交税费，不需要人为地安排，便自然而然地形成了。人为性流动负债是财务人员根据企业对短期资金的需求，人为安排形成的那部分流动负债，如短期借款、应付短期融资券等。

与长期融资相比，流动负债融资具有如下特点：

第一，速度快。申请短期借款一般比申请长期借款容易、便捷，可以在较短时间内完成。长期借款的偿还时间长、贷出方承担的风险大，因此其贷出方要求对资金需求方的财务状况等情况进行评估后，方能作出贷款决策。所以如果企业急需资金，常常会先询问短期借款是否可能。

第二，弹性大。与长期负债相比，债务人在短期负债中具备的灵活性更强。长期负债中，债权人为了保护自己的利益，一般会在契约中加入种种对债务人的行为限制，使债务人丧失某些经营决策权。但短期借款契约中限制条款较少，债务人因此具有更多的经营自由。特别是对季节性经营企业而言，短期负债的灵活性让其更加方便。

第三，成本低。常规下，短期负债的利息支出低于长期负债，某些自然性融资（如应交税费、应计费用等）更是没有利息负担。

第四，风险大。短期负债的成本低于长期负债，但其财务风险大于长期负债。这一是因为长期负债的利息相对稳定，一般可以在较长时间内保持不变，而短期借款的利率则随市场的变化而变化,企业必须因时而变;二是因为当债务到期时,企业不得不在短期内另觅资金还债,如果企业资金链断裂,很容易导致企业财务状况恶化,当企业承担过多的短期负债而且到期日比较集中时,甚至可能因此而面临破产的风险。

8.1.2 营运资金管理政策

营运资金管理包括营运资金数量确定、营运资金筹措、流动资产与流动负债比例安排等内容。营运资金管理中所形成的制度及方法称为营运资金管理政策。

1. 营运资金持有政策

流动资产的获利能力低于长期资产,因而在流动资产上过多地占用资金,会使企业的收益能力下降;反之,则企业的收益能力增强。但当流动资产过少时,企业也将遭遇到期不能偿债的风险。

所以,营运资金持有量的高低影响到企业的收益和风险。较高的营运资金持有量意味着在固定资产、流动负债和业务量一定的情况下,企业的流动资产额较高,即企业拥有较多的现金、有价证券和保险储备量较高的存货。这会使企业有较大把握按时支付到期债务,及时供应生产用材料和准时向客户提供产品,从而保证经营活动平稳进行,风险较小。但是,由于流动资产的收益性一般低于固定资产,所以较高的总资产拥有量和较高的流动资产比重会降低企业的收益。而较低的营运资金持有量带来的结果正好相反,因为较低的总资产拥有量和较低的流动资产比重会使企业的收益率较高。但较少的现金、有价证券和较低的存货保险储备量会降低企业的偿债能力和采购支付能力,造成信用损失、材料供应中断,还会由于不能准时向购买方供货而失去客户,这些都会加大企业的风险。因此,营运资金持有量的确定,就是在收益和风险之间进行权衡。

营运资金的保守型、激进型、适中型三种持有政策是企业确定持有不同流动资产存量的代表性政策。图8-1中的A、B、C是三种有代表性的营运资金持有政策的示意图。

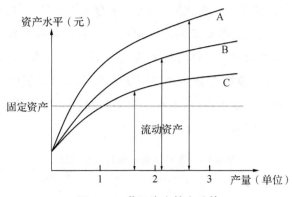

图8-1 营运资金持有政策

(1) 保守型政策

图 8-1 中的曲线 A 代表保守型营运资金持有政策。保守型持有政策要求企业流动资产不仅总量充裕，而且占总资产的比重也较高，还要求流动性较高的现金等资产的数量也保持在较高水平上。这样安排的目的是保持企业资产有较高的流动性，以应对意外情况。

这种持有政策的优点在于风险较低，但获利能力也不高，因为流动资产的收益低于长期资产，如果投放在流动资产上的资金量高，那么在资金总量一定的情况下，必然会影响投放在长期资产上的资金量。企业采用保守型营运资金持有政策是一种低风险、低收益的管理政策。一般而言，当企业外部环境的不确定程度较高时，企业应采用该政策，以规避可能的风险。

(2) 激进型政策

图 8-1 中的曲线 C 代表激进型营运资金持有政策。这种政策不仅要求企业最大限度地削减流动资产存量，使其占总资产的比重尽可能低，而且还力图尽量减少流动资产中的现金占比。现金是收益最低的资产，其占比的降低可以增强企业资产整体的盈利性。

激进型政策的优点在于能够提高企业的资产收益率，但也相应提高了企业的流动性风险，正所谓风险与收益相伴而生，两者呈正相关关系。所以，激进型营运资金持有政策是一种高风险、高收益的政策。一般而言，它适用于企业外部环境相当确定的情况。

(3) 适中型政策

图 8-1 中的曲线 B 代表适中型营运资金持有政策。这种政策介于以上两种政策之间，要求企业流动资产的存量水平介于两者之间，因此形成的风险和收益也介于两者之间。

一般而言，企业的流动资产按其功能分成两大部分：一部分是正常需求量，是为了满足正常生产经营需要而持有的流动资产；另一部分是保险储备量，是为应付意外情况，在正常生产经营需求量以外储备的流动资产。适中型政策就是在保证企业正常经营情况下的需求量以外，留有一定的保险储备，并在流动资产中各项目之间确定合适的比例构成。

对于投资者财富最大化而言，适中型营运资金持有政策在理论上是最佳的。然而，适中型政策的营运资金存量规模是难以量化的，因为这个存量规模是多种因素综合作用的结果，比如营业收入规模、存货以及应收账款的周转速度等。各企业应当根据自身的具体情况和外部环境条件，按照适中型营运资金持有政策的原则，确定适中的营运资金存量规模。

以上三种营运资金持有政策充分体现了营运资金持有量管理中风险与收益权衡的特点：收益性与流动性呈反向变动关系；收益性与风险性呈同向变动关系。流动性、收益性和风险性三者关系如表 8-1 所示。

表 8-1 营运资金最佳持有量总结

营运资金持有政策类型	流动性	收益性	风险性
保守型	高	低	低
激进型	低	高	高
适中型	平均	平均	平均

每个企业的具体情况不同,管理人员所持态度也不一样,可以根据企业自身特点及企业生产经营情况,选择确定合适的营运资金持有政策。

2. 营运资金融资政策

为了实现营运资金的良好投资管理和融资管理,企业应当提高流动资产和流动负债的周转速度。较高的流动资产周转率让企业流动资产的利用效率较好,流动资产占用资金量较少,增强了企业的盈利能力;反之,企业需要增加新的流动资产投入,降低了企业的盈利能力。所以,良好的流动资产投资管理应该尽量提高流动资产的周转速度。同样,流动负债也需要有较高的周转速度。长期融资的资金成本一般高于短期融资,企业如果保持较高的流动负债周转速度,可以实现用较低的资金成本满足企业资金需求量。

营运资金融资政策主要是研究如何对流动资产(临时性流动资产和永久性流动资产)与流动负债(临时性流动负债和永久性流动负债)进行配合。

临时性流动资产是受季节性、周期性影响的流动资产,如季节性存货、销售和经营旺季的应收账款。永久性流动资产是那些即使企业处于经营低谷仍然需求保留的、用于满足企业长期稳定需求的流动资产。临时性流动负债是为了满足临时流动资金的需要所发生的负债,如零售业春节前为满足节日销售需要,超量购入货物而举借的债务;食品制造业为赶制季节性食品,大量购入某种原料而发生的借款等。永久性流动负债是自发性的,是直接产生于企业持续经营中的负债,如商业信用融资和日常运营中产生的其他应付款,以及应付职工薪酬、应付利息、应交税费等。

营运资金融资政策一般可分为适中型、积极型、保守型三种。

(1) 适中型融资政策

这种政策是指与营业收入联动关系大致相同的各项资产与各项筹资相互对应的一种融资政策。这种政策下,企业用临时性流动负债对临时性流动资产进行融资,用永久性流动负债和长期资金对永久性流动资产和长期资产进行融资。该融资政策可用图 8-2 表示。

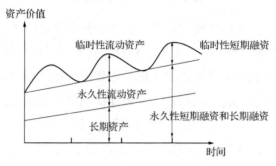

图 8-2　适中型融资政策

这种融资政策的特点在于:每项资产的融资与营业收入波动的联动关系大致相同,两者在到期日与数量规模上能够相互匹配。这样,能够让企业整体上保持流动资产和流动负债有基本相同的周转速度,对企业营运资金管理具有重要的意义。这种融资政策下,流动资产周转率较高,利用效率较好,节约了流动资产,能够增强企业的盈利能力。与此同时,企业也保持了较高的流动负债周转速度,可以实现用较低的资金成本满足资金需求量。

这种政策的优点在于:有利于降低资金成本,增加资金弹性,由于企业使用资金成本较低的临时性短期资金为临时性流动资产融资,无论是在季节性低谷时期还是在资金需求的高峰期,企业获取资金的成本都相对较低;只要企业实际的现金流量与预期安排相一致,可以减少其无法偿还到期负债的风险,有利于控制风险,较好地协调了资金成本与融资风险的矛盾,因而被企业广泛采用。

这种政策的缺点在于:它是一种理想型融资政策,对管理者有较高资金使用能力要求,因此较难在财务管理实务中充分实现。

(2) 积极型融资政策

这种融资政策是指用临时性短期资金来源为临时性流动资产和部分永久性流动资产融资,用永久性流动负债和长期资金为另一部分永久性流动资产和长期资产融资。也就是说,临时性短期融资不仅满足全部的临时性流动资产的需要,还满足部分永久性流动资产的需要。在临时性短期融资中,永久性流动资产和长期资产的比重越高,表明企业的融资政策越激进,需要承担的风险越大。该融资政策可用图 8-3 表示。

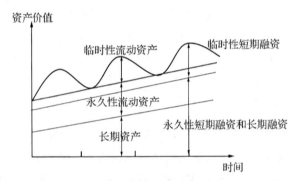

图 8-3 积极型融资政策

这种政策的特点在于:临时性短期融资在企业全部资金来源中所占比重较大。由于临时性短期融资的资金成本一般低于长期负债和权益资本,所以这样的安排有利于降低企业的资金成本。但与此同时,临时性短期融资的偿还期限较短,企业需要频繁地举债和还债,因此其不确定性风险以及融资困难也较大,还可能面临由于短期借款的利率变动而导致企业的资金成本上升。所以这种政策是一种收益性和风险性都比较高的营运资金融资政策。

这种政策的优点在于:融资成本较低,所以企业可以减少利息支出,增加收益。

这种政策的缺点在于:风险较大,一是需要承担债务短期内到期的偿还风险或再融资风险;二是需要承担未来利息成本不确定的风险。

(3) 保守型融资政策

这种融资政策是指利用长期资金及永久性短期资金来源对永久性流动资产和长期资产

进行融资之外,也对部分临时性流动资产进行融资的政策。也就是说,临时性短期融资只满足部分临时性流动资产的需要,另一部分临时性流动资产由永久性短期融资或长期融资来满足。长期融资及永久性短期融资中,为临时性流动资产融资的比例越高,表明企业的融资策略越保守,融资成本也越大,需要承担的风险越小。该融资政策可用图8-4表示。

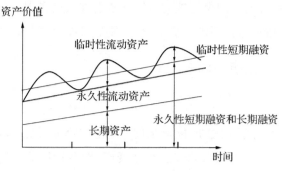

图8-4 保守型融资政策

这种政策的特点在于:临时性短期融资在企业全部资金来源中所占比重较低。所以这样的安排使企业的资金成本较高,但与此同时,不确定性风险也较小。在生产经营旺季的季节性资金需求只有一部分靠临时性短期融资解决,其余部分的季节性资产和所有永久性资产的需要则由永久性短期融资和长期融资来满足。所以这种政策是一种收益性和风险性都比较低的营运资金融资政策。

这种政策的优点在于:一是可以降低短期借款偿还的再融资风险;二是可以减少未来利息成本的不确定性。

这种政策的缺点在于:一是企业通常会借入比所需融资量更多的资金,造成资源浪费;二是通常总的利息成本会比较高。这也印证了这样的规律:企业若接受较低的融资风险,则资金的获利能力也较低。

营运资金的三种持有政策分别与三种融资政策配合的效应如图8-5所示。

图8-5 营运资金持有政策与营运资金融资政策的配合效应

8.2 现金管理

现金是比较特殊的资产,一方面其流动性最强,代表着企业直接的支付能力和应变能力;另一方面,其收益性最弱。现金管理的过程就是管理人员在现金的流动性与收益性之间进行权衡选择的过程,既要维持适度的流动性,又要尽可能提高其收益性。

8.2.1 现金管理的动机与内容

1. 现金的概念

现金是指在生产经营过程中暂时停留在货币形态的资金,包括库存现金、银行存款及其他货币资金。现金是变现能力最强的非盈利性资产,现金管理的目标在于如何在现金的流动性和收益性之间进行权衡,即在保证企业正常经营需要的同时,尽可能降低现金的占用量,并从暂时闲置的现金中获得最大的投资收益。

狭义的现金是指库存现金,但广义的现金除了指库存现金外,还包括各种现金等价物,即随时可以根据需要转换成现金的货币性资产,如有价证券、银行存款和在途现金。

本章内容中的现金是指广义的现金。

2. 持有现金的动机

(1) 交易动机

指为维持日常生产经营活动而持有现金。企业在日常经营活动中,为了正常的生产销售周转必须保持一定的现金余额。销售产品得到的收入往往不能马上收到现金,而采购原材料、支付工资等则需要现金支付,因此为了进一步生产交易需要一定的现金余额。现金数额主要取决于企业的销售水平,即正常营业活动所产生的现金收入和支出以及它们的差额,一般同销售量呈正比例变化。

(2) 预防动机

指为应付突发事件对现金的需求而持有现金。持有较多的现金,便可使企业更好地应付意外事件的发生。为应付紧急情况而持有现金的数额多少取决于三个因素。一是企业愿意接受缺少现金风险的程度。如果企业希望尽可能减少这种风险,则将留存较多的现金以防不测;反之,如果企业为了获取更大的利润而愿意承担一定的风险,则倾向于将其财力投资于盈利资产,而留存较少的现金。二是企业临时举债能力的强弱。若企业的信用状况良好,与银行等金融机构维持着良好的关系,可以比较容易取得应付资金短缺的贷款,那么其手头存放的现金可少些;反之,就要多些。三是企业对现金流量预测的可靠程度。若企业根据有关信息对未来现金收支预测得较为准确,企业手头存放的现金可少些;反之,就要多些。

(3) 投机动机

企业在保证正常生产经营的基础上,还希望有一些回报率较高的投资机会,比如当遇到廉价原材料或其他资产供应的机会,价格有利的股票等,可以用掌握的现金大量购入。所以为把握市场投资机会,获得较大收益而持有现金即为以投机动机持有的现金。

理论上对现金持有动机进行上述分类,但实践中却难以严格分清,因为现金是货币形态,可以流动使用,现金管理的目的是保证企业有供其随时支用的现金余额,至于是用于交易还是用于投机则可以视具体情况而定。

3. 现金管理的内容

现金管理的主要内容包括:编制现金收支计划,以便合理估计未来的现金需求,对日常的现金收支进行控制,力求加速收款,延缓付款;用特定的方法确定最佳现金余额,当企业实际的现金余额与最佳的现金余额不一致时,采用短期融资策略或归还借款和投资于有价证券等策略来达到理想状态。现金管理的内容如图 8-6 所示。

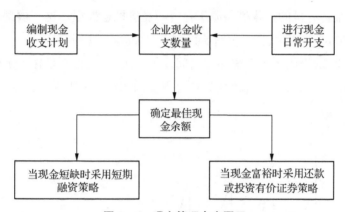

图 8-6 现金管理内容图示

8.2.2 现金持有量的决策

企业持有现金过多,会使盈利水平下降,而现金太少,又可能出现现金短缺,影响生产经营。出于成本和收益关系的考虑,必须确定最佳现金持有量。当前应用较为广泛的现金持有量决策方法主要有成本分析模型、存货模型以及米勒-奥尔模型。

1. 成本分析模型

成本分析模型是根据企业持有现金的机会成本、管理成本和短缺成本的分析来决定最佳现金持有量。

(1) 机会成本

现金的机会成本是指企业因保留一定现金余额而丧失的再投资收益。这种投资收益是企业不能用该现金进行其他投资而丧失的收益,与现金持有量呈正相关关系,企业持有的现金越多,所需的机会成本越大。持有现金的机会成本可以用下式估计:

机会成本=现金持有量×有价证券收益率

(2) 管理成本

现金的管理成本是指企业因保留一定现金余额而增加的管理费用,如现金管理人员的工资。现金管理成本不随企业的现金持有量的多少而变动,是一种固定成本,与现金持有量不存在比例关系。

(3) 短缺成本

现金的短缺成本是指企业因现金短缺而遭受的损失,是因现金持有量不足而又无法及时通过有价证券变现加以补充而给企业造成的损失。例如,不能按时支付购料款而影响与供货单位的关系,造成停工待料;因透支银行存款而影响企业与银行的关系,造成申请贷款困难等。企业持有现金的短缺成本随企业持有现金量的增加而下降,与现金持有量负相关。

最佳现金持有量是上述三项成本之和最小时的现金持有量。

2. 存货模型

确定最佳现金持有量的存货模型源于存货的经济批量模型。这一模型最早由美国学者 W. J. Baumol 于 1952 年提出,因此又称为鲍摩尔(Baumol)模型。

在存货模式中,假设收入是每隔一段时间发生一次,而支出则是在一定时期内均匀发生的。在此期间,企业可通过销售有价证券获得现金,如图 8-7 所示。

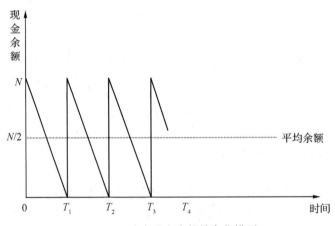

图 8-7 确定现金余额的存货模型

在图 8-7 中,假设企业 0 时点持有现金 N 元,由于现金流入的速度小于现金流出的速度,在 T_1 时点企业的现金余额下降为 0,此时企业通过出售 N 元的有价证券补充现金。随后,当现金余额在 T_2 时点再次下降为 0 时,企业再次出售价值 N 元的有价证券,循环往复。

存货模式的目的是求出使总成本最小的现金持有量。现金持有的总成本包括现金持有成本和现金转换成本两个方面。

(1) 现金持有成本,即持有现金所放弃的报酬,是持有现金的机会成本,这种成本通常为有价证券的利息率,它与现金持有量成正比例变化。

(2) 现金转换成本,即现金与有价证券相互转换的固定成本,可以理解为交易成本。例

第八章 短期财务决策

如,经纪人佣金、捐税及其他管理成本,这种成本只与交易的次数有关,而与每次转换现金的数额无关。

如果持有现金量大,则持有现金的机会成本高,但转换成本下降;如果持有现金量小,则持有现金的机会成本低,但转换成本上升。两种成本总和最低时的现金量即为最佳现金持有量。

一定时期内,持有现金的总成本为:

$$TC=(N/2) \cdot i+(T/N) \cdot b$$

式中,TC 为总成本;b 为现金与有价证券的转换成本;T 为特定时间内的现金总额;N 为理想的现金转换数量(最佳现金持有量);i 为短期有价证券利息率。

上式是一个以 N 为自变量、以 TC 为因变量的函数。对该函数求极值,可以采用求一阶导数的方法求出令总成本 TC 最小时的 N 值,如下所示

$$TC'=i/2-T \cdot b/N^2$$

令 $TC'=0$,则有 $i/2=T \cdot b/N^2$,可得 $N^2=\dfrac{2Tb}{i}$。

所以最佳现金持有量的计算公式为:

$$N=\sqrt{\dfrac{2Tb}{i}} \tag{8-1}$$

当企业以最佳现金持有量水平持有现金时,其一定时期内的总成本为:

$$TC=\dfrac{N}{2} \times i+\dfrac{T}{N} \times b=\sqrt{2biT} \tag{8-2}$$

存货模型可以精确地测算出最佳现金持有量和变现次数,表述了现金管理中基本的成本结构,它对加强企业的现金管理有一定作用。但是这种模型以货币支出均匀发生、现金持有成本与转换成本易于预测为前提条件。因此,只有在上述因素比较确定的情况下才能使用此模型。

【例 8-1】 樱兰公司预计全年需要现金 300 000 元,现金与有价证券的转换成本为每次 200 元,有价证券的年利息率为 7.5%。樱兰公司的最佳现金余额为多少?

解 $N=\sqrt{\dfrac{2 \times 300\,000 \times 200}{7.5\%}}=40\,000$

当公司按照这一最佳数额持有现金,那么公司每年从有价证券转换为现金的次数为:
$300\,000 \div 40\,000=7.5$(次)

全年总成本为:

$$TC=\sqrt{2 \times 200 \times 7.5\% \times 300\,000}=3\,000(元)$$

其中,公司全年承担的机会成本为:$(40\,000 \div 2) \times 7.5\%=1\,500$(元);公司全年承担的转换

成本为：7.5×200＝1 500(元)。两者总计为3 000元，这一结果与上述计算结果一致。

3. 米勒-奥尔模型

米勒-奥尔(Miller-Orr)模型由默顿·米勒(Merton Miller)和丹尼尔·奥尔(Daniel Orr)创建，是一种基于不确定性的现金管理模型。该模型假设企业无法确切地预知每日实际收支状况，现金流量服从正态分布，现金与有价证券之间能够自由兑换。

在米勒-奥尔模型中，既引入了现金流入量也引入了现金流出量。模型假设日现金净流量(现金流入量减去现金流出量)服从正态分布，每日的现金净流量可以等于其期望值，也可以高于或低于其期望值。图8-8对现金余额的随机波动情况进行了描述。

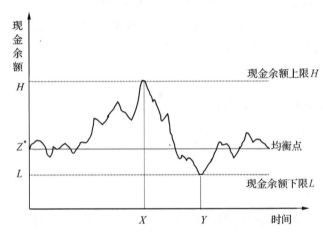

图 8-8 确定最佳现金余额的米勒-奥尔模型

图8-8说明了米勒-奥尔模型的基本原理。该模型是建立在对控制上限(H)、控制下限(L)以及目标现金余额(Z^*)这三者进行分析的基础之上的。企业的现金余额在上、下限间随机波动，在现金余额处于H和L之间时，不会发生现金交易。当现金余额升至H时，比如说点X(上限)，则企业购入$H-Z^*$单位(元)的有价证券，使现金余额降至Z^*。同样地，当现金余额降至L时，如点Y(下限)，企业就需售出Z^*-L单位(元)的有价证券，使现金余额回升至Z^*。这两种情况都是使现金余额回到Z^*。

与鲍摩尔模型相同的是，米勒-奥尔模型也依赖于交易成本和机会成本，且每次转换有价证券的交易成本被认为是固定的，而每期持有现金的百分比机会成本则是有价证券的日收益率。与鲍摩尔模型不同的是，米勒-奥尔模型每期的交易次数是一个随机变量，且根据每期现金流入与流出量的不同而发生变化。根据米勒-奥尔模型，最佳现金余额Z^*的计算公式为：

$$Z^*=L+\sqrt[3]{\frac{3b\sigma^2}{4r}} \tag{8-3}$$

式中，L代表现金余额下限；σ代表每日现金余额变化的标准差；b代表现金与证券的固定转换(交易)成本；r 代表有价证券的日收益率。

L 的设置受到企业日常周转所需最低现金量、企业的借款能力、管理人员对现金短缺风险的愿意承受程度等因素的影响，最低可确定为零。

现金余额上限的计算公式为：

$$H = L + 3 \times \sqrt[3]{\frac{3b\sigma^2}{4r}} \tag{8-4}$$

【例 8-2】 樱兰公司目前的证券交易成本为每次 500 元，有价证券的日均收益率为 0.06%。根据公司管理人员承受风险的倾向以及每日现金最低需求量，财务部确定的每日最低现金需要量为 200 元。根据最近 4 年的现金余额情况，测算出日现金余额标准差为 5 000 元。樱兰公司的最佳现金持有量和持有量上限分别为多少？

解 最佳持有量为：

$$Z^* = L + \sqrt[3]{\frac{3b\sigma^2}{4r}}$$

$$= 200 + \sqrt[3]{\frac{3 \times 500 \times 5\,000^2}{4 \times 0.000\,6}} = 25\,200 \text{(元)}$$

持有量上限为：

$$H = L + 3 \times \sqrt[3]{\frac{3b\sigma^2}{4r}}$$

$$= 200 + 3 \times \sqrt[3]{\frac{3 \times 500 \times 5\,000^2}{4 \times 0.000\,6}} = 75\,200 \text{(元)}$$

8.2.3 现金的日常管理

有效的现金日常管理方法包括加速收款、控制现金支出、现金流动同步化等。

1. 加速收款

现金周转过程的最后一个阶段是从结算资金向货币资金转化。当企业销售实现以后，并不意味着企业现金流入已经实现，因为财务管理实务中大部分的支付都是靠支票、汇票或银行转账等其他方式进行的。这些多样化的支付方式使企业在商品销售实现以后并不能立即动用自己的销售收入。这些销售收入要转化为企业的即期支付能力，还必须尽快将各种结算资金转化为现金，这就是加速收款。应收账款收现延迟的部分原因是企业无法控制的，比如银行的操作、邮路的通畅性等，但企业可以尽量关注和尽快处理，比如开户银行的选择、信用政策的制定、支票的尽早进账等。实现这一过程，通常可采用的方法有如下几个。

(1) 建立多个收款中心

这是指企业不仅在其总部所在地设立收款中心，同时还根据客户地理位置的分布情况以及收款额的大小设立多个收款中心。

(2) 折扣、折让激励法

企业与客户之间共同寻求的都是经济利益,从这点出发,在企业急需现金的情况下,可以通过一定的折扣、折让来激励客户尽快结付账款。比如在双方协商的前提下一次性给予客户一定的折让。也可以根据不同的付款期限给出不同的折扣,如 10 天内付款给予客户 3% 的折扣,20 天内给予客户 2% 的折扣,30 天内给予客户 1% 的折扣等。使用这种方法的技巧在于企业本身必须根据现金的需求程度和取得该笔现金后所能发挥的经济效益,以及折扣、折让形成的有关成本,进行精确地预测和分析,从而确定出一个令企业和客户双方都能满意的折扣或折让比率。

(3) 大额款项专人处理法

这种方法是企业通过设立专人负责制度,将现金收取的职责明确落实到具体的责任人,在责任人的努力下,提高办事效率,从而加速现金流转速度。这种方法的优点是便于管理,缺点是缩短的时间相对较少,也会增加相应的现金成本。采用这种方法时,必须保持人员的相对稳定,因为处理同样类型的业务时,使用有经验的人员通常比没有经验的人要方便、快捷。

企业采用哪种方法加快收款速度较为合适,必须在现金管理的成本和收益之间进行权衡。只要加速收款所付出的代价不大于提前收回现金所取得的收益,企业就可以酌情采用其中的一种方法进行有效的现金管理。

2. 控制现金支出

现金支出的控制包括金额的控制和时间的控制两方面。通常可采用的方法有如下 3 种。

(1) 延缓应付款的支付

企业在不影响自身信誉的前提下,可以尽量推迟应付款的支付期。比如应付账款条件是"$2/10, n/30$",则企业应安排在发票日期后的第 10 天付款,这样可最大限度地利用现金又不会丧失现金折扣。如果企业急需现金,还可以放弃折扣,在信用期的最后一天付款。

此外,企业还可以利用汇票这一结算方式来延缓现金支出的时间。因为汇票不是见票即付的付款方式,在受票人将汇票送达银行后,需要由银行经购货单位承兑后方能付现,并由付款人将一笔相当于汇票金额的资金存入银行,银行才会付款给持票人,这样就有可能合法地延期付款。而在使用支票或银行本票时,只要持票人将支票存入银行,付款人就必须无条件付款。

(2) 使用现金浮游量

从企业开出支票、收票人收到支票存入银行至银行办理款项划转将资金划出账户,这通常需要一段时间。现金在这段时间的占用称为现金浮游量。在这段时间里,虽然企业已开出支票却仍可动用银行存款账户上的这笔资金,以达到充分利用现金之目的。有时,企业账户上的现金余额已为零或负数,而银行里该企业的现金余额还有很多,这就是因为企业已开出了付款票据,但银行尚未付款出账而形成未达账项。企业在严格遵守银行结算纪律的前提下仍可抓紧时机,灵活运用这一"浮游量"而无需支付利息。

(3) 分期付款

对企业而言,一般较难保证所有业务都能做到按时足额付款,因此如果企业与供应商是一种长期往来关系,彼此已经建立了一定的信用度,在资金出现周转困难时适当地采用分期付款,供应商是完全可以理解的。但如果无论金额大小,每一笔业务都分期付款,则对供应商的尊重和信用度就会大打折扣。所以可采用大额分期付款,小额按时足额支付的方法。采用分期付款时,一定要妥善拟订分期付款计划并将计划告知供应商,确保按计划履行付款义务,不失信于供应商。

3. 现金流动同步化

企业的现金流入量与流出量一般来说是很难准确预测的,为了应付这种不确定性可能带来的风险,企业往往需要保留比最佳现金持有量多的现金余额。但较高的持有量必然带来成本增加和收益减少。因此企业财务人员需要提高预测和管理能力,尽量使现金流入量和流出量能够合理配合,实现同步化。现金流动同步化的实现可以减少现金持有成本,提高企业的盈利水平。

以于以上三种方法,加速收款、控制现金支出以及现金流动同步化,如果能够同时做到,能使企业所持有的交易性现金余额降到最低,提高效率。

8.3 应收账款管理

应收账款是企业因对外赊销产品、材料、供应劳务等而应向购货单位或接受劳务单位收取的款项。

应收账款的存在主要是两方面的原因。第一是赊销。竞争机制迫使企业以各种手段扩大销售,除了依靠产品质量、价格、售后服务、广告以外,赊销也是扩大销售的手段之一。赊销在强化企业竞争力、扩大销售、增加收益和降低存货成本等方面。有着其他任何结算方式都无法比拟的优势,因为顾客能从赊购中得到好处。由竞争引起的应收账款是一种商业信用。第二是销售和收款的时间差。商品成交的时间和收到货款的时间常常是不一致的,特别是对于批发和大量生产企业而言,发货的时间和收到货款的时间不同是常态,因为货款结算需要时间。结算手段越落后,结算所需时间越长,企业只能承认这种现实并承担由此引起的资金垫支。由于销售和收款的时间差而造成的应收账款不属于商业信用,也不是应收账款的主要内容,不属本章所讨论内容。

8.3.1 应收账款的功能、成本与管理目标

1. 应收账款的功能

（1）增加销售

进行赊销的企业实际上向顾客提供了两项交易：一是向顾客销售了产品，二是在一个有限的时期内向顾客提供了资金。虽然赊销仅仅是影响销售的因素之一，但在银根紧缩、市场疲软、资金匮乏的情况下，赊销的促销作用是十分明显的，特别是在企业销售新产品、开拓新市场时，赊销更具有重要意义。

（2）减少存货

企业持有产成品存货，必然要发生相关的管理费、仓储费和保险费等，而持有应收账款却不需要上述费用。因此，当企业产成品存货较多时，一般都可采用较为优惠的信用条件进行赊销，把存货转化为应收账款，以减少产成品存货，节约支出。

2. 应收账款的成本

企业在采取赊销方式促进销售的同时，会因持有应收账款而付出一定的代价，这种代价即为应收账款的成本。

（1）机会成本

应收账款的机会成本是指因资金被客户占用而放弃了投资机会所丧失的投资收益，如投资于有价证券便会有投资收益。这一成本的大小通常与企业维持赊销业务所需要的资金数量（即应收账款投资额）、资金成本有关。机会成本一般按有价证券的收益率计算。

（2）管理成本

应收账款的管理成本是指企业对应收账款进行管理而耗费的开支，是应收账款成本的重要组成部分。建立应收账款就要对它进行管理，要制定和实施应收账款信用政策，这些活动（如进行客户的信用调查、进行账龄分析、采取催款行动等）都要付出一定的人力、物力和财力，这些就构成了应收账款的管理成本。

（3）坏账成本。应收账款基于商业信用而产生，而且存在无法收回的可能性，由此而给企业带来的损失即为坏账成本。这一成本一般与应收账款数量呈正相关关系。

3. 应收账款的管理目标

对于企业来说，一方面想借助于应收账款来促进销售、扩大销售收入、增强竞争能力，同时又希望尽快避免由于应收账款的存在而对企业资金周转造成的束缚及可能发生的坏账损失，处理和解决这一问题，是企业应收账款管理的目标。

应收账款管理是制定科学合理的应收账款信用政策，并将采用这种信用政策所增加的销售盈利和采用这种政策预计要负担的成本之间进行权衡。只有当应收账款的信用政策所增加的销售盈利超过运用此政策所增加的成本时，才能实施和推行这种信用政策。

同时，应收账款管理还包括对企业未来销售前景和市场情况的预测和判断，及时对应收账款安全性进行调查。如企业销售前景良好，应收账款安全性好，则可进一步放宽其收款政策，扩大赊销量，获取更大利润；相反，则应严格其信用政策，或对不同客户的信用额度进行调整，以确保企业在获取最大收入的情况下，使可能的损失降低到最低点。

面对应收账款投资收益与风险并存的客观现实，企业必须对应收账款的边际收益与成本加以全面权衡。

8.3.2 应收账款信用政策的制定

一个企业的应收账款占用资金的多少，主要取决于市场的经济状况和企业的信用政策。一般来说，企业的信用政策包括信用标准、信用条件和收账政策三个方面。

1. 信用标准

信用标准是指客户获得企业商业信用所应具备的最低条件，如果顾客达不到信用标准，便不能享受企业的信用或只能享受较低的信用。在信用标准的确定上，企业面临着两难的选择：如果企业把信用标准定得过高，将使许多客户因信用品质达不到标准而被企业拒之门外，结果是在降低违约风险及收账费用的同时，削弱了企业的市场竞争能力，影响了销售收入的扩大；反之，虽然有利于企业扩大销售，提高市场竞争力和占有率，但同时也导致坏账损失风险的加大和收账费用的增加。

企业在设定某一客户的信用标准时，往往先要评估其信用。这可以通过5C系统以及信用评分法进行。

（1）5C系统

5C系统是从以下5个方面评价顾客的信用品质：品质(Character)、资本(Capital)、能力(Capacity)、抵押品(Collateral)、条件(Condition)。

① 品质(Character)。品质是指客户的信誉，即客户履行其偿还债务义务的可能性。企业必须对客户过去的付款记录进行详细了解，以判断其是否能履行偿债义务。这一点常被视为客户信用的首要因素。

② 资本(Capital)。资本的大小表明了客户的财务实力和财务状况。这点可从客户的有关财务报表中取得，通过对客户资本的了解，可以测定其净资产的多少及获利的可能性。

③ 能力(Capacity)。能力是指客户的偿债能力，即其流动资产的数量和质量以及与流动负债的比例。如果客户流动资产的数量多、质量高、流动比率高，则其偿债能力一般较强。

④ 抵押品(Collateral)。抵押品是指客户拒付款项或无力支付款项时能被用于抵押的资产。这对于不知底细或信用状况有争议的客户尤为重要。

⑤ 条件(Conditions)。条件是指可能影响客户付款能力的经济环境。比如，万一经济不景气，会对客户的付款行为产生什么影响。

上述5C系统是对客户信用状况的定性分析，为决定是否给予客户信用提供了初步的依据,在此基础上,还可以对客户的信用状况进行定量分析,以进一步确认客户的信用水平。

(2) 信用评分法

信用评分法是先对一系列财务比率和信用状况指标进行评分,然后进行加权平均,得出客户的综合信用分数,并以此进行信用评估的一种方法。其基本思路是,财务指标反映了企业的信用状况,通过对企业主要财务指标的分析和模拟,可以测度企业的信用风险。信用评分法需要选择6~8个财务比率,比如流动比率、产权比率、固定资产比率、存货周转率、应收账款周转率、固定资产周转率和自有资金周转率,分别给定各指标的权重,然后确定标准比率(以行业平均数为基础),将实际比率与标准比率相比,得出相对比率,再将此相对比率与各指标的权重相乘,得出总评分。将某一企业的信用总分值与其他企业的信用总分值进行对比,以此来判断企业的信用状况。

信用评分法提出了综合比率评价体系,把若干个财务比率用线性关系结合起来,以此来评价企业的财务状况。这种方法是一种比较客观的方法,其主要特点是不掺杂个人的主观意见。

通过分析决定给予某客户信用后,还应规定一个信用额度。信用额度是指该客户在任何时候可以赊欠的最大限额。只要这个客户的未付款数额保持在信用额度以内,就可以由具体经办人员按规定办理;如果超过信用额度,则必须经有关负责人批准方能办理。信用额度实际上代表了企业对该客户愿意承担的最高风险。

企业在设定某一客户的信用标准时,还可以采用预计坏账损失率法。下面用实例说明如何以预计坏账损失率法设定客户的信用标准。

【例8-3】 思达公司在当前信用政策下的经营情况如表8-2所示。

表8-2 思达公司在当前信用政策下的经营情况

项 目	数 据
当前信用政策情况下的销售收入(万元)	200 000
当前利润(万元)	40 000
销售利润率(%)	20
信用标准(预计坏账损失率百分比)(%)	10
平均坏账损失率(%)	8
信用条件	30天付清
平均收现期(天)	45天
应收账款的机会成本(%)	12

公司现在要改变信用标准,提出A、B两个方案,信用标准变化后情况见表8-3。

第八章　短期财务决策

表 8-3　思达公司备选的两种信用标准

项　目	A方案(较紧的信用标准)	B方案(较松的信用标准)
信用标准	只对预计坏账损失率低于 5% 的企业提供商业信用	对预计坏账损失率低于 15% 的企业提供商业信用
销售收入(万元)	减少销售额 20 000	增加销售额 30 000
付现期	减少的销售额平均付现期为 60 天	增加的销售额平均付现期为 75 天
预计坏账损失率	减少的销售额平均坏账损失率为 8%	新增加销售额的平均坏账损失率为 12%

为了评价两种信用标准的优劣,必须计算两个方案各自将产生的收益和成本,并对两个方案产生的净收益进行比较。

一般情况下,在比较时主要从利润、机会成本、坏账成本、管理成本等方面的变化进行计算分析,但该例中没提供有关管理成本的变化,因此下面只针对前三个方面的变化进行分析。

A 方案的计算分析:

(1) 由于销售额减少而减少的利润额为

减少的销售额×销售利润率＝20 000×20%＝4 000(万元)

(2) 由于销售额减少而使应收账款占用额减少,其机会成本的减少额为

　　应收账款平均占用额的减少×应收账款的机会成本率

＝(20 000÷360)×60×12%＝400(万元)

(3) 由于销售额减少而使应收账款减少,其坏账损失成本的减少额为

应收账款减少额×坏账损失率＝20 000×8%＝1 600(万元)

综上,A 方案的利润减少 4 000 万元,其成本减少 400＋1 600＝2 000 万元,减少的利润大于减少的成本,因此其净收益减少 2 000 万元。

B 方案的计算分析:

(1) 由于销售额增加而增加的利润额为

增加的销售额×销售利润率＝30 000×20%＝6 000(万元)

(2) 由于销售额增加而使应收账款占用额增加,其机会成本的增加额为

　　应收账款平均占用额的增加×应收账款的机会成本率

＝(30 000÷360)×75×12%＝750(万元)

(3) 由于销售额增加而使应收账款增加,其坏账损失成本的增加额为

应收账款增加额×坏账损失率＝30 000×12%＝3 600(万元)

综上,B 方案的利润增加 6 000 元,其成本增加 750＋3 600＝4 350 万元,增加的利润大于增加的成本,因此其净收益增加 1 650 万元。

显然,B 方案优于 A 方案。因此,公司应采用宽松的信用标准,这样能使该公司获得比原来多的净收益。

2. 信用条件

信用条件是指企业愿意授予客户支付赊销款项的条件,主要包括信用期限、折扣期限及现金折扣率等基本内容。信用条件的基本表示方式如"$2/10, n/30$",这表示客户能够在发票开出后的 10 天内付款,可以提供 2% 的现金折扣,如放弃折扣优惠,则全部款项必须在 30 天之内付清。在此,10 天为折扣期限,30 天为信用期限,2% 为折扣率。

与信用标准类似,信用条件的优惠可以吸引更多的客户,使企业的销售额增加,利润增长,但这也带来企业应收账款的机会成本、坏账成本以及折扣成本的增加。

信用期限是指企业允许客户从购货到支付货款的最长时间间隔。企业的产品销售与信用期限之间存在着一定的依存关系。通常,延长信用期限可以在一定程度上扩大销售量,从而增加毛利。但不适当地延长信用期限会给企业带来不良后果:一是平均收账期延长,占用在应收账款上的资金相应增加,引起机会成本增加;二是引起坏账损失和收账费用增加。因此,企业是否给客户延长信用期限,应视延长信用期限的边际收入是否大于增加的边际成本而定。

为了加速资金回笼,及时收回货款,减少坏账损失,企业往往在延长信用期限的同时,采用一定的优惠措施,即在规定的时间内提前偿付货款的客户可按销售收入的一定比例享受折扣。例如,如果客户在 10 天内付款,可以享受 2% 的现金折扣。现金折扣实际上是对现金收入的扣减,企业决定是否提供以及提供多大的现金折扣,着重考虑的是提供折扣后的所得是否大于现金折扣成本。

企业究竟应该采用多长的折扣期限以及给予客户多大程度的现金折扣优惠,必须将信用期限及加速收款所得的收益与付出的现金折扣成本结合起来考察。如果加速收款带来的机会收益能够绰绰有余地补偿现金折扣等成本,企业就可以采取适当宽松的信用条件;如果加速收款的收益不能补偿现金折扣等成本,现金优惠条件便被认为是不恰当的。

【例 8-4】 续上例,思达公司要改变信用条件,可供选择的 A、B 方案见表 8-4。

表 8-4 思达公司备选的两种信用条件

项 目	信用条件 A	信用条件 B
信用条件	信用条件:45 天付款,无现金折扣	信用条件:$2/10, n/30$
销售收入	增加销售额 10 000 万元	增加销售额 15 000 万元
预计坏账损失率	增加销售额的坏账损失率为 11%	增加销售额的坏账损失率为 10%
需提供现金折扣的情况	需付现金折扣的销售额占总销售额的百分比为 0	需付现金折扣的销售额占总销售额的百分比为 50%
收现期	平均收现期为 60 天	平均收现期为 25 天

为了评价两种信用条件的优劣,必须分析两个方案对销售利润和各种成本的影响。

A 方案的计算分析:

(1) 由于销售额增加而增加的利润额为

增加的销售额×销售利润率＝10 000×20%＝2 000(万元)

(2) 增加销售额的坏账损失成本为

增加的应收账款×坏账损失率＝10 000×11%＝1 100(万元)

(3) 折扣成本为

需要支付现金折扣的销售额×折扣率＝0

(4) 由于销售额增加而使应收账款占用额增加,其机会成本的增加额为

应收账款平均占用额的增加额×应收账款的机会成本率

$$=\frac{200\ 000+10\ 000}{360}\times 60\times 12\%-\frac{200\ 000}{360}\times 45\times 12\%=1\ 200(万元)$$

综上,A 方案的利润增加 2 000 万元,其成本增加 1 100＋0＋1 200＝2 300 万元,增加的利润小于增加的成本,因此其净收益减少 300 万元。

B 方案的计算分析:

(1) 由于销售额增加而增加的利润额为

增加的销售额×销售利润率＝15 000×20%＝3 000(万元)

(2) 增加销售额的坏账损失成本为

增加的应收账款×坏账损失率＝15 000×10%＝1 500(万元)

(3) 折扣成本为

需要支付现金折扣的销售额×折扣率

＝(200 000＋15 000)×50%×2%＝2 150(万元)

(4) 由于销售额增加而使应收账款占用额增加,其机会成本的增加额为

应收账款平均占用额的增加额×应收账款的机会成本率

$$=\frac{200\ 000+15\ 000}{360}\times 25\times 12\%-\frac{200\ 000}{360}\times 45\times 12\%=-1\ 208(万元)$$

综上,B 方案的利润增加 3 000 万元,其成本增加 1 500＋2 150－1 208＝2 442 万元,增加的利润大于增加的成本,因此其净收益增加 558 万元。

显然,B 方案优于 A 方案。因此,公司应采用信用条件"2/10,n/30",这样能使该公司的净收益增加 558 万元。

3. 收账政策

收账政策是指当信用条件被违反时,企业所采取的收取策略。收账政策大致可以分为积极的收账政策和消极的收账政策。前者可能会减少应收账款的资金占用,减少坏账损失,但会增加收账成本;后者则可能会增加应收账款的资金占用,增加坏账损失,但会减少收账费用。在制定收账政策时,应注意以下两点:

(1) 收账成本与坏账损失的关系。一般说来,企业花费的收账成本越高,应收账款被拒付的可能性就越小,企业可能遭受的坏账损失也就越少。但是,收账成本与坏账损失之间并

不存在线性关系(见图8-9),企业一开始花费的收账成本只能降低一部分坏账损失,随着收账成本的提高,应收账款被拒付的可能性随之减少,发生坏账损失的可能性会大幅度降低。当企业的收账成本增大到一定限度时,它对减少坏账损失的作用就很小,因为总会有一些客户由于种种原因拒付货款。当企业的收账成本达到饱和点时(如 P 点),就不应再努力收账而增加费用开支。

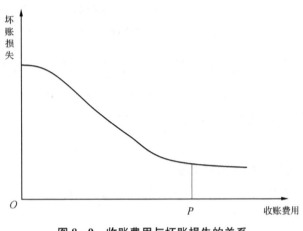

图8-9 收账费用与坏账损失的关系

(2) 权衡增加收账费用与减少应收账款机会成本和坏账损失之间的得失。将改变收账政策所需追加的收账费用与收账政策改变后所节约的坏账损失和机会成本加以比较,若前者大于后者,则不应改变当前的收账政策;若前者小于后者,则需调整当前的收账政策。

4. 综合信用政策

上述分析是针对各单项信用政策,但制定最优信用政策时,需要把信用标准、信用条件、收账政策结合起来,考虑三者对销售额以及应收账款的机会成本、坏账成本和管理成本的综合影响,制定的原则是赊销产生的总收益应大于因赊销带来的总成本。

但是以上变量值是预计的结果,具有较强的不确定性,在制定信用政策时,不能仅仅依靠数量分析,还需要由管理经验来判断。因此,制定综合信用政策时应对相关数据进行适当修正。

8.3.3 应收账款的日常管理

信用政策确定以后,企业要做好应收账款的日常管理工作,进行信用调查和信用评价,制定信用限额,做好基础记录,了解收账的及时程度。应收账款的日常管理主要包括以下内容。

1. 客户的信用调查

对客户的信用进行评价是应收账款日常管理的主要内容。只有准确地评价客户的信用状况,才能较好地执行信用政策。对客户信用评价的基础是客户的信用调查。信用调查方法有两种。

（1）直接调查

这种调查方法是调查人员直接与被调查对象接触,通过当面采访、询问、观察、记录等方式取得信用资料。直接调查能保证所搜集资料的准确性和及时性,但这种方法需要对方的配合,否则调查结果不完整。

（2）间接调查

这种调查方法是通过各种渠道搜集与被调查对象有关的原始记录或会计资料,然后对各种资料进行加工、整理,以获得被调查对象以往的还账情况、目前的财务状况等。获得资料的途径主要有公司财务报表、信用评估机构、各专业银行等。

① 通过财务报表分析,基本上可以了解该调查对象的财务状况、盈利能力以及现金流量等信息。

② 信用评估机构常常有专门和系统的方法对企业的信用情况进行定性定级评估。许多国家都有专门的信用评估机构,会定期发布有关企业的信息等级报告,比如美国标准普尔和穆迪公司。我国的信用评估机构目前有三种形式:独立的社会评估机构、政策性银行负责组织的评估机构、商业银行组织的评估机构。在评估等级方面,目前主要有两种:一种是三类九等机制,即 AAA,AA,A,BBB,BB,B,CCC,CC,C,其中 AAA 为最优级,C 为最差级;另一种是三级制,即 AAA,AA,A。

③ 各专业银行是企业信用资料的重要来源,银行大多设有信用管理部门,为其客户提供服务。企业可以通过当地开户银行咨询有关信用状况。但银行的资料主要限于其同行交流,较少向其他单位提供。

另外,工商行政管理部门、税务部门、消费者协会以及调查对象的上下游关系企业等也是了解被调查对象信用状况的渠道。

2. 应收账款回收情况的监督

企业应收账款发生的时间有长有短,有的尚未超过信用期限,有的已经成为逾期应收账款,甚至成为坏账。逾期应收账款未收回的时间拖得越长,款项收回的可能性越小,形成坏账的可能性越大。

为了监督收账工作和得到调整收账政策的反馈信息,随时掌握应收账款回收情况,控制应收账款的总体持有水平,企业信用管理人员经常通过账龄分析表对其进行分析。账龄分析表(如表 8-5 所示)能够显示应收账款在外天数长短,提醒管理人员对不同账龄的应收账款采取不同的收账策略。

表 8-5 账龄分析表

20×6 年 12 月 31 日

应收账款账龄	客户数量/个	金额/万元	占应收账款总额比例/%
信用期限内	150	1 000	33.33
超过 30 天~60 天	100	600	20.00
超过 60 天~90 天	60	400	13.33
超过 90 天~120 天	20	500	16.67
超过 120 天~180 天	10	400	13.33
超过 180 天以上	3	100	3.33
合计	343	3 000	100.00

利用账龄分析表，可以了解以下两类情况：

(1) 有多少客户的欠款在信用期内，欠款金额为多少。表 8-5 显示，有 150 个客户的欠款在信用期限内，欠款为价值 1 000 万元，占全部应收账款的 33.33%，这部分欠款尚未到偿付期，所以欠款是正常的。但到期后能否收回还要看到期时的具体情况，故及时监督仍然是必要的。

(2) 有多少客户已超过信用期限，欠款金额为多少；不同超过时间的款项各占多少；有多少欠款可能因拖欠时间太久而成为坏账。表 8-5 显示，有 193 个客户的欠款超过信用期限，欠款价值为 2 000 万元，占全部应收账款的 66.67%。其中超过 30~60 天的客户有 100 个，欠款价值为 600 万元，占比为 20%，这部分欠款拖延的时间不长，收回的可能性很大；超过 60~180 天的客户有 90 个，欠款价值为 1 300 万元，这部分欠款的回收有一定难度；超过 180 天以上的客户有 3 个，欠款价值为 100 万元，这部分欠款有可能成为坏账。

对于不同拖欠时间的欠款，企业应采取不同的收账方法，制定出经济、可行的收账政策。对可能发生的坏账损失，应提前做好准备，充分估计这一因素对损益的影响。

3. 坏账准备金制度

无论企业采取怎样严格的信用政策，只要存在商业信用行为，坏账损失的发生总是不可避免的。确定坏账损失的标准主要有两条：因债务人破产或死亡，以其破产财物或遗产清偿后，仍然不能收回的应收账款；债务人逾期未履行债务清偿义务，且有明显特征表明无法收回或收回的可能性极小。符合上述条件之一的应收账款即可确认为坏账，进行注销。但是，如果按照第二个条件已经在会计账簿确认了坏账，并不意味着就此放弃对该债务的追索，企业仍拥有继续收款的法定权利，企业与债务人之间的债权债务关系不会因为会计上的账务处理而解除。

既然应收账款的坏账损失无法避免，因此遵循谨慎性原则，对坏账损失的可能性预先进行估计，并建立弥补坏账损失的准备金制度即提取坏账准备金就显得非常必要。

8.4 存货管理

企业存货占短期资产的比例较大,就制造业而言,这一比例基本能达到40%～60%的水平。因此存货管理水平的高低、存货利用程度的好坏,对企业财务状况的影响很大。存货的管理水平在很大程度上决定着短期资产的管理水平。

8.4.1 存货管理的目标

存货是指企业在生产经营过程中为销售或生产耗用而储备的物资,它可分为三类:一是为生产耗用的需要而提供的物资储备,主要包括各种原材料、燃料和低值易耗品等;二是自制半成品和尚未加工完成的在产品;三是已经完成生产过程但未销售的产品及外购商品。

存货的周转速度反映出企业存货管理的效率,对企业的偿债能力及获利能力也会产生决定性的影响。一般来说,存货周转速度越快,说明企业的销售能力越强,营运资金被存货占用的金额也越少。但是,如果存货周转速度过高,也可能产生缺货现象或采购过于频繁等问题。

一般而言,企业持有充足数量的存货不仅有利于生产过程的顺利进行,节约采购费用与生产时间,而且能够迅速地满足客户的各种订货需要,从而为企业生产与销售提供较大的机动性,避免因存货不足带来的机会损失。然而存货的增加必然要占用更多的资金,这样不仅将使企业付出更大的持有成本(即存货资金占用的机会成本),而且存货的储存与管理费用也会相应增加,影响企业获利能力的提高。因此,如何在存货的成本与收益之间进行利弊权衡,实现二者的最佳组合,成为存货管理的基本目标,即寻找最合理的存货储备,为企业带来最好的经济效益。

8.4.2 存货的功能与成本

1. 存货的功能

存货的功能是指存货在企业生产经营过程中的作用,主要表现在保证生产经营的正常运转和降低成本等方面。具体包括:

(1) 预防停工待料造成的损失。持有适量的原材料存货和在产品、半成品存货是企业生产正常进行的前提和保障。在企业外部,供应商往往会出于某些原因而暂停或推迟供货,从而影响企业生产材料的及时采购、入库和投产;在企业内部,适量的半成品储备能使各生产环节的调度更加合理,各生产工序步调更为协调,不至于因等待半成品而影响生产。因此,适量的存货能有效防止停工待料的发生,维持企业生产的连续性。

(2) 适应市场变化。存货给企业在安排生产进度以及市场营销方面带来弹性,增强企业适应市场变化的能力。企业有了足够的库存产成品,生产就不必直接与销售保持同步,大量存货可使企业有效地供应市场,高效地满足客户需求;相反,若某种畅销产品的库存不足甚至暂时缺货,那么企业可能失去现在乃至将来的销售机会。通货膨胀时适当储存原材料存货,能使企业获得因物价上涨而带来的好处。

(3)降低进货成本。很多销货方为了扩大销售规模,会对购货方提供较优厚的商业折扣待遇,即量大从优的政策。企业采取批量集中进货可获得较多的商业折扣。而且通过增加每次购货数量、减少购货次数,可以降低采购费用支出。即便在推崇以零存货为管理目标的今天,仍有不少企业采取大批量购货方式,原因就在于这种方式有助于降低购货成本,只要购货成本的降低额大于因存货增加而导致的储存费用的增加额,便是可行的。

(4)维持均衡生产,降低生产成本。对于那些产品需求、原料供应具有季节性的企业而言,为组织均衡生产,降低生产成本,就必须适当储备一定的半成品和原材料存货,否则,这些企业若按照季节性波动的峰谷需求量组织生产活动,难免会造成生产负荷不均衡、生产成本上升。其他企业在生产过程中同样会因各种原因而导致生产水平波动。因此,存货可以缓冲这种变化对企业的不利影响。

2. 存货的成本

为充分发挥存货的固有功能,企业必须储备一定的存货,但也会因此发生各项支出,这就是存货成本,包括以下4个方面的内容:

(1)订货成本。订货成本又称为订货费用或进货费用,是指企业为组织进货、订购存货而发生的支出,包括各种与订货相关的费用,如发出订单前的准备工作费用、收到存货和检验存货的费用,以及订购存货过程中的差旅费、邮资、电话费、运输费等。订货成本中有一部分与订货次数无关,如常设采购机构的基本开支等,称为订货的固定成本;另一部分与订货数量无关、与订货次数正相关的,称为订货的变动成本。要降低年订货成本,需要增加每次订货量,减少年订货次数。

(2)采购成本。采购成本又称为购置成本,是指因购买存货而支付的买价和运杂费。采购成本是存货本身的价值,一般与采购数量呈正比例变化。在一定时期进货总量既定的情况下,如果物价不变且无商业折扣,则无论企业采购次数如何变动,存货的采购成本通常是保持相对稳定的。

(3)储存成本。储存成本是为了保持存货而发生的成本,包括仓储费用、保险费用、存货破损等。储存成本可分为固定成本和变动成本。固定成本与存货数量的多少无关,如仓库折旧、仓库职工的固定月工资等;变动成本与存货的数量有关,如存货资金的应计利息、存货的破损和变质、存货的保险费用等。

(4)缺货成本。如果企业没有足够的存货,就无法满足市场的需求,可能会丧失企业有利的销售机会,这种损失就叫缺货成本,包括材料供应中断造成的停工损失、产成品存货缺货造成的拖欠发货损失以及丧失销售机会的损失等。如果生产企业紧急采购代用材料以解决库存材料中断之急,那么缺货成本表现为紧急额外购入成本(大于正常采购开支)。因此,企业必须持有一定的保险存货以满足未能预期到的订货。

8.4.3 存货决策

存货决策涉及许多内容,决定进货项目、选择供应单位、决定进货时间和进货批量等均属于存货决策内容。其中前两项主要是采购部门、生产部门以及销售部门的职责,财务部门需要负责的主要是进货时间和进货批量的确定。

1. 经济批量

经济批量(Economic Order Quantity,EOQ),又称为经济订货批量,是指一定时期内存货相关总成本最低的订货批量。

存货总成本由订货成本、采购成本、储存成本和缺货成本构成。影响存货总成本的因素比较复杂,其中较为直观的因素有订货批量,每次的订货批量越多,则订货成本越少,但储存成本越多;反之,则会降低订货成本,增加储存成本。

随着订货批量的变化,订货成本与储存成本二者此消彼长,二者的关系可以用图 8-10 表示。

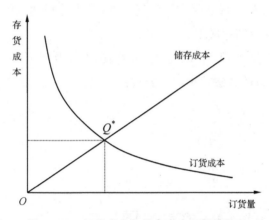

图 8-10 订货成本与储存成本之间的关系

除订货批量以外,还有其他因素会影响存货成本,为了解决问题,有必要简化或舍弃一些变量。下面先研究简单的问题。

(1) 经济订货批量的基本模型

经济订货批量基本模型以下列假设为前提:

① 采购存货能集中到货,而不是陆续到货,而且需要订货时便可立即取得订货。

② 不允许缺货,即无缺货成本。良好的存货管理本来就不应该出现缺货现象。

③ 存货的需求总量或耗用量比较稳定并且可以预测。

④ 存货采购单价不变,即不存在商业折扣。进货日期完全由企业自行决定,并且每当存货数降为零时,下一批存货均能一次到货。

⑤ 企业现金充足,不会因现金短缺而影响进货。

⑥ 所需存货市场供应充足。不会因买不到需要的存货而影响其他。

基于以上假设,企业的存货成本构成项目中,缺货成本为0,采购成本不受采购批量的限制,缺货成本和采购成本为批量决策的无关成本。因此,基本模型中的经济批量是指一定时期内变动性储存成本和变动性订货成本总和最低的采购批量。由于存货的订货批量与固定性订货成本、固定性储存成本无关,因此下文所指订货成本与储存成本均指变动部分。可得出存货总本为:

$$
\text{存货总成本} = \text{订货成本} + \text{储存成本}
$$
$$
= \text{订货批数} \times \text{每批存货的订货成本} +
$$
$$
\text{平均存货量} \times \text{单位存货储存成本} \tag{8-5}
$$

可进一步得出如下计算公式:

$$
TC = \frac{A}{Q}F + \frac{Q}{2}C \tag{8-6}
$$

式中,TC 为存货总成本;F 为每批存货的订货成本;A 为计划期内的存货需求总量;Q 为存货订货批量;C 为单位存货储存成本。

在式(8-6)中,自变量为 Q,将 TC 对 Q 求导数 TC',当 $TC'=0$ 时,订货批量就是最优存货订货批量。用求导数的方法得出以下公式:

$$
\text{经济批量 } Q^* = \sqrt{\frac{2AF}{C}} \tag{8-7}
$$

$$
\text{经济订货批数} \frac{A}{Q^*} = \sqrt{\frac{AC}{2F}} \tag{8-8}
$$

$$
\text{经济批量下的存货总成本 } TC = \sqrt{2AFC} \tag{8-9}
$$

【例8-5】 某企业预期全年需要甲零件80 000件,每订购一批的订货成本为300元,每一个单位甲零件的年储存成本为3元。求其最优经济订货批量。

解 经济批量 $Q^* = \sqrt{\dfrac{2AF}{C}} = \sqrt{\dfrac{2 \times 80\ 000 \times 300}{3}} = 4\ 000$(件)

经济订货批数 $\dfrac{A}{Q^*} = \sqrt{\dfrac{AC}{2F}} = \dfrac{80\ 000}{4\ 000} = 20$(批)

经济批量下的存货总成本 $TC = \sqrt{2AFC} = \sqrt{2 \times 80\ 000 \times 300 \times 3} = 12\ 000$(元)

经济订货批量也可以用图解法求得:先计算一系列不同订货批量的各有关成本,然后在坐标系上描出各有关成本构成的订货成本线、储存成本线和总成本线,总成本线的最低点(即订货成本线和储存成本线的交点)相应的订货批量即经济订货批量。

例如,根据例8-5的资料,计算得到不同订货批量下的有关成本数据如表8-6所示。绘制出不同订货批量下的有关成本变动情况如图8-11所示。可以清楚地看出,当订货批量为4 000件时,总成本最低,小于或大于这一订货批量都是不合算的。

表8-6 不同订货批量下的存货成本

项 目	项目值					
(1) 订货批量(件)	2 000	3 000	4 000	5 000	6 000	7 000
(2) 平均存货量(件)=(1)/2	1 000	1 500	2 000	2 500	3 000	3 500
(3) 储存成本(元)=(2)×C	3 000	4 500	6 000	7 500	9 000	10 500
(4) 订货批数(批)=A/(1)	40	26.7	20	16	13.3	11.4
(5) 订货成本(元)=(4)×F	12 000	8 010	6 000	4 800	3 990	3 420
(6) 总成本(元)=(3)+(5)	15 000	12 510	12 000	12 300	12 990	13 920

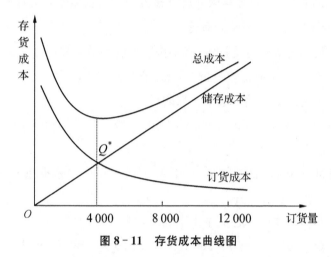

图8-11 存货成本曲线图

从图8-11可以看出,经济批量也就是总成本曲线的最低点时的订货批量,总成本最低点正好是订货成本线和储存成本线的交点,即经济批量应为4 000件,此时的总成本最低为12 000元,该点的订货成本与储存成本相等。

(2) 有数量折扣的经济订货批量模型

在上述经济批量分析中,假定价格不随批量而变动。但在实际工作中,许多企业为了鼓励客户购买更多的产品,通常会给予不同程度的价格优惠,即实行商业折扣或称价格折扣。客户购买的产品越多,所获得的价格优惠越大。在这种情况下,除了考虑订货成本和储存成本外,还应考虑采购成本。因为此时的存货采购成本已经与订货批量的大小有了直接的联系,属于批量决策的相关成本。

有数量折扣的经济订货批量模型是运用基本模型计算出经济批量及存货总成本,再扣除折扣金额,从而进行比较优选。有数量折扣时的存货总成本公式如下:

存货总成本＝订货成本＋储存成本＋采购成本
　　　　＝订货批数×每批存货的订货成本＋
　　　　　平均存货量×单位存货储存成本＋
　　　　　采购数量×单价 　　　　　　　　　　　　　　　　(8-10)

确定经济批量的具体步骤如下：

① 按照经济订货批量的基本模型确定经济批量。
② 计算按上一步确定的经济批量订货时的存货总成本。
③ 计算按给予数量折扣的批量订货时的存货总成本。
④ 比较不同批量的存货总成本，最低存货总成本对应的订货批量就是有数量折扣的最优经济订货批量。

【例8-6】 假设例8-5中每件零件的价格为10元，但如果一次订购达到5 000件，可给予2%的价格折扣，问应以多大批量订货？

解 此时如果要确定最优订购批量，就要按以下两种情况分别计算三种成本的合计数。

(1) 按经济批量采购，不取得数量折扣，此时存货总成本应为：

存货总成本＝订货成本＋储存成本＋采购成本
　　　　＝(80 000÷4 000)×300+(4 000÷2)×3+80 000×10
　　　　＝812 000(元)

(2) 不按经济批量采购，取得数量折扣，必须按5 000件的批量采购，此时存货总成本为：

存货总成本＝订货成本＋储存成本＋采购成本
　　　　＝(80 000÷5 000)×300+(5 000÷2)×3+80 000×10×(1-2%)
　　　　＝796 300(元)

将以上两种情况的存货总成本进行对比可知，订货批量为5 000件时总成本较低，所以应该以5 000件作为订货批量。

(3) 陆续到货的经济订货批量模型

在建立基本模型时是假设存货一次全部到货的，故存货增加时存量变化为一条垂直的直线。事实上，各批存货可能陆续入库，使存量陆续增加。尤其是产成品入库和在产品转移几乎总是陆续供应和陆续耗用的。在这种情况下，存货储存量的变化情况可用图8-12表示，$E_{均}$表示平均储存量，$E_{高}$表示最高储存量。

假设每批订货量为Q，每日送货量为P，则该批存货全部送达所需日数为Q/P，故Q/P为送货期。假设零件每日耗用量为d，则送货期内的全部耗用量为$(Q/P)\times d$。由于零件边送边用，所以每批订货全部送达时，存货储存量最高，这时的储存量为$Q-(Q/P)\times d$。则平均存货储存量为：

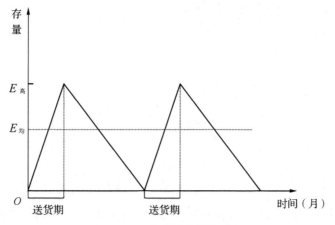

图 8-12 存货储存量变动图

$$E_{均}=\frac{1}{2}\left(Q-\frac{Q}{P}d\right)=\frac{1}{2}Q\left(1-\frac{d}{P}\right) \tag{8-11}$$

这样,存货总成本为:

存货总成本(TC)＝订货成本＋储存成本

　　　　　　＝订货批数×每批存货的订货成本＋

　　　　　　　平均存货量×单位存货的储存成本

$$=\frac{A}{Q}F+\frac{1}{2}Q\left(1-\frac{d}{P}\right)C \tag{8-12}$$

上式中,自变量为 Q,将 TC 对 Q 求导数 TC',当 $TC'=0$ 时,订货批量就是最优订货批量。用求导数的方法得出以下公式:

$$经济批量 Q^{*}=\sqrt{\frac{2AF}{C\left(1-\frac{d}{P}\right)}} \tag{8-13}$$

$$经济订货批数 \frac{A}{Q^{*}}=\sqrt{\frac{AC\left(1-\frac{d}{P}\right)}{2F}} \tag{8-14}$$

$$经济批量下的存货总成本 TC=\sqrt{2AFC\left(1-\frac{d}{P}\right)} \tag{8-15}$$

【例 8-7】 B 公司的产品需要某零部件,其预计年需用量为 36 000 件,平均每日耗用量为 100 件,单价为 15 元,一次的订货成本为 300 元,单位存货的年储存成本为 5 元,每日送货量为 400 件。求其最优经济订货批量。

解 将以上数据带入,可得出存货陆续供应和使用的经济订货批量为:

$$Q^* = \sqrt{\frac{2AF}{C\left(1-\dfrac{d}{P}\right)}} = \sqrt{\frac{2\times 36\,000\times 300}{5\times\left(1-\dfrac{100}{400}\right)}} = 2\,400(件)$$

经济订购批数为：

$$\frac{A}{Q^*} = \sqrt{\frac{AC\left(1-\dfrac{d}{P}\right)}{2F}} = \sqrt{\frac{36\,000\times 5\times\left(1-\dfrac{100}{400}\right)}{2\times 300}} = 15(批)$$

经济批量下的存货总成本为：

$$TC = \sqrt{2AFC\left(1-\dfrac{d}{P}\right)} = \sqrt{2\times 36\,000\times 300\times 5\times\left(1-\dfrac{100}{400}\right)} = 9\,000(元)$$

陆续供应和使用的经济订货批量模型还可以用于自制零部件的投产批量决策问题、零部件是自制还是外购的抉择问题。自制零部件属于边送边用的情况，单位成本可能较低，但每批零部件投产的生产准备成本比一次外购的订货成本可能要高出许多。外购零部件的单位成本可能较高，但订货成本可能比较低。要在自制零部件和外购零部件之间作出选择，需要全面衡量它们各自的总成本才能得出正确的结论。这时，就可借用陆续到货或瞬时补充的经济订货批量模型。

【例8-8】 以例8-7的数据为基础，假设企业也可以利用其剩余生产能力自制该种零部件，自制的单位成本为13元。如果自制，每批零部件投产前的调整准备成本为400元，每日产量为500件。为B公司在自制与外购方案之间作出抉择。

解 第一，对于外购方案，前面已经计算出经济订货批量为2 400件，年订货成本和储存成本的最低值为9 000元。再考虑到采购成本也属于相关成本，那么外购方案的相关总成本为：

$$TC = 9\,000 + 36\,000\times 15 = 549\,000(元)$$

第二，对于自制方案，下面计算经济投产批量和相关成本。

经济投产批量 $Q^* = \sqrt{\dfrac{2AF}{C\left(1-\dfrac{d}{P}\right)}} = \sqrt{\dfrac{2\times 36\,000\times 400}{5\times\left(1-\dfrac{100}{500}\right)}} = 2\,683(件)$

年调整准备成本和储存成本之和的最低值为：

$$TC = \sqrt{2AFC\left(1-\dfrac{d}{P}\right)} = \sqrt{2\times 36\,000\times 400\times 5\times\left(1-\dfrac{100}{500}\right)} = 10\,733(元)$$

再加上自制零部件的生产成本，则自制方案的相关总成本为：

$$TC = 10\,733 + 36\,000\times 13 = 478\,733(元)$$

比较两种方案的相关总成本可见，由于自制方案的总成本低于外购方案的总成本，故自制方案为优。

2. 再订货点与安全储备

实际上，在经济订货批量基本模型中，有两项假设是最不合理的，即"存货的需求总量稳定"与"采购存货能集中到货,而且可立即取得"。在实践中,每日需求量可能变化,交货时间也可能变化。为了对此进行修正,企业可以设定安全储备。

安全储备是指在下批订货的运送期内,能够满足异常及额外需要的存货量。为了保证生产和销售的正常进行,企业必须在生产材料用完之前订货。那么,究竟在上一批购入的存货还有多少时订购下一批货物呢?这就是再订货点的控制问题。

所谓再订货点,就是订购下一批存货时的储存量。存货储存量随着时间的推移而逐渐变化及再订货点的情况见图 8-13。

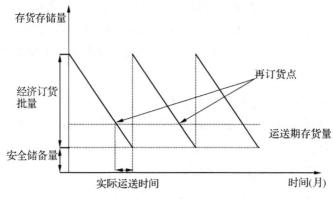

图 8-13 再订货点决策图

如果企业没有安全储备,那么再订货点的确定必须考虑平均每天耗用量(以 n 表示)和从发出订单到货物验收完毕所用的时间及存货的实际运送期(以 t 表示)。再订货点可用下式计算:

$$R = nt \tag{8-16}$$

【例 8-9】 B公司对某零件的每天正常耗用量为 100 件,订货的实际运送期为 8 天,请计算再订货点。

解 $R = nt = 100 \times 8 = 800$(件)

因此,当存货储存量降到 800 件时,B公司应当开始组织订货。

以上是企业没有安全储备时的再订货点决策。但企业往往需要保有一定的安全储备,这时再订货点的决定因素除了上面所述的以外,还必须考虑安全储备量。存货储存量降到运送期存货量与安全储备量之和时,即应组织订货。这时的存货储存量即为再订货点。因此,再订货点也可以用运送期存货量加上安全储备量来确定,如图 8-13 所示。

由于安全储备量是一直存在的,因而存货储存量的平均水平也会增加,此时平均存货储存量可以表示为:

$$\text{平均存货储存量} = \frac{\text{经济订货批量}}{2} + \text{安全储备量} \tag{8-17}$$

运送期存货量和安全储备量由以下若干因素共同决策:

(1) 运送期内的生产需求量,因为运送期存货量是从订货到收到货物这一时期的预期库存使用量,有效的采购系统能减少运送期的存货需求量。

(2) 企业期望的安全期限也影响安全储备量的持有水平,如果存货短缺的成本很高,则企业通常会持有较多的安全储备,因为一旦库存不足,就会延误对客户的供货,从而可能丧失市场。

(3) 持有存货的成本,包括存货处理成本、储存成本以及机会成本,简单地说,持有附加存货成本越高,安全储备量就越小。

存货太少可能导致客户的不满,从而使企业丧失市场,而存货太高又会增加存货成本,这两者的权衡决定了企业的存货水平。企业持有多少安全储备才合适,取决于存货中断的概率和存货中断的损失,最佳的安全储备量应该使缺货损失和安全储备的持有成本之和达到最低。

【例 8-10】 某公司计划年度耗用某材料 200 000 kg,材料单价为 120 元,经济订货批量为 25 000 kg,全年订货 8 次,再订货点为 1 200 kg。单位材料年持有成本为材料单价的 25%,单位材料缺货损失为 30 元。在运送期内,生产需求量及其发生概率如表 8-7 所示。该公司的最佳安全储备量为多少比较合适?

表 8-7 公司运送期内不同生产需求的发生概率和数量

生产需求量(kg)	1 000	1 100	1 200	1 300	1 400
概率	0.1	0.2	0.4	0.2	0.1

解 假设安全储备量为 0,再订货点为 1 200 kg,则其缺货损失以及安全储备的持有成本计算如表 8-8 所示。

表 8-8 缺货损失及安全储备的持有成本计算表(安全储备量为 0)

生产需求量(kg)	1 000	1 100	1 200	1 300	1 400	合计
概率	0.1	0.2	0.4	0.2	0.1	1.0
缺货量	0	0	0	100	200	—
缺货损失(元)	0	0	0	8×100×0.2×30=4 800	8×200×0.1×30=4 800	9 600
安全储备的持有成本(元)				0		
成本合计(元)	—	—	—	—	—	9 600

假设安全储备量为 100 kg,再订货点为 1 300 kg,则其缺货损失以及安全储备的持有成本计算如表 8-9 所示。

表 8-9 缺货损失及安全储备的持有成本计算表(安全储备量为 100 kg)

生产需求量(kg)	1 000	1 100	1 200	1 300	1 400	合计
概率	0.1	0.2	0.4	0.2	0.1	1.0
缺货量	0	0	0	0	100	—
缺货损失(元)	0	0	0	0	8×100×0.1×30=2 400	2 400
安全储备的持有成本(元)				100×120×25%=3 000		
成本合计(元)	—	—	—	—	—	5 400

假设安全储备量为 200 kg,再订货点为 1 400 kg,则其缺货损失以及安全储备的持有成本计算如表 8-10 所示。

表 8-10　缺货损失及安全储备的持有成本计算表(安全储备量为 200 kg)

生产需求量(kg)	1 000	1 100	1 200	1 300	1 400	合 计
概率	0.1	0.2	0.4	0.2	0.1	1.0
缺货量	0	0	0	0	0	—
缺货损失(元)	0	0	0	0	0	0
安全储备的持有成本(元)				200×120×25%=6 000		
成本合计(元)	—	—	—	—	—	6 000

通过以上计算分析可知,当安全储备量为 100 kg 时,缺货损失与安全储备的持有成本之和最低。因此,该公司的安全储备量应选择为 100 kg 比较合适。

上例中,确定安全储备量的过程考虑了运送期内生产需用量和安全储备的持有成本等因素。对于因延误引起的缺货,可以通过估计延误时间和平均每日耗用量来计算增加的安全储备量。

8.4.4　存货的日常管理

存货的日常管理是指企业在日常生产经营中,对存货实物的使用和资金的周转进行组织、调节和监督。存货日常管理的方法有许多种,比如 ABC 分类管理法、适时制库存管理系统、存货的归口分级管理等。鉴于篇幅,下面主要介绍前两种方法。

1. ABC 分类管理法

对于一个大型企业来说,常有成千上万种存货项目,在这些项目中,有的价格昂贵,有的价格低廉;有的数量庞大,有的寥寥无几。如果面面俱到、则不分主次地管理,则不能提高管理效率。ABC 分类管理法正是针对这一问题而提出来的重点管理方法。所谓 ABC 分类管理法就是按照一定的标准将企业的存货划分为 A、B、C 三类,分别实行分品种重点管理、分类别一般控制和按总额灵活掌握的一种存货管理方法。

ABC 分类管理法由意大利经济学家弗·巴雷特(V·Pareto)于 19 世纪首创,之后经不断发展和完善,现已广泛用于存货管理、成本管理和生产管理。运用 ABC 分类管理法管理存货一般有如下几个步骤:

① 计算每一种存货在一定时期内(一般为 1 年)的资金占用额。

② 计算每一种存货的资金占用额占全部资金占用额的百分比并按大小顺序排列,编成表格。

③ 根据事先测定好的标准,把最重要的存货划为 A 类,把一般存货划为 B 类,把不重要的存货划为 C 类,并画图表示出来。

④ 对 A 类存货进行重点规划和控制,对 B 类存货进行次重点管理,对 C 类存货只进行一般管理。

ABC 分类管理法对存货进行分类的标准主要有两个：一是价值标准，二是品种数量标准，其中价值标准是最基本的，品种数量标准则作为参考。一般来说，A 类存货的特点是金额巨大，但品种数量较少；B 类存货的金额一般，品种数量相对较多；C 类存货的品种数量繁多，但金额却很小。这三类存货的金额的比重大致为 A∶B∶C＝0.7∶0.2∶0.1，而品种数量的比重大致为 A∶B∶C＝0.1∶0.2∶0.7。通常，对 A 类存货应按品种重点管理和控制，实行最为严格的内部控制制度，逐项计算各种存货的经济订货批量，并经常检查有关计划和管理措施的执行情况，以便及时纠正各种偏差；对 B 类存货，由于其金额相对较小，而品种数量远多于 A 类存货，因此不必像对 A 类存货那样严格管理，可通过分类别的方式进行管理和控制；至于 C 类存货，可采用较为简化的方法，只要把握一个总额就可以了，所以对 C 类存货只要进行一般的总额控制和管理。

例如，某企业共有 20 种材料，共占用资金 100 000 元，按占用资金多少的顺序排列后，根据上述原则划分成 A、B、C 三类，见表 8－11。

表 8－11 存货 ABC 分类管理表

材料品种 （用编号代替）	耗用资金额 （元）	类别	各类存货所占的		各类存货耗用资金的	
			品种数（种）	比重（％）	数额（元）	比重（％）
1	45 000	A	2	10	75 000	75
2	30 000					
3	10 000	B	5	25	20 000	20
4	5 000					
5	2 500					
6	1 500					
7	1 000					
8	900	C	13	65	5 000	5
9	800					
10	700					
11	600					
12	500					
13	400					
14	300					
15	200					
16	190					
17	180					
18	170					
19	50					
20	10					
合　计	100 000		20	100	100 000	100

各类材料的资金占用情况如图 8-14 所示。

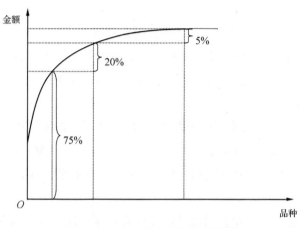

图 8-14　ABC 分类管理法示意图

把存货划分为 A、B、C 三大类,目的是对存货占用资金进行有效的管理。A 类存货的品种虽少,在本例中仅 2 种,但占用的资金多达 75 000 元,并且比重很大,占 75%,故应集中力量对其进行管理,对其经济批量要进行认真规划,对收入、发出要进行严格控制;C 类存货虽然品种繁多,在本例中有 13 种,但占用的资金不多,只有 5 000 元,而且比重很小,仅 5%,故不必耗费大量人力、物力、财力去管理,对这类存货的经济批量可凭经验确定,不必花费大量时间和精力去进行规划和控制;B 类存货介于 A 类存货和 C 类存货之间,应给予其相应的重视,但不必像对 A 类存货那样进行严格的控制。

2. 适时制库存管理系统

适时制(JIT)库存管理系统,又称零库存管理系统、看板管理系统。它起源于 20 世纪 20 年代美国底特律福特汽车公司所推行的集成化生产装配线,后来在丰田等日本制造企业广泛应用,随后又重新在美国推广开来。

这种库存管理系统是指制造企业事先与供应商和客户协调好,只有当制造企业在生产过程中需要原材料或零件时,供应商才会把原材料或零件送来,产品一旦生产出来就被客户拉走。这样,制造企业的库存持有水平就可以大大降低。显然,适时制库存管理系统需要的是稳定而标准的生产程序以及供应商的诚信,否则,任何一环出现差错都将导致整个生产线的停止。

适时制库存管理系统的成功取决于以下因素:

(1) 计划要求。适时制库存管理系统要求备份一份对于整个企业而言协调、完整的计划,通过详细计划与规划,实施适时制库存管理可以使企业不必保有安全储备量,从而节约成本。如果高度协调与计划不能完美实现,适时制库存管理系统也将无法发挥作用。

(2) 与供应商的关系。为了使适时制库存管理系统有效运行,企业应与其供应商紧密合作。送货计划、数量、质量和及时联系都是系统的组成部分。该系统要求按订单要求频繁送货,并且仔细标记每项货物。因此,和供应商保持良好的关系是适时制库存管理系统发挥作用的前提。

(3) 其他的成本因素。供应商为了达到适时制库存管理的要求,必须在原材料的质量、送货频率上花费更多的支出,因此供应商对这样的供货要求的价格也必然较高,所以企业在采用适时制库存管理系统降低其存货储存成本的同时,必须承担较高的采购成本。当然,企业采用适时制库存管理所获得的利益远远大于采购价格提高带来的负面影响。

(4) 电子数据互换。从采购到生产再到销售,许多环节都需要用电子系统处理,商业信用也已实现自动化。因此,没有电子数据互换,适时制库存管理就不能实施。采用电子信用条件,企业的应付账款基本消除,而这是其短期融资的主要来源,同时在供应商方面也消除了应收账款。

目前,已有越来越多的企业利用适时制库存管理系统减少甚至消除对库存的需求——实行零库存管理,比如沃尔玛、丰田、海尔等。适时制库存管理系统进一步的发展被应用于企业整个生产管理过程中——集开发、生产、库存和分销于一体,大大提高了企业营运管理效率。

8.5 短期融资管理

短期融资及其管理是营运资金管理的一个重要组成部分,它对企业的流动性及营运能力起着重要的作用。短期融资来源主要有短期借款、短期融资券、商业信用和应计费用,各种来源具有不同的获取速度、灵活性、成本和风险。

8.5.1 短期借款

短期借款是企业向银行和非银行金融机构借入的期限在1年(含1年)以内的各种借款。按照国际通行的做法,短期借款依据偿还方式的不同,分为一次性偿还借款和分期偿还借款;按照利息支付方式的不同,分为收款法借款、贴现法借款和加息法借款;按照有无担保,分为抵押借款、担保借款、信用借款和质押借款。企业应根据自己的具体情况和条件加以选择。

1. 短期借款的信用条件

短期借款的信用条件主要包括信贷额度、周转信贷协议、补偿性余额、借款抵押、还款方式等,其中信贷额度、周转信贷协议和补偿性余额均已在本书前面的相关章节介绍过,这里稍作补充。

(1) 信贷额度

信贷额度的有效期限通常为1年,根据情况也可延期1年。但如果企业信誉恶化,那么即使在信贷限额内,企业也可能得不到借款,此时银行不会承担法律责任。

(2) 周转信贷协议

周转信贷协议一般是银行与一些大型企业签订的正式协议,在协议的有效期内,只要企业的借款总额未超过最高限额,银行必须满足企业任何时候提出的借款要求,其有效期通常超过1年,但实际上贷款每几个月发放一次,所以这种信贷具有短期和长期借款的双重特点。

(3) 补偿性余额

补偿性余额的比例要求随信贷市场的竞争状况而变化,也随信贷双方的具体协定而不同。

(4) 借款抵押

借款抵押是银行为了减少蒙受损失的风险,对财务风险较大或信誉不甚有把握的企业发放贷款时,要求有抵押品做担保。短期借款的抵押品通常是借款企业的应收账款、存货、股票、债券等。银行接受抵押品后,将根据抵押品的价值决定贷款金额,一般为抵押品市值的30%~90%。这一比例的高低取决于抵押品的变现能力和银行的风险偏好。

(5) 还款方式

短期借款的偿还有到期一次偿还和在借款期内分期(每月、每季)等额偿还两种方式。一般来讲,企业不希望用后一种方式,因为这样会提高企业短期借款的实际利率。当然,银行也不希望用前一种方式,因为这样会增加银行的借款风险,同时也会相对降低实际贷款利率。

(6) 其他承诺

在短期借款条件中,银行有时会要求企业作出其他承诺,比如及时提供企业财务报表,保持适当的负债比率。如果企业违反原有承诺,银行可要求企业立即偿还全部贷款。

2. 短期借款的利率及其支付方法

短期借款的利率多种多样,利息支付方法也不一样,银行将根据借款企业的情况选用。

(1) 短期借款的利率

短期借款利率有优惠利率、浮动优惠利率和非优惠利率三种。

① 优惠利率是银行向财力雄厚、经营状况良好的企业发放贷款时采纳的名义利率,一般为贷款利率的最低限。

② 浮动优惠利率是一种随其他短期利率的变动而变动的优惠利率,即随市场条件的变化而随时调整变化的优惠利率。

③ 非优惠利率是银行贷款给一般企业时收取的高于优惠利率的利率,这种利率经常在优惠利率的基础上加一定的百分比,比如按高于优惠利率一个百分点的利率向某企业发放贷款,若当时的优惠利率为9%,则向该企业贷款收取的利率即为10%。非优惠利率与优惠利率之间差距的大小,由借款企业的信誉、与银行的关系及宏观的信贷紧缩状况决定。

(2) 短期借款利息的支付方法

借款企业支付银行贷款利息的方式一般有三种：收款法、贴现法和加息法。收款法付息是贷款到期时利息与本金一起支付，单利计息，比较简单，不再赘述，下面主要介绍后两种。

① 贴现法计息。贴现法是银行向企业发放贷款时先从本金中扣除利息，到期时借款企业偿还贷款全部本金的一种计息方法。这种计息方法下，贷款的实际利率计算公式为：

$$实际利率 = \frac{利息}{借款总额 - 利息} \tag{8-18}$$

使用这种支付方法时，企业可利用的贷款额只有本金减去利息后的差额，因此贷款的实际利率高于名义利率。

【例 8-9】 某企业从银行取得 200 000 元短期借款，期限为 1 年，年利率为 10%，按贴现法计息。计算该企业应支付的利息及实际利率。

解 应支付的利息 = 200 000 × 10% = 20 000 元

$$实际利率 = \frac{20\ 000}{200\ 000 - 20\ 000} \times 100\% = 11.11\%$$

② 加息法计息。加息法是银行发放分期等额偿还本息和的贷款，仍按借款总额及名义利率计息的方法。在分期等额偿还贷款的情况下，银行将根据名义利率计算的利息加到贷款本金上，计算出贷款的本息和，要求企业在贷款期内分期偿还本息和。由于贷款分期均衡偿还，借款企业实际上只使用了贷款本金的半数，却支付了全额利息，因此实际支付的利率将高出 1 倍，计算公式为：

$$实际利率 = \frac{利息}{借款总额/2} \tag{8-19}$$

【例 8-10】 某企业从银行借入年利率为 12% 的贷款 200 000 元，分 12 个月等额偿还本金。计算该企业应支付的利息及实际利率。

解 实际支付的利息 = 200 000 × 12% = 24 000 元

$$实际利率 = \frac{24\ 000}{200\ 000/2} \times 100\% = 24\%$$

企业对于银行的选择，除了需要考虑以上条件以确定适宜的借款种类、借款成本和借款条件以外，还需要考虑以下因素：第一是银行对贷款风险的政策，有些银行倾向于保守，只愿承担较小的贷款风险，但也有些银行的发展思路比较开放，敢于承担风险；第二是银行对企业的态度，有些银行会为企业考虑，为企业提供合理化建议，帮助分析潜在的财务问题，乐于为具有发展潜力的企业发放大量贷款，也有些银行很少提供咨询服务，在企业遇到困难时一味地为清偿贷款而施加压力；第三是贷款的专业化程度，一些大型银行往往有不同的专业部门，分别处理不同类型、不同行业的贷款，与这样的银行合作，可以得到更多更专业的服务；第四是银行的稳定性，稳定的银行可以保证企业的借款不至于中途发生变故，银行的稳定性取决于它的资本规模、存款水平波动程度和存款结构。

3. 短期借款融资的评价

短期借款融资的优点在于:

(1) 筹资迅速、效率高。

(2) 具有较好的灵活性。企业可根据经营状况对资金需求的变化随时调整借款额。在资金需要增加时借入,在资金需要减少时还款。

(3) 融资成本较低,一般来讲,短期借款融资的利率低于长期借款,因此其成本也比较低。

短期借款融资的弊端在于:

(1) 风险较高。短期借款需要在短期内偿还,因而要求融资企业在短期内拿出足够的资金偿还债务,若企业届时资金安排不当,就会陷入财务危机。而且短期借款的利率波动较大,一时高于长期借款的利率水平也是可能的。

(2) 由于补偿性余额等信用条件或其他条款的牵制,会增大短期借款的实际利率,提高资金成本,而抵押贷款所需支付的管理费用、服务费用也提高了资金成本。

(3) 与商业信用相比,限制较多。

8.5.2 短期融资券

短期融资券又称为商业票据或商业本票,是指企业在银行间债券市场发行和交易并约定在 1 年期限内还本付息的有价证券,是一种短期无担保本票。

1. 我国短期融资券的发展概况

20 世纪 80 年代末,我国个别企业为了解决营运资金短缺问题,开始尝试用短期融资券筹集资金。1989 年,中国人民银行下发了《关于发行短期融资券有关问题的通知》,以文件的形式肯定了各地发行融资券的做法。这一举措对于拓宽企业融资渠道、优化企业短期资金来源、加速社会资金周转、优化资金投向具有重要意义。

为了规范短期融资券市场、提升社会资金配置效率,2005 年 5 月 24 日,中国人民银行颁布了《短期融资券管理办法》以及《短期融资券承销规程》《短期融资券信息披露规程》两个配套文件,允许符合条件的企业在银行间债券市场向合格的机构投资者发行短期融资券。《短期融资券管理办法》中规定了企业申请发行短期融资券应当符合以下条件:

(1) 是在中华人民共和国境内依法设立的企业法人。

(2) 具有稳定的偿债资金来源,最近一个会计年度盈利。

(3) 流动性良好,具有较强的到期偿债能力。

(4) 发行融资券募集的资金用于本企业生产经营。

(5) 近三年没有违法和重大违规行为。

(6) 近三年发行的融资券没有延迟支付本息的情形。

(7) 具有健全的内部管理体系和募集资金的使用偿付管理制度。

(8) 中国人民银行规定的其他条件。

为进一步完善银行间债券市场管理,促进非金融企业直接债务融资发展,2008年4月,中国人民银行颁布实施了《银行间债券市场非金融企业债务融资工具管理办法》,同时废止2005年5月颁布的《短期融资券管理办法》。

2. 短期融资券的种类

(1) 按发行方式分类

按发行方式的不同,短期融资券可分为经纪人代销的融资券和直接销售的融资券。

经纪人代销的融资券是指由发行人卖给经纪人,然后由经纪人再卖给投资者的融资券。直接销售的融资券是指发行人直接销售给最终投资者的融资券。直接销售融资券的企业通常是经营金融业务的企业或自己附有金融机构的企业,它们有自己的分支网点,有专门的金融人才,有力量组织推销工作,这样可以节省间接发行的手续费。直接销售的融资券目前已经占有相当大的比重。1986年8月,美国货币市场上的短期融资券中有46%是直接销售的。

我国《银行间债券市场非金融企业债务融资工具管理办法》规定,我国非金融企业发行短期融资券必须由符合条件的金融机构承销,企业不得自行销售融资券。

(2) 按发行人分类

按发行人的不同,短期融资券可分为金融企业融资券和非金融机构融资券。

金融企业融资券是指由各大公司所属的财务公司、各种投资信托公司、银行控股公司等发行的融资券。这类融资券一般采用直接发行方式。

非金融机构融资券是指没有设立财务公司的工商企业所发行的融资券。这类企业一般规模不大,多采用间接方式发行融资券。

(3) 按发行和流通范围分类

按发行和流通范围,短期融资券可分为国内融资券和国际融资券。

国内融资券是一国发行者在其国内金融市场上发行的融资券。发行这种融资券只需要遵循本国法规和金融市场惯例即可。

国际融资券是一国发行者在其本国外的金融市场上发行的融资券。发行这种融资券必须遵循有关国家的法律和国际金融市场上的惯例。在美国货币市场和欧洲货币市场上,这种短期融资券很多。

3. 短期融资券的发行条件

(1) 发行人为非金融企业,发行企业均应在中国境内工商注册且有具备债券评级资质的评级机构的信用评级,并将评级结果向银行间债券市场公示。

(2) 发行和交易的对象是银行间债券市场的机构投资者,不向社会公众发行和交易。

(3) 融资券的发行由符合条件的金融机构承销,企业不得自行销售融资券,发行融资券募集的资金用于本企业的生产经营。

(4) 对企业发行融资券实行余额管理,待偿还融资券余额不超过企业净资产的 40%。

(5) 融资券采用实名记账方式在中央国债登记结算有限责任公司(简称中央结算公司)登记托管,中央结算公司负责提供有关服务。

(6) 融资券在债权债务登记日的次一工作日即可在全国银行间债券市场的机构投资者之间流通转让。

4. 短期融资券的发行程序

(1) 作出发行决策。具备申请发行短期融资券资格的企业,在充分了解金融市场状况和自身经营现状的基础上,财务部门将短期融资券列为可行的融资方案,向总经理或董事会提出申请,最后作出融资决策。

(2) 选择承销商。我国非金融企业发行短期融资券必须由符合条件的金融机构承销,其自身不具有销售融资券的资格。因此,企业在作出短期融资券融资决策后应选择拥有承销资格的金融机构作为主承销商。主承销商应与发行人协商确定短期融资券的发行方式、发行日期、发行利率、发行价格和发行费用,编制有关文件向主管机构提呈,协助发行人申办有关法律方面的手续。

(3) 办理发行短期融资券的信用评级。根据规定,我国企业在发行短期融资券时,应当由在中国境内注册且具备债券评级资质的评级机构进行信用评级。由发行企业将有关资料提交给评级机构,评级机构对其材料的真实性、可靠性和一致性进行核定,对企业的信用质量以及融资券本身的特点和实际情况进行分析、评定,出具信用评级报告。

(4) 向有关审批机构提出发行申请。中国人民银行总行与各省、市、自治区分行是我国企业发行融资券的审批、管理机关。企业发行短期融资券,必须通过其主承销商向各级人民银行的金融管理部门提出申请,经过批准后才能发行。

(5) 审批机构对企业提出的申请进行审查和批准。中国人民银行的金融管理部门接到企业申请后,要对以下内容进行审查:对发行资格进行审查;对资金用途进行审查;审查会计报表的内容;审查融资券的票面内容。审查通过后,中国人民银行将根据规定的条件和程序向企业下达备案通知书,并核定该企业发行融资券的最高余额。

(6) 正式发行短期融资券,取得资金。审查机构审查同意后,发行企业便可正式发行短期融资券。

5. 短期融资券的成本

短期融资券的成本组成主要是利息,其利息是采用贴现法支付的,因此其资金成本率(实际年利率)的计算方法与贴现法计息的短期借款的实际利率计算方法是一致的,如下所示:

$$\text{短期融资券的资金成本率} = \frac{i}{1 - i \times \frac{n}{360}} \qquad (8-20)$$

式中，i 为短期融资券的票面利率；n 为票据期限。

【例 8-13】 某公司发行了期限为 180 天的短期融资券，票面利率为 8%。那么该短期融资券的资金成本率是多少？

解 短期融资券的资金成本率 $= \dfrac{8\%}{1 - 8\% \times \dfrac{180}{360}} = 8.33\%$

另外，发行短期融资券的企业一般都保有备用信用额度，以便为发行短期融资券时发生问题提供保障，如果到期不能偿还发行的短期融资券，就可以动用备用信用额度。对于这种备用信用额度，银行一般要按年收取 0.25%～0.5% 的费用，这就增加了企业短期融资券的成本。

【例 8-14】 以例 8-13 的资料为例，假设公司利用备用信用额度获取资金的费用率为 0.25%，另外其他直接费用率为每年 0.5%。那么该短期融资券的总成本率是多少？

解 短期融资券的资金成本率 $= \dfrac{8\%}{1 - 8\% \times \dfrac{180}{360}} = 8.33\%$

故其总成本率为 8.33% + 0.25% + 0.5% = 9.08%。

6. 短期融资券融资的评价

短期融资券的优点有以下 3 点：

(1) 短期融资券的筹资成本较低，在西方国家，短期融资券利率加上发行成本，通常要低于同期贷款利率。目前我国的情况可能正好相反，主要是因为推广短期融资券的时间不长，很多投资者对短期融资券的了解不够。

(2) 短期融资券的筹资数额比较大。

(3) 发行短期融资券可以提高企业信誉和知名度。因为在货币市场上发行短期融资券的企业都是著名的大公司，因此发行短期融资券能够对企业信誉产生正向作用。

短期融资券筹资的缺点也有 3 点：

(1) 发行短期融资券的风险比较大，短期融资券到期必须归还，一般不会有延期的可能。

(2) 发行短期融资券的弹性比较小，只有当企业的资金需求达到一定数量时才能发行短期融资券，而一旦发行，就要到期才能归还，在此期间即使企业资金已不再短缺也不能提前归还。

(3) 发行短期融资券的条件比较严格，必须是信誉好、实力强的企业才可以。

8.5.3 商业信用与应计费用

1. 商业信用

商业信用是指因商品交易中的延期付款或延期交货而形成的借贷关系,是企业之间的一种直接信用关系。商业信用是企业短期资金的最大来源,是企业商品交换中自然形成的,也称为自发性筹资。

(1) 商业信用的形式

利用商业信用融资主要有两种形式:赊购商品和预收货款。

赊购商品是一种最典型、最常见的商业信用形式。在此种形式下,买卖双方发生商品交易,买方收到商品却不需要立即支付货款,延迟一段时间以后再支付货款,这样买方既获得了生产周转所需的商品材料,又无需当即支付款项,因此是一种集融资与融物为一体的负债方式。卖方利用这种方式对商品也起到了促销的作用,达到双赢的目的。

预收货款是卖方企业在交付货物之前预先收取部分或全部货款的商业信用形式。对于卖方来说,预收货款相当于向买方借用资金后用货物抵债。这种商业信用形式通常运用于企业购买紧俏商品,以及那些生产周期长、成本售价较高的货物。

(2) 商业信用的条件

商业信用条件是指销货人对付款时间和现金折扣所作的具体规定,如"2/10, n/30"便属于一种商业信用条件。商业信用有如下条件:

① 预收货款。这是卖方在发出货物之前要求买方支付货款,一般用于如下两种情形:一是卖方已知买方的信用欠佳;二是销售生产周期长、售价高的产品。在这种条件下,销货方可以得到暂时的资金来源,但购货方不但不能获得资金来源,还要预先垫支一笔资金。

② 延期付款,但不提供现金折扣。卖方允许买方在交易发生后一定时期内按发票面额支付货款。在这种条件下,买方可因延期付款取得资金来源,信用条件表示为:net 天数,如"net 30"或"n30",表示在 30 天内按发票金额付款。通常情况下,这种信用期限规定为30~60 天。某些季节性生产企业可提供更长的信用期限。

③ 延期付款,但早付款有现金折扣。在这种条件下,买方若提前付款,卖方可给予一定的现金折扣,若买方不享受现金折扣,则必须在一定时期内付清账款。例如,信用条件:2/10, n/30。在这种条件下,双方存在信用交易,买方若在折扣期限内付款,则可获得短期的资金来源,并能得到现金折扣;若放弃现金折扣,则可在稍长时间内占用卖方的资金。

(3) 商业信用的成本

商业信用成本是企业利用商业信用形式融资时需付出的代价。

① 免费信用。免费信用是指买方企业在规定的折扣期限内享受折扣而获得的信用,这部分信用的融资是免费的。如果没有提供现金折扣,或者能尽快地付款而获得现金折扣,那么买方企业利用供应商的商业信用则没有成本。如信用约定企业在 15 天内享受 2% 的现金

折扣,企业在第 15 天和在第 1 天同样需支付 98% 的价款,则企业将会选择在第 15 天付款。企业可视为获得了 98% 价款的为期 15 天的短期资金来源。

② 附有现金折扣的融资成本。当提供了现金折扣,但企业没有获得折扣,则对于企业意味着机会成本,企业形成潜在的损失。企业放弃现金折扣的机会成本为:

$$资金成本率 = \frac{折扣率}{1-折扣率} \times \frac{360}{信用期限-折扣期限} \times 100\% \qquad (8-21)$$

注意:假设企业并未在信用期满的时候付款,则上式中分母应使用"失去现金折扣后延期付款的天数",而不能再用信用期限减去折扣期限。

【例 8-15】 某公司按"3/10, n/30"的信用条件购入价值 100 万元的原材料。那么如果企业在第 10 天付款或第 30 天付款,其商业信用的资金成本率分别为多少?

解 (1) 如果在第 10 天付款:公司不仅享受了 10 天的信用,并且也没有失去 3% 的现金折扣,因此其免费信用为 97 万元。

(2) 如果在第 30 天付款:公司因放弃了 3% 的现金折扣,因此而多享受信用 30-10=20 天,因此这 20 天信用的机会成本为 $100 \times 3\% = 3$ 万元。

$$资金成本率 = \frac{3\%}{1-3\%} \times \frac{360}{30-10} \times 100\% = 55.67\%$$

这样的结果对于几乎所有企业来说都是非常高的。如果企业放弃现金折扣的期间内只获得 55.67% 以下的收益率,那么就不应该放弃现金折扣。

如果企业当前的流动性确实非常紧缺,那么应当进一步考虑是否能够以低于放弃现金折扣的机会成本的利息借入资金。比如,如果该公司能够以 10% 的利率借入短期借款,远远低于放弃现金折扣的机会成本率为 55.67%,那么公司就应当在折扣期限内用借入资金支付货款而享受现金折扣。

③ 展期成本。展期是指企业超出规定的信用期限延迟付款,一般供应商允许买方有一定时间的付款宽限期。在宽限期内,买方付清价款则不需承担任何后果;如果超出宽限期,则买方必须付出一定代价,如规定超期每拖延一天加收一定比例的利息,买方信用受损,供应商停止供货,甚至引起法律诉讼或法律赔偿。

(4) 商业信用融资的评价

商业信用融资的优点在于:

① 方便易行。商业信用是一种自然性融资,与商品交易同时进行。

② 成本低。如果信用条件中没有现金折扣,或企业不放弃现金折扣,或使用不附息的应付票据,则利用商业信用融资没有实际成本或成本较低。

③ 限制少,弹性高。一方面,买方企业享有商业信用时间上的灵活性;另一方面,对于买卖双方来说,商业信用的规模、数量随商品交易活动而相应变动。

商业信用融资的缺点在于:

① 期限较短，只能作为短期资金运用，尤其是应付账款，如果拖欠，则有可能导致企业信用地位和信用等级的下降，如果企业要享受现金折扣，则可利用资金的时间更短。

② 在提供现金折扣的信用条件中，如果企业放弃现金折扣，则会形成较高的机会成本，使融资成本较高。

2. 应计费用

（1）应计费用的概念

应计费用也是一种自然融资方式。最常见的应计费用有应付职工薪酬、应交税费、应付股利和应付利息等，是企业在生产经营过程中发生的应付而未付的费用。这些费用一般是形成在前，支付在后，可以为企业所用。通常应计费用都有一个确切的支付日期，比如工资、税金在下月月初支付，当然也可能没有确切的支付日期，如福利费。

（2）应计费用的成本

应计费用是一种无成本的融资方式。例如雇员提供劳务后，企业并没有马上支付工资，而且在支付期之前都不会支付工资，因此应计费用还是一种无利息的自然融资来源。通过应计费用所筹集的资金不用支付任何代价，因而是一种免费的短期资金来源。但在使用时必须注意加强对支付期的控制，以免因拖欠支付给企业带来损失。

（3）应计费用融资额的计算

为了准确把握应计费用所能产生的融资规模，从而顺利编制融资计划、降低企业整体融资成本，企业通常需要测算经营活动所产生的各种应计费用的总额。当前常用的应计费用融资额计算方法有两种：一是按平均占用天数计算，二是按经常占用天数计算。

如果按平均占用天数计算，应计费用融资额可以用平均每日发生额与平均占用天数相乘来确定，如下所示：

$$应计费用融资额 = 平均每日发生额 \times 平均占用天数 \qquad (8-22)$$

式中，平均占用天数是指从应计费用产生之日起到实际支付之日止平均占用的天数。

如果按经常占用天数计算，应计费用融资额可以用平均每日发生额与经常占用天数相乘来确定，如下所示：

$$应计费用融资额 = 平均每日发生额 \times 经常占用天数 \qquad (8-23)$$

式中，经常占用天数是指正常经营活动中应计费用通常占用的天数。比如，按照《中华人民共和国税收征收管理法》的规定，税金应当在特定日期之前缴纳。

应计费用筹资额通常取决于企业的经营规模、所在行业及其他因素。随着企业业务的扩展，应计费用融资额会自动增长。

实质上，自然融资也是有成本的，只不过这一成本可能是由资金主权方承担了，也可能由双方共同承担。

8.6 Excel 在短期财务决策中的应用

8.6.1 信用政策选择

1. 主要 Excel 技术

IF 函数:可以对计算值和期待值进行逻辑比较。函数格式为 IF(logic,true,false),其中 logic 为逻辑表达式,该表达式为真返回 true,否则返回 false。

2. 应用举例

某公司为了增加销售收入对应收账款管理制定了一个新的赊销政策,该政策和原有赊销政策的有关数据如表 8-12 所示,已知该公司的变动成本率为 60%,期望报酬率为 10%。请分析新赊销政策是否可行。

第一步:新建工作表并在 B4:C11 单元格区域中分别录入原始数据,如图 8-15 所示。

表 8-12 新旧赊销政策相关数据

项 目	原政策	新政策
平均收账期(天)	30	60
销售收入(元)	500 000	550 000
坏账损失率	3‰	5‰
平均现金折扣率	2%	3%
取得现金折扣的销售收入占销售收入总额的百分比	30%	50%
收账费用(元)	10 000	20 000

	A	B	C	D
1		赊销政策分析模型		
2		基本数据		
3	项目	原赊销政策	新赊销政策	
4	平均收账期(天)	30	60	
5	销售收入 (元)	500000	550000	
6	坏账损失率	0.30%	0.50%	
7	现金折扣率	2%	3%	
8	折扣收入百分比	30%	50%	
9	收账费用 (元)	10000	20000	
10	变动成本率	60%		
11	期望报酬率	10%		
12		赊销政策分析		
13	项目	原赊销政策	新赊销政策	项目差异
14	扣除信用成本前相关收益(元)			
15	应收账款机会成本(元)			
16	坏账损失(元)			
17	现金折扣(元)			
18	收账费用(元)			
19	新政策净收益增量(元)			
20	分析结论			

图 8-15 赊销政策分析模型

第二步：利用相应公式在工作表中进行计算，如表8-13所示。

表8-13 单元格中输入的公式

单元格	公式	单元格	公式
B14	=B5*(1-$B$10)	C14	=C5*(1-$B$10)
B18	=B9	C18	=C9
B15	=B5/360*B4*$B$10*$B$11	C15	=C5/360*C4*$B$10*$B$11
B16	=B5*B6	C16	=C5*C6
B17	=B5*B8*B7	C17	=C5*C8*C7
D14	=C14-B14	D18	=C18-B18
B19	=D14-SUM(D15：D18)		
B20	=IF(B19>0,"采用新赊销政策","采用原赊销政策")		

第三步：输出分析结果，如图8-16所示。

	A	B	C	D
1		赊销政策分析模型		
2		基本数据		
3	项目	原赊销政策	新赊销政策	
4	平均收账期（天）	30	60	
5	销售收入（元）	500000	550000	
6	坏账损失率	0.30%	0.50%	
7	现金折扣率	2%	3%	
8	折扣收入百分比	30%	50%	
9	收账费用（元）	10000	20000	
10	变动成本率	60%		
11	期望报酬率	10%		
12		赊销政策分析		
13	项目	原赊销政策	新赊销政策	项目差异
14	扣除信用成本前相关收益(元)	200000	220000	20000
15	应收账款机会成本(元)	2500	5500	3000
16	坏账损失（元）	1500	2750	1250
17	现金折扣（元）	3000	8250	5250
18	收账费用（元）	10000	20000	10000
19	新政策净收益增量（元）		500	
20	分析结论		采用新赊销政策	

图8-16 赊销政策分析模型分析结果

8.6.2 最佳现金持有量

1. 主要Excel技术

绘制折线图：可点击"插入→图表→折线图"，然后选择需要做成折线图的数据即完成。

2. 应用举例

已知某企业的现金需求总额 $T=500\,000$ 元，每次交易成本 $b=1\,000$ 元，有价证券利率 $r=10\%$，现在假设企业有以下6种现金余额：30 000元、50 000元、70 000元、90 000元、110 000元、120 000元，企业要求最低现金持有量为28 000元。请根据这些数据来设计最佳现金持有量模型并绘制出相应的分析图。

第一步：新建工作表并在B3:B5和B7:G7单元格区域中分别输入原始数据，如图8-17所示。

	A	B	C	D	E	F	G
1		最佳现金持有量模型					
2	基本数据						
3	现金总量	500000				最佳现金余额	
4	每次交易成本	1000				总成本	
5	有价证券利率	10%					
6							
7	现金余额	30000	50000	70000	90000	110000	120000
8	持有成本						
9	交易成本						
10	总成本						

图8-17　最佳现金持有量模型

第二步：利用相应公式在工作表中进行计算，如表8-14所示。

表8-14　单元格中输入的公式

单元格	公　　式
B8	＝B7/2＊＄B＄5　（注：C8/D8/E8/F8/G8公式向右填充）
B9	＝＄B＄3/B7＊＄B＄4　（注：C9/D9/E9/F9/G9公式向右填充）
B10	＝B8+B9　（注：C10/D10/E10/F10/G10公式向右填充）
G3	＝SQR(2＊B4＊B3/B5)
G4	＝G3/2＊＄B＄5＋＄B＄3/G3＊＄B＄4

第三步：根据计算结果制作现金持有量成本分析图。

选中A8:G10单元格区域，然后在菜单栏选择"插入→图表"出现向导，可按向导完成图标的制作。将图表类型设置为"折线图"，将系列产生的方式设置为"行"，在"系列"选项卡中将B7:G7单元格区域作为分类X轴标志。将图表标题设置为"现金持有量成本分析"。

第四步：输出分析结果，如图8-18所示。

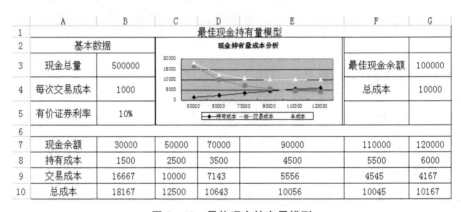

图8-18　最佳现金持有量模型

【本章小结】

1. 本章研究的是包括流动资产、流动负债以及两者的匹配管理在内的营运资金管理。

确定合理的营运资金管理政策,对于满足日常经营需要、加速资金周转、减少资金占用具有重要价值。

2. 营运资金管理需要全面衡量营运资金的流动性、获利能力与财务风险,合理安排流动资产与流动负债的规模及其比例关系,选择正确的管理政策。营运资金持有政策主要有保守型政策、适中型政策和激进型政策,不同类型持有政策的风险和收益水平明显不同。营运资金融资政策有保守型政策、适中型政策和积极型政策,不同的融资政策下的收益与风险水平具有明显差异。不同的营运资金持有政策与不同的营运资金融资政策相配合,将会对企业的风险与收益产生不同影响。

3. 现金管理部分主要介绍现金的持有动机和现金管理的内容、现金持有量的决策以及现金的日常管理。常用的现金持有量决策方法有成本分析模型、存货模型和米勒-奥尔模型。现金的日常管理主要包括加速收款、控制现金支出、现金流动同步化等。

4. 应收账款管理部分主要介绍应收账款的功能、应收账款的成本、应收账款的管理目标、信用政策的制定以及应收账款的日常管理,其中应收账款的成本、应收账款的管理目标以及信用政策的制定是本部分的重点内容。应收账款的成本包括机会成本、管理成本和坏账成本。信用政策包括信用条件、信用标准以及收账政策。最佳信用政策的确定,要以信用政策改变所带来的收益超过增加的成本为标准,同时又不能仅仅依赖数量分析,还需要由管理经验来判断。应收账款的日常管理包括企业的信用调查、应收账款回收情况的监督、坏账准备金制度等。

5. 存货管理部分主要介绍存货的概念、存货的功能、存货的成本、存货决策以及存货的日常管理,其中存货决策是本部分的重点内容。存货决策内容包括经济批量、再订货点与安全储备,其中的经济批量确定方法有经济订货批量的基本模型、有数量折扣的经济订货批量模型和陆续到货的经济订货批量模型。存货的日常管理方法有存货的 ABC 分类管理法和适时制库存管理系统。

6. 流动负债管理主要是短期融资管理。短期融资来源主要有短期借款、短期融资券、商业信用和应计费用。短期借款、短期融资券属于协议融资,商业信用和应计费用属于自然融资。

【案例分析】

"理发优惠卡"的商业融资

位于市内商业繁华区、开业近两年的某理发店,凭借精干的手艺,吸引了附近一大批稳定的客户,每天店内生意红火,加上店老板经营有方,每月收入颇丰,利润可观。但由于经营场所限制,始终无法扩大经营,该店老板很想增开一家分店,但由于本店开张不久,投入的资金较多,手头资金还不够另开一间分店。

平时,有不少熟客都询问理发店能否打折、优惠,店老板都很爽快地打了 9 折优惠。店老板苦思开分店的启动资金时,灵机一动,想到不如推出 10 次卡和 20 次卡:一次性预收客户 10 次理发的钱,给予 8 折优惠;一次性预收客户 20 次理发的钱,给予 7 折优惠。对于客户来讲,如果不购理发卡,一次剪发要 30 元;如果购买 10 次卡(一次性支付 240 元),平均每次只要 24 元,10 次剪发可以省下 60 元;如果购买 20 次卡(一次性支付 420 元),平均每次只要 21 元,20 次剪发可以省下 180 元。

该店通过这种优惠让利活动,吸引了许多新老客户购买理发卡,结果大获成功,两个月内该店共收到理发预付款达 7 万元,解决了开办分店的资金缺口,同时稳定了一批固定的客源。通过这种办法,该理发店先后开办了 5 家理发分店、2 家美容分店。

案例分析与讨论:

1. 请剖析该理发店优惠让利活动所蕴含的财务思想。
2. 从中你能得到哪些启示?

资料来源:王明虎,王锴,吴良海.财务管理原理[M].2 版.北京:机械工业出版社,2014.

【思考题】

1. 什么是营运资金?其财务意义是什么?
2. 企业营运资金持有政策有哪些?各自有什么特点?
3. 企业营运资金融资政策有哪些?各自有什么特点?
4. 作为企业,如何进行营运资金持有政策与营运资金融资政策的配合?
5. 企业现金管理的目标及内容有哪些?
6. 企业的信用政策包含哪些内容?信用政策的改变如何影响企业的风险和收益?
7. 企业应收账款的日常管理包括哪些内容?
8. 与存货持有水平相关的成本有哪些?
9. 企业为什么要关注经济订货批量、再订货点和安全储备?如何关注?
10. 存货的日常管理有哪些思路和方法?
11. 商业信用的形式有哪些?
12. 短期银行借款的信用条件有哪些?短期银行借款的成本率如何确定?
13. 商业信用的成本如何确定?

【课后练习】

一、单项选择题

1. 不同形态资产的流动性不同,其获利能力也就不同,下面说法中正确的是_____。
   A. 流动性越高,其获利能力可能越高
   B. 流动性越高,其获利能力可能越低
   C. 流动性越低,其获利能力可能越低
   D. 金融性资产的获利能力与流动性成正比
2. 货币资金持有成本与转换成本之间的关系是_____。
   A. 同时上升   B. 此消彼长

C. 同时下降　　　　　　　　　　D. 没有关系

3. 下列现金成本中_____的实质是一种机会成本。
   A. 持有成本　　　　　　　　　　B. 转换成本
   C. 短缺成本　　　　　　　　　　D. 管理成本

4. 企业给客户提供现金折扣的目的是_____。
   A. 为了扩大销售量　　　　　　　B. 为了尽快收回货款
   C. 为了提高企业信誉　　　　　　D. 为了增加企业销售收入

5. 采用存货模式确定现金最佳余额,应考虑的成本是_____。
   A. 持有成本和转换成本　　　　　B. 机会成本和短缺成本
   C. 持有成本和短缺成本　　　　　D. 管理成本和转换成本

6. 下列各项中,不属于应收账款成本构成要素的是_____。
   A. 机会成本　　B. 短缺成本　　C. 管理成本　　D. 坏账成本

7. 下列费用中,属于应收账款机会成本的是_____。
   A. 坏账损失
   B. 收账费用
   C. 调查费用
   D. 因应收账款占用资金而丧失的潜在收益

8. 下列对信用期限的叙述中正确的是_____。
   A. 信用期限越长,企业坏账风险越小
   B. 信用期限越长,表明客户享受的信用条件越优越
   C. 延长信用期限不利于销售收入的扩大
   D. 信用期限越长,应收账款的机会成本越低

9. 信用期限、折扣期限及现金折扣三要素构成的付款要求是_____。
   A. 信用标准　　　　　　　　　　B. 信用条件
   C. 信用政策　　　　　　　　　　D. 收账政策

10. 企业要求的预计坏账损失率越低,越_____。
    A. 会增加违约风险　　　　　　　B. 会增加收账费用
    C. 有利于扩大销售,提高市场份额　D. 有利于降低违约风险及收账费用

11. 企业现金管理的目的是_____。
    A. 努力降低现金短缺　　　　　　B. 增强企业应付紧急情况的能力
    C. 提高控制现金的能力　　　　　D. 在流动性和收益性之间作出决策

12. 下列各项中,属于应收账款机会成本的是_____。
    A. 对顾客的信用状况进行调查所需的费用
    B. 催收账款的费用
    C. 应收账款占用资金的应计利息
    D. 由于应收账款不能及时收回发生的坏账损失

13. 下列属于短期资产特点的是_____。

A. 周转快，易变现，风险大
B. 周转慢，易变现，风险大
C. 周转快，易变现，风险小
D. 周转快，不易变现，风险小

二、多项选择题

1. 存货总成本主要由_____构成。
   A. 采购成本
   B. 订货成本
   C. 销售成本
   D. 储存成本
   E. 短缺成本

2. 企业持有现金的动机有_____。
   A. 交易动机
   B. 预防动机
   C. 投资动机
   D. 补偿性动机
   E. 谨慎动机

3. 在确定经济订货批量时，下列表述中正确的有_____。
   A. 经济批量是指一定时期储存成本和订货成本总和最低的订货批量
   B. 随订货量变动，储存成本和订货成本是反方向变化的
   C. 储存成本的高低与订货量的多少成正比
   D. 订货成本的高低与订货量的多少成反比
   E. 年储存总成本与年订货总成本相等时的订货批量，即为经济批量

4. 按照收账费用与坏账损失的关系，下列说法中正确的是_____。
   A. 达到饱和点时，应收账款和坏账损失的减少就不再明显了
   B. 收账费用与坏账损失并不一定存在线性关系
   C. 开始花费一些收账费用，应收账款和坏账损失有小幅度的降低
   D. 收账费用继续增加，应收账款和坏账损失明显减少
   E. 收账费用支出越多，坏账损失越少，两者成反比例关系

5. 放弃现金折扣的成本大小与_____。
   A. 折扣百分比大小呈同向变动
   B. 信用期限的长短呈反向变动
   C. 信用期限的长短呈同向变动
   D. 折扣期限的长短无关
   E. 折扣期限的长短呈同向变动

6. 计算存货经济订货批量的要素有_____。
   A. 购货价格
   B. 每次采购费用
   C. 年度采购总量
   D. 单位储存费用
   E. 年度储存保管总成本

7. 在有安全储备的情况下，确定再订货点需要考虑_____。
   A. 保险储备量
   B. 平均存货储存量
   C. 平均日需要量
   D. 订货批量
   E. 交货时间

8. 应收账款的管理成本包括_____。
   A. 调查顾客信用情况的费用
   B. 收集各种信息的费用

C. 账簿的记录费用　　　　　　D. 应收账款的坏账损失
E. 收账费用

9. 评估顾客信用的5C系统中5C包括_____。
   A. 品质　　　　　　　　　　B. 能力
   C. 利润　　　　　　　　　　D. 资本
   E. 情况

10. 下列说法中正确的是_____。
    A. 现金持有量越大，机会成本越高
    B. 现金持有量越大，机会成本越低
    C. 现金持有量越大，收益越高
    D. 现金交易次数越少，证券的转换成本越低
    E. 现金交易次数越多，证券的转换成本越高

11. 影响短期资产持有政策的因素有_____。
    A. 风险　　　　　　　　　　B. 收益
    C. 企业所处的行业　　　　　D. 企业的规模
    E. 外部的融资环境

三、判断题

1. 企业的应收账款周转率越高，说明发生坏账损失的可能性越大。（　）
2. 拥有大量现金的企业具有较强的偿债能力和承担风险的能力，因此企业应该尽量多地拥有现金。（　）
3. 现金持有成本和现金转换成本的合计数最低条件下的现金余额即为最佳现金余额。（　）
4. 企业持有现金的动机是支付，为了保证支付，持有现金的数量越多越好。（　）
5. 赊销是扩大销售的有力手段之一，企业应尽可能放宽信用条件，增加销售量。（　）
6. 对于现金余额，不能只考虑风险，也不能只考虑报酬，必须将风险与报酬相互权衡，一起考虑。（　）
7. 对应收账款的催收方法不论多么完备，毕竟只是一种补救措施，企业财务部门应该更多地在信用政策、信用评估方面多下工夫，以便尽量减少坏账损失。（　）
8. 企业持有现金的动机主要是交易动机和预防动机。（　）
9. 在没有数量折扣的经济订货批量模型中考虑了采购成本。（　）
10. 持有现金和应收账款都要发生机会成本。（　）
11. 折旧是现金的一种来源。（　）

四、计算分析题

1. 某企业预计全年需要现金1 000万元，将有价证券转换为现金的成本为每次200元，有价证券的投资报酬率为10%。则其最佳现金持有量和此时的相关最低总成本、证券的变现次数分别为多少？

2. 某企业某年需要耗用甲材料 400 kg，材料的单位采购成本为 20 元，单位储存成本为 2 元，平均每次进货费用为 16 元。求该企业存货的经济批量、经济批量下的存货总成本、经济批量下的平均存货量及平均存货占用资金额、最优订货批数。

3. 某公司预测的年度赊销收入为 3 000 万元，信用条件为"n/30"，变动成本率为 60%，资金成本率为 10%。该公司为扩大销售，拟定了以下两个信用条件备选方案：

（1）将信用条件放宽到"n/60"，预计坏账损失率为 3%，收账费用为 70 万元；

（2）将信用条件改为"2/10,1/20,n/60"，估计约有 60% 的客户（按赊销额计算）会利用 2% 的现金折扣，15% 的客户会利用 1% 的现金折扣，坏账损失率为 2%，收账费用为 58 万元。

以上两个方案均使销售收入增长 10%。请根据上述资料，就选用哪种方案作出决策。

4. 某公司现金收支平衡，预计全年（按 360 天计算）现金需求量为 250 000 元，现金与有价证券的转换成本为每次 500 元，有价证券年利率为 10%。要求：

（1）计算最佳现金持有量。

（2）计算最低现金管理总成本、转换成本、持有机会成本。

（3）计算有价证券交易次数、有价证券交易间隔期。

5. 某公司预计每年需用甲材料 6 000 kg，单位采购成本为 15 元，单位储存成本为 9 元，平均每次进货费用为 30 元，假设该材料不存在缺货情况。要求：

（1）计算甲材料的经济订货批量。

（2）计算经济订货批量下的存货总成本。

（3）计算经济订货批量下的平均存货占用资金额。

（4）计算年度最佳订货批量。

6. 某企业年需用甲材料 250 000 kg，单价为 10 元/kg，目前企业每次订货量和每次订货费用分别为 50 000 kg 和 400 元/次。要求：

（1）该企业每年存货的订货成本为多少？

（2）如果单位存货的年储存成本为 0.1 元/kg，企业存货管理相关最低总成本控制目标为 4 000 元，则企业每次订货成本限额为多少？

（3）若企业通过测算可达到要求（2）中的限额，其他条件不变，则该企业的经济订货批量为多少？与订货批量相关的存货总成本是多少？此时存货占用资金额为多少？

7. 某企业每年需要甲零件 6 480 个，日平均需求量为 18 个。如果自制该种零件，每天产量为 48 个，每次生产准备成本为 300 元，单位年储存成本为 0.5 元，单位生产成本为 50 元。如果外购，单价为 60 元，一次订货成本为 50 元，每批订货均可一次到达。请确定甲零件是应选择自制还是外购及两种方案各自的经济批量。

第九章 利润分配管理

【学习目标】
1. 掌握我国公司制企业利润分配的一般程序,分析判断影响股利分配的因素。
2. 理解股利分配理论的要点与指导意义,掌握常用的股利分配政策及其应用。
3. 掌握现金股利与股票股利的基本内容。
4. 了解利润分配原则和股利支付程序。
5. 了解股票股利和股票分割对公司股票价格的影响。

【重点与难点】
1. 常用的股利分配政策及其应用。
2. 判断影响股利分配的因素。

【导引案例】

公司收益如何分配

贵州茅台(600519)经天健正信会计师事务所有限公司审计确认,2009年度公司实现净利润4 312 446 124.73元。根据公司章程的有关规定,提取法定公积金584 532 317.68元,根据公司2008年度股东大会决议实施利润分配方案派发现金股利1 091 032 798.39元,加上年初未分配利润7 924 671 271.03元,本次实际可供股东分配利润10 561 552 279.69元。根据公司实际状况和未来可持续协调发展的需求,拟订了以下利润分配预案:以2009年年末总股本94 380万股为基数,向全体股东每10股派发现金红利11.85元(含税),共计派发股利1 118 403 000.00元,剩余9 443 149 279.69元留待以后年度分配。

公司的税后利润按道理应归股东们所有,但这并不意味着股东们要按他们的股份分享所有的利润,股东大会或者董事会有权决定利润部分或者全部留在公司,而这个决定应统筹考虑公司眼前利益和长远利益。一方面,公司形成的利润要用于股利分配,给股东一定的回报,这是公司生存的基本目标之一,还有利于树立良好的形象;另一方面,公司的利润必须留存一部分,目的一是为新的投资准备资金,二是为了防止经营方面的亏损和必要的股利补贴,做到"以丰补歉"。而如果股利超出利润形成的数目产生了资金赤字,是不合法的。

总的说来,利润分配是一个非常敏感的问题,它涉及的面很广,影响的因素也很多,需仔细综合考虑。

资料来源:骆永菊,郑蔚文.财务管理学实用教程[M].2版.北京:北京大学出版社,2012.

9.1 利润分配概述

企业年度决算后实现的利润总额要在国家、企业所有者和企业之间进行分配。利润分配关系着国家、企业、职工及所有者各方面的利益，是一项政策性较强的工作，必须严格按照国家的法规和制度执行。利润分配的结果形成了国家的所得税收入、投资者的投资报酬和企业的留用利润等不同的项目，其中企业的留用利润是指盈余公积金和未分配利润。由于税法具有强制性和严肃性，缴纳税款是企业必须履行的义务，从这个意义上看，财务管理中的利润分配主要指企业的净利润分配。利润分配的核心就是确定给投资者分红与企业留用利润的比例。

9.1.1 利润分配的基本原则

1. 依法分配原则

为规范企业的利润分配行为，国家制定和颁布了若干法规，这些法规规定了企业利润分配的基本要求、一般程序和重大比例。企业的利润分配必须依法进行，这是正确处理企业各项财务关系的关键。

2. 分配与积累并重原则

企业的利润分配要正确处理长期利益和近期利益的关系，坚持分配与积累并重。企业除按规定提取法定公积金以外，可适当留存一部分利润作为积累，这部分未分配利润仍归企业所有者所有。这部分积累的净利润不仅可以为企业扩大生产筹措资金，增强企业发展能力和抵抗风险的能力，同时还可以供未来年度进行分配，起到以丰补歉、平抑利润分配数额波动、稳定投资报酬率的作用。在分配与积累关系的处理上，企业应贯彻积累优先的原则，合理确定提取盈余公积金和分配给投资者利润的比例，使利润分配真正成为促进企业发展的有效手段。

3. 充分保护债权人利益原则

按照风险承担的顺序及其合同契约的规定，企业必须在利润分配之前偿清所有债权人的到期债务，否则不能进行利润分配。同时，在利润分配之后，企业还应保持一定的偿债能力，以免产生财务危机，危及企业生存。此外，企业在与债权人签订某些长期债务契约的情况下，其利润分配政策还应征得债权人的同意或审核方能执行。

4. 兼顾职工利益原则

企业的净利润归投资者所有是企业的基本制度。但企业职工不一定是企业的投资者，净利润就不一定归他们所有，而企业的利润是由全体职工的劳动创造的，他们除了获得工资和奖金等劳动报酬以外，还应该以适当的方式参与净利润的分配，如用净利润提取的公积金用于企业职工的集体福利设施支出,职工对这些福利设施具有使用权并负有保管之责,但没有所有权。

5. 投资与收益对等原则

企业利润分配应当体现谁投资谁受益、收益大小与投资比例相适应,即投资与收益对等的原则,这是正确处理企业与投资者利益关系的立足点。投资者因投资行为,以出资额依法享有利润分配权,要求企业在向投资者分配利润时,要遵守公开、公平、公正的"三公"原则,不搞幕后交易,不帮助大股东侵蚀小股东利益,一视同仁地对待所有投资者,任何人不得以在企业中的其他特殊地位谋取私利,这样才能从根本上保护投资者的利益。

9.1.2 利润分配的项目

按照我国《公司法》的规定,公司利润分配的项目包括以下部分:

(1) 法定公积金。法定公积金从净利润中提取形成,用于弥补公司亏损、扩大公司生产经营或者转为增加公司资本。公司分配当年税后利润时应当按照10%的比例提取法定公积金;当法定公积金累计额达到公司注册资本的50%时,可不再继续提取。任意公积金的提取由股东会或股东大会根据需要决定。

(2) 股利(向投资者分配的利润)。公司向股东(投资者)支付股利(分配利润)要在提取公积金之后。股利(利润)的分配应以各股东(投资者)持有股份(投资额)的数额为依据,每一股东(投资者)取得的股利(分得的利润)与其持有的股份数(投资额)成正比。股份有限公司原则上应从累计盈利中分派股利,无盈利不得支付股利,即所谓"无利不分"原则。但在公司用公积金抵补亏损以后,为维护其股票信誉,经股东会或股东大会特别决议,也可用公积金支付股利。

中国证券监督管理委员会于2008年10月9日颁布实施的《关于修改上市公司现金分红若干规定的决定》强调了股利分配中现金分红的重要性,要求上市公司应当在公司章程中明确现金分红政策,利润分配政策应当保持连续性和稳定性。此外,作为上市公司申请公开增发或配股的重要前提条件,还强调公司最近三年以现金方式累计分配的利润不少于最近三年实现的年均可分配利润的30%。

9.1.3 利润分配的程序

公司向股东(投资者)分派股利(分配利润),应按一定的程序进行。按照我国《公司法》的有关规定,利润分配应按下列程序进行:

(1) 计算可供分配的利润。将本年净利润(或亏损)与年初未分配利润(或亏损)合并,计算出可供分配的利润。如果可供分配的利润为负数(即亏损),则不能进行后续分配;如果可供分配的利润为正数(即本年累计盈利),则进行后续分配。

(2) 提取法定公积金。按抵减年初累计亏损后的本年净利润计提法定公积金。提取公积金的基数不一定是可供分配的利润,也不一定是本年的税后利润。只有不存在年初累计亏损时,才能按本年税后利润计算应提取数。

(3) 支付优先股股利。一般地,优先股按事先约定的股息率支付股利,不受企业盈利与否以及盈利多少的影响。

(4) 提取任意公积金。任意公积金是根据企业发展的需要自行提取的公积金,其提取基数与计提法定公积金的基数相同,计提比例由股东会或股东大会根据需要决定。

(5) 向股东(投资者)支付普通股股利(分配利润)。

从上述利润分配程序看,股利来源于企业的税后利润,但净利润不能全部用于发放股利,股份制企业必须按照有关法规和公司章程规定的程序、比例,在提取了法定公积金后,才能向优先股股东支付股利,在提取了任意公积金之后,才能向普通股股东发放股利。如股份公司当年无利润或出现亏损,原则上不得分配股利。但为维护公司股票的信誉,经股东大会特别决议,可按股票面值较低比率用公积金支付股利,支付股利后留存的法定公积金不得低于注册资本的25%。

公司股东会或董事会违反上述利润分配程序,在抵补亏损和提取法定公积金之前向股东分配利润的,必须将违反规定发放的利润退还公司。

9.2 股利理论

企业的股利分配方案既取决于企业的股利政策,又取决于决策者对股利分配的理解与认识,即股利理论。股利理论是指人们对股利分配客观规律的科学认识与总结,其核心问题是股利政策与公司价值的关系问题。市场经济条件下,股利分配要符合财务管理目标。人们对股利分配与财务目标之间关系的认识存在不同的流派与观念,还没有一种被大多数人所接受的权威观点和结论。主要有股利无关理论和股利相关理论两种较流行的观点。

9.2.1 股利无关理论

股利无关理论始于20世纪60年代,美国财务学家Midigliani和Miller在关于资本结构与其企业价值的MM理论中指出,在满足一定假设的前提下,企业的资本结构与其价值无关。实际上,MM理论同时指出,在满足类似假设的前提下,企业的股利政策(即用剩余现金流量支付的股利无论是多还是少)同样与其价值无关。

MM理论是建立在完美资本市场理论之上的,假定条件包括:公司的投资政策已确定并且已经为投资者所理解;不存在股票的发行和交易费用;不存在个人或公司所得税;不存在信息不对称,即市场具有强式效率,关于未来的投资机会,投资者和企业管理者之间信息是对称的;经理与外部投资者之间不存在代理成本。上述假设描述的是一种完美资本市场,因而股利无关理论又被称为完美资本市场理论。

股利无关理论认为，在一定的假设条件限制下，股利政策不会对公司价值或股票价格产生任何影响，投资者不关心公司股利的分配。若公司留存较多的利润用于再投资，会导致公司股票价格上升。此时尽管股利较低，但需用现金的投资者可以出售股票换取现金。若公司发放较多的股利，投资者又可以用现金再买入一些股票以扩大投资。也就是说，投资者对股利和资本利得并无偏好。

既然投资者不关心股利的分配，也就意味着股利的支付率不影响公司的价值，公司价值完全由其投资决策及其获利能力所决定，公司的盈余在股利和保留盈余之间的分配并不影响公司的价值，既不会使公司价值增加，也不会使公司价值降低（即使公司有理想的投资机会且支付了高额股利，也可以募集新股，新投资者会认可公司的投资机会）。

由于公司对股东的分红只是盈利减去投资之后的差额部分，并且分红只能采取派现或股票回购等方式，因此一旦投资政策已定，那么在完美资本市场上，股利政策的改变就仅仅意味着收益在现金股利与资本利得之间分配上的变化，如果投资者理性行事的话，这种改变不会影响公司的市场价值及股东的财富。

综上所述，对理性的投资者来说，在股利和资本得利的选择上并无明显的偏好，无论从公司还是股东的角度来看，不存在最佳的股利政策。虽然 MM 理论与实际情况相距甚远，但它为股利理论研究奠定了基础。

9.2.2 股利相关理论

与股利无关理论相反，股利相关理论认为，企业的股利政策会影响股票价格和公司价值。主要有以下四种理论。

1. "在手之鸟"理论

"在手之鸟"理论来源于谚语"双鸟在林，不如一鸟在手"。该理论认为，用留存收益再投资给投资者带来的收益具有较大的不确定性，并且投资的风险随着时间的推移会进一步加大，因此厌恶风险的投资者会偏好确定的股利收益，而不愿将收益留存在公司内部，去承担未来的投资风险。换言之，投资者对于股利与资本利得这两种形式的收入具有不同的偏好，投资者更喜欢近期有确定收入的股利，而不喜欢远期不确定的资本利得。

股利可视为投资者的既得利益，好比在手之鸟；而股票价格的升降具有很大的不确定性，犹如林中之鸟，不一定能得到。因此，投资者更愿意购买派发高股利的股票，从而导致该类股票的价格上涨，公司价值得到提高。

总之，该理论认为公司的股利政策与公司的股票价格是密切相关的，股利的支付可以减小投资者的不确定性，并使他们愿意按较低的必要报酬率对公司的未来盈利加以折现，从而使公司的价值得到提高。

2. 信号传递理论

信号传递理论认为，在信息不对称的情况下，公司可以通过股利政策向市场传递有关公司未来获利能力的信息,从而会影响公司的股价。一般来讲,预期未来获利能力强的公司,往往愿意通过相对较高的股利支付水平吸引更多的投资者。对于市场上的投资者来讲,股利政策的差异或许是反映公司预期获利能力的有价值的信号。如果公司连续保持较为稳定的股利支付水平,那么投资者会对公司未来的盈利能力与现金流量抱有乐观的预期。如果公司的股利支付水平突然发生变动,那么股票市价也会对这种变动作出反应。

公司以支付现金股利的方式向市场传递信息,通常也要付出较为高昂的代价,包括以下几个方面:较高的所得税负担;一旦公司因分派现金股利造成现金流量短缺,就有可能被迫重返资本市场发行新股,摊薄每股收益,对公司的市场价值产生不利影响;如果公司因分派现金股利造成投资不足并丧失有利的投资机会,还会产生一定的机会成本。

需要注意的是,股利信号的作用取决于它的性质而非变化方向。例如,我国上市公司2001年年报的一个突出特点是非良性现金分红的公司增多。有的公司将利润分光吃光,超能力派现,如承德露露每股收益0.38元,每股派现0.66元;有的公司为了支付高额派现,同时于派现当年推出再融资方案,如盐田港A中期每10股配3股,年末每股派现0.5元。这显然片面地理解了股利信号的作用。市场更加关注的是股利信号的性质而不是股利变化的方向。

3. 税差理论

税差理论认为,由于普遍存在的税率和纳税时间的差异,资本利得收入比股利收入更有助于实现收益最大化目标,公司应当采用低股利政策。一般来说,对资本利得收入征收的税率低于对股利收入征收的税率。再者,即使两者没有税率上的差异,由于投资者对资本利得收入的纳税时间选择更具有弹性,投资者仍可以享受延迟纳税带来的收益差异。因此在考虑税赋因素,并且是在对股利和资本利得征收不同税率的假设下,公司选择不同的股利支付方式不仅会对公司的市场价值产生不同的影响,而且也会使公司(及个人)的税收负担出现差异。考虑到纳税的影响,企业应采用低股利政策。

4. 代理理论

代理理论研究在利益相冲突和信息不对称的环境下,委托人如何设计最优契约激励代理人。代理理论认为,股利政策有助于减缓管理者与股东之间的代理冲突,即股利政策是协调股东与管理者之间代理关系的一种约束机制。该理论认为,股利的支付能够有效地降低代理成本。

首先,股利的支付减少了管理者对自由现金流量的支配权,这在一定程度上可以抑制公司管理者的过度投资或在职消费行为,从而保护外部投资者的利益;其次,较多的现金股利发放减少了内部融资,导致公司进入资本市场寻求外部融资,从而使公司接受资本市场上更多的、更严格的监督,这样便通过资本市场的监督减少了代理成本。因此高水平的股利政策降低了企业的代理成本,但同时增加了外部融资成本,理想的股利政策应当使这两种成本之和最小。

9.3 股利政策

股利政策是指企业管理层对与股利有关的事项所采取的方针策略,即关于公司是否发放股利、发放多少股利以及何时发放股利等方面的方针策略。股利政策受多种因素的影响,而且不同的股利政策也会对公司的股票价格产生不同的影响。股利政策的核心问题是确定分配与留利比例,即股利支付比率问题。长期以来,股份公司常用的股利政策主要有剩余股利政策、固定股利政策、固定股利支付率政策和低正常股利加额外股利政策等。

9.3.1 影响股利政策的因素

理论上,股利是否影响企业价值存在相当大的分歧,现实经济生活中,企业仍然是要进行股利分配的。当然,企业分配股利涉及企业相关各方的切身利益,受众多不确定因素的影响,并不是无所限制的,在确定股利政策时应当考虑各种相关因素的影响。一般认为,企业股利政策的影响因素主要有法律因素、企业因素、股东意愿及其他因素。

1. 法律因素

为了保护债权人、投资者和国家的利益,有关法规对企业的股利分配有如下限制:

(1) 资本保全限制。资本保全限制规定,企业不能用资本(包括实收资本或股本和资本公积)发放股利,目的在于维持企业资本的完整性,保护企业完整的产权基础,保障债权人的利益。我国法律规定:已实现的资本公积只能转增股本,不能分派现金股利;盈余公积主要用于弥补亏损和转增股本,特定情况下也可以用于向投资者分配现金股利。

(2) 资本积累限制。资本积累限制规定,企业必须按税后利润的一定比例和基数提取法定公积金和法定公益金,股利只能从企业的可供分配利润中支付。此处可供分配利润包含公司当期的净利润按照规定提取各种公积金后的余额和以前累积的未分配利润。另外,分配利润时,一般应当贯彻"无利不分"原则,即当企业出现年度亏损时,一般不进行利润分配。

(3) 偿债能力限制。偿债能力限制是要求企业考虑现金股利分配对偿债能力的影响,确定在分配后仍能保持较强的偿债能力,按时足额偿付各种到期债务,以维持公司的信誉和借贷能力,从而保证公司的正常资金周转。如果企业已经无力偿付到期债务或因支付股利将使其失去偿还能力,则企业不能支付现金股利。

2. 企业因素

企业资金的灵活周转是企业生产经营得以正常进行的必要条件,因此企业长期发展和短期经营活动对现金的需求便成为确定股利政策时最重要的限制因素。其相关因素主要有：

（1）资产的流动性。企业现金股利的分配应以一定资产流动性为前提。企业的资产流动性越好，说明其变现能力越强，股利支付能力也越强。对于高速成长的盈利性企业，其资产可能缺乏流动性，因为其将大部分资金投放在固定资产以及永久性流动资产上，这类企业的当期利润虽然多，但其资产变现能力较差，股利支付能力相对削弱。

（2）投资机会。有着良好投资机会的企业需要有强大的资金支持，因而往往较少发放现金股利，将大部分盈余留存下来进行再投资；相反，那些缺乏良好投资机会的企业如果保留大量盈余，必然导致大量资金闲置，于是他们倾向于支付较高的现金股利。所以处于成长中的企业一般因具有较多的良好投资机会而多采取低股利政策，而处于经营收缩期的企业则因缺少良好的投资机会而多采取高股利政策。

此外，如果公司将留存收益用于再投资所得的报酬低于股东个人将股利收入投资于其他投资机会所得的报酬时，公司就不应多保留留存收益，而应多发股利，这样有利于股东价值最大化。

（3）筹资能力。如果企业规模大、经营好、利润丰厚，其筹资能力一般很强，随时能筹集到所需资金，那么其具有较强的股利支付能力。但对那些规模小、新创办、风险大的企业而言，其筹资能力有限，这类企业应尽量减少现金股利支付，而将利润更多地留存在企业，作为内部筹资。

（4）盈利的稳定性。企业的现金股利来源于税后利润，盈利相对稳定的企业有可能支付较高股利，而盈利不稳定的企业一般采用低股利政策。这是因为对于盈利不稳定的企业来说，低股利政策可以减少因盈利下降而造成的股利无法支付、企业形象受损、股价急剧下降等风险，还可以将更多的盈利用于再投资，以提高企业的权益资本比重，减少财务风险。

（5）资本成本。留用利润是企业内部筹资的一种重要方式，同发行新股或举借债务相比，不需花费筹资费用，不但筹资成本较低，而且具有很强的隐蔽性，同时增加了企业权益资本比重，降低了财务风险。企业如果一方面大量发放股利，而另一方面又以支付高额资本成本为代价筹集其他资本，那么这种舍近求远的做法无论如何是不恰当的，甚至有损于股东利益。因而从资本成本考虑，如果企业扩大规模，需要增加权益资本时，不妨采取低股利政策。

3. 股东意愿

股东在避税、规避风险、稳定收入和股权稀释等方面的意愿也会对企业的股利政策产生影响。毫无疑问，企业的股利政策不可能使每个股东的财富最大化，企业制定股利政策的目的是对绝大多数股东的财富产生有利影响。

（1）避税。企业的股利政策不得不受到股东所得税负的影响。在我国，由于现金股利收入的基本税率是20%，而股票交易尚未征收资本利得税，因此低股利政策可以给股东带来更多的资本利得，达到避税目的。

（2）规避风险。"双鸟在林，不如一鸟在手"，在一部分投资者看来，股利的风险小于资本利得的风险,当期股利的支付解除了投资者心中的不确定性。因此他们往往会要求企业支付较多的股利,从而减少股东的投资风险。

(3) 稳定收入。如果一个企业拥有很大比例的富有股东,这些股东多半不会依赖企业发放的现金股利维持生活,他们对定期支付现金股利的要求不会显得十分迫切;相反,如果一个企业的绝大部分股东属于低收入阶层以及养老基金等机构投资者,他们需要企业发放的现金股利来维持生活或用于发放养老金等,因此这部分股东特别关注现金股利,尤其是稳定的现金股利发放。

(4) 股权稀释。现有股东往往将股利政策作为维持其控制地位的工具。企业支付高股利会导致现有股东股权和盈利的稀释,这是因为若企业支付了大量现金股利,当企业为有利可图的投资机会筹集所需资金时,会发行新的普通股以融通所需资金,那么现有股东的控制权就有可能被稀释。另外,随着新普通股的发行,流通在外的普通股股数增加,最终将导致普通股的每股收益和每股市价下降,对现有股东产生不利影响。所以股东会倾向于较低的股利支付水平,以便从内部的留存收益中取得所需资金。

4. 其他因素

影响股利政策的其他因素包括:不属于法规规范的债务合同约束、政府对机构投资者的投资限制以及因通货膨胀带来的企业对重置实物资产的特殊考虑等。

(1) 债务合同约束。一般来说,股利支付水平越高,留存收益越少,企业的破产风险加大,就越有可能损害到债权人的利益。因此为了保证自己的利益不受侵害,债权人通常都会在债务契约、租赁合同中加入关于借款企业股利政策的限制条款,如限制企业的现金股利支付的条款,这使得企业只能采用低股利政策。

(2) 机构投资者的投资限制。机构投资者包括养老基金、信托基金、保险企业和其他一些机构。机构投资者对投资股票种类的选择,往往与股利特别是稳定股利的支付有关。如果某种股票连续几年不支付股利或所支付的股利金额起伏较大,则该股票一般不能成为机构投资者的投资对象。因此,如果某一企业想更多地吸引机构投资者,则应采用较高而且稳定的股利政策。

(3) 通货膨胀的影响。通货膨胀会带来货币购买力下降,导致固定资产重置资金不足,此时企业往往不得不考虑留用一定的利润,以便弥补由于货币购买力下降而造成的固定资产重置资金缺口。因此在通货膨胀时期,企业的股利政策往往偏紧。

9.3.2 股利分配政策类型

1. 剩余股利政策

剩余股利政策是指企业在有良好的投资机会时，根据目标资本结构测算出投资所需的权益资本额，先从盈余中留用，然后将剩余的盈余作为股利来分配，即净利润首先满足企业的资金需求，如果还有剩余，就派发股利；如果没有，则不派发股利。剩余股利政策的理论依据是 MM 股利无关理论。根据 MM 股利无关理论，在完全理想状态下的资本市场中，企业的股利政策与普通股每股市价无关，故而股利政策只需随着企业投资、融资方案的制定而自然确定。因此，采用剩余股利政策时，企业要遵循如下 4 个步骤：

① 设定目标资本结构，在此资本结构下，企业的加权平均资本成本将达到最低水平。

② 确定企业的最佳资本预算，并根据企业的目标资本结构预计资金需求中所需增加的权益资本数额。

③ 最大限度地使用留存收益来满足资金需求中所需增加的权益资本数额。

④ 留存收益在满足企业权益资本的增加需求后，若还有剩余则用来发放股利。

【例 9-1】 某公司 20×5 年税后利润为 1 000 万元，20×6 年的投资计划需要资金 1 200 万元，公司的目标资本结构为权益资本占 60%，债务资本占 40%。计算公司 20×5 年可供发放的股利金额。

解 按照目标资本结构的要求，公司投资方案所需的权益资本数额为：

$1\,200 \times 60\% = 720$（万元）

20×5 年公司可以发放的股利金额为：

$1\,000 - 720 = 280$（万元）

【例 9-2】 某企业遵循剩余股利政策，其目标资本结构为资产负债率为 60%。要求：

（1）如果该企业本年的税后利润为 60 万元，在没有增发新股的情况下，企业可以作出的最大投资支出是多少？

（2）如果企业下一年拟投资 100 万元，企业将支付多少股利？

解 （1）企业作出的最大投资支出：$60 \div (1-60\%) = 150$（万元）。

（2）企业支付的股利：$60 - 100 \times (1-60\%) = 20$（万元）。

剩余股利政策成立的基础是，大多数投资者认为，如果企业再投资的收益率高于投资者在同样风险下其他投资的收益率，那么他们宁愿把利润保留下来用于企业再投资，而不是用于支付股利。如果企业有投资收益率达 12% 的再投资机会，而股东取得股息后再投资的收益率只有 10% 时，则股东们愿意选择将利润保留于企业。股东取得股息再投资后获得的 10% 的收益率就是企业利润留存的成本。如果投资者能够找到其他投资机会，使得投资收益大于企业利用保留利润再投资的收益，则投资者更喜欢发放现金股利。这意味着投资者对于盈利留存或发放股利毫无偏好，关键是企业投资项目的净现值必须大于零。

剩余股利政策的优点在于：可以最大限度地满足企业对再投资的权益资金需要，保持理想的资本结构，并能使综合资本成本最低，实现企业价值的长期最大化。

剩余股利政策的缺点在于：

① 忽略了不同股东对资本利得与股利的偏好，损害那些偏好现金股利的股东利益，从而有可能影响股东对企业的信心。

② 企业采用剩余股利政策是以投资的未来收益为前提的，由于企业管理层与股东之间存在信息不对称情况，股东不一定了解企业投资的未来收益水平，也会影响股东对企业的信心。

③ 若完全遵照执行剩余股利政策，股利发放额就会每年随着投资机会和盈利水平的波动而波动，那么在盈利水平不变的前提下，股利发放额与投资机会的多寡呈反方向变动；而在投资机会维持不变的情况下，股利发放额将与公司盈利呈同方向波动。

剩余股利政策不利于投资者安排收入与支出，也不利于企业树立良好的形象，一般适用于企业初创阶段。

2. 固定股利政策

固定股利政策表现为每股股利支付额固定。其基本特征是，不论经济情况如何，也不论企业经营情况好坏，不降低股利的发放额，将企业每年的每股股利支付额稳定在某一特定水平上保持不变，只有企业管理层认为企业的盈利确已增加，而且未来的盈利足以支付更多的股利时，企业才会提高每股股利支付额。

固定股利政策的优点在于：

① 由于股利政策本身的信息含量，稳定的股利向市场传递着公司正常发展的信号，即如果企业的盈利下降而股利并未减少，那么投资者会认为企业未来的经济情况会有好转，有利于树立企业的良好形象，增强投资者对企业的信心，稳定企业股票的价格。

② 稳定的股利政策有助于消除投资者心中的不确定感，有助于投资者安排股利的收入和支出，有利于吸引那些打算进行长期投资并对股利有很高依赖性的股东。

固定股利政策的缺点在于：

① 股利的支付与盈利相脱节，当盈利较低时仍要支付固定股利，可能会出现资金短缺、财务状况恶化，影响企业的长远发展。

② 在企业无利可分的情况下，若依然实施固定或稳定增长的股利政策，是违反《公司法》的行为。

这种股利政策适用于盈利稳定或处于成长期的企业。

3. 固定股利支付率政策

固定股利支付率政策是将每年盈利的某一固定百分比作为股利分配给股东。在这一股利政策下，只要企业的税后利润一经计算确定，所派发的股利也就相应确定了。固定股利支付率越高,企业留存的净利润越少。

固定股利支付率政策的优点在于:

① 采用固定股利支付率,股利与企业盈利紧密结合,体现了"多盈多分、少盈少分、不盈不分"原则,这样才算真正做到公平地对待每一股东。

② 由于企业的获利能力在各个年度间经常是变动的,因此每年的股利也应当随着企业收益的变动而变动。采用固定股利支付率政策,企业每年按固定的比例从税后利润中支付现金股利,从企业支付能力的角度看,这是一种稳定的股利政策。

固定股利支付率政策的缺点在于:

① 大多数企业每年的收益很难保持稳定不变,导致年度间的股利额波动较大,由于股利的信号传递作用,波动的股利很容易给投资者带来企业经营状况不稳定、投资风险较大的不良印象,成为企业的不利因素。

② 容易使企业面临较大的财务压力,这是因为企业实现的盈利多并不能代表企业有足够的现金流来支付较多的股利额。

③ 确定合适的固定股利支付率的难度比较大。

由于企业每年面临的投资机会、筹资渠道都不同,而这些都可以影响到企业的股利分派,所以一成不变地奉行固定股利支付率政策的企业在实际中并不多见,固定股利支付率政策只是比较适用于那些处于稳定发展且财务也较稳定的企业。

4. 低正常股利加额外股利政策

低正常股利加额外股利政策是介于固定股利政策与固定股利支付率政策之间的一种股利政策,其特征是:企业一般每年都支付较低的固定股利,当盈利增长较多时,再根据实际情况加付额外股利。即当企业盈余较低或现金投资较多时,可维持较低的固定股利;而当企业盈利有较大幅度增加时,则加付额外股利。这种政策既能保证股利的稳定性,使依靠股利度日的股东有比较稳定的收入,从而吸引住这部分股东,又能做到股利和盈利有较好的配合,使企业具有较大的灵活性。

这种股利政策适用于盈利与现金流量波动较大、不够稳定的企业,因而也被大多数企业所采用。

9.4 股利支付形式与程序

9.4.1 股利支付形式

企业通常以多种形式发放股利,股利支付形式一般有发放现金股利、发放股票股利、发放财产股利和发放负债股利,其中最为常见的是现金股利和股票股利。在现实生活中,我国上市公司的股利支付广泛采用一部分股票股利和一部分现金股利的做法,其效果是股票股利和现金股利的综合。

1. 现金股利

现金股利是指企业以现金的方式向股东支付的股利,也称为红利。发放现金股利是企业最常见的也是最易被投资者接受的股利支付形式。企业支付现金股利,除了要有累计的未分配利润外,还要有足够的现金。因此企业在支付现金股利前,必须作好财务上的安排,以便有充足的现金支付股利。因为企业一旦向股东宣告发放股利,就对股东承担了支付的责任,必须如期履约,否则不仅会丧失企业信誉,而且会带来不必要的麻烦。

2. 股票股利

股票股利是企业以增发股票的方式所支付的股利,我国企业的股利支付实务中通常也称其为红股。以股票作为股利,一般都是按在册股东持有股份的一定比例来发放,对于不满一股的股利仍采用现金发放。对企业来说,支付股票股利并没有现金流出企业,也不会导致企业的财产减少,只是将企业的留存收益转化为股本和资本公积,即减少未分配利润项目金额的同时,增加股本和资本公积等项目的金额,并通过清算登记系统增加股东持股数量。

股票股利会增加流通在外的股票数量,同时降低股票的每股价值。显然发放股票股利是一种增资行为,需经股东大会同意,并按法定程序办理增资手续。但发放股票股利与其他的增资行为不同的是,它不改变企业股东权益总额,不增加股东财富,股东的财产价值和企业的股权结构也不会改变,改变的只是股东权益内部各项目的金额。

【例 9-3】 某企业在发放股票股利前,股东权益情况如表 9-1 所示。假定该企业宣布发放 10% 的股票股利,即发放 20 000 股普通股股票,现有股东每持 100 股可得 10 股新发股票。如该股票当时市价为 20 元,发放股票股利以市价计算。则发放股票股利后的股东权益如何?

表 9-1 发放股票股利前的股东权益情况 (单位:元)

项 目	金 额
普通股股本(面值 1 元,已发行 200 000 股)	200 000
盈余公积	400 000
资本公积	400 000
未分配利润	3 000 000
股东权益合计	4 000 000

解 未分配利润划出的资金为:$20 \times 200\ 000 \times 10\% = 400\ 000$(元)。

普通股股本增加为:$1 \times 200\ 000 \times 10\% = 20\ 000$(元)。

资本公积增加为:$400\ 000 - 20\ 000 = 380\ 000$(元)。

发放股票股利后,企业股东权益各项目情况如表 9-2 所示。

表 9-2　发放股票股利后的股东权益情况　　　　　　　　　　　　　　　（单位：元）

项目	金额
普通股股本（面值1元，已发行220 000股）	220 000
盈余公积	400 000
资本公积	780 000
未分配利润	2 600 000
股东权益合计	4 000 000

值得说明的是，上例中以市价计算股票股利价格的做法是很多西方国家所通行的，在我国股票股利价格是以股票面值计算的。

发放股票股利后，如果盈利总额和市盈率不变，会由于普通股股数增加而引起每股盈余和每股市价下降，但又由于股东所持股份的比例不变，每位股东所持股票的市场价值总额仍保持不变。

发放股票股利后每股盈余和每股市价的计算公式为：

$$发放股票股利后的每股盈余 = EPS_0 \div (1+D) \qquad (9-1)$$

$$发放股票股利后的每股市价 = M \div (1+D) \qquad (9-2)$$

式中，EPS_0 为发放股票股利前的每股盈余；M 为发放股票股利前的每股市价；D 为股票股利发放率。

【例9-4】　假定上述企业本年盈利440 000元，某股东持有20 000股普通股，则发放股票股利对该股东的影响如表9-3所示。

表 9-3　发放股票股利后对股东的影响　　　　　　　　　　　　　　　（单位：元）

项目	发放前	发放后
每股盈余	440 000/200 000=2.2	2.2/(1+10%)=2
每股市价	20	20/(1+10%)=18.181 8
持股比例	20 000/200 000=10%	22 000/220 000=10%
所持股份总价值	20×20 000=400 000	18.181 8×22 000=400 000

【例9-5】　某公司年终利润分配前的有关资料如表9-4所示。该公司决定：本年按10%和5%的比例提取法定和任意盈余公积金，发放股票股利10%，并且按发放股票股利前的股数派发现金股利，每股0.1元。假设股票的每股市价与每股净资产成正比，计算利润分配后的盈余公积、股本、股票股利、资本公积、现金股利、未分配利润数额和预计的普通股每股市价。

第九章 利润分配管理

表 9-4　年终利润分配前资料

项　目	金　额
年初未分配利润	1 000 万元
本年税后利润	2 000 万元
普通股股本(500 万股,每股 1 元)	500 万元
资本公积	100 万元
盈余公积	400 万元
所有者权益合计	4 000 万元
每股市价	40 元

解　由于本年可供分配的利润为 1 200 万元(1 000＋2 000),大于 0,可按本年税后利润计提盈余公积金。计算如下:

盈余公积金余额＝400＋2 000×15％＝400＋300＝700(万元)

股本余额＝500×(1＋10％)＝550(万元)

股票股利＝40×500×10％＝2 000(万元)

资本公积金余额＝100＋(40－1)×500×10％＝2 050(万元)

现金股利＝500×0.1＝50(万元)

未分配利润余额＝1 000＋(2 000－300－2 000－50)＝650(万元)

利润分配后所有者权益合计＝650＋2 050＋700＋550＝3 950(万元)

或

利润分配后所有者权益合计＝4 000－50＝3 950(万元)

利润分配前每股净资产＝4 000÷500＝8(元)

利润分配后每股净资产＝3 950÷550＝7.18(元)

因为发放股票股利不增加股东的财富,发放前股东的财富为:

500×40＝20 000(万元)

设发放后股价为 P,发放后股东的财富为 550×P＋50,则:

550×P＋50＝20 000

可得:

P＝36.27(元/股)

尽管发放股票股利不直接增加股东的财富,也不增加企业的价值,但对股东和企业都有好处。

对股东来讲,发放股票股利主要有以下优点:

① 如果企业在发放股票股利后同时发放现金股利,股东会因为持股数的增加而得到更多的现金。

② 发放股票股利后,理论上每股市价会成比例下降,但实务中这并非必然结果。市场

和投资者普遍认为,发放股票股利往往预示着企业会有较大的发展和成长,因为发放股票股利通常为成长中的企业所采用,投资者可能会认为企业的盈余将会有大幅度增长,并能抵消增发股票所带来的消极影响,这样的信息传递会稳定股价或使股价下降比例减少甚至不降反升,股东便可以获得股票价值相对上升的好处,增加了股东的财富。

③ 由于股利收入和资本利得税率的差异,如果股东把股票股利出售,还会给他带来资本利得纳税上的好处。

对企业来讲,发放股票股利主要有以下优点:

① 发放股票股利不需要向股东支付现金,在再投资机会较多的情况下可提供筹资费较低的资金,从而有助于企业的发展。

② 有利于提高企业股票的流通性。在盈余和现金股利不变的情况下,发放股票股利可以降低每股价值,降低企业股票的市场价格,既有利于促进股票的交易和流通,又有利于吸引更多的投资者成为企业股东,进而使股权更为分散,有效地防止企业被恶意控制。

③ 股票股利的发放可以传递企业未来发展前景良好的信号,从而增强投资者的信心,在一定程度上稳定股票价格。

3. 财产股利

财产股利是以现金以外的其他资产支付的股利,主要是以企业所拥有的其他公司的有价证券,如债券、股票等,作为股利支付给股东。

4. 负债股利

负债股利是以负债方式支付的股利,通常以企业的应付票据支付给股东,有时也以发放公司债券的方式支付股利。

财产股利和负债股利实际上是现金股利的替代,但这两种股利支付形式在我国企业的股利支付实务中很少使用。

9.4.2 股利支付程序

企业通常在年度末计算出当期盈利之后,才决定向股东发放股利。但是在资本市场中,股票可以自由交换,公司的股东也经常变换。那么,哪些人应该领取股利?对此,公司股利的发放必须遵守相关的要求,按照程序安排来进行。一般情况下,先由董事会提出分配预案,然后提交股东大会决议通过才能进行分配。股东大会决议通过分配预案后,要向股东宣布发放股利方案,并确定股权登记日、除息日和股利发放日等时间点。

1. 股利宣告日

股利一般是按每年度或每半年进行分配。一般来说,分配股利首先要由公司董事会向公众发布分红预案,在发布分红预案的同时或之后,公司董事会将公告召开公司股东大会的日期。股利宣告日是指董事会将股东大会决议通过的分红方案(或发放股利情况)予以公告的日期。公告中将宣布每股股利、股权登记日、除息日和股利支付日等事项。

2. 股权登记日

股权登记日是指有权领取最近一次股利的股东资格登记截止日期。只有在股权登记日前列在公司股东名册上的股东才有权分享当期股利,在股权登记日以后列入名册的股东无权领取股利。

3. 除息(权)日

除息(权)日是指领取股利的权利与股票相互分离的日期。在除息(权)日前,股利权从属于股票,持有股票者即享有领取股利的权利;从除息(权)日开始,股利权与股票相分离,新购入股票者不能享有股利。除息日的确定受证券市场交割时间的影响,证券业一般规定在股权登记日的前四日(正常交易日)为除息日,这是因为过去股票买卖的交割、过户需要一定的时间,如果在除息(权)日之后、股权登记日之前交易股票,公司将无法在股权登记日得知股东更换的信息。但是现在先进的计算机交易系统为股票的交割、过户提供了快捷的手段,股票交易结束的当日即可办理完交割、过户手续。在我国,由于采用次日交割方式,则除息(权)日与股权登记日差一个工作日。因此沪、深交易所规定的除息(权)日是在股权登记日的次日(正常交易日)。

4. 股利发放日

股利发放日即向股东发放股利的日期。

以上海证券交易所为例,某股份公司董事会在股东大会召开后公布的分红方案公告中称:"在20×5年3月10日M公司在某地召开的股东大会上,通过了董事会关于每股普通股分派股息0.4元的20×4年度股息分配方案。股权登记日是20×5年4月17日,除息日是20×5年4月18日,股利支付日为20×5年4月24日,特此公告。"此例中,股利宣告日是3月10日,股权登记日是4月17日,除息日是4月18日,股利发放日为4月24日。

9.4.3 股票分割与股票回购

1. 股票分割

股票分割又称拆股或拆细,即将一股股票拆分成多股股票的行为。股票分割一般只会增加发行在外的股票总数,但不会对企业的资本结构产生影响。股票分割与发放股票股利非常相似,都是在不增加股东权益的情况下增加了股份的数量,所不同的是,发放股票股利虽不会引起股东权益总额的改变,但股东权益的内部结构会发生变化;而股票分割之后,股东权益总额及其内部结构都不会发生变化,变化的只是股票面值。股票分割的作用如下:

① 降低股票价格。股票分割会使每股市价降低,买卖该股票所需资金量减少,从而可以促进股票的流通和交易。流通性的提高和股东数量的增加,会在一定程度上加大对企业股票恶意收购的难度。此外,降低股票价格还可以为企业发行新股做准备,因为股价较高会

使进入门槛太高，使许多潜在投资者不敢轻易对企业股票进行投资。

② 向市场和投资者传递"企业发展前景良好"的信号，有助于提高投资者对企业股票的信心。股票分割往往是成长中企业的行为，所以宣布股票分割后容易给人一种"企业正处于发展之中"的印象，这种有利信息会对企业有所帮助。

对于企业来讲，实行股票分割的主要目的是通过增加股票数量降低每股市价，从而吸引更多的投资者。对于股东来讲，股票分割后各股东持有的股数增加，但持股比例不变，持有股票的总价值不变。但只要股票分割后每股现金股利的下降幅度小于股票分割幅度，股东仍能多获现金股利。另外，股票分割向社会传递的有利信息和降低了的股价，可能导致购买该股票的人增加，反而使其价格上升，进而增加股东的财富。

从实践效果来看，由于股票分割与发放股票股利非常相近，所以一般要根据证券管理部门的具体规定对二者加以区分。

尽管股票分割与发放股票股利都能达到降低企业股价的目的，但一般只有在企业股价暴涨且预期难以下降时，才采用股票分割的办法降低股价；而当企业股价上涨幅度不大时，往往通过发放股票股利使股价维持在理想的范围之内。

相反，如果企业认为其股票价格过低，不利于其在市场上的声誉和未来的再筹资时，为提高股票的价格，会采取反分割措施。反分割又称股票合并或逆向分割，是指将多股股票合并为一股股票的行为。反分割显然会降低股票的流通性，提高企业股票的投资门槛，它向市场传递的信息通常是不利的。

2. 股票回购

股票回购是指企业出资购回其本身发行在外的股票的过程，回购的股票称为库藏股票。股票回购的方式主要有两种：公开市场购买和投标出价购买。

公开市场购买，是指企业通过经纪人，从有关证券市场购回自身发行的股票。当企业在公开市场购回股票时，需披露购回股票的意图、数量等信息，并遵从证券交易管理部门的有关规定。由于管理部门规定的某些条款对企业回购股票的出价方式有所限制，因此企业常需要花费很长时间才能购回数额较多的股票。

投标出价购买，是指企业按某一收购价格向股东提出回购若干股份。这种情况下收购价一般高于当时市价，投标出价时间通常为2至3周。采用这种方式回购股票也需披露相关信息。这种回购方式的成本尽管较高，但对欲收购巨额股票的企业来说还是适宜的。

企业以多余现金回购股东所持股份，使流通在外的股份数减少，这相当于企业支付给股东股利；同时每股股利增加，从而使股价上升，股东因此而获得好处。所以，可以将股票回购看成一种发放现金股利的替代方式。

然而，股票回购却有着与发放现金股利不同的意义。对股东来讲，股票回购后股东得到的是资本利得，需交纳资本利得税，而发放现金股利后股东则需交纳一般所得税。在前者低于后者的情况下，股票回购使股东得到纳税上的好处。但另一方面，上述分析是建立在一系列假设的基础之上的,比如假设股票回购后市盈率不变等,实际上这些因素是很可能因股票回购而发生变化的,结果对股东有益还是有损是难以预料的。也就是说,股票回购对股东的利益具有不确定性。

股票回购对企业来讲具有以下作用:

① 企业拥有回购的库藏股票,可用来交换被收购或被兼并企业的股票,也可用来满足认股权证持有人认购企业股票或可转换证券持有人转换企业普通股的需要。

② 企业拥有回购的库藏股票,可以在需要现金时将库藏股票重新售出。

③ 股票回购可以改变企业的资本结构,加大负债的比例,发挥财务杠杆的作用。

④ 当企业拥有多余资金而又没有把握长期维持高股利政策时,使用股票回购的方式将多余现金分给股东,可避免股利出现大的波动。

⑤ 通过股票回购,可避免企业落入被他人控制的局面。

⑥ 股票回购价格的确定需要考虑各种因素,比较复杂,因为一旦因回购而使股价下跌,将给股东和企业造成损失。此外,股票回购还可能会使企业有操纵股价和帮助股东逃避应纳所得税之嫌,遭受有关部门的调查或处罚。因此,企业实施股票回购必须谨慎从事。

我国《公司法》规定,公司不得收购本公司股份。但是,有下列情形之一的除外:一是减少公司注册资本;二是与持有本公司股份的其他公司合并;三是将股份奖励给本公司职工;四是股东因对股东大会作出的公司合并、分立决议持异议,要求公司收购其股份。可见,我国法规并不允许公司拥有库藏股票,但股票回购在西方国家的证券市场上经常出现。

【本章小结】

1. 利润分配概述。财务管理中的利润分配主要指企业的净利润分配,利润分配的核心是确定给投资者分红与企业留用利润的比例。为了正确处理企业与各方面的财务关系,企业利润分配必须遵循依法分配原则、分配与积累并重原则、充分保护债权人利益原则、兼顾职工利益原则和投资与收益对等原则。

2. 利润分配的程序。公司向股东(投资者)分派股利(分配利润),应按一定的程序进行。按照我国《公司法》的有关规定,利润分配应按下列程序进行:计算可供分配的利润;提取法定公积金;支付优先股股息;提取任意公积金;支付普通股股利。

3. 股利政策。股利政策是指企业管理层对与股利有关的事项所采取的方针策略,其核心问题是确定股利支付比率。目前财务管理中常用的股利政策主要有以下几种:剩余股利政策、固定股利政策、固定股利支付率政策、低正常股利加额外股利政策。

4. 企业股利政策的影响因素。影响因素主要有法律因素、企业因素、股东意愿及其他因素等,其中法律因素有资本保全限制、资本积累限制与偿债能力限制;企业因素有资产的流动性、投资机会、筹资能力、盈利的稳定性与资本成本;股东意愿因素有避税、规避风险、稳定收入、股权稀释;其他因素有债务合同约束、机构投资者的投资限制与通货膨胀的影响。

5. 股利支付形式。企业股利支付形式一般有发放现金股利、发放股票股利、发放财产股利和发放负债股利,其中最为常见的是发放现金股利和发放股票股利。现金股利是指企业以现金的方式向股东支付的股利,也称为红利。发放现金股利是最常见的、最易被投资者接受的股利支付方式。现金股利的支付会使企业的现金与未分配利润同时减少。发放股票股利是指应分给股东的股利以额外增发股票的形式来发放。股票股利的发放不发生现金流出,只涉及所有者权益内部结构的调整,但所有者权益总额不变。

6. 股利支付程序。分配利润时,公司必须事先确定与股利支付相关的时间节点。这些时间节点包括:股利宣告日、股权登记日、除息日与股利发放日。

7. 股票分割与股票回购。股票分割又称拆股,即将一股股票拆分成多股股票的行为。股票回购是指企业出资回购其本身发行在外的股票的过程,回购的股票称为库藏股票。股票回购的方式主要有两种:公开市场购买和投标出价购买。

【案例分析】

万科的股利政策

万科企业股份有限公司(股票代码:000002)成立于1984年5月,1988年介入房地产经营,1992年正式确定大众住宅开发为核心业务。1991年1月29日,万科A股在深圳证券交易所挂牌交易;1993年3月,公司发行4 500万股B股,该股份于1993年5月28日在深圳证券交易所上市。目前,万科已成为中国最大的专业住宅开发企业。在中国第一批上市公司中,万科是唯一一家连续15年保持盈利、保持增长的公司。

从1999年到2009年,万科的股利政策可以分为两个阶段,第一阶段是1999—2001年,此阶段我国房地产市场处于低谷阶段;第二阶段是2002—2009年,此阶段我国房地产市场开始腾飞。

1. 第一阶段。1999—2001年间,万科的股利政策如表9-5所示。

表9-5 万科1999—2001年股利分配表

年度	每股派现	每股送股	每股转增股	每股收益(元)	股利支付率
1999	0.15	0	0	0.42	35.71%
2000	0.15	0	0	0.48	31.25%
2001	0.20	0	0	0.59	33.90%

2. 第二阶段。2002—2009年间,万科的股利政策如表9-6所示。

表9-6 万科2002—2009年股利分配表

年度	每股派现	每股送股	每股转增股	每股收益(元)	股利支付率
2002	0.20	0	1	0.61	32.79%
2003	0.05	0.1	0.4	0.39	12.82%

续表 9-6

年度	每股派现	每股送股	每股转增股	每股收益(元)	股利支付率
2004	0.15	0	0.5	0.39	38.46%
2005	0.15	0	0	0.36	41.67%
2006	0.15	0	0.5	0.49	30.61%
2007	0.10	0	0.6	0.73	13.70%
2008	0.05	0	0	0.37	13.51%
2009	0.07	0	0	0.48	14.58%

案例分析与讨论：

1. 说明万科的股利政策变化的趋势，并分析原因。
2. 万科的股利政策的改变对企业有什么影响？

资料来源：方明.财务管理学[M].武汉：武汉理工大学出版社，2012.

【思考题】

1. 利润分配的基本原则是什么？
2. 简述企业利润分配的基本程序。
3. 企业常用的股利政策有 4 种，试简要说明并评价。

【课后练习】

一、单项选择题

1. 有利于稳定股票市价，从而树立公司良好形象，但股利的支付与盈余相脱节的是_____。
   A. 固定股利政策   B. 固定股利支付率政策
   C. 低正常股利加额外股利政策   D. 剩余股利政策
2. 除权日是指从股价中除去股利的日期，也称_____。
   A. 股利宣布日 B. 除息日   C. 股利支付日 D. 股权登记日
3. 企业采用剩余股利政策进行收益分配的主要优点是_____。
   A. 有利于稳定股价   B. 获得财务杠杆利益
   C. 降低综合资金成本   D. 增强公众投资信心
4. 下列各项目中，在利润分配中应优先提取的是_____。
   A. 留存收益   B. 法定公积金 C. 任意公积金 D. 普通股股利
5. _____可能会给公司造成较大的财务负担。
   A. 固定股利或稳定增长股利政策 B. 剩余股利政策
   C. 固定支付率政策   D. 低正常股利加额外股利政策
6. 企业的法定公积金应当从_____中提取。
   A. 利润总额   B. 税后利润   C. 营业利润   D. 营业收入
7. 企业提取的法定公积金超过注册资本的_____时，可以不再提取。
   A. 20%   B. 30%   C. 40%   D. 50%

8. 在各种股利政策中,即能保证股利的稳定性,又能实现股利和盈余之间较好配合的股利政策是_____。
   A. 剩余股利政策   B. 固定股利政策
   C. 固定股利支付比率政策   D. 低正常股利加额外股利政策

9. 公司采用剩余股利政策时,税后利润应首先用来_____。
   A. 支付优先股股东   B. 支付普通股股东
   C. 满足公司投资的资金需要 D. 偿还债务

10. 公司以股票形式发放股利可能带来的结果是_____。
    A. 引起公司资产减少   B. 引起公司负债减少
    C. 引起股东权益内部结构变化 D. 引起股东权益与负债同时变化

二、多项选择题

1. 股东在决定公司的收益分配政策时,通常考虑的主要因素有_____。
   A. 企业的投资机会   B. 避税
   C. 规避风险   D. 稳定股利收入
   E. 防止公司控制权旁落

2. 下列各项中按规定可用于弥补亏损的有_____。
   A. 税前利润   B. 盈余公积金
   C. 筹建期间的汇兑收益   D. 税后利润
   E. 资本公积金

3. 我国有关法律规定股份公司可以采取的股利分派方式有_____。
   A. 现金股利   B. 股票股利
   C. 财产股利   D. 负债股利
   E. 资产股利

4. 下列说法中正确的是_____。
   A. 董事会可以直接向社会公布分红方案
   B. 股权登记日和除息日不是同一天,股权登记日在除息日之前
   C. 股权登记日和除息日不是同一天,股权登记日在除息日之后
   D. 在股权登记日之后取得股票的股东无权享受已宣布的股利
   E. 在除息日购入股票的投资者不能分享已宣布发放的股利,因此除息日股价会下跌

5. 下列各项中属于税后利润分配项目的有_____。
   A. 盈余公积金   B. 债券利息
   C. 优先股股利   D. 普通股股利
   E. 资本公积金

6. 根据股利相关论,影响股利政策的因素有_____。
   A. 法律因素   B. 债务契约因素
   C. 公司自身因素   D. 股东因素
   E. 行业因素

三、判断题

1. 企业采用股票股利进行利润分配会减少企业的股东权益。（ ）
2. 企业只有在除息日之前购买股票才能领取最近一次股利。（ ）
3. 公司的现金流量会影响其股利的分配。（ ）
4. 实行稳定增长股利政策会给企业带来较大的财务压力。（ ）
5. 对于盈余不稳定的公司而言，采取低正常股利加额外股利政策可以减少财务风险。（ ）
6. 固定股利支付率股利政策有可能会使各年股利波动较大。（ ）
7. 企业提取的公积金可以用于集体福利支出。（ ）
8. 低正常股利加额外股利政策能使股利与公司盈余紧密配合，以体现多盈多分的原则。（ ）
9. 我国股份公司分派股利的形式有现金股利、股票股利、财产股利和负债股利。（ ）

四、计算分析题

1. 某公司 20×1 年初未分配利润账户的贷方余额为 37 万元，20×1 年发生亏损 100 万元，20×2—20×6 年间的每年税前利润为 10 万元，20×7 年税前利润为 15 万元，20×8 年税前利润为 40 万元。所得税税率为 25%，法定公积金计提比例为 15%。要求：

（1）20×7 年是否需要交纳所得税？是否计提法定公积金？

（2）20×8 年可供投资者分配的利润为多少？

2. 某公司已发行在外的普通股为 1 000 万股，拟发放 10% 的股票股利，并按发放股票股利后的股数支付现金股利，股利分配前的每股市价为 10 元，每股净资产为 2.5 元。若股利分配不改变市净率（市净率＝每股市价/每股净资产），并要求股利分配后每股市价达到 9 元，则派发的每股现金股利应达到多少元？

3. 某公司成立于 2009 年 1 月 1 日，2013 年度实现的净利润为 2 000 万元，分配现金股利 1 100 万元，提取盈余公积 900 万元（所提盈余公积均已指定用途）。2014 年实现的净利润为 1 800 万元（不考虑计提盈余公积的因素）。2015 年计划增加投资，所需资本为 1 400 万元。假定公司目标资本结构为权益资本占 60%，长期借入资本占 40%。要求：

（1）在保持目标资本结构的前提下，计算 2015 年投资方案所需的权益资本和需要从外部借入的长期债务资本。

（2）在保持目标资本结构的前提下，如果公司执行剩余股利政策，计算 2014 年度应分配的现金股利。

（3）在不考虑目标资本结构的前提下，如果公司执行固定股利政策，计算 2014 年度应分配的现金股利、可用于 2015 年投资的留存收益和需要额外筹集的资本。

（4）在不考虑目标资本结构的前提下，如果公司执行固定股利支付率政策，计算该公司的股利支付率和 2014 年度应分配的现金股利。

（5）假定公司 2015 年面临着从外部筹资的困难，只能从内部筹资，不考虑目标资本结构，计算在此情况下 2014 年度应分配的现金股利。

第十章

财务管理专题

【学习目标】
1. 理解金融市场、金融衍生品与期权的基本概念,掌握二项式期权定价模型。
2. 了解并购类型,熟悉五次并购浪潮以及我国上市公司的要约收购流程。
3. 明确企业破产界限的含义,熟悉我国企业破产、重组与清算的法律条件。

【重点与难点】
1. 期权的概念及其定价方法。
2. 并购类型与理论。
3. 破产界限与相关法律。

【导引案例】

欧莱雅收购小护士

2003年12月11日下午,历经4年的谈判,法国欧莱雅集团在北京宣布:欧莱雅集团正式签订了收购中国护肤品牌小护士的协议,完成其收购中国品牌的首个案例。据了解,作为收购条件之一,小护士品牌的拥有者丽斯达日化(深圳)有限公司董事长李志达今后将退出化妆品行业。据AC尼尔森调查显示,小护士的市场占有率达到5%。欧莱雅集团全球总裁兼首席执行官欧文中在评价此次收购时说:"收购小护士品牌为欧莱雅集团加快在中国市场的业绩增长提供了一个极佳的机遇,这是欧莱雅集团在中国发展所迈出的重要一步。对欧莱雅集团而言,中国是一个具有重要战略意义的市场。"

对于此案例可思考以下三个问题:(1)案例中的企业并购属于什么类型?(2)在并购过程中除了谈判形成的收购条件,企业并购还要符合哪些程序上的要求?(3)虽然品牌收购价格未知,但未来小护士的市场占有率与收益并非一成不变,如何从期权角度理解小护士的品牌价值?

资料来源:http://www.people.com.cn/GB/paper53/10866/986786.html.

10.1 金融衍生品与期权定价

10.1.1 金融市场

金融即资金通融,当经济中存在着资金闲置方与资金短缺方,供求关系就会建立起资金相互流通的各种借贷渠道并产生价格决定机制,形成金融市场。如果我们把各种借贷渠道及渠道中的借贷价格作为通融工具,显然金融与借贷都有以信用为基础的特征。

金融市场上流通的主要产品是金融工具(或金融资产)或信用工具,金融工具就是金融市场上的交易对象,金融市场的作用就是确定金融工具价格。在实践中,借贷渠道及其中的借贷价格可以用证明债权债务关系的各种合法凭证或者合约等来表现,比如欠条。在经济与金融市场发展过程中,人们都希望资金通融过程中能够减少未来的不确定性并获得更多信息,金融工具的范围也扩大至只要是能够代表未来收益或资产合法要求的凭证,都可以作为金融工具,例如股票、债券等。在当前的金融市场上,金融工具包括两大类,一类是基础金融工具,一类为衍生性金融工具。前者主要包括债务性和权益性资产,后者主要包括远期、期货、期权和互换等。

通常根据交易期限把金融市场分为货币市场和资本市场两大类。货币市场是融通不足1年(原始期限)的政府债券和公司债券等市场,资本市场是融通1年以上(原始期限)的债券和股票等市场。货币市场和资本市场又可以进一步分为许多子市场。例如货币市场包括短期政府债券市场、金融同业拆借市场、商业票据市场等,资本市场包括中长期信贷市场和证券市场等。除了利用这两大市场外,随着全球化进程加速与许多公司产生对外贸易,外汇市场也会被公司财务管理部门所重视与利用。

对于某一公司来说,公司财务管理的一个重要职能就是利用金融工具来满足自身的一些需求,参与金融市场进行资金通融也成为当前公司财务管理的重要组成部分,例如为满足生产经营需要而进行的外部筹资;利用股票与债券发行来调整资本结构;利用金融衍生工具来对冲风险等。可以说在当今社会,绝大多数公司都不同程度地参与了金融市场交易,从这个意义上说,公司财务管理也可以称为公司金融。

10.1.2 金融衍生品

金融衍生品即金融衍生工具,它是由现货市场的标的资产衍生出来的一种合约。标的资产为基础性产品,主要有股票、债券、相关指数等金融工具,因此金融衍生品价值决定于一种或多种基础性产品。

金融衍生品可以按不同标准进行分类。按产品形式,金融衍生品主要包括远期、期货、掉期和期权,以及具有远期、期货、掉期和期权中一种或多种特征的结构化金融工具。远期和期货是买卖双方在将来以约定价格购买某项资产的合约,两者的不同之处在于期货使用交易所编制的固定格式合同,而远期的条款可以自行约定。掉期又称互换,指同时买入与卖出数量相同但交割期不同的货币,主要用于外汇市场。

由于我国金融衍生品交易量中的相当部分被银行业占据,相关主管部门将银行业金融机构衍生产品交易业务按照交易目的分为如下两类:

(1) 套期保值类衍生产品交易,即银行业金融机构主动发起,为规避自有资产、负债的信用风险、市场风险或流动性风险而进行的衍生产品交易。

（2）非套期保值类衍生产品交易，即除套期保值类以外的衍生产品交易。包括由客户发起，银行业金融机构为满足客户需求提供的代客交易和银行业金融机构为对冲前述交易相关风险而进行的交易；银行业金融机构为承担做市义务持续提供市场买、卖双边价格，并按其报价与其他市场参与者进行的做市交易；银行业金融机构主动发起，运用自有资金，根据对市场走势的判断，以获利为目的进行的自营交易。

10.1.3 期权

期权是一种选择权，指在未来一段时间内以事先约定的价格买卖某项资产的权利，它是在期货交易中衍生出的金融工具。可以按不同标准对期权进行分类。

按交易标的物，期权可分为商品期权、股票期权、利率期权以及外汇期权等。

按期权执行时间，期权主要分为美式期权和欧式期权两种类型。美式期权是指在合约到期日内随时可以行使权利。欧式期权是指只允许在合约到期日行使权利，并且一旦过期，合约也自动终止。

按头寸，期权可分为看涨期权和看跌期权两种类型。看涨期权又称买方期权，指期权购买者可按事先约定的价格买入某项资产的权利。看跌期权又称卖方期权，指期权卖出者可按事先规定的价格卖出某项资产的权利。

在期权交易中，购买期权者为买方，是权利的受让人；出售期权者为卖方，是权利的义务人。对于买方来说，期权是一种权利而不是义务；买方有买卖某项资产的权利，但这种买卖不是必须的。例如 A 与 B 约定 A 在三个月后以 100 元的价格购买 B 的某个物品，如果 A 和 B 在到期日进行了物品交易，那么此约定可看作期货；如果三个月后 A 根据该物品的市场价格是否高于 100 元再决定选择买或不买，但 B 没有权利影响 A 的选择，那么此约定就可以看作期权，假如 A 需为 B 放弃权利支付 5 元的价格，那么 5 元就是 A 为得到期权支付的价格。因此期权存在依赖于资产未来价格的不确定性，而例子中的 5 元则是期权定价。

10.1.4 期权定价

期权价格也称权利金、权价等，是期权买方向期权卖方支付的金额。由于期权是一种权利而不是义务，因此期权价格是买方为拥有权利而付出的代价，也是卖方为权利出让而获得的补偿。

1. 定价方法

金融市场对金融工具的定价主要有两个参考指标，一个是当前的价格，一个是未来的价格变动情况，后者存在着不确定性即风险。按传统投资思路，投资者会根据所得信息对未来价格变动进行预期后再决定是否投资，一旦决定投资，未来如果发生没有预期到的利空，则投资者会遭受损失，因此投资决策取决于投资者的主观判断。期权投资者则按相反的思路进行操作,由于期权投资者获得了未来处置某项资产的权利并且未来价格已经约定,因此只要支付意愿的成本,就可以将风险在购买期权时锁定,因为未来价格变动导致的损失已经在期权购买时支付了。期权的价值在于投资者可以得到新信息之后再作出决策,因此某项资产未来价格的不确定性越大,约定的期权价格即购买期权时的支付意愿就越高。于是期权定价取决于买卖双方对未来风险的支付意愿,只要双方意愿达成一致,期权价格也就随之确定下来。

2. 二项式期权定价模型

随着金融市场发展与金融产品创新,财务管理与金融学发展了许多期权定价模型,用于解决不同情形下期权定价问题,本节以单期欧式期权为例,介绍二项式期权定价模型。

二项式期权定价模型的思路如下:假设某期股票只有上涨或下跌两种状态,那么期权的价值就在于保证投资者至少获得无风险的收益。可以通过一个具体的例子来说明。假设在1年期存款利率为10%的有效资本市场上,某投资者打算购买某公司的当前股价为10元的股票,市场预期1年后股价可能涨至15元,也可能跌至5元,如图10-1所示。

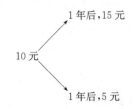

图10-1 股票价格的预测

投资者希望组建一个投资组合以保证持有投资组合的价值至少与无风险收益相等,因此投资者需要对冲股票下跌至5元的风险。该投资者可以先买入10元的股票,同时卖出一份买方期权,允许其他投资者在股价涨至15元时以5元的价格买入。此时有两种情况发生:

(1)一年后股价涨至15元,投资者可以得到5元收益,但其他投资者会执行期权,卖出的买方期权使其损失10元。

(2)一年后股价跌至5元,投资者损失5元,但其他投资者不会执行期权。

因此投资者不仅要用卖出期权的收入抵消股价下跌的损失,而且其买入股票与卖出买方期权的收益应与无风险收益相等。该投资者的一年期存款总收入为$10\times(1+10\%)=11$元,于是有:$11=5+$期权价格$\times(1+10\%)$,可得这个买方期权的价格约为5.45元。

同理,该投资者也可以先买入10元的股票,同时买入一份卖方期权,允许他在一年后以15元的价格卖出股票。此时同样有两种情况发生:

(1)一年后股价涨至15元,投资者的卖方期权没有价值。

(2)一年后股价跌至5元,但他的卖方期权价值10元。

类似地,投资者买入股票与卖方期权的收益应与无风险收益相等,于是有:15=(10+期权价格)×(1+10%),可得这个卖方期权的价格约为 3.64 元。

10.2 公司并购

公司成长主要有两种途径,一种是通过内部积累资本做大,即利用权益类资本扩大再生产规模,表现为一种内部成长形式;另一种是企业间通过资本集中的方式进行,即已有资本间的相互合并做大,表现为一种外部成长形式。这两种途径在本质上就是马克思提到过的资本集聚与资本集中。如果财务管理目标是为了实现股东财富最大化,那么一般意义上的公司规模指标——例如固定资本存量——对于更加关注每股收益的股东而言并非是最重要的,企业变小一些或许更好,但相对于企业拆分,财务管理更关注企业合并,原因在于现实中多数的大公司是通过某种程度、某种方式的并购成长起来的。

所谓并购,即兼并与收购的统称,是资本集中最重要的方式,简单来看就是至少两个以上的公司整合在一起。在我国的《公司法》里也有"合并"的提法,包括吸收合并和新设合并。一般地说,"兼并""合并""收购""接收"等提法之间的区别主要是所牵涉的法律条文与行为管制方面的差异,在实现财务目标层面上都可以作为"并购"的一部分。

公司并购对于财务管理有着重要的价值。财务管理要想作为一种专业化职能产生并得到发展,必须建立在公司规模足够大到能够从管理职能中分离出来的程度,因此只有经济中存在大量的企业并购并产生规模足够大、数量足够多的公司,才能促进财务管理职能的发展及其理论的进步。

10.2.1 并购类型

并购按不同的标准可以分为不同的类型。

1. 按并购参与者所处行业的异同,可分为横向并购、纵向并购和混合并购

(1) 横向并购。横向并购是指同行业两个或两个以上公司的合并。由于这些公司的经营领域相同,具有竞争关系,因此横向并购有利于减少竞争对手,整合生产规模,实现规模经济,但同时也会导致行业集中度提高,易出现行业垄断,限制市场竞争。因此许多国家会对明显改变行业集中度的横向并购行为加以限制,以防止某一行业被个别公司高度垄断。横向并购可以是优势公司兼并劣势公司,也可以是实力相当的公司之间为避免恶性竞争而相互合并。

(2) 纵向并购。纵向并购是指在产业上下游企业间的合并。这些企业之间在并购前并非竞争关系,而是购买者和销售者的关系。纵向并购又可分前向并购和后向并购两种形式。前向并购是指公司并购其产品购买者,后向并购是指公司并购其原料供应者,例如钢铁厂并购铁矿厂就属于后向的纵向并购(或后向一体化);若钢铁厂又并购了一家造船厂,就属于前向的纵向并购(或前向一体化)。纵向并购本质上是上下游企业间原来市场交易行为的替代,有利于减少交易费用并获得生产周期减少等一体化效益。此外,纵向并购还利于避开横向并购中可能遇到的反垄断调查与管制。

(3)混合并购。混合并购是处于不同行业公司间的合并,被并购公司与并购公司没有横向或纵向关系。例如一家纺织公司并购一家房地产公司就属于混合并购。可见若企业希望进入其他领域或行业,实现多元化发展与分散财务风险,那么混合并购是一个重要的捷径。混合并购又可进一步细分为产品扩张型、市场扩张型和纯混合型三种。产品扩张型并购是指一家企业以原有产品和市场为基础,通过并购相关产品企业进入目标经营领域,拓宽了企业的生产线。市场扩张型并购是指生产同种产品,但产品在不同地区的市场上销售的企业之间的并购,拓宽了企业的市场范围。纯混合型并购是指没有任何联系的两家或多家公司的合并。

2. 按并购手段的不同,可分为善意收购与恶意收购

(1)善意收购。善意收购又称友好收购,是指被并购公司与并购公司通过友好协商达成相互可接受的收购协议。如果是上市公司,还需经双方董事会批准并经股东大会通过。善意收购过程因双方有合并意愿,故并购成功率较高。

(2)恶意收购。恶意收购又称敌意收购,是指不直接向被并购公司提出合并要求,不考虑被并购公司的态度,例如上市公司以在资本市场上突然地大量收购被并购公司股票为手段进行并购。恶意收购并非建立在双方有合并意愿的基础上,被并购公司通常会采取一系列的反收购措施。

3. 按交易方式的不同,可分为要约收购、协议收购和间接收购

(1)要约收购。要约收购是指并购公司向被并购公司发出收购公告,经被并购公司确认后再实行收购行为。由于是通过公开渠道向全体股东发出要约以达到控制被并购公司的意图,因此这是许多国家证券市场最主要的收购形式。我国规定通过证券交易所的证券交易,收购人持有一家上市公司的股份达到该公司已发行股份的30%时,继续增持股份的,应当采取要约方式进行。

(2)协议收购。协议收购是指并购公司不通过证券交易场所而直接与被并购公司的股东(主要是大股东)就股票价格、数量等进行私下协商,并签订收购其股份的协议,以期达到对被并购公司的控制目的。相对于要约收购,协议收购的环节较少成本较低,但我国规定以协议方式收购被并购公司股份超过30%时,收购人要向证券监管部门申请豁免要约收购,否则若继续进行收购的,应当向被并购公司所有股东发出收购的要约,不然会收到监管部门的通知,要求其在30日内将所持被收购公司股份减持到30%或者以下。

(3)间接收购。间接收购是指收购人不是上市公司的股东,而是公司股东以外的收购方通过投资者关系、协议、其他安排试图获得被并购公司控制权的行为。间接收购中收购人往往成为被收购公司的实际控制人。

4. 按出资方式的不同,可分为资产式并购与股票式并购

(1) 资产式并购。资产式并购是指并购公司使用现金等资产购买被并购公司的资产,包括设备、厂房、土地使用权、知识产权等,并就债权债务等达成协议。使用现金支付要求收购者具有较强的资金实力或者融资能力。

(2) 股票式并购。股票式并购是指并购公司通过"收买"被并购公司的股东以实现控制目的,主要通过股票购买资产和用股票交换股票两种方式进行。以股票换取资产式并购,是指并购公司用自己的股票交换并被购公司的大部分资产。股票互换式并购是指并购企业用自己的股票向被并购公司的股东交换其原有股票,直到股票数量达到控制被并购公司的要求。

5. 按资金来源的不同,可分为非杠杆并购和杠杆并购

(1) 非杠杆收购。非杠杆收购是并购公司利用自有资本直接并购目标公司,当然非杠杆并购并不是说并购公司一分钱不差,只是借款数量或借款占自有资本的比重较小。

(2) 杠杆并购。杠杆并购是指并购公司仅出部分自有资本,利用被并购公司的资产及未来收益做抵押,通过银行、股票市场等金融市场筹集其余资本。这种并购是一种利用负债方式进行的并购,有以小搏大的特点,因此被称为杠杆并购。杠杆并购方式的推广需要以相对成熟的金融市场为基础,该方式于上世纪80年代曾在美国流行。

以上是比较典型的并购类型,现实中还有许多其他的并购类型,例如委托书收购、借壳买壳、管理层收购、公司职工持股计划等。

10.2.2 并购浪潮

不同并购类型产生于并购发展历程的不同。一般将并购发展历程按时间和特征划分为五次并购浪潮,这五次并购浪潮不仅深刻地影响着当时的全球政治经济格局,也是财务管理及并购理论的产生与发展的现实基础。

(1) 第一次并购浪潮

第一次并购浪潮以横向并购为主要特征,始于19世纪末20世纪初。在英国纺织业,1877年有11家企业合并组成大英棉织品公司,1899年31家企业合并组成优质棉花纺织机联合体,1899年46家企业合并组成棉花印花机联合体,而在其他行业,通过大规模兼并产生了联合帕特拉水泥公司、帝国烟草公司、盐业联合体和联合碱制品公司等大公司。美国在第一次并购浪潮中就有2 653家企业被兼并,其中仅1899年就有1 000多家,到1909年销售额在100万美元以上的大企业增至3 000多家,其中100家最大的公司控制了美国约40%的工业资本,产生了美孚石油公司、美国烟草公司、美国钢铁公司等一批现代化的大公司。德国在这一时期也通过兼并产生了许多大公司,如西门子公司、克虏伯公司等。

(2) 第二次并购浪潮

第二次并购浪潮以纵向并购为主要特征,始于20世纪20年代。当时刚刚结束的一战和科技进步促进了汽车工业、化学工业、电气工业等行业的产生,这些行业主要是资本密集型行业,需要投入大量的资本,由此掀起了第二次兼并浪潮。英国电机制造业通过兼并形成了英国电器、GEC和电器行业联合体三大企业;1926年布鱼诺姆德公司、诺贝尔工业公司、不列颠染料公司、联合碱制品这四家各自行业中的大公司组成ICI公司。美国在此期间有包括公用事业和银行业在内的19 611家公司被兼并,其中工业有5 282家,公用事业有2 750家,银行业有1 060家,零售业有10 519家。

(3) 第三次并购浪潮

第三次并购浪潮以混合并购为主要特征,始于20世纪50至60年代。英国1966年成立了产业重组公司以鼓励提升制造业规模,并促成了商业运输工具制造公司和大英汽车公司、GEC和AEI的合并。美国在上世纪60年代就有12 500家企业被兼并,从1967年到1969年,被兼并的企业就有10 858家,资产1 000万美元以上的被兼并大公司的数量从1960年的51家增至1968年的173家,而涉及资产在100万美元以上的兼并中80%以上的是混合兼并,如莫比尔石油公司并购麦考尔公司,通用电气公司兼并犹塔国际公司。

(4) 第四次并购浪潮

第四次并购浪潮以杠杆并购为主要特征,始于20世纪80年代。在此次并购浪潮中,估计约2 800家公司涉及了杠杆并购。金融业的发展可以使小公司利用杠杆融资方式筹措资金进行兼并活动,例如1988年亨利·克莱维斯买下了雷诺烟草公司所花费的250亿美元中,克莱维斯本人的资金约为1.6亿美元,其余资金由发行债券筹集。

(5) 第五次并购浪潮

第五次并购浪潮以跨国并购为主要特征,始于20世纪90年代中期至今。此次并购浪潮源于经济全球化,全球并购金额在1990年为1 510亿美元,到2000年达到11 438亿美元。跨国公司也在此次并购浪潮中崛起并逐步形成全球公司。

10.2.3 并购理论

世界范围内持续不断的并购浪潮引起了理论界的关注并产生出各种并购理论。这些理论的共同出发点是并购为什么会发生,即企业并购的动机是什么,其中代表性理论有效率理论、代理理论和税收效应理论。

1. 效率理论

效率理论中的效率是指经济效率,如果某个事件的发生所引起的收益大于成本,就称其在经济上是有效率的。效率理论认为并购带来的如生产经营及资源互补等好处,超过其并购导致的成本如组织臃肿、信息不畅等,进而产生类似于"1+1>2"的协同效应,因此并购得以发生。效率理论根据协同效应的来源,又产生出不同的理论分支,代表性的有经营协同理论、财务协同理论与管理协同理论。

经营协同理论认为公司之间存在经济互补与规模经济,通过各种形式的并购活动可以获得更多的好处。这些好处主要包括:规模经济与垄断利润,例如横向并购不仅减少了竞争对手,而且整合了生产规模,实现规模经济,获得垄断利润;节约交易成本,例如纵向并购有利于节约上下游企业的交易成本;资源互补与风险转移,例如通过混合并购企业可以共享与再配置现有资源,实现多样化经营,分散行业风险等。

财务协同理论的发展背景是第三次并购浪潮。从财务角度看,企业并购是为了寻求投资机会和现金流,如果市场上存在一家拥有充足现金流但边际利润低的企业与一家缺乏现金流但边际利润较高的企业,那么并购对双方都有利。通过并购两者形成一个内部资本市场,前者可将资本投资到边际利润较高的生产上,后者可得到内部融资以避免外部融资成本。

管理协同理论也称差别效率理论,该理论认为不同的经理团队存在着不同的管理效率,如果高效率经理团队的管理能力超过了所在企业的管理需求,那么该企业就有向外输出多余管理资源的动机,通过并购一家管理效率较低的企业来消化多余的管理资源,被并购公司的经营潜力也会更加充分地被开发出来。

2. 委托代理理论

现代企业的所有权和经营权分离导致股东与管理层之间普遍存在着委托代理问题,这意味着股东与管理层之间利益不完全一致,而管理层由于存在信息优势可能会侵害股东利益。委托代理理论基于此对并购问题进行阐述,产生了两种代表性观点:一种观点认为股东可以通过并购利用外部高效率的管理层来代替现有低效率的管理层;另一种观点认为企业规模与管理层的权力与收入通常成正比关系,因此管理层有扩大企业规模的动机,而并购能够更快地实现这一动机。

3. 税收效应理论

税收效应理论认为企业并购是为了取得税收减免。主要包括两种方式:

(1) 并购亏损企业可以降低企业的税基。例如我国税法规定,企业纳税年度发生亏损时准予向以后年度结转,并可用以后年度的税前所得弥补,以获得税收上的好处。结转年限最长可达五年。

(2) 并购有税收优惠政策的企业,如果并购后仍然能够享有税收优惠,那么可为企业带来税收利益。我国相关法律规定,在企业吸收合并中,合并后的存续企业的性质及适用税收优惠的条件未发生改变的,可以继续享受合并前该企业剩余期限的税收优惠。

但因各国税制与相关法律差异较大,在一定程度上限制了税收效应理论的解释力与适用性。

10.2.4 并购程序

并购成功与否通常是参与企业合并利益相关方相互权衡与讨价还价的结果,尤其在上市公司并购过程中,存在着各种关系复杂的利益相关方,并购参与者数量众多,讨价还价成本高昂,往往导致并购方案主要体现的是内部控制者的利益,外部者的利益容易遭受侵害,例如管理层侵害债权人利益,大股东侵害小股东利益等。另外从历次并购浪潮中可以看到,随着企业规模越来越大,许多情况下企业并购不仅只是债权债务关系的协调,并购行为与市场秩序和社会公共利益的相关性也大大加强,因此许多国家对企业并购引入了法律手段,企业在并购实施过程中必须遵守相应的法律法规并接受反垄断法的管制,如今企业并购过程也体现为一种法律程序。由于并购种类较多,本小节以我国上市公司中的要约收购为例,简要说明其并购程序。

1. 投资者提出意向

投资者自愿选择以要约方式收购上市公司股份的,可以向被收购公司所有股东发出收购其所持有的全部股份的要约(全面要约),也可以向被收购公司所有股东发出收购其所持有的部分股份的要约(部分要约)。通过证券交易所的证券交易,收购人持有一家上市公司的股份达到该公司已发行股份的30%时,继续增持股份的,应当采取要约方式进行,发出全面要约或者部分要约。

所谓要约是指希望和他人订立合同的意思表示。按照我国《合同法》的规定,该意思表示应当符合:内容具体确定;表明经受要约人承诺,要约人即受该意思表示约束。因此以要约方式进行上市公司收购的,收购人应当公平对待被收购公司的所有股东,持有同一种类股份的股东应当得到同等对待。

2. 被收购公司的意向

被收购公司董事会对收购人的主体资格、资信情况及收购意图进行调查,对要约条件进行分析,对股东是否接受要约提出建议,并聘请独立财务顾问提出专业意见。在要约收购期间,被收购公司董事不得辞职。在收购人公告要约收购报告书后20日内,被收购公司董事会应当将被收购公司董事会报告书与独立财务顾问的专业意见报送中国证监会,同时抄报派出机构,抄送证券交易所,并予以公告。

收购人对收购要约条件作出重大变更的,被收购公司董事会应当在3个工作日内提交由董事会及独立财务顾问就要约条件的变更情况所出具的补充意见,并予以报告、公告。

收购人作出提示性公告后至要约收购完成前,被收购公司除继续从事正常的经营活动或者执行股东大会已经作出的决议外,未经股东大会批准,被收购公司董事会不得通过处置公司资产、对外投资、调整公司主要业务、担保、贷款等方式,对公司的资产、负债、权益或者经营成果产生重大影响。

3. 被收购股东的意向

同意接受收购要约的股东(预受股东)应当委托证券公司办理预受要约的相关手续。收购人应当委托证券公司向证券登记结算机构申请办理预受要约股票的临时保管,证券登记结算机构临时保管的预受要约股票在要约收购期间不得转让。

出现竞争要约时,接受初始要约的预受股东撤回全部或者部分预受的股份,将撤回的股份售予竞争要约人的,应当委托证券公司办理撤回预受初始要约的手续和预受竞争要约的相关手续。

4. 收购报告书

以要约方式收购上市公司股份的收购人应当编制要约收购报告书,并聘请财务顾问向中国证监会、证券交易所提交书面报告,抄报派出机构,通知被收购公司,同时对要约收购报告书摘要作出提示性公告。收购人按规定报送符合中国证监会规定的要约收购报告书及相关文件之日起15日后,公告其要约收购报告书、财务顾问专业意见和律师出具的法律意见书。在15日内,中国证监会对要约收购报告书披露的内容表示无异议的,收购人可以进行公告;中国证监会发现要约收购报告书不符合法律、行政法规及相关规定的,及时告知收购人,收购人不得公告其收购要约。

收购人向中国证监会报送要约收购报告书后,在公告要约收购报告书之前,拟自行取消收购计划的,应当向中国证监会提出取消收购计划的申请及原因说明,并予以公告;自公告之日起12个月内,该收购人不得再次对同一上市公司进行收购。

5. 收购价格与支付

收购人进行要约收购时,对同一种类股票的要约价格不得低于要约收购提示性公告日前6个月内收购人取得该种股票所支付的最高价格。要约价格低于提示性公告日前30个交易日该种股票的每日加权平均价格的算术平均值的,收购人聘请的财务顾问应当就该种股票前6个月的交易情况进行分析,说明是否存在股价被操纵、收购人是否有未披露的一致行动人、收购人前6个月取得公司股份是否存在其他支付安排、要约价格的合理性等。

收购人可以采用现金、依法可以转让的证券(以下简称证券)、现金与证券相结合等合法方式支付收购上市公司的价款。收购人以现金支付收购价款的,应当在作出要约收购提示性公告的同时,将不少于收购价款总额的20%作为履约保证金存入证券登记结算机构指定的银行。收购人以证券支付收购价款的,应当提供该证券的发行人最近3年经审计的财务会计报告、证券估值报告,并配合被收购公司聘请的独立财务顾问的尽职调查工作。收购人以在证券交易所上市交易的证券支付收购价款的,应当在作出要约收购提示性公告的同时,将用于支付的全部证券交由证券登记结算机构保管(上市公司发行新股的除外);收购人以在证券交易所上市的债券支付收购价款的,该债券的可上市交易时间应当不少于一个月;收购人以未在证券交易所上市交易的证券支付收购价款的,必须同时提供现金方式供被收购公司股东选择,并详细披露相关证券的保管、送达被收购公司股东的方式和程序安排。

需要注意的是,如果收购人为终止上市公司的上市地位而发出全面要约的,或者向中国证监会提出申请但未取得豁免而发出全面要约的,应当以现金支付收购价款;以证券支付收购价款的,应当同时提供现金方式供被收购公司股东选择。

6. 收购期限与操作要求

除非出现竞争要约,收购要约约定的收购期限不得少于 30 日,并不得超过 60 日;在收购要约约定的承诺期限内,收购人不得撤销其收购要约。收购要约期限届满前 15 日内,收购人不得变更收购要约;在收购人作出公告后至收购期限届满前,不得卖出被收购公司的股票,也不得采取要约规定以外的形式和超出要约的条件买入被收购公司的股票。

出现竞争要约时,发出初始要约的收购人变更收购要约距初始要约收购期限届满不足 15 日的,应当延长收购期限,延长后的要约期限应当不少于 15 日,不得超过最后一个竞争要约的期满日,并按规定比例追加履约保证金;以证券支付收购价款的,应当追加相应数量的证券,交由证券登记结算机构保管。发出竞争要约的收购人最迟不得晚于初始要约收购期限届满前 15 日发出要约收购的提示性公告,并应当根据相关规定履行报告、公告义务。

如果要约收购报告书所披露的基本事实发生重大变化的,收购人应当在该重大变化发生之日起 2 个工作日内向中国证监会作出书面报告,同时抄报派出机构,抄送证券交易所,通知被收购公司,并予以公告。

7. 公布结果

收购期限届满,发出部分要约的收购人应当按照收购要约约定的条件购买被收购公司股东预受的股份,预受要约股份的数量超过预定收购数量时,收购人应当按照同等比例收购预受要约的股份;以终止被收购公司上市地位为目的的,收购人应当按照收购要约约定的条件购买被收购公司股东预受的全部股份;未取得中国证监会豁免而发出全面要约的收购人应当购买被收购公司股东预受的全部股份。

收购期限届满后 3 个交易日内,接受委托的证券公司应当向证券登记结算机构申请办理股份转让结算、过户登记手续,解除对超过预定收购比例的股票的临时保管;收购人应当公告本次要约收购的结果。

10.3 企业破产、重组与清算

10.3.1 企业破产

破产是企业因生产经营、市场竞争或其他因素导致不能清偿到期债务,并且资产不足以清偿全部债务或明显缺乏清偿能力的一种现象。企业作为债权债务关系的集合体,其破产必然伴随着原有债权债务格局的变化,因此破产也是一种市场资源的再配置。在现代企业中通常存在较为复杂的债权债务关系,企业破产的目的就是为了通过重整或和解等方式来调整债权债务关系,或通过变卖债务人的财产对债权人进行相对公平的赔偿。

1. 破产界限

破产界限又称法律破产原因,是破产程序的启动标准与启动效力、破产撤销权效力的起点时间。我国法律规定:企业法人不能清偿到期债务,并且资产不足以清偿全部债务或者明显缺乏清偿能力的,可依照《中华人民共和国企业破产法》(以下简称《破产法》)清理债务;企业法人有前款规定情形,或者有明显丧失清偿能力可能的,可根据《破产法》进行重整。

有些国家以资不抵债作为破产界限,但我国主要以企业是否缺乏清偿能力作为破产界限。《破产法》规定存在下列情形之一的即可认定企业明显缺乏清偿能力:因资金严重不足或者财产不能变现等原因,无法清偿债务;法定代表人下落不明且无其他人员负责管理财产,无法清偿债务;经法院强制执行,无法清偿债务;长期亏损且经营扭亏困难,无法清偿债务;导致债务人丧失清偿能力的其他情形。

2. 破产程序

破产程序包括三种:和解、重整和破产清算(如图10-2所示),和解与重整又称为破产重组。破产程序的选择是股东与债权人之间相互权衡的结果,在大企业尤其是上市企业中由于债权债务关系复杂,破产参与者数量众多,讨价还价成本高昂,导致破产方案往往体现的是大股东与大债权人的利益,小股东与小债权人以及公众的利益等可能会受到侵害。因此企业破产伴随着法律的引入,逐渐成为一种法律程序。

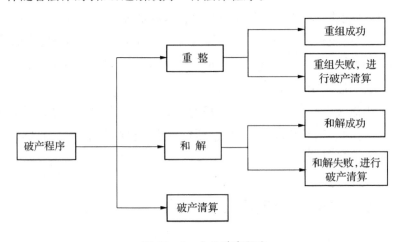

图10-2 企业破产程序

10.3.2 企业重组

企业重组包括企业重整和企业和解。债权人是企业破产的利益相关者,企业宣告破产意味着债权人将失去债权。为保护债权人利益,防止随意或恶意破产等,相关法律设立了企业重整与和解制度。

1. 企业重整

企业重整指债权人通过调整具备破产条件的企业的债务以使其继续营业,助其摆脱困境的做法。债权人这样做的目的是希望获得比破产程序更多的补偿。我国企业重整的基本流程如下。

(1) 申请重整

债权人申请对债务人进行破产清算的,在法院受理破产申请后、宣告债务人破产前,债务人或者出资额占债务人注册资本十分之一以上的出资人,可以向法院申请重整。法院经审查认为重整申请符合《破产法》规定的,应当裁定债务人重整,并予以公告。自法院裁定债务人重整之日起至重整程序终止,为重整期间。在重整期间,经债务人申请,法院批准,债务人可以在管理人的监督下自行管理财产和营业事务。在重整期间除经法院同意外,债务人的董事、监事、高级管理人员不得向第三人转让其持有的债务人的股权。

(2) 制定和批准重整计划

根据我国《破产法》,债务人或者管理人应当自法院裁定债务人重整之日起 6 个月内,同时向法院和债权人会议提交重整计划草案;经债务人或者管理人请求,有正当理由的,法院可以裁定延期 3 个月。债务人或者管理人未按期提出重整计划草案的,法院应当裁定终止重整程序,并宣告债务人破产。债务人自行管理财产和营业事务的,由债务人制作重整计划草案。管理人负责管理财产和营业事务的,由管理人制作重整计划草案。重整计划草案应当包括下列内容:债务人的经营方案;债权分类;债权调整方案;债权受偿方案;重整计划的执行期限;重整计划执行的监督期限;有利于债务人重整的其他方案。法院应当自收到重整计划草案之日起 30 日内召开债权人会议,对重整计划草案进行表决。出席会议的同一表决组的债权人过半数同意重整计划草案,并且其所代表的债权额占该组债权总额的三分之二以上的,即为该组通过重整计划草案。债务人或者管理人应当向债权人会议就重整计划草案作出说明,并回答询问。债务人的出资人代表可以列席讨论重整计划草案的债权人会议。重整计划草案涉及出资人权益调整事项的,应当设出资人组,对该事项进行表决。各表决组均通过重整计划草案时,重整计划即为通过。自重整计划通过之日起 10 日内,债务人或者管理人应当向法院提出批准重整计划的申请。

(3) 执行重整计划

法院裁定批准的重整计划对债务人和全体债权人均有约束力,按照重整计划减免的债务自重整计划执行完毕时起,债务人不再承担清偿责任;债权人未依法申报债权的,在重整计划执行期间不得行使权利;在重整计划执行完毕后,可以按照重整计划规定的同类债权的清偿条件行使权利。

重整计划由债务人负责执行。法院裁定批准重整计划后,已接管财产和营业事务的管理人应当向债务人移交财产和营业事务。自法院裁定批准重整计划之日起,在重整计划规定的监督期内,由管理人监督重整计划的执行。在监督期内,债务人应当向管理人报告重整计划执行情况和债务人财务状况。监督期届满时,管理人应当向法院提交监督报告,经管理人申请法院可以裁定延长重整计划执行的监督期限。自监督报告提交之日起,管理人的监督职责终止。债务人不能执行或者不执行重整计划的,管理人或者利害关系人可请求法院裁定终止重整计划的执行,并宣告债务人破产。

(4) 终止重整程序

重整程序在渡过重整期间后将正常终止,但在重整期间,经管理人或利害关系人请求,法院也可裁定终止重整程序,并宣告债务人破产,主要包括以下情形:

① 债务人的经营状况和财务状况继续恶化,缺乏挽救的可能性。
② 债务人有欺诈、恶意减少债务人财产或者其他显著不利于债权人的行为。
③ 由于债务人的行为致使管理人无法执行职务。
④ 债务人或者管理人未按期提出重整计划草案。
⑤ 重整计划草案未获得债权人会议通过,或者已通过的重整计划未获得法院批准的。

2. 企业和解

企业和解是债权人与债务人就债务清偿期限、债权数额、企业整顿等事项达成协议以帮助债务人恢复的做法。从负债结构来看,和解与重整的一个区别在于和解主要是以债权人让步为主,但与重整一样,债权人进行和解的目的也是希望获得比破产程序更多的补偿。我国企业和解的基本流程如下。

(1) 申请和解

债务人可以直接向法院申请和解,也可以在法院受理破产申请后、宣告债务人破产前,向法院申请和解。债务人应当提出和解协议草案。

(2) 审议和解协议

法院认为和解申请合规,将裁定和解并予以公告,召集债权人会议讨论和解协议草案。债权人会议审议和解协议,由出席会议的有表决权的债权人过半数同意,并且其所代表的债权额占无财产担保债权总额的三分之二以上。债权人会议通过和解协议的决议经由法院认可,终止和解程序,并予以公告。管理人应当向债务人移交财产和营业事务,并向法院提交执行职务的报告。经法院裁定认可的和解协议对债务人和全体和解债权人均有约束力。对于按照和解协议减免的债务,自和解协议执行完毕时起,债务人不再承担清偿责任。

(3) 终止和解程序

和解程序在通过和解决议时正常终止。但在和解期间,法院也可裁定终止和解程序,并宣告债务人破产,主要包括以下情形:

① 因债务人的欺诈或者其他违法行为而成立的和解协议。
② 和解协议草案经债权人会议表决未获得通过,或者已经债权人会议通过的和解协议未获得法院认可的。
③《破产法》中规定或经法院认定终止的其他情形。

10.3.3 企业破产清算

破产清算指企业在失去法人资质过程中为终结现有经济与法律关系,按照特定流程清理公司各种债权债务和分配破产财产的法律活动。破产清算是宣告破产企业的清算活动,同样也是一种法律行为,我国《破产法》规定,当出现以下某种情况时即可启动相关破产清算程序:当债务人不能清偿到期债务,债权人就可以向法院提出对债务人进行重整或者破产清算的申请;如果企业法人已经解散但未清算或者未清算完毕,同时资产不足以清偿债务的,依法负有清算责任的人可向法院申请破产清算。我国企业破产清算的基本流程如下。

(1) 申请破产

债务人或债权人向法院提出破产申请,应当提交破产申请书和有关证据。破产申请书应当载明下列事项:申请人、被申请人的基本情况;申请目的;申请的事实和理由;法院认为应当载明的其他事项。如果是债务人提出申请的,还要向法院提交财产状况说明、债务清册、债权清册、有关财务会计报告、职工安置预案以及职工工资的支付和社会保险费用的缴纳情况。

(2) 受理破产

若法院受理破产申请,应当自裁定作出之日起5日内送达申请人。债权人提出申请的,法院应当自裁定作出之日起5日内送达债务人。债务人应当自裁定送达之日起15日内,向法院提交财产状况说明、债务清册、债权清册、有关财务会计报告以及职工工资的支付和社会保险费用的缴纳情况。

因破产时向企业主张债权的利益方通常不止一位,《破产法》规定法院裁定受理破产申请之日起25日内通知已知债权人,并予以公告。通知和公告应当载明下列事项:申请人、被申请人的名称或者姓名;法院受理破产申请的时间;申报债权的期限、地点和注意事项;管理人的名称或者姓名及其处理事务的地址;债务人的债务人或者财产持有人应当向管理人清偿债务或者交付财产的要求;第一次债权人会议召开的时间和地点;法院认为应当通知和公告的其他事项。

(3) 指定管理人

法院裁定受理破产申请时会指定管理人,管理人在破产清算过程中充当独立第三方的角色,可以由有关部门、机构的人员组成的清算组或者依法设立的律师事务所、会计师事务所、破产清算事务所等社会中介机构担任。管理人和确定管理人报酬的办法由最高法院规定。管理人应当列席债权人会议,向债权人会议报告职务执行情况,并回答询问。债权人会议认为管理人不能依法、公正执行职务或者有其他不能胜任职务情形的,可以申请法院予以更换。管理人应履行下列职责:

① 接管债务人的财产、印章和账簿、文书等资料。
② 调查债务人财产状况,制作财产状况报告。

③ 决定债务人的内部管理事务。

④ 决定债务人的日常开支和其他必要开支。

⑤ 在第一次债权人会议召开之前,决定继续或者停止债务人的营业。

⑥ 管理和处分债务人的财产。

⑦ 代表债务人参加诉讼、仲裁或者其他法律程序。

⑧ 提议召开债权人会议。

⑨ 法院认为管理人应当履行的其他职责。

(4) 召开债权人会议

债权人会议设主席一人,由法院从有表决权的债权人中指定。债权人会议主席主持债权人会议,但第一次债权人会议由法院召集,自债权申报期限届满之日起15日内召开,以后的债权人会议在法院认为必要时,或者管理人、债权人委员会、占债权总额四分之一以上的债权人向债权人会议主席提议时召开。债权人会议行使下列职权:核查债权;申请法院更换管理人,审查管理人的费用和报酬;监督管理人;选任和更换债权人委员会成员;决定继续或者停止债务人的营业;通过重整计划;通过和解协议;通过债务人财产的管理方案;通过破产财产的变现方案;通过破产财产的分配方案;法院认为应当由债权人会议行使的其他职权。召开债权人会议,管理人应当提前15日通知已知的债权人。债权人会议的决议,由出席会议的有表决权的债权人过半数通过,并且其所代表的债权额占无财产担保债权总额的二分之一以上。债权人会议的决议对于全体债权人均有约束力。

(5) 宣告破产

企业一旦被法院宣告破产,法院会在裁定作出之日起5日内将破产裁定送达债务人和管理人,自裁定作出之日起10日内通知已知债权人,并予以公告。债务人被宣告破产后,债务人称为破产人,债务人财产称为破产财产,法院受理破产申请时对债务人享有的债权称为破产债权。

(6) 清偿债务

管理人应当及时拟订破产财产变现方案,破产财产分配方案应当载明下列事项:参加破产财产分配的债权人名称或者姓名、住所;参加破产财产分配的债权额;可供分配的破产财产数额;破产财产分配的顺序、比例及数额;实施破产财产分配的方法。债权人会议通过破产财产分配方案后,由管理人将该方案提请法院裁定认可后即可通过变现、拍卖等方式出售破产财产。

破产财产在优先清偿破产费用和共益债务后,依照下列顺序清偿:

① 破产人所欠职工的工资和医疗、伤残补助、抚恤费用,所欠的应当划入职工个人账户的基本养老保险、基本医疗保险费用,以及法律、行政法规规定应当支付给职工的补偿金。

② 破产人欠缴的除前项规定以外的社会保险费用和破产人所欠税款。

③ 普通破产债权。

若破产财产不足以清偿同一顺序的清偿要求,则按照比例分配。破产企业的董事、监事和高级管理人员的工资按照该企业职工的平均工资计算。破产财产的分配通常以货币分配方式进行。

(7) 终结破产程序

管理人在最后分配完结后,应当及时向法院提交破产财产分配报告,并提请法院裁定终结破产程序。法院应当自收到管理人终结破产程序的请求之日起15日内作出是否终结破产程序的裁定,裁定终结的将予以公告。管理人可在破产程序终结之日起10日内,持裁定向破产人的原登记机关办理注销登记,管理人于办理注销登记完毕的次日终止执行职务。此外,自破产程序终结之日起两年内,有下列情形之一的,债权人可以请求法院按照破产财产分配方案进行追加分配:发现有依法应当追回的财产的;发现破产人有应当供分配的其他财产的。

【本章小结】

本章介绍了财务管理中三个常见的专题。

1. 金融衍生品与期权定价。介绍了金融市场与金融工具的基本情况,以及金融市场上流通的基础金融工具和衍生性金融工具。金融衍生品是以基础性产品为标的资产衍生出来的一种合约。期权是在期货交易中衍生出的金融工具,指在未来可按约定价格买卖某项资产的权利。此外,还介绍了二项式期权定价模型。

2. 公司并购。介绍了并购的基本概念、分类以及五次并购浪潮。对并购浪潮的研究催生出各种并购理论,这些理论都对企业并购的动机进行了深入剖析,其中代表性理论有效率理论、代理理论和税收效应理论。企业并购不仅是经济行为,在并购实施过程中还要遵守相应的法律法规,本章以我国上市公司要约收购规定为例对此进行了说明。

3. 企业破产、重组与清算。介绍了和解、重整和破产清算三种破产程序,其中和解与重整又称为破产重组。企业破产须达到破产界限即法律破产原因,它是破产程序的启动标准与启动效力、破产撤销权效力的起点时间。本部分以我国《破产法》为依据,叙述了三种破产程序与相关做法。

【案例分析】

欧莱雅收购小护士

本案例分析接续本章前面的导引案例资料。

导引案例中前两个思考题请参考10.2.1小节和10.2.4小节,关于第三个思考题,周洛华认为欧莱雅收购小护士品牌相当于购买了一项买方期权,获得一项进入案例所述5%的市场并获得销售收入的权利。只要估计化妆品行业的波动率,就可以测算出品牌的理论价值。欧莱雅如果维护这个品牌,每年投入的市场推广费则相当于买方期权的分红。分红越高,期权越低。

案例分析与讨论：

1. 请结合案例并查询资料，讨论企业并购中的一般动因以及在案例中的具体表现。

2. 请结合本章内容与案例，讨论并购中的利益相关者对并购过程与结果的评估立场有什么异同。

资料来源：http://www.people.com.cn/GB/paper53/10866/986786.html.

【思考题】

1. 如何理解期权定价方法。
2. 我国上市公司的要约收购的流程是怎样的？
3. 请说明五次并购浪潮的特征。
4. 代表性的并购理论及其主要内容有哪些？
5. 请说明我国规定的破产界限。

【课后练习】

1. 请说明破产财产的分配顺序。
2. 请说明美式期权与欧式期权的区别。
3. 假设在某一年期存款利率为7%的有效资本市场上，某投资者打算购买股价为70元的股票，市场预期一年后股价可能涨至95元，也可能跌至60元。请利用二项式期权定价模型计算买方或卖方期权价格，并为该投资者提供操作建议。

附表1 复利终值系数表

n	1%	2%	3%	4%	5%	6%	7%	8%	9%	10%	11%	12%	13%	14%	15%
1	1.0100	1.0200	1.0300	1.0400	1.0500	1.0600	1.0700	1.0800	1.0900	1.1000	1.1100	1.1200	1.1300	1.1400	1.1500
2	1.0201	1.0404	1.0609	1.0816	1.1025	1.1236	1.1449	1.1664	1.1881	1.2100	1.2321	1.2544	1.2769	1.2996	1.3225
3	1.0303	1.0612	1.0927	1.1249	1.1576	1.1910	1.2250	1.2597	1.2950	1.3310	1.3676	1.4049	1.4429	1.4815	1.5209
4	1.0406	1.0824	1.1255	1.1699	1.2155	1.2625	1.3108	1.3605	1.4116	1.4641	1.5181	1.5735	1.6305	1.6890	1.7490
5	1.0510	1.1041	1.1593	1.2167	1.2763	1.3382	1.4026	1.4693	1.5386	1.6105	1.6851	1.7623	1.8424	1.9254	2.0114
6	1.0615	1.1262	1.1941	1.2653	1.3401	1.4185	1.5007	1.5869	1.6771	1.7716	1.8704	1.9738	2.0820	2.1950	2.3131
7	1.0721	1.1487	1.2299	1.3159	1.4071	1.5036	1.6058	1.7138	1.8280	1.9487	2.0762	2.2107	2.3526	2.5023	2.6600
8	1.0829	1.1717	1.2668	1.3686	1.4775	1.5938	1.7182	1.8509	1.9926	2.1436	2.3045	2.4760	2.6584	2.8526	3.0590
9	1.0937	1.1951	1.3048	1.4233	1.5513	1.6895	1.8385	1.9990	2.1719	2.3579	2.5580	2.7731	3.0040	3.2519	3.5179
10	1.1046	1.2190	1.3439	1.4802	1.6289	1.7908	1.9672	2.1589	2.3674	2.5937	2.8394	3.1058	3.3946	3.7072	4.0456
11	1.1157	1.2434	1.3842	1.5395	1.7103	1.8983	2.1049	2.3316	2.5804	2.8531	3.1518	3.4786	3.8359	4.2262	4.6524
12	1.1268	1.2682	1.4258	1.6010	1.7959	2.0122	2.2522	2.5182	2.8127	3.1384	3.4985	3.8960	4.3345	4.8179	5.3503
13	1.1381	1.2936	1.4685	1.6651	1.8856	2.1329	2.4098	2.7196	3.0658	3.4523	3.8833	4.3635	4.8980	5.4924	6.1528
14	1.1495	1.3195	1.5126	1.7317	1.9799	2.2609	2.5785	2.9372	3.3417	3.7975	4.3104	4.8871	5.5348	6.2613	7.0757
15	1.1610	1.3459	1.5580	1.8009	2.0789	2.3966	2.7590	3.1722	3.6425	4.1772	4.7846	5.4736	6.2543	7.1379	8.1371
16	1.1726	1.3728	1.6047	1.8730	2.1829	2.5404	2.9522	3.4259	3.9703	4.5950	5.3109	6.1304	7.0673	8.1372	9.3576
17	1.1843	1.4002	1.6528	1.9479	2.2920	2.6928	3.1588	3.7000	4.3276	5.0545	5.8951	6.8660	7.9861	9.2765	10.7613
18	1.1961	1.4282	1.7024	2.0258	2.4066	2.8543	3.3799	3.9960	4.7171	5.5599	6.5436	7.6900	9.0243	10.5752	12.3755
19	1.2081	1.4568	1.7535	2.1068	2.5270	3.0256	3.6165	4.3157	5.1417	6.1159	7.2633	8.6128	10.1974	12.0557	14.2318
20	1.2202	1.4859	1.8061	2.1911	2.6533	3.2071	3.8697	4.6610	5.6044	6.7275	8.0623	9.6463	11.5231	13.7435	16.3665
21	1.2324	1.5157	1.8603	2.2788	2.7860	3.3996	4.1406	5.0338	6.1088	7.4002	8.9492	10.8038	13.0211	15.6676	18.8215
22	1.2447	1.5460	1.9161	2.3699	2.9253	3.6035	4.4304	5.4365	6.6586	8.1403	9.9336	12.1003	14.7138	17.8610	21.6447
23	1.2572	1.5769	1.9736	2.4647	3.0715	3.8197	4.7405	5.8715	7.2579	8.9543	11.0263	13.5523	16.6266	20.3616	24.8915
24	1.2697	1.6084	2.0328	2.5633	3.2251	4.0489	5.0724	6.3412	7.9111	9.8497	12.2392	15.1786	18.7881	23.2122	28.6252
25	1.2824	1.6406	2.0938	2.6658	3.3864	4.2919	5.4274	6.8485	8.6231	10.8347	13.5855	17.0001	21.2305	26.4619	32.9190
26	1.2953	1.6734	2.1566	2.7725	3.5557	4.5494	5.8074	7.3964	9.3992	11.9182	15.0799	19.0401	23.9905	30.1666	37.8568
27	1.3082	1.7069	2.2213	2.8834	3.7335	4.8223	6.2139	7.9881	10.2451	13.1100	16.7386	21.3249	27.1093	34.3899	43.5353
28	1.3213	1.7410	2.2879	2.9987	3.9201	5.1117	6.6488	8.6271	11.1671	14.4210	18.5799	23.8839	30.6335	39.2045	50.0656
29	1.3345	1.7758	2.3566	3.1187	4.1161	5.4184	7.1143	9.3173	12.1722	15.8631	20.6237	26.7499	34.6158	44.6931	57.5755
30	1.3478	1.8114	2.4273	3.2434	4.3219	5.7435	7.6123	10.0627	13.2677	17.4494	22.8923	29.9599	39.1159	50.9502	66.2118

续附表 1　复利终值系数表

n	16%	17%	18%	19%	20%	21%	22%	23%	24%	25%	26%	27%	28%	29%	30%
1	1.1600	1.1700	1.1800	1.1900	1.2000	1.2100	1.2200	1.2300	1.2400	1.2500	1.2600	1.2700	1.2800	1.2900	1.3000
2	1.3456	1.3689	1.3924	1.4161	1.4400	1.4641	1.4884	1.5129	1.5376	1.5625	1.5876	1.6129	1.6384	1.6641	1.6900
3	1.5609	1.6016	1.6430	1.6852	1.7280	1.7716	1.8158	1.8609	1.9066	1.9531	2.0004	2.0484	2.0972	2.1467	2.1970
4	1.8106	1.8739	1.9388	2.0053	2.0736	2.1436	2.2153	2.2889	2.3642	2.4414	2.5205	2.6014	2.6844	2.7692	2.8561
5	2.1003	2.1924	2.2878	2.3864	2.4883	2.5937	2.7027	2.8153	2.9316	3.0518	3.1758	3.3038	3.4360	3.5723	3.7129
6	2.4364	2.5652	2.6996	2.8398	2.9860	3.1384	3.2973	3.4628	3.6352	3.8147	4.0015	4.1959	4.3980	4.6083	4.8268
7	2.8262	3.0012	3.1855	3.3793	3.5832	3.7975	4.0227	4.2593	4.5077	4.7684	5.0419	5.3288	5.6295	5.9447	6.2749
8	3.2784	3.5115	3.7589	4.0214	4.2998	4.5950	4.9077	5.2389	5.5895	5.9605	6.3528	6.7675	7.2058	7.6686	8.1573
9	3.8030	4.1084	4.4355	4.7854	5.1598	5.5599	5.9874	6.4439	6.9310	7.4506	8.0045	8.5948	9.2234	9.8925	10.6045
10	4.4114	4.8068	5.2338	5.6947	6.1917	6.7275	7.3046	7.9259	8.5944	9.3132	10.0857	10.9153	11.8059	12.7614	13.7858
11	5.1173	5.6240	6.1759	6.7767	7.4301	8.1403	8.9117	9.7489	10.6571	11.6415	12.7080	13.8625	15.1116	16.4622	17.9216
12	5.9360	6.5801	7.2876	8.0642	8.9161	9.8497	10.8722	11.9912	13.2148	14.5519	16.0120	17.6053	19.3428	21.2368	23.2981
13	6.8858	7.6987	8.5994	9.5964	10.6993	11.9182	13.2641	14.7491	16.3863	18.1899	20.1752	22.3588	24.7588	27.3947	30.2875
14	7.9875	9.0075	10.1472	11.4198	12.8392	14.4210	16.1822	18.1414	20.3191	22.7374	25.4207	28.3957	31.6913	35.3391	39.3738
15	9.2655	10.5387	11.9737	13.5895	15.4070	17.4494	19.7423	22.3140	25.1956	28.4217	32.0301	36.0625	40.5648	45.5875	51.1859
16	10.7480	12.3303	14.1290	16.1715	18.4884	21.1138	24.0856	27.4462	31.2426	35.5271	40.3579	45.7994	51.9239	58.8079	66.5417
17	12.4677	14.4265	16.6722	19.2441	22.1861	25.5477	29.3844	33.7588	38.7408	44.4089	50.8510	58.1652	66.4614	75.8622	86.5042
18	14.4625	16.8790	19.6733	22.9005	26.6233	30.9127	35.8490	41.5233	48.0386	55.5112	64.0722	73.8698	85.0706	97.8622	112.4554
19	16.7765	19.7484	23.2144	27.2516	31.9480	37.4043	43.7357	51.0737	59.5679	69.3888	80.7310	93.8147	108.8907	126.2422	146.1920
20	19.4608	23.1056	27.3930	32.4294	38.3376	45.2593	53.3576	62.8206	73.8641	86.7362	101.7211	119.1446	139.3797	162.8522	190.0496
21	22.5745	27.0336	32.3238	38.5910	46.0051	54.7637	65.0963	77.2694	91.5915	108.4202	128.1685	151.3137	178.4065	210.0796	247.0645
22	26.1864	31.6293	38.1421	45.9235	55.2061	66.2641	79.4175	95.0413	113.5735	135.5253	161.4924	192.1683	228.3596	271.0027	321.1839
23	30.3762	37.0062	45.0076	54.6487	66.2474	80.1795	96.8894	116.9008	140.8314	169.4066	203.4806	244.0538	292.3003	349.5935	417.5391
24	35.2364	43.2973	53.1090	65.0320	79.4968	97.0172	118.2050	143.7880	174.6306	211.7582	256.3853	309.9483	374.1443	450.9755	542.8008
25	40.8742	50.6578	62.6686	77.3881	95.3962	117.3909	144.2101	176.8593	216.5420	264.6978	323.0454	393.6344	478.9047	581.7585	705.6410
26	47.4141	59.2697	73.9490	92.0918	114.4755	142.0425	175.9364	217.5369	268.5121	330.8722	407.0373	499.9157	612.9982	750.4683	917.3332
27	55.0004	69.3455	87.2598	109.5893	137.3706	171.8714	214.6424	267.5704	332.9550	413.5903	512.8670	634.8929	784.6370	968.1044	1192.5333
28	63.8004	81.1343	102.9666	130.4114	164.8447	207.9651	261.8637	329.1115	412.8647	516.9879	646.2124	806.3140	1004.3363	1248.8546	1550.2933
29	74.0085	94.9271	121.5005	155.1895	197.8136	251.6376	319.4732	404.8077	511.9516	646.2349	814.2276	1024.0187	1285.5501	1611.0225	2015.3813
30	85.8499	111.0647	143.3706	184.6753	237.3763	304.4816	389.7579	497.9129	634.8199	807.7936	1025.9267	1300.5036	1645.5046	2078.2190	2619.9956

附表 2 复利现值系数表

n	1%	2%	3%	4%	5%	6%	7%	8%	9%	10%	11%	12%	13%	14%	15%
1	0.990 1	0.980 4	0.970 9	0.961 5	0.952 4	0.943 4	0.934 6	0.925 9	0.917 4	0.909 1	0.900 9	0.892 9	0.885	0.877 2	0.869 6
2	0.980 3	0.961 2	0.942 6	0.924 6	0.907	0.89	0.873 4	0.857 3	0.841 7	0.826 4	0.811 6	0.797 2	0.783 1	0.769 5	0.756 1
3	0.970 6	0.942 3	0.915 1	0.888 9	0.863 8	0.839 6	0.816 3	0.793 8	0.772 2	0.751 3	0.731 2	0.711 8	0.693 1	0.675	0.657 5
4	0.961 0	0.923 8	0.888 5	0.854 8	0.822 7	0.792 1	0.762 9	0.73 5	0.708 4	0.68 3	0.658 7	0.635 5	0.613 3	0.592 1	0.571 8
5	0.951 5	0.905 7	0.862 6	0.821 9	0.783 5	0.747 3	0.713	0.680 6	0.649 9	0.620 9	0.593 5	0.567 4	0.542 8	0.519 4	0.497 2
6	0.942 0	0.888 0	0.837 5	0.790 3	0.746 2	0.705 0	0.666 3	0.630 2	0.596 3	0.564 5	0.534 6	0.506 6	0.480 3	0.455 6	0.432 3
7	0.932 7	0.870 6	0.813 1	0.759 9	0.710 7	0.665 1	0.622 7	0.583 5	0.547 0	0.513 2	0.481 7	0.452 3	0.425 1	0.399 6	0.375 9
8	0.923 5	0.853 5	0.789 4	0.730 7	0.676 8	0.627 4	0.582 0	0.540 3	0.501 9	0.466 5	0.433 9	0.403 9	0.376 2	0.350 6	0.326 9
9	0.914 3	0.836 8	0.766 4	0.702 6	0.644 6	0.591 9	0.543 9	0.500 2	0.460 4	0.424 1	0.390 9	0.360 6	0.332 9	0.307 5	0.284 3
10	0.905 3	0.820 3	0.744 1	0.675 6	0.613 9	0.558 4	0.508 3	0.463 2	0.422 4	0.385 5	0.352 2	0.322 0	0.294 6	0.269 7	0.247 2
11	0.896 3	0.804 3	0.722 4	0.649 6	0.584 7	0.526 8	0.475 1	0.428 9	0.387 5	0.350 5	0.317 3	0.287 5	0.260 7	0.236 6	0.214 9
12	0.887 4	0.788 5	0.701 4	0.624 6	0.556 8	0.497 0	0.444 0	0.397 1	0.355 5	0.318 6	0.285 8	0.256 7	0.230 7	0.207 6	0.186 9
13	0.878 7	0.773 0	0.681 0	0.600 6	0.530 3	0.468 8	0.415 0	0.367 7	0.326 2	0.289 7	0.257 5	0.229 2	0.204 2	0.182 1	0.162 5
14	0.870 0	0.757 9	0.661 1	0.577 5	0.505 1	0.442 3	0.387 8	0.340 5	0.299 2	0.263 3	0.232 0	0.204 6	0.180 7	0.159 7	0.141 3
15	0.861 3	0.743 0	0.641 9	0.555 3	0.481 0	0.417 3	0.362 4	0.315 2	0.274 5	0.239 4	0.209 0	0.182 7	0.159 9	0.140 1	0.122 9
16	0.852 8	0.728 4	0.623 2	0.533 9	0.458 1	0.393 6	0.338 7	0.291 9	0.251 9	0.217 6	0.188 3	0.163 1	0.141 5	0.122 9	0.106 9
17	0.844 4	0.714 2	0.605 0	0.513 4	0.436 3	0.371 4	0.316 6	0.270 3	0.231 1	0.197 8	0.169 6	0.145 6	0.125 2	0.107 8	0.092 9
18	0.836 0	0.700 2	0.587 4	0.493 6	0.415 5	0.350 3	0.295 9	0.250 2	0.212 0	0.179 9	0.152 8	0.130 0	0.110 8	0.094 6	0.080 8
19	0.827 7	0.686 4	0.570 3	0.474 6	0.395 7	0.330 5	0.276 5	0.231 7	0.194 5	0.163 5	0.137 7	0.116 1	0.098 1	0.082 9	0.070 3
20	0.819 5	0.673 0	0.553 7	0.456 4	0.376 9	0.311 8	0.258 4	0.214 5	0.178 4	0.148 6	0.124 0	0.103 7	0.086 8	0.072 8	0.061 1
21	0.811 4	0.659 8	0.537 5	0.438 8	0.358 9	0.294 2	0.241 5	0.198 7	0.163 7	0.135 1	0.111 7	0.092 6	0.076 8	0.063 8	0.053 1
22	0.803 4	0.646 8	0.521 9	0.422 0	0.341 8	0.277 5	0.225 7	0.183 9	0.150 2	0.122 8	0.100 7	0.082 6	0.068 0	0.056 0	0.046 2
23	0.795 4	0.634 2	0.506 7	0.405 7	0.325 6	0.261 8	0.210 9	0.170 3	0.137 8	0.111 7	0.090 7	0.073 8	0.060 1	0.049 1	0.040 2
24	0.787 6	0.621 7	0.491 9	0.390 1	0.310 1	0.247 0	0.197 1	0.157 7	0.126 4	0.101 5	0.081 7	0.065 9	0.053 2	0.043 1	0.034 9
25	0.779 8	0.609 5	0.477 6	0.375 1	0.295 3	0.233 0	0.184 2	0.146 0	0.116 0	0.092 3	0.073 6	0.058 8	0.047 1	0.037 8	0.030 4
26	0.772 0	0.597 6	0.463 7	0.360 7	0.281 2	0.219 8	0.172 2	0.135 2	0.106 4	0.083 9	0.066 3	0.052 5	0.041 7	0.033 1	0.026 4
27	0.764 4	0.585 9	0.450 2	0.346 8	0.267 8	0.207 4	0.160 9	0.125 2	0.097 6	0.076 3	0.059 7	0.046 9	0.036 9	0.029 1	0.023 0
28	0.756 8	0.574 4	0.437 1	0.333 5	0.255 1	0.195 6	0.150 4	0.115 9	0.089 5	0.069 3	0.053 8	0.041 9	0.032 6	0.025 5	0.020 0
29	0.749 3	0.563 1	0.424 3	0.320 7	0.242 9	0.184 6	0.140 6	0.107 3	0.082 2	0.063 0	0.048 5	0.037 4	0.028 9	0.022 4	0.017 4
30	0.741 9	0.552 1	0.412 0	0.308 3	0.231 4	0.174 1	0.131 4	0.099 4	0.075 4	0.057 3	0.043 7	0.033 4	0.025 6	0.019 6	0.015 1

续附表 2 复利现值系数表

n	16%	17%	18%	19%	20%	21%	22%	23%	24%	25%	26%	27%	28%	29%	30%
1	0.8621	0.8547	0.8475	0.8403	0.8333	0.8264	0.8197	0.8130	0.8065	0.8	0.7937	0.7874	0.7813	0.7752	0.7692
2	0.7432	0.7305	0.7182	0.7062	0.6944	0.6830	0.6719	0.6610	0.6504	0.64	0.6299	0.6200	0.6104	0.6009	0.5917
3	0.6407	0.6244	0.6086	0.5934	0.5787	0.5645	0.5507	0.5374	0.5245	0.5120	0.4999	0.4882	0.4768	0.4658	0.4552
4	0.5523	0.5337	0.5158	0.4987	0.4823	0.4665	0.4514	0.4369	0.4230	0.4096	0.3968	0.3844	0.3725	0.3611	0.3501
5	0.4761	0.4561	0.4371	0.4191	0.4019	0.3855	0.37	0.3552	0.3411	0.3277	0.3149	0.3027	0.2910	0.2799	0.2693
6	0.4104	0.3898	0.3704	0.3521	0.3349	0.3186	0.3033	0.2888	0.2751	0.2621	0.2499	0.2383	0.2274	0.2170	0.2072
7	0.3538	0.3332	0.3139	0.2959	0.2791	0.2633	0.2486	0.2348	0.2218	0.2097	0.1983	0.1877	0.1776	0.1682	0.1594
8	0.3050	0.2848	0.2660	0.2487	0.2326	0.2176	0.2038	0.1909	0.1789	0.1678	0.1574	0.1478	0.1388	0.1304	0.1226
9	0.2630	0.2434	0.2255	0.2090	0.1938	0.1799	0.1670	0.1552	0.1443	0.1342	0.1249	0.1164	0.1084	0.1011	0.0943
10	0.2267	0.2080	0.1911	0.1756	0.1615	0.1486	0.1369	0.1262	0.1164	0.1074	0.0992	0.0916	0.0847	0.0784	0.0725
11	0.1954	0.1778	0.1619	0.1476	0.1346	0.1228	0.1122	0.1026	0.0938	0.0859	0.0787	0.0721	0.0662	0.0607	0.0558
12	0.1685	0.1520	0.1372	0.1240	0.1122	0.1015	0.0920	0.0834	0.0757	0.0687	0.0625	0.0568	0.0517	0.0471	0.0429
13	0.1452	0.1299	0.1163	0.1042	0.0935	0.0839	0.0754	0.0678	0.0610	0.0550	0.0496	0.0447	0.0404	0.0365	0.0330
14	0.1252	0.1110	0.0985	0.0876	0.0779	0.0693	0.0618	0.0551	0.0492	0.0440	0.0393	0.0352	0.0316	0.0283	0.0254
15	0.1079	0.0949	0.0835	0.0736	0.0649	0.0573	0.0507	0.0448	0.0397	0.0352	0.0312	0.0277	0.0247	0.0219	0.0195
16	0.0930	0.0811	0.0708	0.0618	0.0541	0.0471	0.0415	0.0364	0.0320	0.0281	0.0248	0.0218	0.0193	0.0170	0.0150
17	0.0802	0.0693	0.0600	0.0520	0.0451	0.0391	0.0340	0.0296	0.0258	0.0225	0.0197	0.0172	0.0150	0.0132	0.0116
18	0.0691	0.0592	0.0508	0.0437	0.0376	0.0323	0.0279	0.0241	0.0208	0.0180	0.0156	0.0135	0.0118	0.0102	0.0089
19	0.0596	0.0506	0.0431	0.0367	0.0313	0.0267	0.0229	0.0196	0.0168	0.0144	0.0124	0.0107	0.0092	0.0079	0.0068
20	0.0514	0.0433	0.0365	0.0308	0.0261	0.0221	0.0187	0.0159	0.0135	0.0115	0.0098	0.0084	0.0072	0.0061	0.0053
21	0.0443	0.0370	0.0309	0.0259	0.0217	0.0183	0.0154	0.0129	0.0109	0.0092	0.0078	0.0066	0.0056	0.0048	0.0040
22	0.0382	0.0316	0.0262	0.0218	0.0181	0.0151	0.0126	0.0105	0.0088	0.0074	0.0062	0.0052	0.0044	0.0037	0.0031
23	0.0329	0.0270	0.0222	0.0183	0.0151	0.0125	0.0103	0.0086	0.0071	0.0059	0.0049	0.0041	0.0034	0.0029	0.0024
24	0.0284	0.0231	0.0188	0.0154	0.0126	0.0103	0.0085	0.0070	0.0057	0.0047	0.0039	0.0032	0.0027	0.0022	0.0018
25	0.0245	0.0197	0.0160	0.0129	0.0105	0.0085	0.0069	0.0057	0.0046	0.0038	0.0031	0.0025	0.0021	0.0017	0.0014
26	0.0211	0.0169	0.0135	0.0109	0.0087	0.0070	0.0057	0.0046	0.0037	0.0030	0.0025	0.0020	0.0016	0.0013	0.0011
27	0.0182	0.0144	0.0115	0.0091	0.0073	0.0058	0.0047	0.0037	0.0030	0.0024	0.0019	0.0016	0.0013	0.0010	0.0008
28	0.0157	0.0123	0.0097	0.0077	0.0061	0.0048	0.0038	0.0030	0.0024	0.0019	0.0015	0.0012	0.0010	0.0008	0.0006
29	0.0135	0.0105	0.0082	0.0064	0.0051	0.0040	0.0031	0.0025	0.0020	0.0015	0.0012	0.0010	0.0008	0.0006	0.0005
30	0.0116	0.0090	0.0070	0.0054	0.0042	0.0033	0.0026	0.0020	0.0016	0.0012	0.0010	0.0008	0.0006	0.0005	0.0004

附表 3 年金终值系数表

n	1%	2%	3%	4%	5%	6%	7%	8%	9%	10%	11%	12%	13%	14%	15%
1	1.000 0	1.000 0	1.000 0	1.000 0	1.000 0	1.000 0	1.000 0	1.000 0	1.000 0	1.000 0	1.000 0	1.000 0	1.000 0	1.000 0	1.000 0
2	2.010 0	2.020 0	2.030 0	2.040 0	2.050 0	2.060 0	2.070 0	2.080 0	2.090 0	2.100 0	2.110 0	2.120 0	2.130 0	2.140 0	2.150 0
3	3.030 1	3.060 4	3.090 9	3.121 6	3.152 5	3.183 6	3.214 9	3.246 4	3.278 1	3.310 0	3.342 1	3.374 4	3.406 9	3.439 6	3.472 5
4	4.060 4	4.121 6	4.183 6	4.246 5	4.310 1	4.374 6	4.439 9	4.506 1	4.573 1	4.641 0	4.709 7	4.779 3	4.849 8	4.921 1	4.993 4
5	5.101 0	5.204 0	5.309 1	5.416 3	5.525 6	5.637 1	5.750 7	5.866 6	5.984 7	6.105 1	6.227 8	6.352 8	6.480 3	6.610 1	6.742 4
6	6.152 0	6.308 1	6.468 4	6.633 0	6.801 9	6.975 3	7.153 3	7.335 9	7.523 3	7.715 6	7.912 9	8.115 2	8.322 7	8.535 5	8.753 7
7	7.213 5	7.434 3	7.662 5	7.898 3	8.142 0	8.393 8	8.654 0	8.922 8	9.200 4	9.487 2	9.783 3	10.089 0	10.404 7	10.730 5	11.066 8
8	8.285 7	8.583 0	8.892 3	9.214 2	9.549 1	9.897 5	10.259 8	10.636 6	11.028 5	11.435 9	11.859 4	12.299 7	12.757 3	13.232 8	13.726 8
9	9.368 5	9.754 6	10.159 1	10.582 8	11.026 6	11.491 3	11.978 0	12.487 6	13.021 0	13.579 5	14.164 0	14.775 7	15.415 7	16.085 3	16.785 8
10	10.462 2	10.949 7	11.463 9	12.006 1	12.577 9	13.180 8	13.816 4	14.486 6	15.192 9	15.937 4	16.722 0	17.548 7	18.419 7	19.337 3	20.303 7
11	11.566 8	12.168 7	12.807 8	13.486 4	14.206 8	14.971 6	15.783 6	16.645 5	17.560 3	18.531 2	19.561 4	20.654 6	21.814 3	23.044 5	24.349 3
12	12.682 5	13.412 1	14.192 0	15.025 8	15.917 1	16.869 9	17.888 5	18.977 1	20.140 7	21.384 3	22.713 2	24.133 1	25.650 2	27.270 7	29.001 7
13	13.809 3	14.680 3	15.617 8	16.626 8	17.713 0	18.882 1	20.140 6	21.495 3	22.953 4	24.522 7	26.211 6	28.029 1	29.984 7	32.088 7	34.351 9
14	14.947 4	15.973 9	17.086 3	18.291 9	19.598 6	21.015 1	22.550 5	24.214 9	26.019 2	27.975 0	30.094 9	32.392 6	34.882 7	37.581 1	40.504 7
15	16.096 9	17.293 4	18.598 9	20.023 6	21.578 6	23.276 0	25.129 0	27.152 1	29.360 9	31.772 5	34.405 4	37.279 7	40.417 5	43.842 4	47.580 4
16	17.257 9	18.639 3	20.156 9	21.824 5	23.657 5	25.672 5	27.888 1	30.324 3	33.003 4	35.949 7	39.189 5	42.753 3	46.671 7	50.980 4	55.717 5
17	18.430 4	20.012 1	21.761 6	23.697 5	25.840 4	28.212 9	30.840 2	33.750 2	36.973 7	40.544 7	44.500 8	48.883 7	53.739 1	59.117 6	65.075 1
18	19.614 7	21.412 3	23.414 4	25.645 4	28.132 4	30.905 7	33.999 0	37.450 2	41.301 3	45.599 2	50.395 9	55.749 7	61.725 1	68.394 1	75.836 4
19	20.810 9	22.840 6	25.116 9	27.671 2	30.539 0	33.760 0	37.379 0	41.446 3	46.018 5	51.159 1	56.939 5	63.439 7	70.749 4	78.969 2	88.211 8
20	22.019 0	24.297 4	26.870 4	29.778 1	33.066 0	36.785 6	40.995 5	45.762 0	51.160 1	57.275 0	64.202 8	72.052 4	80.946 8	91.024 9	102.443 6
21	23.239 2	25.783 3	28.676 5	31.969 2	35.719 3	39.992 7	44.865 2	50.422 9	56.764 5	64.002 5	72.265 1	81.698 7	92.469 9	104.768 4	118.810 1
22	24.471 6	27.299 0	30.536 8	34.248 0	38.505 2	43.392 3	49.005 7	55.456 8	62.873 3	71.402 7	81.214 3	92.502 6	105.491 0	120.436 0	137.631 6
23	25.716 3	28.845 0	32.452 9	36.617 9	41.430 5	46.995 8	53.436 1	60.893 3	69.531 9	79.543 0	91.147 9	104.602 9	120.204 8	138.297 0	159.276 4
24	26.973 5	30.421 9	34.426 5	39.082 6	44.502 0	50.815 6	58.176 7	66.764 8	76.789 8	88.497 3	102.174 2	118.155 2	136.831 5	158.658 6	184.167 8
25	28.243 2	32.030 3	36.459 3	41.645 9	47.727 1	54.864 5	63.249 0	73.105 9	84.700 9	98.347 1	114.413 3	133.333 9	155.619 6	181.870 8	212.793 0
26	29.525 6	33.670 9	38.553 0	44.311 7	51.113 4	59.156 4	68.676 5	79.954 4	93.324 0	109.181 8	127.998 8	150.333 9	176.850 1	208.332 7	245.712 0
27	30.820 9	35.344 3	40.709 6	47.084 2	54.669 1	63.705 8	74.483 8	87.350 8	102.723 1	121.099 9	143.078 6	169.374 0	200.840 6	238.499 3	283.568 8
28	32.129 1	37.051 2	42.930 9	49.967 6	58.402 6	68.528 1	80.697 7	95.338 8	112.968 2	134.209 9	159.817 3	190.698 9	227.949 9	272.889 2	327.104 1
29	33.450 4	38.792 2	45.218 9	52.966 3	62.322 7	73.639 8	87.346 5	103.965 9	124.135 4	148.630 9	178.397 2	214.582 8	258.583 4	312.093 7	377.169 7
30	34.784 9	40.568 1	47.575 4	56.084 9	66.438 5	79.058 2	94.460 8	113.283 2	136.307 5	164.494 0	199.020 9	241.332 7	293.199 2	356.786 8	434.745 1

续附表 3　年金终值系数表

n	16%	17%	18%	19%	20%	21%	22%	23%	24%	25%	26%	27%	28%	29%	30%
1	1.0000	1.0000	1.0000	1.0000	1.0000	1.0000	1.0000	1.0000	1.0000	1.0000	1.0000	1.0000	1.0000	1.0000	1.0000
2	2.1600	2.1700	2.1800	2.1900	2.2000	2.2100	2.2200	2.2300	2.2400	2.2500	2.2600	2.2700	2.2800	2.2900	2.3000
3	3.5056	3.5389	3.5724	3.6061	3.6400	3.6741	3.7084	3.7429	3.7776	3.8125	3.8476	3.8829	3.9184	3.9541	3.9900
4	5.0665	5.1405	5.2154	5.2913	5.3680	5.4457	5.5242	5.6038	5.6842	5.7656	5.8480	5.9313	6.0156	6.1008	6.1870
5	6.8771	7.0144	7.1542	7.2966	7.4416	7.5892	7.7396	7.8926	8.0484	8.2070	8.3684	8.5327	8.6999	8.8700	9.0431
6	8.9775	9.2068	9.4420	9.6830	9.9299	10.1832	10.4423	10.7079	10.9801	11.2588	11.5442	11.8366	12.1359	12.4423	12.7560
7	11.4139	11.7720	12.1415	12.5227	12.9159	13.3214	13.7396	14.1708	14.6153	15.0735	15.5458	16.0324	16.5339	17.0506	17.5827
8	14.2401	14.7733	15.3270	15.9020	16.4991	17.1189	17.7623	18.4300	19.1229	19.8419	20.5876	21.3612	22.1634	22.9953	23.8577
9	17.5185	18.2848	19.0859	19.9234	20.7989	21.7139	22.6700	23.6693	24.7125	25.8023	26.9404	28.1287	29.3692	30.6639	32.0150
10	21.3215	22.3931	23.5213	24.7089	25.9587	27.2738	28.6574	30.1128	31.6434	33.2529	34.9449	36.7235	38.5926	40.5564	42.6195
11	25.7329	27.1999	28.7551	30.4035	32.1504	34.0011	35.9620	38.0388	40.2379	42.5661	45.0306	47.6388	50.3985	53.3178	56.4053
12	30.8502	32.8239	34.9311	37.1802	39.5805	42.1415	44.8737	47.7877	50.8950	54.2077	57.7386	61.5013	65.5103	69.7800	74.3270
13	36.7862	39.4040	42.2187	45.2445	48.4966	51.9913	55.7459	59.7788	64.1097	68.7596	73.7506	79.1066	84.8529	91.0161	97.6250
14	43.6720	47.1027	50.8180	54.8409	59.1959	63.9095	69.0100	74.5281	80.4961	86.9495	93.9258	101.4654	109.6117	118.4108	127.9125
15	51.6595	56.1103	60.9653	66.2607	72.0351	78.3301	85.1922	92.6694	100.8154	109.6868	119.3465	129.8611	141.3029	153.7500	167.2863
16	60.9250	66.6488	72.9392	79.8502	87.4421	95.7794	104.9345	114.9834	126.0108	138.1085	151.3766	165.9236	181.8677	199.3374	218.4722
17	71.6730	78.9792	87.0680	96.0218	105.9306	116.8935	129.0201	142.4295	157.2534	173.6357	191.7345	211.7230	233.7907	258.1453	285.0139
18	84.1407	93.4056	103.7403	115.2659	128.1167	142.4413	158.4045	176.1883	195.9942	218.0446	242.5855	269.8882	300.2521	334.0074	371.5180
19	98.6032	110.2846	123.4135	138.1660	154.7400	173.3540	194.2535	217.7116	244.0325	273.5558	306.6577	343.7587	385.3227	431.8696	483.9734
20	115.3797	130.0329	146.6280	165.4180	186.6880	210.7584	237.9893	268.7853	303.6006	342.9447	387.3887	437.5726	494.2131	558.1118	630.1655
21	134.8405	153.1385	174.0210	197.8474	225.0256	256.0176	291.3469	331.6059	377.4649	429.6809	489.1098	556.7173	633.5922	720.9642	820.2151
22	157.4150	180.1721	206.3448	236.4385	271.0307	310.7811	356.4432	408.8753	469.0563	538.1011	617.2783	708.0309	811.9987	931.0438	1067.2796
23	183.6014	211.8013	244.4868	282.3618	326.2369	377.0454	435.8607	503.9166	582.6294	673.6264	778.7707	900.1993	1040.3583	1202.0465	1388.4635
24	213.9776	248.8076	289.4945	337.0105	392.4842	457.2241	532.7501	620.8174	723.4610	843.0329	982.2511	1144.2536	1332.6586	1551.6401	1806.0026
25	249.2140	292.1045	342.6035	402.0425	471.9811	554.2421	650.9551	764.6054	898.0916	1054.7911	1238.6363	1454.2014	1706.8031	2002.6156	2348.8033
26	290.0883	342.7621	405.2721	479.4306	567.3773	671.6333	795.1653	941.4647	1114.6336	1319.4890	1561.6818	1847.8358	2185.7079	2584.3741	3054.4443
27	337.5024	402.0322	479.2211	571.5221	681.8528	813.6753	971.1016	1159.0016	1383.1457	1650.3612	1968.7192	2347.7513	2798.7062	3334.8423	3971.7776
28	392.5028	471.3778	566.4809	681.1116	819.2233	985.5479	1185.7440	1426.5710	1716.1009	2063.9515	2481.5862	2982.6440	3583.3434	4302.9475	5164.3109
29	456.3032	552.5121	669.4475	811.5228	984.0681	1193.5129	1447.6077	1755.6837	2128.9649	2580.9392	3127.7984	3788.9583	4587.6803	5551.8016	6714.6042
30	530.3117	647.4391	790.9481	966.7122	1181.8816	1445.1506	1767.0813	2160.4907	2640.9164	3227.1743	3942.0263	4812.9774	5873.2306	7162.8247	8729.9855

附表 4 年金现值系数表

n	1%	2%	3%	4%	5%	6%	7%	8%	9%	10%	11%	12%	13%	14%	15%
1	0.990 1	0.980 4	0.970 9	0.961 5	0.952 4	0.943 4	0.934 6	0.925 9	0.917 4	0.909 1	0.900 9	0.892 9	0.885 0	0.877 2	0.869 6
2	1.970 4	1.941 6	1.913 5	1.886 1	1.859 4	1.833 4	1.808 0	1.783 3	1.759 1	1.735 5	1.712 5	1.690 1	1.668 1	1.646 7	1.625 7
3	2.941 0	2.883 9	2.828 6	2.775 1	2.723 2	2.673 0	2.624 3	2.577 1	2.531 3	2.486 9	2.443 7	2.401 8	2.361 2	2.321 6	2.283 2
4	3.902 0	3.807 7	3.717 1	3.629 9	3.546 0	3.465 1	3.387 2	3.312 1	3.239 7	3.169 9	3.102 4	3.037 3	2.974 5	2.913 7	2.855 0
5	4.853 4	4.713 5	4.579 7	4.451 8	4.329 5	4.212 4	4.100 2	3.992 7	3.889 7	3.790 8	3.695 9	3.604 8	3.517 2	3.433 1	3.352 2
6	5.795 5	5.601 4	5.417 2	5.242 1	5.075 7	4.917 3	4.766 5	4.622 9	4.485 9	4.355 3	4.230 5	4.111 4	3.997 5	3.888 7	3.784 5
7	6.728 2	6.472 0	6.230 3	6.002 1	5.786 4	5.582 4	5.389 3	5.206 4	5.033 0	4.868 4	4.712 2	4.563 8	4.422 6	4.288 3	4.160 4
8	7.651 7	7.325 5	7.019 7	6.732 7	6.463 2	6.209 8	5.971 3	5.746 6	5.534 8	5.334 9	5.146 1	4.967 6	4.798 8	4.638 9	4.487 3
9	8.566 0	8.162 2	7.786 1	7.435 3	7.107 8	6.801 7	6.515 2	6.246 9	5.995 2	5.759 0	5.537 0	5.328 2	5.131 7	4.946 4	4.771 6
10	9.471 3	8.982 6	8.530 2	8.110 9	7.721 7	7.360 1	7.023 6	6.710 1	6.417 7	6.144 6	5.889 2	5.650 2	5.426 2	5.216 1	5.018 8
11	10.367 6	9.786 8	9.252 6	8.760 5	8.306 4	7.886 9	7.498 7	7.139 0	6.805 2	6.495 1	6.206 5	5.937 7	5.686 9	5.452 7	5.233 7
12	11.255 1	10.575 3	9.954 0	9.385 1	8.863 3	8.383 8	7.942 7	7.536 1	7.160 7	6.813 7	6.492 4	6.194 4	5.917 6	5.660 3	5.420 6
13	12.133 7	11.348 4	10.635 0	9.985 6	9.393 6	8.852 7	8.357 7	7.903 8	7.486 9	7.103 4	6.749 9	6.423 5	6.121 8	5.842 4	5.583 1
14	13.003 7	12.106 2	11.296 1	10.563 1	9.898 6	9.295 0	8.745 5	8.244 2	7.786 2	7.366 7	6.981 9	6.628 2	6.302 5	6.002 1	5.724 5
15	13.865 1	12.849 3	11.937 9	11.118 4	10.379 7	9.712 2	9.107 9	8.559 5	8.060 7	7.606 1	7.190 9	6.810 9	6.462 4	6.142 2	5.847 4
16	14.717 9	13.577 7	12.561 1	11.652 3	10.837 8	10.105 9	9.446 6	8.851 4	8.312 6	7.823 7	7.379 2	6.974 0	6.603 9	6.265 1	5.954 2
17	15.562 3	14.291 9	13.166 1	12.165 7	11.274 1	10.477 3	9.763 2	9.121 6	8.543 6	8.021 6	7.548 8	7.119 6	6.729 1	6.372 9	6.047 2
18	16.398 3	14.992 0	13.753 5	12.659 3	11.689 6	10.827 6	10.059 1	9.371 9	8.755 6	8.201 4	7.701 6	7.249 7	6.839 9	6.467 4	6.128 0
19	17.226 0	15.678 5	14.323 8	13.133 9	12.085 3	11.158 1	10.335 6	9.603 6	8.950 1	8.364 9	7.839 3	7.365 8	6.938 0	6.550 4	6.198 2
20	18.045 6	16.351 4	14.877 5	13.590 3	12.462 2	11.469 9	10.594 0	9.818 1	9.128 5	8.513 6	7.963 3	7.469 4	7.024 8	6.623 1	6.259 3
21	18.857 0	17.011 2	15.415 0	14.029 2	12.821 2	11.764 1	10.835 5	10.016 8	9.292 2	8.648 7	8.075 1	7.562 0	7.101 6	6.687 0	6.312 5
22	19.660 4	17.658 0	15.936 9	14.451 1	13.163 0	12.041 6	11.061 2	10.200 7	9.442 4	8.771 5	8.175 7	7.644 6	7.169 5	6.742 9	6.358 7
23	20.455 8	18.292 2	16.443 6	14.856 8	13.488 6	12.303 4	11.272 2	10.371 1	9.580 2	8.883 2	8.266 4	7.718 4	7.229 7	6.792 1	6.398 8
24	21.243 4	18.913 9	16.935 5	15.247 0	13.798 6	12.550 4	11.469 3	10.528 8	9.706 6	8.984 7	8.348 1	7.784 3	7.282 9	6.835 1	6.433 8
25	22.023 2	19.523 5	17.413 1	15.622 1	14.093 9	12.783 4	11.653 6	10.674 8	9.822 6	9.077 0	8.421 7	7.843 1	7.330 0	6.872 9	6.464 1
26	22.795 2	20.121 0	17.876 8	15.982 8	14.375 2	13.003 2	11.825 8	10.810 0	9.929 0	9.160 9	8.488 1	7.895 7	7.371 7	6.906 1	6.490 6
27	23.559 6	20.706 9	18.327 0	16.329 6	14.643 0	13.210 5	11.986 7	10.935 2	10.026 6	9.237 2	8.547 8	7.942 6	7.408 6	6.935 2	6.513 5
28	24.316 4	21.281 3	18.764 1	16.663 1	14.898 1	13.406 2	12.137 1	11.051 1	10.116 1	9.306 6	8.601 6	7.984 4	7.441 2	6.960 7	6.533 5
29	25.065 8	21.844 4	19.188 5	16.983 7	15.141 1	13.590 7	12.277 7	11.158 4	10.198 3	9.369 6	8.650 1	8.021 8	7.470 1	6.983 0	6.550 9
30	25.807 7	22.396 5	19.600 4	17.292 0	15.372 5	13.764 8	12.409 0	11.257 8	10.273 7	9.426 9	8.693 8	8.055 2	7.495 7	7.002 7	6.566 0

续附表 4 年金现值系数表

n	16%	17%	18%	19%	20%	21%	22%	23%	24%	25%	26%	27%	28%	29%	30%
1	0.8621	0.8547	0.8475	0.8403	0.8333	0.8264	0.8197	0.8130	0.8065	0.8000	0.7937	0.7874	0.7813	0.7752	0.7692
2	1.6052	1.5852	1.5656	1.5465	1.5278	1.5095	1.4915	1.4740	1.4568	1.4400	1.4235	1.4074	1.3916	1.3761	1.3609
3	2.2459	2.2096	2.1743	2.1399	2.1065	2.0739	2.0422	2.0114	1.9813	1.9520	1.9234	1.8956	1.8684	1.8420	1.8161
4	2.7982	2.7432	2.6901	2.6386	2.5887	2.5404	2.4936	2.4483	2.4043	2.3616	2.3202	2.2800	2.2410	2.2031	2.1662
5	3.2743	3.1993	3.1272	3.0576	2.9906	2.9260	2.8636	2.8035	2.7454	2.6893	2.6351	2.5827	2.5320	2.4830	2.4356
6	3.6847	3.5892	3.4976	3.4098	3.3255	3.2446	3.1669	3.0923	3.0205	2.9514	2.8850	2.8210	2.7594	2.7000	2.6427
7	4.0386	3.9224	3.8115	3.7057	3.6046	3.5079	3.4155	3.3270	3.2423	3.1611	3.0833	3.0087	2.9370	2.8682	2.8021
8	4.3436	4.2072	4.0776	3.9544	3.8372	3.7256	3.6193	3.5179	3.4212	3.3289	3.2407	3.1564	3.0758	2.9986	2.9247
9	4.6065	4.4506	4.3030	4.1633	4.0310	3.9054	3.7863	3.6731	3.5655	3.4631	3.3657	3.2728	3.1842	3.0997	3.0190
10	4.8332	4.6586	4.4941	4.3389	4.1925	4.0541	3.9232	3.7993	3.6819	3.5705	3.4648	3.3644	3.2689	3.1781	3.0915
11	5.0286	4.8364	4.6560	4.4865	4.3271	4.1769	4.0354	3.9018	3.7757	3.6564	3.5435	3.4365	3.3351	3.2388	3.1473
12	5.1971	4.9884	4.7932	4.6105	4.4392	4.2784	4.1274	3.9852	3.8514	3.7251	3.6059	3.4933	3.3868	3.2859	3.1903
13	5.3423	5.1183	4.9095	4.7147	4.5327	4.3624	4.2028	4.0530	3.9124	3.7801	3.6555	3.5381	3.4272	3.3224	3.2233
14	5.4675	5.2293	5.0081	4.8023	4.6106	4.4317	4.2646	4.1082	3.9616	3.8241	3.6949	3.5733	3.4587	3.3507	3.2487
15	5.5755	5.3242	5.0916	4.8759	4.6755	4.4890	4.3152	4.1530	4.0013	3.8593	3.7261	3.6010	3.4834	3.3726	3.2682
16	5.6685	5.4053	5.1624	4.9377	4.7296	4.5364	4.3567	4.1894	4.0333	3.8874	3.7509	3.6228	3.5026	3.3896	3.2832
17	5.7487	5.4746	5.2223	4.9897	4.7746	4.5755	4.3908	4.2190	4.0591	3.9099	3.7705	3.6400	3.5177	3.4028	3.2948
18	5.8178	5.5339	5.2732	5.0333	4.8122	4.6079	4.4187	4.2431	4.0799	3.9279	3.7861	3.6536	3.5294	3.4130	3.3037
19	5.8775	5.5845	5.3162	5.0700	4.8435	4.6346	4.4415	4.2627	4.0967	3.9424	3.7985	3.6642	3.5386	3.4210	3.3105
20	5.9288	5.6278	5.3527	5.1009	4.8696	4.6567	4.4603	4.2786	4.1103	3.9539	3.8083	3.6726	3.5458	3.4271	3.3158
21	5.9731	5.6648	5.3837	5.1268	4.8913	4.6750	4.4756	4.2916	4.1212	3.9631	3.8161	3.6792	3.5514	3.4319	3.3198
22	6.0113	5.6964	5.4099	5.1486	4.9094	4.6900	4.4882	4.3021	4.1300	3.9705	3.8223	3.6844	3.5558	3.4356	3.3230
23	6.0442	5.7234	5.4321	5.1668	4.9245	4.7025	4.4985	4.3106	4.1371	3.9764	3.8273	3.6885	3.5592	3.4384	3.3254
24	6.0726	5.7465	5.4509	5.1822	4.9371	4.7128	4.5070	4.3176	4.1428	3.9811	3.8312	3.6918	3.5619	3.4406	3.3272
25	6.0971	5.7662	5.4669	5.1951	4.9476	4.7213	4.5139	4.3232	4.1474	3.9849	3.8342	3.6943	3.5640	3.4423	3.3286
26	6.1182	5.7831	5.4804	5.2060	4.9563	4.7284	4.5196	4.3278	4.1511	3.9879	3.8367	3.6963	3.5656	3.4437	3.3297
27	6.1364	5.7975	5.4919	5.2151	4.9636	4.7342	4.5243	4.3316	4.1542	3.9903	3.8387	3.6979	3.5669	3.4447	3.3305
28	6.1520	5.8099	5.5016	5.2228	4.9697	4.7390	4.5281	4.3346	4.1566	3.9923	3.8402	3.6991	3.5679	3.4455	3.3312
29	6.1656	5.8204	5.5098	5.2292	4.9747	4.7430	4.5312	4.3371	4.1585	3.9938	3.8414	3.7001	3.5687	3.4461	3.3317
30	6.1772	5.8294	5.5168	5.2347	4.9789	4.7463	4.5338	4.3391	4.1601	3.9950	3.8424	3.7009	3.5693	3.4466	3.3321

参考文献

[1] 张建华,欧阳歆.财务管理[M].重庆:重庆大学出版社.2009.

[2] 中国注册会计师协会.2015年度注册会计师全国统一考试辅导教材财务成本管理[M].北京:中国财政经济出版社.2015.

[3] 刘淑莲.公司理财[M].北京:中国人民大学出版社,2012.

[4] 荆新,王化成,刘俊彦.财务管理学[M].北京:中国人民大学出版社,2012.

[5] 刘谷金,赵玉珍.财务管理[M].北京:北京邮电大学出版社,2011.

[6] 中国注册会计师协会.财务成本管理[M].北京:中国财政经济出版社,2014.

[7] 刘淑莲.公司理财[M].北京:北京大学出版社,2012.

[8] 袁天荣.企业财务分析[M].北京:机械工业出版社,2013.

[9] 武新华,曹燕华,肖霞.Excel 2007在财务管理中的应用[M].北京:清华大学出版社,2007.

[10] 杨志慧.财务管理学[M].北京:机械工业出版社,2015.

[11] Rock K. Why New Issue are underpriced[J]. Journal of Financial Economics, 15(2): 197-212.

[12] Ljungqvist A. IPO Underpricing[J]. Handbook of Corporate Finance. 1.

[13] 杨记军,赵昌文.定价机制、承销方式与发行成本:来自中国市场的证据[J].金融研究,2006,5:51-60.

[14] Modigliani F, Miller F. The cost of capital, corporation finance and the theory of investment[J]. American Economics Review, 1958, 48(3):261-297.

[15] Cookson R. A survey of corporate finance[J]. The Economist, 2001, 27:5-8.

[16] 乔纳森·伯克,彼得·德玛佐.公司理财[M].姜英兵,译.北京:中国人民大学出版社,2014.

[17] 理查德·派克,比尔·尼尔.公司财务与投资:决策与战略[M].4版.孔宁宁,译.北京:中国人民大学出版社,2006.

[18] 韩良智.运用Excel VBA创建高效财务管理模型[M].北京:中国铁道出版社,2004.

[19] 李学峰,茅勇峰.我国证券投资基金的资产配置能力研究[J].证券市场导报,2007(3).

[20] 吴世农,沈艺峰.公司理财[M].6版.北京:机械工业出版社,2008.

[21] 曹健.财务管理实验与探索[M].北京:清华大学出版社.2012.

[22] 李志斌,魏前梅.财务管理:原理、方法与案例.北京:人民邮电出版社,2014.
[23] 温素彬.管理会计:理论·模型·案例[M].北京:机械工业出版社.2009.
[24] 刘谷金.财务管理[M].北京:北京邮电大学出版社,2011.
[25] 徐光华,柳世平.财务管理:理论·实务·案例[M].北京:高等教育出版社,2009.
[26] 陈玉菁.财务管理实务与案例[M].北京:中国人民大学出版社,2011.
[27] 陆正飞.财务管理学[M].南京:南京大学出版社,2000.
[28] 马忠.公司财务管理理论与案例[M].北京:机械工业出版社,2010.
[29] 王明虎,王锴,吴良海,等.财务管理原理[M].北京:机械工业出版社,2014.
[30] 杨淑娥.财务管理学[M].北京:高等教育出版社,2014.
[31] 杨志慧.财务管理学[M].北京:机械工业出版社,2015.
[32] 李延喜,张悦玫,王哲兵.财务管理原理、案例与实践[M].北京:中国工信出版集团,人民邮电出版社,2015.
[33] 王积田.财务管理[M].北京:人民邮电出版社,2015.
[34] 李志斌,魏前梅.财务管理原理、方法与案例[M].北京:人民邮电出版社,2014.
[35] 蒋红芸,康玲.财务管理[M].北京:中国工信出版集团,人民邮电出版社,2015.
[36] 韩东平.财务管理学[M].北京:科学出版社,2007.
[37] 王化成.财务管理案例点评[M].杭州:浙江人民出版社,2013.
[38] 陈玉菁.财务管理实务与案例[M].北京:中国人民大学出版社,2011.
[39] 陆正飞.财务管理学[M].南京:南京大学出版社,2000.
[40] 汤谷良.公司财务管理案例评析[M].北京:北京大学出版社,2010.
[41] 秦志敏,牛彦秀.财务管理习题与案例[M].大连:东北财经大学出版社,2007.
[42] 骆永菊,郑蔚文.财务管理学实用教程[M].2版.北京:北京大学出版社,中国林业出版社,2012.
[43] 赵艳秉,周庆海.财务管理原理[M].北京:北京大学出版社,2012.
[44] 方明.财务管理学[M].武汉:武汉理工大学出版社,2012.
[45] 中国注册会计师协会.2014年度注册会计师全国统一考试辅导教材财务成本管理[M].北京:中国财政经济出版社,2014.
[46] www.mbcaijing.com
[47] 中华人民共和国合同法.1999.
[48] 中华人民共和国企业破产法.2006.
[49] 中国证券监督管理委员会令(第35号):上市公司收购管理办法.2006.
[50] 中华人民共和国企业所得税法.2007.
[51] 财政部国家税务总局关于企业重组业务企业所得税处理若干问题的通知.2009.
[52] 最高人民法院关于适用《中华人民共和国企业破产法》若干问题的规定(一).2011.

［53］贾丹林.公司兼并、收购、合并、并购法律辨析［J］.财经问题研究,2001(02).

［54］王金洲,王盼.西方企业从多元化到归核化战略调整的思考［J］.湖北经济学院学报,2006(05).

［55］韩长印.破产界限之于破产程序的法律意义［J］.华东政法学院学报,2006(06).

［56］宋养琰.剖析西方国家企业并购的五大浪潮(上)［J］.中外企业家,2008(01).

［57］宋养琰.剖析西方国家企业并购的五大浪潮(下)［J］.中外企业家,2008(02).

［58］杜奇哲.中国企业海外并购的风险因素分析与控制［J］.企业导报,2010(04).

［59］周洛华.金融工程学［M］.3版.上海:上海财经大学出版社.2012.